HOMBRES
DE LADRILLO

HOMBRES DE LADRILLO

Alejandro Morales

Spanish translation of *The Brick People*
by Isabel Díaz Sánchez

Arte Público Press
Houston, Texas

Hombres de ladrillo ha sido subvencionado por la Ciudad de Houston por medio del Houston Arts Alliance.

Recovering the past, creating the future

Arte Público Press
University of Houston
452 Cullen Performance Hall
Houston, Texas 77204-2004

Diseño de la portada de Pilar Espino

Morales, Alejandro, 1944-
    [Brick people. Spanish]
    Hombres de ladrillo / por Alejandro Morales; traducido al español por Isabel Díaz Sánchez
    p. cm.
    ISBN 978-1-55885-605-9 (alk. paper)
    1. Simons Brick Factory—Fiction. 2. California—Fiction. 3. Mexican Americans—California—Fiction. I. Díaz Sánchez, Isabel. II. Title.
    PS3563.O759B718 2010
    813'.54—dc22

                                    2010025857
                                           CIP

10 11 12 13 14 15 16   10 9 8 7 6 5 4 3 2 1

Agradecimientos

QUISIERA AGRADECER A LA GENTE DE SIMONS QUE SIEMPRE llevo en mi memoria y corazón. Muchas gracias a las personas que colaboraron para realizar la traducción y publicación de *The Brick People* en España lo cual fue un sueño para mí. Primeramente quiero reconocer a José Antonio Gurpegui por iniciar la idea de este proyecto y que lo ha encaminado hasta su realización. Gracias a Isabel Díaz por su arte fino de traducción y a Francisco Lomelí por su revisión y por su apoyo constante de mi obra. Le debo mucho a Fabio Chee por darle más mexicanidad a la traducción. A Nicolás Kanellos por ser el primero que le tuvo fe a *The Brick People* y por comprometerse a distribuir la traducción en los Estados Unidos. Gracias a Cristina Crespo Palomares por su fiel administración del proyecto. La traducción y publicación de *Hombres de ladrillo* no hubiera sido posible sin el apoyo pecuniario del Instituto Franklin-UAH y del Fondo SCR-43 y del Center for Research on Latinos in a Global Society en la Universidad de California, Irvine. De antemano les doy las gracias a los lectores que lean *Hombres de ladrillo*.

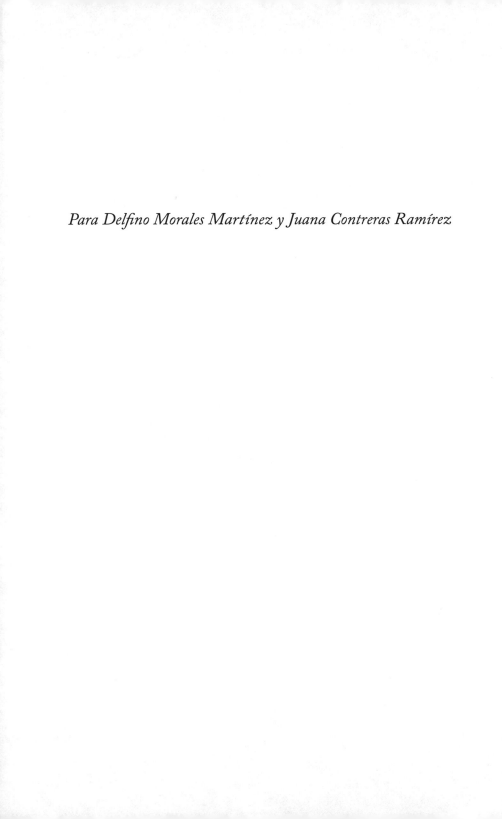

Para Delfino Morales Martínez y Juana Contreras Ramírez

El mundo se disuelve cuando
alguien deja de soñar, de recordar,
de escribir.

Carlos Fuentes, *Terra Nostra*

DESDE EL ESTE, DONDE COMIENZA EL TIEMPO, UN FUERTE viento soplaba por los cañones con el frío de las montañas nevadas cuando Rosendo Guerrero esperaba a que Joseph Simons saliera de su oficina en una temprana mañana gris. La mañana le recordó a Rosendo el día en que sus padres fueron asesinados por un demente francés que creía que el emperador Maximiliano estaba encarcelado cerca de la casa de los Guerrero. Tenía trece años cuando el hombre enloquecido entró en su casa queriendo saber dónde estaba el emperador Maximiliano, un personaje del que ninguno de los presentes allí había oído hablar jamás. El loco asesinó a la familia Guerrero sin piedad: al padre, a la madre y a cinco hijos, de los cuales el mayor era Rosendo. Sus hermanos y hermanas no gritaron, pero lo vieron todo y se transformaron en pequeñas piedras marrones. Los gritos y las manos defensoras de sus padres llenaron la habitación, intentando detener los disparos con voces desgarradas y manos ensangrentadas. El francés seguía disparando y preguntando insistentemente, y el miedo invadió a Rosendo quien se arrastró hasta la puerta para sobrevivir en la oscuridad del Norte.

Durante muchos días, tal vez semanas, sólo había oscuridad ante sus ojos. Seguía avanzando sobre el Cuchillo de Obsidiana del eje norte de las ancestrales coordenadas aztecas que sus padres le habían enseñado. No podía ir hacia el eje Carrizo Rojo del Este ni a la Casa Blanca del Oeste, ni tampoco se atrevía a mirar de nuevo al Conejo Azul del Sur. Ahora, estos colores e imágenes estaban escondidos profundamente en su recuerdo. Durante los siete años que Rosendo anduvo por la más absoluta oscuridad, siguió el camino del afilado Cuchillo de Obsidiana que abría paso hacia el Norte. Rosendo llegó a Los Ángeles para darse cuenta de que la mayor parte de su juventud la había pasado yendo hacia un lugar

1

del que nada sabía. Había seguido un mándala direccional que sus padres le habían grabado en su psique.

Ahora, en 1892, en la Ladrillera Simons de Pasadena, Rosendo trazaba este mándala direccional sobre la suave tierra roja. La mañana se descubría con una soledad total, mientras terminaba la última figura oval del mándala, que consistía en un centro y cuatro óvalos entrelazados en una continua y desovillada espiral infinita de energía, tiempo y espacio. Esta figura simbolizaba la percepción que Rosendo tenía del cosmos. Representaba el patrón que seguiría para construir los edificios en los seis acres de tierra donde la finca de ladrillos continuaba creciendo.

Los hombres habían trabajado durante dos horas. Empezaron temprano y pronto terminarían con el pedido completo de ladrillos destinado a la construcción de una pequeña casa en Fair Oaks, cerca de la intersección con Glenarm. La Ladrillera Simons había conseguido tener la capacidad de producir cincuenta mil ladrillos diarios. Su constante demanda había hecho que el negocio de la producción de ladrillos aparentara ser un futuro lucrativo. Joseph Simons, el propietario, le había dado autoridad para contratar y despedir a los trabajadores; por el momento, la finca contaba con cuarenta hombres que previamente habían sido entrevistados y seleccionados por Rosendo. Muchos de estos hombres contratados procedían de Guanajuato, el estado natal de Rosendo.

Se deshizo del palo con el que había trazado la figura en el barro y dirigió su mirada hacia la puerta de la oficina de donde salía el patrón. Esperó y observó a los hombres que en ese momento trabajaban. Él, Rosendo Guerrero, no trabajaba sino que dirigía y mandaba. Era un capataz privilegiado y se sentía poderoso, no temía a nadie por su físico, y respetaba la capacidad para el negocio de Joseph y la habilidad de aquellos que dirigían a los obreros para montar huelgas en contra de hombres como Joseph. El trabajo de Rosendo consistía en que los mexicanos siguieran produciendo constantemente, y en mantenerlos contentos, así como en ejercer de sherife en la ciudad Simons. Todavía no había surgido ningún problema y Rosendo tampoco esperaba que hubiera alguno.

Se demandaban más y más ladrillos y la producción no paraba de crecer diariamente. Aunque Joseph sabía mucho de la fabricación del ladrillo, fue Rosendo quien le enseñó todo acerca del barro y las fórmulas para su preparación, información que Rosendo había adquirido de John V. Simons, el primo de Joseph. Éste solía escuchar atentamente y después experimentaba para mejorar la calidad de sus productos. Durante el primer año y medio trabajó codo a codo con Rosendo y los demás trabajadores; construyó moldes, carros, estantes de secado largo, mezcló, derramó y formó el barro rojo en ladrillos, y los secó y almacenó en hornos monolíticos para su cocción. Joseph adquirió el conocimiento y la visión de negocio de Rosendo, al cual él mismo reconocía como su mentor.

Mientras se preparaba para el día, y una vez dentro de la oficina, Joseph recordó la extraña historia que había escuchado de Rosendo cuando le conoció por primera vez. El mesero le había dado el menú, pero Rosendo no prestaba atención al desayuno. Mientras esperaba el café y revisaba algunas cifras, observó el cuadro de un hombre y una mujer que colgaba de la pared.

—¿Quién es esa mujer? —le preguntó Joseph al mesero mientras le servía el café.

El mesero miró el cuadro de forma distraída, —Es doña Eulalia, era propietaria de muchas parcelas de tierra de por aquí, y la gente dice que todavía vaga y anda por el campo, sobre todo por la carretera que conduce a este hotel.

—¿Cuántos años tiene en el cuadro? —preguntó Joseph mientras estudiaba el vestido de la mujer—. Ese es el misterio de la doña. Nadie sabe su verdadera edad. En 1836 más o menos, según el censo, se decía que tenía cincuenta y siete. Y cuando murió en 1878 el médico dijo que vio documentos el día de su muerte que decían que tenía ciento setenta años. Algunos creen que sigue viva.

—Impresionante —dijo Joseph.

—Lo más impresionante es lo que le pasó —replicó el mesero.

Doña Eulalia Pérez de Guillén se casó con Juan Marine y su matrimonio se convirtió en la fuerza que les guió durante toda su

vida. Juntos pidieron un trozo de parcela conocida como El Rincón
de San Pascual, debido a que doña Eulalia había tenido un
destacado papel en la Misión San Gabriel ayudando a mujeres
indias, enseñándoles la higiene personal cristiana y cómo cuidar de
los enfermos y moribundos. Llegó a tener un gran amor por la
tierra que ella y su marido habían cultivado. Como símbolo de su
amor plantó un roble cerca del comienzo de la carretera que llevaba
al hotel Raymond en Pasadena. Su marido estaba presente cuando
ella colocó delicadamente el árbol en la matriz terrenal que ella
misma había cavado y dado forma con sus manos.

—Juan, yo soy este roble. Crecerá tan seguro como lo es mi
amor por ti y por esta tierra. El día que lo derriben moriré y me
convertiré en un insecto de la tierra.

Doña Eulalia y su marido cubrieron el árbol con tierra, lo
regaron y dispusieron algunas piedras grandes y una cruz de
madera a su alrededor con el fin de protegerlo. Después montaron
sus caballos y se fueron a casa, al otro lado de El Rincón de San
Pascual.

Ella siguió alimentando a su roble y de él crecieron tres ramas
importantes: sus hijos. Poco después del nacimiento del tercer hijo,
Juan Marine cayó enfermo, permaneció siete días en cama, perdió
el pelo, no tenía ganas de comer y su piel enrojeció como si lo
hubieran quemado. Durante su agonía afirmó que había visto
objetos extraños que venían del cielo, que lo rodearon y después se
fueron. Los tres hijos empezaron a sentirse aterrorizados por su
padre, y la gente que lo había visto estaba convencida que había
sido hechizado y que la familia había sido maldecida también. Los
trámites para arrebatarles El Rincón de San Pascual a la familia
Marine se presentaron inmediatamente después de la muerte de
Juan.

Doña Eulalia luchó contra toda amenaza y petición para seguir
teniendo derecho legal sobre la tierra. Durante las largas batallas
psicológicas que se llevaron acabo, ella continuó cuidando del roble
que cada vez crecía más fuerte. Un día cuando regresaba de haber
regado el árbol, descubrió que sus tres hijos la habían abandonado.
Dejaron una nota que decía que habían perdido el interés por el
rancho de catorce mil acres y que preferían buscar mejor fortuna

en la ciudad. La nota no estaba firmada. Naturalmente, doña Eulalia no podía creer que sus hijos fueran capaces de tan inesperado acto.

Empezó a buscar a sus hijos, viajó a Los Ángeles y preguntó por ellos por todos lados. Puso anuncios en los periódicos, buscó en iglesias y misiones. Mientras más se alejaba tuvo la certeza de que estaba siendo vigilada. En su pecho se empezó a albergar el temor de que su casa corría peligro.

Un domingo se marchó a misa temprano y después se dirigió a Los Ángeles para comprar un pasaje por barco a San Francisco. Después de haber regresado a su casa, convencida de que la decisión de marcharse a San Francisco era la correcta y de que sus hijos se habían ido a esa maravillosa ciudad, se encontró con que su casa había sido completamente saqueada. Habían roto los muebles, las puertas y las ventanas. Los delincuentes se habían llevado todo lo que encontraron de valor, así como la ropa y toda la comida. Doña Eulalia se dio cuenta que no le quedaba absolutamente nada, excepto lo que llevaba puesto y su roble.

Consternada ante la casa devastada, corrió a las habitaciones y miró el mundo que se asomaba por cada una de las ventanas. De repente, comprendió que su roble estaba en peligro, salió de golpe de la casa y corrió en dirección al árbol. Intentaba seguir respirando y aunque se cayó y se rasgó el vestido y la ropa interior siguió avanzando. Mientras se arrastraba, pensó que no abandonaría su objetivo por nada del mundo. Sintió que las piernas y brazos eran bloques de piedra y la boca se secaba mientras se acercaba al árbol. Sabía que la habían estado observando durante algún tiempo y que probablemente la estarían vigilando ahora. Pronto llegaría a ese lugar.

Doña Eulalia se tambaleó, tropezó con una de las rocas que resguardaban el árbol y se cayó delante de una gran herida abierta en la tierra. Gracias a los últimos rayos de sol, pudo ver el entramado de raíces y más allá del árbol caído. Lo habían talado y cortado en cuatro partes. El tronco estaba delante y en dirección perpendicular a ella; habían cortado las tres ramas principales del árbol y las habían dispuesto como si se tratara de una cabeza y dos brazos, formando así la figura de un hombre.

—¡Mi familia! ¡Mi vida! —el grito de doña Eulalia rompió en la noche que ya envolvía el lugar.

Allí, en la tierra, pudo ver a su esposo y sus tres hijos, y encima de ellos la cruz que ella y su marido habían puesto para proteger el árbol hacía tantos años. De rodillas, tomó un puñado de tierra y se frotó el cuerpo, desgarrándose el vestido y exponiendo su carne a los elementos de la naturaleza. Se puso en el borde del foso y se dejó caer.

Pasaron tres semanas antes de que un granjero local y su familia descubrieran los restos de la ropa de doña Eulalia. El granjero acudió a las autoridades de Pasadena. Cientos de personas fueron a ver la ropa de la desafortunada doña Eulalia, los mismos que habían informado de su desaparición el día después de que ella descubriera el árbol destrozado. Nadie se atrevió a tocar la ropa. Al final, uno de los más valientes saltó al agujero, tomó el vestido y lo arrojó a sus amigos, en cuyas caras se reflejaba un gran terror. El hombre del foso dirigió su mirada hacia sus pies y vio cientos de indescriptibles insectos cafés. Los insectos empezaron a trepar por sus pantalones. Mucha gente se quedó paralizada y otros corrían gritando que el cuerpo de la doña se había convertido en millones de insectos. El horror se apoderó de esta gente a la par que los insectos trepaban por sus cuerpos, esparciéndose por el lugar y cubriendo todo El Rincón de San Pascual.

—Absolutamente impresionante —repitió Joseph.

—Sí —añadió el mesero—. Parece increíble que se convirtiera en millones de insectos cafés y que la gente viera cómo sucedió esto. Ella entendía a la tierra de un modo especial y poseía poderes telúricos. Ella es la tierra y aquéllos insectos eran ella misma.

Joseph dejó su taza de café y se dirigió fuera del hotel sin poder creérselo. Forzó la vista para poder ver mejor, pero allí no había ni caballos, carro o conductor. Irritado comprobó que eran las ocho y media, y recordó que John le había dicho que eran las ocho en punto. Regresó al comedor del hotel y pidió más café. No había ningún indicio del momento en que llegaría el vehículo. Las horas pasaban, y alrededor de las diez y media, después de haber aguantado un buen rato, decidió ir a buscar un carro. En ese momento, cuando se disponía a levantarse para ir a la habitación y dejar su equipaje, oyó cierto barullo en la recepción. Se acercó para ver qué pasaba. El recepcionista le gritaba a un hombre de piel oscura que vestía unos pantalones y gorra de lana gris, camisa blanca y chaleco negro que se encontraba en pose calmada, tranquilo y de pie frente al mostrador.

—¡No puede estar aquí! Si tiene algo que vender, diríjase a la entrada por la parte trasera. ¡No se permite la entrada a mexicanos y negros! ¡Fuera!

El hombre de piel oscura proyectaba una imagen de poder debido a su compacta y fornida estatura. Los agresivos insultos del recepcionista no le perturbaron. No mostraba miedo y se mantenía firme. Lenta y deliberadamente sacó un sobre de su chaleco que iba dirigido a Joseph Simons y se lo entregó al hombre beligerante. El recepcionista se volvió para buscar a Joseph que estaba en la entrada del comedor. Pensó que se trataba del conductor del carro y se sintió aliviado de que había llegado. No estaba enojado con el conductor sino con el recepcionista. Los mexicanos trabajan para John, pero podrían trabajar para mí perfectamente . . . pensó mientras cogía el sobre. El conductor se giró y salió por la entrada principal.

—Señor Simons, yo . . .

Joseph levantó la mano indicando que no quería ninguna explicación del recepcionista. El mexicano no era mayor que Joseph, pero su cara y su comportamiento revelaban una gran experiencia. Afuera, atendiendo a los caballos, esperaba sus órdenes. Con una incipiente sonrisa, Joseph empujó la puerta y encontró algo inesperado. Para su sorpresa, John había enviado un equipo de cuatro caballos grandes que tiraban de dos carros. Era obvio que los caballos eran de una excelente calidad y que los carros eran nuevos, los mejores y más grandes de su clase. El conductor observó a Joseph durante un segundo y tomó asiento. Tanto Joseph como el mexicano asintieron con la cabeza. Joseph y Rosendo condujeron cuatro caballos y dos carros en dirección a Fair Oaks por Glenarm Street. Mientras ellos marchaban a paso lento con cierta confianza, varios hombres y mujeres los miraban fijamente. Rosendo había conseguido ser un excelente carpintero y un astuto hombre de negocios: un factor clave para el éxito de la empresa de ladrillos de Joseph.

Rosendo miró la puerta de la oficina y movió la cabeza disgustado cuando un hombre entró de repente.

—¡Don Rosendo! —exclamó el hombre alto que se movía a lo lejos frente a él. Rosendo saludó.

—Si es usted tan amable, unos amigos quieren hablar con usted. Están interesados en trabajar, don Rosendo.

Rosendo se detuvo en el establo donde los trabajadores reían y preparaban los caballos, las mulas, los carros y las herramientas para el reparto del día. El hombre que acababa de hacer la petición permanecía a una distancia de doce pies esperando una respuesta.

—Por supuesto, dígales que se presenten mañana aquí a las ocho para una entrevista. Que estén exactamente a las ocho —dijo Rosendo con voz grave y mirándoles a los ojos.

El hombre bajó la vista hacia el suelo, —Gracias, don Rosendo, gracias.

—De nada. Ahora vuelve al trabajo —dijo Rosendo llevando al hombre hasta la cantera donde estaría cavando en el barro rojo en turnos de doce horas. Rosendo dirigió su atención hacia el establo y vio para su sorpresa que Joseph guiaba uno de sus caballos favoritos, ensillado y listo para ser montado. Joseph soltó las riendas y se acercó a Rosendo—, quiero que se contraten diez hombres más. Recuerda, que no sean chinos.

—Sí, tenemos mucho trabajo —Rosendo cruzó los brazos.

—Doblaré el personal en un año —sonrió Joseph.

—¿Dónde dormirán los diez hombres que quiere contratar? —preguntó Rosendo con cautela.

Joseph sonrió, —Pueden dormir en el establo o compartir el recinto de los hombres solteros, ¿no crees que vayan a haber quejas, verdad?

Rosendo negó con la cabeza, pero sus ojos, boca y manos denotaban que para impedir que se marcharan estos hombres debían ofrecer algo mejor.

—Pediré madera para construir cabañas. Mientras tanto, pueden vivir en tiendas. Sugirió un sitio para las cabañas, ¿dónde? —Joseph esperó la respuesta.

Rosendo se puso delante de Joseph para poder ver mejor el sitio en cuestión, —La parte oeste de la finca, la Casa Blanca del Oeste.

Rosendo decía cosas que Joseph no podía comprender, sin embargo, respetaba su significado e importancia. Siempre había una lógica recóndita que Rosendo sacaba a relucir. Joseph apreciaba la habilidad lingüística de Rosendo, ya que hablaba bien el inglés desde la vez que lo conoció por primera vez.

—¿Por qué la parte oeste? ¿No vamos a cavar allí? —preguntó Joseph.

—No. La cantera del sur es rica. Sacaremos arcilla de allí durante muchos años. Cavaremos hacia el norte desde el punto más alejado del sur, hacia el centro de la finca. Desde el centro iremos hacia abajo gradualmente en más profundidad. El punto más profundo será el más alejado del centro. Tenemos casas en el este ahora y deberíamos construir más en el oeste para separar a los trabajadores. Tendremos dos fuentes de energía, dos fuentes de trabajo. La ladrillera y las máquinas nuevas estarán en el lado norte del centro, en el lado norte del eje este-oeste. La oficina está situada en el centro. Desde allí podrá observar el mundo que estará creando. —Rosendo parecía satisfecho.

—Estoy convencido, Rosendo. Pero sabe que quiero que se cambie a la oficina. Ése será el alojamiento del capataz.

Rosendo aceptó con agrado el cambio y la oportunidad de estar en el centro del mándala direccional.

Esa gris mañana de cambios, Joseph tenía una cita en un banco de Pasadena para ultimar la compra de dos máquinas de producción de ladrillo de barro. Se habían entregado las partes y los mecánicos ensamblarían el aparato por la tarde. Joseph quería observar el montaje de estas bestias tecnológicas. Rosendo también estaría presente para aprender de la operación. En la agenda del día había programado una visita a la propiedad de la calle California que Joseph había comprado para construir varias casas para su propia familia. Por supuesto, las casas serían construidas con ladrillo Simons.

—Rosendo, quiero que escoja el mejor ladrillo, el mejor material para mi casa. Empiece con eso hoy. Lo veré con los mecánicos esta tarde.

Joseph tomó las riendas, montó su caballo y galopó hasta el centro de su fábrica siguiendo el eje norte-sur hacia el mundo exterior. Rosendo cabalgaba por la finca vigilando a los hombres para asegurarse de que la producción se mantuviera aproximadamente en 50.000 ladrillos por día.

Gracias a la instalación de las nuevas máquinas, se intensificó la excavación en la cantera de arcilla y, en seis meses, los mexicanos ya habían extraído de la tierra el doble de arcilla que Joseph y Rosendo habían previsto para ese período de tiempo. Se empezó a formar un inmenso agujero rojo, una herida situada en un lugar imperceptible de la preciosa piel de la tierra. Rosendo contrató a más mexicanos para que se adentraran en la cantera y cavaran, moldearan y crearan el material que formaría de pequeñas a grandes pirámides.

Joseph, satisfecho con el progreso de su empresa, valoraba al trabajador mexicano y, en su opinión, se esforzaba de cualquier manera por mantener contentos a sus peones. Sobre todo, no quería oír voces discrepantes en su ladrillero. Había movimientos obreros en el país que inspiraban demandas inadmisibles y huelgas letales. Si sus trabajadores pedían menos horas y más dinero, el progreso económico de la empresa se vería mermado en gran medida. Había movimientos sociales en diferentes partes del mundo que amenazaban con la destrucción de los poderes mundiales establecidos. Hombres de piel morena mordisqueaban las porciones de las colonias británicas y españolas. El sindicalismo se hacía más fuerte en los Estados Unidos, e insistían en que los trabajadores lucharan por un salario más justo y una mejoría de sus condiciones laborales. Los sindicatos y los socialistas radicales comparaban la situación de los trabajadores explotados en Latinoamérica, África y Asia con los trabajadores de los Estados Unidos y pedían que la gente estuviera alerta ante el trato injusto. Consciente de lo que podría suceder si los idealistas extremistas se infiltraran entre sus trabajadores, Joseph hacía todo lo necesario para mantener la moral alta sin tener que arriesgar las ganancias de su empresa.

Una vez caída la tarde, Joseph decidió cabalgar junto a Rosendo mientras éste hacía sus rondas por el mándala direccional de la finca de ladrillos. Conforme se acercaron a lo alto de la cantera, varios trabajadores corrieron hacia ellos sobresaltados.

—¡Don Rosendo! ¡Hay difuntos! ¡Hemos descubierto miles de cadáveres!

Rosendo escuchó los gritos con una expresión perpleja que pronto se transformaría en una mirada seria.

—¡No entraré en la excavación nunca más! ¡Es tierra sagrada!

—¡Me temo que los muertos nos han visto!

—¡Los habremos despertado!

Joseph sujetó firmemente el caballo y esperó a que Rosendo le diera una explicación quien, en ese momento, la buscaba en la cantera más allá de los hombres.

—Los hombres han encontrado un cementerio, probablemente indio —dijo Rosendo mientras se alejaba de los hombres que gritaban girando su caballo de manera brusca.

—¡Cálmense! ¡Si tienen miedo vuelvan al trabajo en los estantes de secado! ¡Cobardes! ¡Los muertos no les harán daño, sólo asustan! —gritaba él.

Rosendo atacó el orgullo de los trabajadores. Había cuestionado su hombría. No eran cobardes, pero se habían atemorizado corriendo como niños asustados por lo que, en circunstancias normales, se considerarían simplemente cadáveres en proceso de descomposición. Se les había inculcado respetar a los muertos y no violar el derecho de los difuntos a descansar en paz. Cuatro hombres siguieron a Rosendo mientras avanzaba hacia la cantera. Uno de ellos permanecía detrás y caminaba lentamente hacia el centro de la finca. Joseph pudo reconocer la expresión deformada de terror en la cara del hombre mientras se marchaba.

El trabajo se había detenido en la mina cuando llegó el grupo. Los hombres, en el campo de barro rojo, girando alrededor, miraban dentro de las varias cavidades profundas de la tierra. El silencio dominaba el área. Una ligera brisa se dejaba sentir de norte a sur mientras Rosendo y Joseph se apeaban y llegaban al círculo más cercano. Los dos hombres estudiaron el sepulcro y se dieron cuenta de que había una extraña lógica en ese agujero. Había un cuerpo envuelto y preservado en el centro. Contrariamente a lo que esperaban los que allí miraban, el cuerpo no estaba deteriorado. Alrededor de los restos momificados, casi en perfecta disposición, sobresalían de la pared de barro partes de otros cuerpos que tocaban el cuerpo situado en el centro. Joseph vio una mano, un brazo, un pie, una pierna y unas nalgas que se extendían hacia el centro. Ninguno de los cadáveres estaba desmembrado, sino que se retorcían de modo exagerado para enfatizar una parte específica del cuerpo humano.

Joseph se dio la vuelta, aunque la curiosidad lo hizo que se uniera a otro círculo de hombres que observaban los restos humanos. Se movía de un lado a otro. Para su sorpresa, muchos de los cuerpos momificados que estaban envueltos en ropas chinas, con pelo y barba arreglados de acuerdo con las tradiciones, miraban para arriba y a través de sus ojos asiáticos. Había un total de diez hoyos cubiertos con cadáveres. Joseph sabía que la tierra era un cementerio sagrado para los indios, pero no entendía por qué cientos, quizás miles de chinos, estuvieran enterrados allí.

—Masacre, masacre —repetía Rosendo con tono disgustado y contrariado.

Los muchos relatos sobre la masacre habían hecho de este infame suceso una memoria que empañaba en la conciencia de la comunidad. Mucha gente creía que el pueblo chino era hábil para confabular cuentos en contra de los angloamericanos, y pensaban que la historia de la masacre era una leyenda traída de China. Poca gente creía que la masacre hubiera ocurrido realmente. Sin embargo, Joseph y Rosendo tenían ante sus ojos cientos de cuerpos chinos con agujeros de bala, heridas de puñal y cráneos aplastados. Los cuerpos, apilados de cuatro en cuatro y de cinco en cinco, eran la prueba de que la horrenda masacre había tenido lugar en un pasado reciente.

Joseph y Rosendo ordenaron a los hombres que continuaran cavando y que colocaran los restos en una pirámide en el centro de la cantera principal. Algunos de los trabajadores simplemente se negaron y se marcharon. La mayoría, motivados por pena, la curiosidad mórbida o por el deseo de darles alguna especie de ritual aceptable, se quedaron para exhumar a las víctimas y para que sus almas descansaran en armonía con Dios. Los cuerpos empezaron a empañar la mente de Joseph a medida que la pirámide de carne crecía.

Había corrido la sangre debido a una disputa entre dos organizaciones fraternales chinas. La batalla era producto de una historia de amor prohibida entre dos jóvenes cuyos padres pertenecían a Tongs rivales. El Tong Nun Yong acusaba a miembros del Tong Hing Chow de haberse robado a una de sus mujeres. El padre le impidió a su hija que se casara bajo ningún pretexto con un hombre del Tong Hing Chow. También sucedió que Chang, un joven enamorado profundamente de Kim, dispuso un encuentro con su amada en el jardín de la residencia del coronel Antonio Francisco, en la calle de los Negros. Kim fue seguida al jardín por miembros de su Tong el día del encuentro. Los amantes fueron sorprendidos y, al temer por su vida, Kim escapó con Chang a su residencia Tong.

En contra de la tradición china de completa obediencia, Chang y su amada se escaparon para esconderse en algún lugar de Los Ángeles. Esa noche hubo disparos esporádicos entre los Tongs, porque ambos clanes estaban convencidos de que el otro había causado una seria afrenta contra el honor de su familia. Conforme avanzaba la noche, acudieron más miembros Tongs y el fuego cruzado se hizo más constante. Los residentes de la calle de los Negros llamaron a la policía.

El oficial George Bilderraine llegó temprano por la mañana mientras los chinos esperaban en la calle. Aparentemente sin temor, Bilderraine se colocó en el centro de la calle entre los dos Tongs enfrentados y pidió el cese del fuego. Cuando pronunció la última palabra se oyó un disparo y cayó un chino. Bilderraine siguió al tirador hasta una construcción de adobe que estaba en la propiedad del coronel, en la esquina de las calles Arcadia y Los Ángeles. Aproximadamente media hora más tarde se oyeron disparos dentro del recinto del coronel y, poco después, Bilderraine salió a la calle y cayó fatalmente herido. Los chinos gritaron y pidieron ayuda preocupados por Bilderraine. En ese momento un hombre de negocios que pasaba por el lugar se acercó a Bilderraine; lo asesinaron junto a tres curiosos mientras intentaba trasladar al hombre herido hacia un lugar más seguro. Los tres fallecidos eran un hombre y una mujer chinos y un niño mexicano que habían estado observando desde otro carro atado al frente de la ferretería. Cuando la madre y el padre salieron de la tienda y descubrieron a su hijo muerto, empezaron a oírse más gritos y maldiciones, acompañados de disparos indiscriminados en medio de la multitud china allí concentrada. Unos amigos sujetaron al padre y se lo llevaron junto a su esposa y su hijo muerto.

A medida que avanzaba la madrugada aparecieron más chinos con pistolas y cada vez más ciudadanos mexicanos y anglos fueron a sacar sus armas. La historia de estas muertes corría por las afueras de la ciudad. Multitudes, la mayoría hombres, se dieron cita alrededor de la plaza central y en las calles que conducían a la calle de los Negros. Otra muchedumbre compuesta por los elementos más bajos de la población, aquellos dispuestos a asesinar, luchar, saquear y violar, se preparaba en la calle Los Ángeles para avanzar hacia la entrada de la calle de los Negros. Entrada ya la tarde, el whisky y el vino circulaban abundante y libremente ya nada podía frenar el monstruoso espectro de violencia y efusión de sangre.

La cuadra de los chinos estaba en la calle Sánchez, detrás de la casa de adobe del coronel, donde regentaban sus negocios y restaurantes. La calle era un lugar de reunión para muchos de los chinos de Los Ángeles y también era la zona cultural más segura para ellos. Los chinos se empezaron a agrupar en los edificios de la calle Sánchez y en el recinto del coronel a medida que llegaba la noche. Pronto entró en escena el sherife James F. Burns quien, con algunos miembros de la policía local, rodeó el área donde se atrincheraban los chinos, sobre todo el edificio del coronel. El sherife Burns creía que los líderes del levantamiento residían allí. El sherife se colocó de frente para poder enfrentarse a la multitud inquieta.

—¡Está bien, escúchenme! cuando amanezca detendré a los asesinos y a los amotinados —el sherife señaló el edificio del coronel mientras hablaba.

—Yo estoy al mando aquí —continuó—, ahora quiero que se dispersen y que se vayan a casa. He puesto un guardia. Ninguno de esos chinos va a salir. Ahora iré a pedir más ayuda y cuando regrese espero que ustedes, buenos ciudadanos, se hayan ido. El sherife MacGowan estará al mando. Tiene órdenes de disparar a cualquiera que intente escapar o quiera atrapar a esos chinos.

El sherife miró al sherife y se abrió paso entre el público desapareciendo en la oscuridad más allá de las antorchas. El sherife MacGowan se situó enfrente del edificio del coronel y esperó. La gente se dispersó en pequeños grupos que crecían cada vez más y más desordenadamente con cada botella de whisky consumida. El gentío empezó a proferir insultos y amenazas y a lanzar botellas donde estaban acorralados los chinos. Muchos comenzaron a disparar al firmamento. Hubo muchos disparos al edificio del coronel. Los chinos gritaron a la muchedumbre para que parara y ésta respondió con risa. El sherife MacGowan les ordenó que se dispersaran, pero su voz quedó sofocada por la risa, los gritos y los disparos. Los insólitos sonidos de la noche danzaban furiosamente en la mente de los chinos sitiados. De repente, el miedo se transformó en pánico y varios hombres intentaron escapar. Mientras corrían calle abajo, dos hombres cayeron por los disparos y otros dos fueron apresados por el sherife MacGowan, al tiempo que la muchedumbre gritaba:

—¡Línchelos!

—¡Cuelguen a los chinos!

—¡Cuelguen a los bastardos amarillos! —La gente borracha y enloquecida arrastraba a los chinos por la calle Temple hacia el corral más cercano donde, los dos desventurados hombres, fueron linchados en lo alto de unas vigas transversales.

Mientras los cuerpos atados se retorcían y pateaban, se produjeron unos cuantos intentos para rodear la barricada china del edificio del coronel. Una enorme legión guiada por el delirio de irracionalidad, el odio y el alcohol, rompió las ventanas, rajó las puertas y acuchilló los tejados para poder dispararles a las víctimas horrorizadas que se encontraban dentro. Los chinos tuvieron que huir para salvar sus vidas. La gran distancia que había desde el lugar donde estaban escondidos hasta el lugar donde morirían no les dejaba otra alternativa. La muchedumbre llevada por una furia caótica no discriminaba entre hombres, mujeres o niños. La gente de los ojos rasgados estaba condenada a muerte. Aquellos chinos que escapaban por las calles fueron acribillados; a otros se les colgó de horcas improvisadas: un carro con estructuras convenientemente altas, barras vigorosas y sólidas vigas de corral de madera. La noche seguía avanzando y se podían ver ahora los cuerpos colgados de los chinos, apaleados o arrastrados por las calles de Los Ángeles.

Muchos chinos se refugiaron en casa de sus jefes por seguridad, otros huyeron para refugiarse en las residencias oficiales de la ciudad. Algunos encontraron refugio, a otros se les echó a la calle, pero la mayoría de las puertas quedaron cerradas y no se abrieron ni tan siquiera para reconocerles antes de morir. La locura de la noche no hizo excepciones. La violencia aumentó y se extendió por la plaza. El gentío intentaba encontrar y dar muerte a todos los chinos de la ciudad y empezaron a registrar las casas donde se sabía que había chinos contratados.

La familia de don Roberto Londres había acogido en su casa a cuantos chinos podían caber en ella cuando empezó a anochecer. La chusma encolerizada tumbó a hachazos la puerta, rompió las ventanas, saqueó la casa y apaleó a los miembros de la familia; allí capturaron a veinticinco chinos. Los hombres fueron brutalmente golpeados y se llevaron a tres muchachas jóvenes a una habitación donde fueron violadas repetidamente. Uno de los asesinos que manoseaba con sus ojos y manos a las mujeres reconoció a una de ellas a la cual él mismo había visto cuando comenzó la masacre. La mujer permanecía al lado de un joven que la protegía. El vigilante enfurecido se enfrentó a la pareja.

—¡Tú eres la causa de todo esto!

El grito retumbó en el silencio que dominaba el salón de los Londres donde se abrazaba la pareja.

—¡Tú eres la china puta que quieren los Tongs! ¡Ustedes son los que han causado la muerte de mi gente! —el hombre tumbó a

Kim arrastrándola por el suelo y la volvió a golpear antes de que Chang le arrancara el cuerpo de su amada.

La gente arrastró a la joven pareja fuera.

—¡Encuérenlos!

—¡Traigan los caballos, ocho caballos!

—¡Qué muera la china puta y su chino cabrón!

Fueron aporreados en el suelo, sus cuerpos deslumbraban por el sudor que desprendían. Chang y Kim se revolvieron para mirarse a los ojos una vez que estaban ya en el suelo, mientras se burlaban los hombres lo golpeaban a él y a ella le tocaban sus genitales expuestos. Los amantes se miraban hasta que los separaron para dejar espacio necesario para que los caballos se pusieran al lado de los cuatros puntos de cada cuerpo. Los pocos gritos de protesta se enmudecieron inmediatamente. Unos forasteros salvajes se dispusieron a atar con cuerdas los brazos y manos de cada uno de los cuerpos a los caballos. Ataron también unos cables para evitar que se deslizaran las cuerdas por los cuerpos. Los cables cortaban la piel como si fueran cuchillas y empezó a derramarse por la tierra la sangre de las manos y piernas de los amantes. Los que montaban los caballos permanecían en su sitio esperando la orden imperceptible para los amantes, la muchedumbre gritaba al unísono en el silencio con el alarido inhumano —¡Tiren!

Los caballos, controlados por el verdugo que ya había dado la señal con un pañuelo rojo, se movieron lentamente separándose de los cuerpos. La cuerda se tensó y tiró directamente de los miembros de los amantes. No salió ni una lágrima de los ojos de Chang y Kim, ni un sólo lamento de sus apretadas gargantas, solamente una extraña y dolorosa sonrisa salió de sus labios. El ejecutor detuvo los caballos y los cuerpos cayeron a la tierra. La multitud enloquecida seguía insultándoles mientras bebían whisky y vino. Después de consultar con los jinetes, el ejecutor volvió a dar la señal y los caballos se apartaron con más fuerza tirando aún más. El estruendoso crujir de los huesos y la rotura de músculos y tendones provocó una mueca de dolor en la gente. Pedían que los caballos tiraran más fuerte pero los cuerpos todavía seguían unidos.

Después de unos veinte minutos, el ejecutor cambió la dirección de los caballos para que los que estaban unidos por los brazos tiraran hacia la cabeza y los que estaban atados a las piernas tiraran hacia los brazos. La escena se repitió dos veces, pero fue en vano porque los cuerpos rotos seguían siendo uno. La gente empezó a pedir más caballos y se tuvieron que atar dos más a los muslos de los amantes siendo un total de seis bestias para cada cuerpo. Mientras se disponían los caballos, los amantes empezaron a temblar en el suelo como si tuvieran frío. Al tercer intento los caballos tiraron de cada pedazo de carne y hueso. La muchedumbre comenzó a impacientarse y amenazó al ejecutor que tiraba de los caballos y estiraba los cuerpos al límite. Chang y Kim seguían unidos. Los cuerpos se cayeron al suelo cuando se volvió a dar la señal. Las cabezas se movieron y la mandíbula inferior de uno de ellos se movió como si intentara hablar, la lengua de la mujer salió de su boca como si se burlara del ejecutor.

Los dos jinetes desmontaron dirigiéndose hacia los cuerpos, sacaron un cuchillo y les hicieron unas profundas incisiones en los muslos, muy cerca de los genitales. Lo mismo en las axilas. Los jinetes, expertos en el arte del cuchillo para desmembrar el ganado, tenían pericia con éste. Se montaron en sus caballos, el ejecutor dio la orden y los caballos empezaron a galopar. Cuando se alcanzó el punto máximo de tensión se oyó un grito desgarrador que procedía de la multitud. En ese instante los caballos se llevaron por delante cuatro muslos diferentes y tres brazos por separado. Uno de los caballos había cortado solamente la mano de la muchacha. En la mitad de la calle yacían dos troncos humanos, el brazo y la cabeza de uno y sólo la cabeza del otro. El ejecutor regresó, cortó las sogas, dejó los miembros humanos al lado de los torsos y desapareció. Nadie se acercó a los cuerpos. Durante horas, una vez entrada la mañana, la multitud ligeramente sobria empezó a agruparse en torno a los restos.

La matanza continuaba cuando el sherife Burns regresó con ayuda. Organizó un grupo para que impusiera orden e intentó disuadir las bandas de maleantes, violadores y asesinos. Sólo cuando los criminales concluyeron sus perniciosos actos comenzó a disolverse la banda. Cuando llegó la mañana las calles empezaron a quedarse abandonadas a excepción de los cientos de chinos muertos.

Después de consultar con dos jueces y otros líderes políticos, el sherife Burns ordenó que se recogieran los cadáveres en la plaza de la calle de los Negros. Por la tarde, los muertos fueron reunidos y apilados en carros. El sherife Burns les indicó entonces a los conductores que debían transportar los cuerpos fuera de Los Ángeles y llevarlos a un cementerio en Pasadena. El sherife prometió que la justicia seguiría su curso.

Algunos hombres fueron sometidos a un juicio con un jurado presidido por el Juez Ygnacio Sepúlveda. Se condenó a unos pocos, los cuales serían liberados en seis meses. A pesar de los increíbles crímenes no hubo mucho castigo. La ciudad de Los Ángeles había mostrado poca preocupación por los chinos, incluso en los momentos más brutales durante la masacre. La ciudad entera se sumergió en un estado de amnesia histórica. Casi nadie hablaba de la matanza y pronto se convirtió en un mito o leyenda china —una historia sobre el pueblo chino que había sido desgarrado y devorado por las bestias gigantes de la noche.

Joseph notificó el descubrimiento a las autoridades.

La respuesta fue simple: —Quemen los restos —dijo un mensajero desconocido que se había marchado tan repentinamente como había llegado.

Había ahora cinco montones de cuerpos en la cantera principal. Un fuerte hedor a muerte penetraba en el aire. Los trabajadores continuaban cavando y sacando más cadáveres. A medida que crecían los montones, así lo hacían también las flores que traían las mujeres para rodear los montones de hueso y carne maltratada. Desde la distancia se agrupaban las mujeres gimiendo con sus niños juguetones para rezar el rosario. Se afligían por ver a estos muertos desconocidos, por sentir la pérdida de alguien que nunca habían conocido. Joseph y Rosendo miraban y expresaban su incredulidad de vez en cuando por lo que estaba pasando y lo que supervisaban.

Poco antes discutieron la posibilidad de abandonar ese lugar y empezar otra cantera en la parte oeste de la finca, sin embargo, la arcilla de mejor calidad se encontraba bajo sus pies y Joseph no quería alterar el plan maestro que Rosendo había previsto y detallado. Joseph estaba preparado para eliminar cualquier elemento del pasado que pudiera detener el exitoso progreso de la planta. Los cuerpos serían exhumados e incinerados. Joseph seguiría las órdenes que le dio el mensajero. Ordenó a Rosendo que trajera paja, leños y combustible. Éste organizó a algunos hombres para que prepararan los cuerpos para la cremación. Mientras los hombres colocaban los materiales para prender fuego, las mujeres seguían llevando flores que cubrían las caras de los muertos con bonitos y coloreados pañitos de adorno, mantillas, colchas, delantales y manteles. Después de realizar todo esto, los crematorios parecían montañas multicolores de flores.

La noche envolvía la escena cuando Joseph les pidió a unos cuantos voluntarios que mantuvieran los fuegos ardiendo toda la noche y, si era necesario, lo siguieran haciendo hasta el día siguiente. Los cadáveres debían ser eliminados y reducidos a ceniza gris. Rosendo eligió diez hombres jóvenes para que lo acompañaran durante la vigilia. Joseph se acercó a su caballo y ordenó que encendieran los cuerpos. Las llamas ardieron rápidamente. El ruido explosivo competía con los coros de las mujeres que rezaban el rosario. Poco a poco el olor a quemado de leña, huesos y carne invadió la escena. Rosendo siguió echando leña al fuego toda la noche y parte del día siguiente. Ya por la tarde, Joseph Simons cumplió su voluntad. La única evidencia física de los muertos era cinco montones de ceniza barrida esa noche por un fuerte viento cálido que llegó del este en dirección al mar.

CAPÍTULO 2

JOSEPH LLEVABA LAS RIENDAS DE SU CABALLO MIENTRAS observaba, desde el monte más alto situado detrás de su propiedad, la intersección de la calle Colorado con la avenida Raymond, que era donde su negocio había logrado su primer gran éxito: un contrato a largo plazo con la ciudad de Pasadena. A medida que la ciudad crecía y prosperaba, la población iba trasladándose allí, se construían más casas, las familias aumentaban, y todos salían y entraban sin cesar. Las calles estaban abarrotadas por el tráfico.

Joseph recordó el día en que Rosendo entró nervioso a la oficina, como si Dios le hubiera dado una buena noticia, y le dijo que la parte baja de la calle Colorado en la intersección con Raymond se había derrumbado. La lluvia había debilitado la subestructura, que se había doblado bajo el peso del pavimento. Debido a la urgencia con la que Rosendo le había comunicado la noticia, Joseph se dirigió al ayuntamiento de la ciudad y solicitó permiso para poner una zona de ladrillos que cubriera la intersección de las calles Colorado y Fair Oaks que era la intersección más concurrida de la ciudad. Su fin era demostrar la superioridad del producto de los Simons por encima de cualquier otro material que pudiera considerar el ayuntamiento. El experimento resultó ser un éxito; sin embargo, antes de que las autoridades locales pudieran llegar a votar y acordar cualquier decisión, los meses de sequía se le echaron encima. El clima extremadamente caluroso aplastó y endureció la vía pública. Sólo Joseph sabía que las calles debían fijarse encima de una base más duradera y permanente.

El tiempo demostró que estaba en lo cierto. El invierno produjo el colapso de varias calles lo que ocasionó un lodo insoportable. A finales de ese mismo invierno, las condiciones empeoraron y el ayuntamiento ofreció a la fábrica Simons un contrato a largo plazo para reparar las calles de Pasadena en cuanto apareciera el primer síntoma de deterioro. Joseph estaba orgulloso de que las autoridades hubieran aprobado un programa de mantenimiento preventivo diseñado por él y desarrollado por Rosendo.

Joseph recordó ese día cuando paseaba por lo alto del monte. Miraba con detenimiento y lleno de orgullo lo que él había creado: una exitosa empresa de ladrillos en el área de Los Ángeles. Miraba la oficina que se convertiría en el hogar de Rosendo tan pronto como se terminaran las casas que Joseph tenía previsto construir. Solamente tenían que acabar los jardines y demás elementos de exterior.

Los arbustos estaban en todo su esplendor frente la casa de tres chimeneas que Laura Bolin Simons había elegido como regalo de bodas cuando se casó con Joseph hacía tres años. Los pájaros recién salidos del cascarón piaban de hambre en los arbustos mientras sus progenitores, de modo ruidoso, revoloteaban entrando y saliendo de los nidos, llevando comida y protegiendo a sus retoños. Era un día caluroso de mediados de julio. Un trabajador mexicano de la finca de ladrillos regaba los árboles, los arbustos y las flores del jardín. El hombre reía asombrado por el escándalo que hacían los pájaros.

—¿Pues qué tanto alboroto traen? —el trabajador sonreía y silbaba mientras regaba.

A las nueve de la mañana, el padre de Joseph fue a la finca para decirle que Laura estaba en trabajo de parto y que al final de la tarde, según el doctor McProssler, daría a luz. Un controlado alboroto inundaba la casa. Joseph podía oír la voz de su hermano Orin Elmer, diciéndole a todo el mundo que estuvieran tranquilos y que Laura era una mujer excepcionalmente fuerte y que este niño que iba a nacer sería el primero de muchos. Todos querían que se callara pero nadie se atrevía a decirle que se estuviera quieto y se llevara consigo su nerviosismo y excitación. Orin Elmer era una persona sensible, a quien ningún miembro de la familia quería herir. La verborrea de Orin Elmer continuaba incesante y apresurada a medida que la partera iba y venía de la cocina. El médico no había salido de la habitación por una hora o más. Los que pronto serían abuelos dejaron a Orin Elmer en el comedor para que esperara y hablara solo.

En el porche, Joseph levantó la vista por encima de las fotos mientras esperaba noticias de su mujer. Se frotó la frente, se aflojó la corbata y volvió a mirar la fotografía de sus padres y hermanos que se realizó en 1898, cuando Theodore Roosevelt desfilaba por la Colina San Juan. Teddy y los Rough Riders le seguían impresionando incluso hasta ahora, tres años después de que terminara la guerra.

De las fotografías que se tomaron el día de la boda, un daguerrotipo en particular le llamaba la atención. La imagen compuesta de su padre, su madre, sus dos hermanos y él mismo se había hecho en su casa en medio de una discusión que fue interrumpida por la llegada del fotógrafo. En su opinión, la pelea nunca se resolvió y se quedó en su mente desde entonces. Joseph tomó la fotografía y volvió a escudriñar las caras con cuidado.

El padre y la madre de Joseph estaban sentados uno al lado del otro, muy juntos, tocándose casi las manos. Ruben Simons, con traje negro y la corbata anudada, sonreía mientras su hijo Joseph a su derecha le miraba con gesto de orgullo por todos sus logros. Él también sabía en ese momento que sus padres estaban orgullosos de él. Una invisible línea jerárquica iba de la madre al padre y después a Joseph, el primer hijo que había sobrevivido del matrimonio. Entre sus padres se encontraba el delgado, frágil y delicado Orin Elmer de veintiocho años en ese entonces. Joseph recordaba lo nervioso que estaba Orin Elmer cuando el fotógrafo se preparaba para hacer el retrato. Temeroso de estropear la foto, jugueteaba con la corbata y el cuello de la camisa, abotonándose y desabotonándose el traje. Cuando disparó la cámara, Orin Elmer estaba desprevenido. Sus ojos y labios parecían flácidos, como si en ese instante hubiera descubierto que había fracasado en parecer fuerte e inteligente. Este hermano arrebataba la energía amorosa y la protección del núcleo familiar. La fotografía había captado a la madre de Joseph, que llevaba un sencillo vestido azul de cuello blanco y quien se encontraba girada ligeramente hacia Orin Elmer, como si le estuviera llamando en el momento de dispararse la fotografía. Colocado detrás, y a la izquierda de ella, estaba el hijo más pequeño, Walter Robey, quien con un aura independiente y jactanciosa miraba descaradamente de frente a la cámara y sonreía traspasando la imagen y el tiempo. Joseph pasó delicadamente la yema de sus dedos por encima de la imagen de su hermano.

Walter no había llegado todavía de la finca. No podía criticarse su trabajo y dedicación al negocio, sin embargo, a Joseph no le gustaba la arrogancia de Walter ni el comportamiento fanfarrón y altivo que tanto influía en la familia y en el futuro de la empresa de ladrillos. La forma de alcanzar sus metas era diferente, estaban filosóficamente en polos opuestos, como en la fotografía. Entre ellos se encontraba la familia, que era, quizás, lo único que les mantenía unidos por encima del deseo de prosperar económicamente.

Joseph oyó por casualidad que su padre hablaba de construir más casas como en las que vivían en ese entonces. Joseph recordó con esa frase la disputa sin resolver que tuvo lugar cuando se tomó la fotografía. Walter creía que la casa en la que vivía era suya, pero Joseph había construido las tres casas para sus hijos. Él era el propietario legal y las casas eran para ellos. El acuerdo con sus padres era que una vez que se hubieran asentado, ellos mismos construirían sus propias casas. El primer hijo de Laura y Joseph iba a heredar la casa en la que vivía Walter, pero éste rechazaba la idea. Estaba convencido de que había llegado a un acuerdo con la familia, antes de llegar a California, en que él compraría la propiedad y la casa en la que vivía ahora. Se había gastado mucho dinero en esa casa pintando, comprando muebles y haciendo otros arreglos. Cierto que la familia Simons podía y construiría casas nuevas, pero esta casa en particular era especial para Walter. Fue su primera casa en California y la quería para su novia cuando llegara la hora de casarse.

—La disputa nunca se resolvió —pensó Joseph mientras cogía las fotografías y las colocaba en compartimentos individuales en el interior del álbum de madera que iba dentro de una bonita caja de madera lacada y decorada con rosas blancas pintadas. Joseph cerró la tapa. El llanto de un niño recién nacido envolvió de repente la silenciosa casa, que se llenó de gritos de júbilo. Joseph todavía sostenía firmemente la caja que contenía los recuerdos del día de su boda mientras sus ojos se llenaban de lágrimas y les sonreía a los dos nuevos abuelos que en ese momento lo felicitaban. Orin Elmer corrió desde el comedor.

—¿Escuchaste? ¡Joseph! ¿Escuchaste? —Orin Elmer repetía la frase por toda la casa, absorto de felicidad.

Joseph entró en el comedor y encontró a su madre que sostenía al recién nacido. En su cara reinaba una sonrisa de amor y protección para el niño y para el padre.

—Tu hijo, James —dijo ella mirando a Joseph—. Así es como lo llamó Laura.

—Sí, decidimos que se llamara James hace mucho tiempo —dijo él. Un gran orgullo lo invadió pensando en Laura y en su hijo James mientras tocaba la frente del niño.

—Es un chico fuerte —susurró la madre de Joseph—, debo llevárselo a Laura —y se fue con los ojos llenos de lágrimas.

—¡Madre! —dijo Joseph levantando la voz cuando entró en la habitación de Laura—. ¿Qué le pasa a Laura? —gritó acercándose al médico, que levantaba las manos para detenerle.

—Se encuentra bien —replicó severamente el doctor McProssler—. Ha surgido un problema, pero Laura está bien.

El doctor McProssler tomó del brazo a Joseph y lo llevó afuera, al patio. El doctor pidió brandy y la madre de Laura se dispuso a acompañarlo mientras reclamaba la presencia de su marido. Se sentaron los cuatro en la misma mesa en la que hacía unos momentos Joseph había observado detenidamente las fotografías de su boda y que ahora se encontraban guardadas. Joseph miraba en el interior de la copa de brandy que le había servido su suegro James Bolin. Algo había estropeado el nacimiento de su precioso hijo James. Por alguna razón se lo habían llevado fuera de la casa y no a la habitación de Laura. La madre y el niño estaban bien, ambos habían sobrevivido, pero algo malo había ocurrido. Joseph sabía que en pocos segundos uno de ellos tres se lo diría. El doctor McProssler y los Bolin se miraban entre sí, desesperadamente, instando silenciosamente a que uno de ellos comenzara a hablar.

—Joseph —la señora Bolin rompió la tensión—. Laura ha tenido un parto difícil y ha perdido mucha sangre. Nunca ha estado en verdadero peligro —la señora Bolin buscó la mirada del doctor.

—Sí, eso es, nunca ha estado en peligro, pero después de dar a luz y expulsar la placenta, Joseph, el útero se ha deformado. No sé por qué, quizás los músculos eran extremadamente débiles. No me lo puedo explicar —el doctor McProssler se detuvo mientras miraba hacia el persistente atardecer.

—Laura no podrá tener más hijos —continuó diciendo—. Lo siento, Joseph. Debo ir a cuidarla ahora. Podrás ir a su lado en un rato y la recuperación será lenta, pero se pondrá bien.

El doctor McProssler no tenía más que decir. El señor Bolin, visiblemente consternado, lo siguió y entraron en la habitación de Laura. Joseph contemplaba el arbusto donde los pájaros piaban en sus nidos.

—Lo siento, Joseph, no tenía ni idea. Ella siempre ha sido una niña fuerte —dijo la señora Bolin. Si lo hubiera sabido te lo hubiera dicho antes del matrimonio. Laura teme que ahora pienses que te ha traicionado. ¡Estoy segura que ella no lo sabía! Ha sido la naturaleza . . . la voluntad de Dios. ¡No la tomes en contra de ella!

Las lágrimas se deslizaban por su cara. Estaba tan decepcionada como su hija, tal vez más. La señora Bolin se puso de pie y esperó. Joseph no dijo nada. Dejó solo a su yerno mientras éste miraba la caja lacada y escuchaba a los pájaros piar cuando la tarde estaba a punto de terminar. Joseph oía la vida desde aquel rincón, y oía el mundo que le rodeaba. En este momento de felicidad a Joseph le invadió un sentimiento de gran pérdida. Había sufrido en su corazón una especie de muerte múltiple y veía en su mente una extirpación de imágenes que venían a ser sus hijos. Él y Laura los habían perdido. Sólo habría un heredero de sus propiedades, su hijo único, James Bolin Simons. Le invadieron oleadas impredecibles de ira y odio dirigidas a aquellos que amaba . . . *¡Si James es el único hijo que ella puede darme será el mejor! ¡Maldita seas, Laura!*

La tarde cedía a la oscuridad entrante. De la casa llegaba olor a comida, una luz brillaba en el patio, la gente reía y el mundo volvía a la normalidad. Todos merodeaban alrededor del recién nacido y la madre, pero para Joseph el nacimiento había significado la muerte de su familia.

—Pronto estará lista la cena. El doctor McProssler está todavía con Laura —dijo Orin Elmer.

La puerta se cerró y Joseph se volvió a quedar solo. Un trémulo rayo de sol se esforzaba por aparecer desde el oeste. Algo brilló calle abajo de la casa de los Bolin.

—Vuelta a la normalidad —se dijo Joseph a sí mismo.

Un ruido que anunciaba la presencia de caballos y carros que se aproximaban atravesó vagamente la oscuridad.

—¡Bien! Ya estamos aquí. Gracias, Rosendo. Hasta mañana. Espero que no haga tanto calor —dijo Walter Robey Simons mientras empujaba la puerta.

—Por favor, dé mis felicitaciones al señor y a la señora Simons —gritó Rosendo mientras maniobraba con los caballos y el carro y se preparaba para regresar a la puerta negra del Cuchillo de Sílex, en la Ladrillera Simons.

Walter, emocionado por conocer al recién nacido y felicitar a los padres, estaba a punto de entrar en la casa, cuando se dio cuenta de la presencia de su hermano.

—¡Felicidades! ¿Niño o niña? —preguntó.

—Niño —contestó Joseph suavemente.

Walter forzó a Joseph a que se quedara allí y le abrazara.

—Bien hecho, hermano. ¡Dios te bendiga con muchos más! Vamos a ver a Laura.

—No, el médico está con ella —dijo Joseph. Los dos se quedaron en medio de un incómodo silencio.

—¿Cómo se llama el niño?

—James —contestó Joseph.

—James Bolin Simons —pronunció Walter con orgullo—. ¿Está el médico todavía con ella? ¿Está bien?

—Está bien. ¡Estará bien, no te preocupes! —contestó Joseph enojado. Descubrió sus emociones, pero antes de que Walter pudiera preguntar algo más, el doctor McProssler salió de la casa.

—Laura te quiere ver.

Joseph miró a los ojos de su hermano menor por un instante. Tenía los labios apretados y el ceño fruncido. Una emoción extraña hizo que se diera la vuelta bruscamente y se metiera en la casa. El doctor McProssler puso su mano en el hombro de Walter. Mudo por la reacción de su hermano, Walter se dirigió al doctor.

—¿Qué ha pasado?

—No debes preocuparte —le decía Joseph a Laura cuando la partera trajo a James y lo puso cerca del pecho de su madre. Laura alcanzó la mano de Joseph mientras la boca del bebé buscaba su pezón.

—Por favor, perdóname —dijo, esperando que las lágrimas no le salieran, pero al final empezó a llorar mientras amamantaba a su hijo.

—No llores, Laura. Lo importante es que tú y el niño estén bien —dijo Joseph intentando tranquilizarla.

—Pero no puedo tener más hijos, ¡más niños preciosos como éste! ¡No ves que te he fallado!

—Laura, por favor, no digas eso. ¡Mírame, te quiero muchísimo! y, ¡mira a tu hijo!

—¿Qué hijo? Este niño es mi decepción. No me dará ninguna felicidad alimentarlo. No siento nada por este niño. ¡Es un extraño para mí! —declaró Laura con tono severo—. Lo amamantaré como a un animal y veré cómo me devora.

—¡Laura, cálmate!

—¡Este niño representa el fin de mi maternidad! —dijo Laura amargamente.

—Laura, te amo y vas a ponerte bien. No te apures más. Necesitas tiempo para recuperarte.

Joseph observó cómo su esposa amamantaba a su bebé. En pocos minutos la madre y el hijo se quedaron durmiendo profundamente. Fue a buscar a la partera quien tomó a James para ponerlo en la cuna. Joseph veló a la mujer y al niño que amaba mientras la partera se ocupaba de doblar pañales, sábanas y pijamas.

—¿No ha cenado, señor Simons? —preguntó.

—Laura se lo ha tomado muy mal —dijo Joseph.

—Le costará volver a la normalidad, tanto física como mentalmente. Es un gran golpe, señor. —La partera llevó un puñado de pañales y los colocó en el armario—. ¿Por qué no sale y come algo? Me quedaré aquí con ellos. Vamos, señor. —Acompañó a Joseph hasta la puerta. Éste le sonrió a su esposa e hijo y, de repente, se sintió bien. Cuando abrió la puerta se sobrecogió por el llanto de su hijo y vio cómo un gran insecto café corría a toda prisa por el suelo dirigiéndose hacia el comedor donde estaba su familia.

CAPÍTULO 3

YA TARDE EN LA NOCHE, A WALTER SE LE OCURRIÓ UNA IDEA cuando oyó a Rosendo hablar con cuatro hombres que habían llegado recientemente de México. En los últimos tres años, Walter se había acercado a Rosendo. Ambos tenían casi la misma edad y habían conectado inmediatamente. Con el deseo de aprender y dejarse guiar por Rosendo, Walter había aprendido el negocio rápidamente y era capaz de comprender la naturaleza de las estructuras internas de la finca de ladrillos y la condición física y psicológica de los trabajadores. Walter se había dedicado a estudiar a los mexicanos para poder identificar qué es lo que les hacía felices y aquéllo que les molestaba, y cuál era el límite de sus fuerzas. Quería saber cuánto les podía exigir.

Dos de los hombres que hablaban con Rosendo se quejaban de que los rurales que apoyaban a los propietarios de las haciendas les habían expulsado de sus propias tierras en México. Otro hombre maldecía a las empresas de ferrocarril que estaban en manos extranjeras por haber arrebatado todo trozo de tierra que estuviera en la senda de las vías de acero. Entre las cuatro personas que hablaban bajo las luces de la oficina de Rosendo se encontraba un chico de unos trece o catorce años, que describía cómo su propia familia vivía como esclava en la gran hacienda Terraza, situada al norte del estado de Chihuahua.

Walter intentaba entender lo que podía de la historia que narraba el chico y se acercó al grupo en silencio. Mientras el joven hablaba, Walter permanecía a su lado viendo cómo la suave luz bailaba en su reluciente mejilla. Un brillo de desesperación, odio e inteligencia se asomaba a los ojos del chico con cada gesto y palabra que pronunciaba. Walter se acercó un poco más. Hacía esfuerzos por entender cada una de las palabras que decía. El chico se había escapado de la esclavitud y por ello su familia sufriría horribles consecuencias. El chico no podía regresar porque si lo

30

hacía, eso significaría su muerte. Walter recordó la última frase del chico.

—¿Mis padres, hermanos? Supongo que están muertos.

Cuando el chico terminó, se produjo un gélido silencio bajo la luz de la bombilla abarrotada de insectos. Los cuatro hombres contestaban humildemente y de manera educada a las preguntas de Rosendo. Sólo el chico agresivo y seguro se atrevía a mirar a los ojos a Rosendo cuando éste hablaba.

—Don Rosendo, con todo el respeto y humildad, le pedimos la oportunidad de poder trabajar para usted —dijo el chico.

Rosendo miró de reojo a Walter, quien permanecía allí con el gesto impasible. Era decisión de Rosendo. Él sabía lo que hacía falta en la finca.

—Miren, ustedes, por el momento no tengo nada que les pueda ofrecer. Si quieren, regresen a principios del mes que viene. Quizá haya trabajo entonces —dijo.

Los cuatro hombres hablaron con sus miradas, retrocedieron e hicieron una reverencia agradeciendo su tiempo a Rosendo.

—Gracias, hombre, gracias.

Los hombres desaparecieron en la noche cuando Rosendo entró en la oficina y dejó solo a Walter bajo la luz. Walter pensó en esos hombres durante días. No podía olvidar cómo lo miraba el chico y como en menos de un minuto sus músculos faciales se tensaron y retorcieron de miedo y odio. Walter fue el causante de que esa máscara se pusiera en la cara del chico al haber roto los canales de comunicación que hay entre los hombres del campo. Walter cargó con el peso del odio del chico por lo que él representaba y a quiénes representaba. Cuando Walter habló de esto con Rosendo, éste le sugirió que se marchara a México para que viviera lo que allí acontecía y para que comprendiera de dónde procedían sus trabajadores.

Walter consultó con un agente de viajes en Pasadena, el cual no tenía mucha información sobre México pero le sugirió que viajara en barco de Nueva Orleáns a Veracruz, y de ahí a la Ciudad de México, donde podría visitar las haciendas cercanas. Walter rechazó este plan. Quería viajar desde el norte al altiplano central de México, pero no como un turista, sino como un hombre de negocios, interesado en las ventajas de invertir desde Estados Unidos a México. Su objetivo era explorar localizaciones de fincas de producción de ladrillos. Walter deseaba tener su propia finca y alcanzar así la posibilidad de producir ladrillos en México y transportarlos a Estados Unidos para hacer un negocio rentable.

Su segundo objetivo era aprender cómo eran los mexicanos, y descubrir porqué se transformó la cara del chico en esa máscara amenazante cuando lo vio. Más que su deseo por alcanzar el éxito y lograr una independencia económica, fue la cara del chico lo que le llevó a emprender ese viaje hacia el sur.

El agente de viajes lo contactó con un conocido que sabía de la situación financiera de la familia Simons y había trabajado con ellos desde que Joseph se estableció en Pasadena. Walter escuchaba la verborrea del conocido del agente, el señor Riley, mientras le explicaba la situación política y económica de México. El señor Riley hablaba de Porfirio Díaz.

—México ha sido pacificado por Díaz durante los últimos treinta años. Ha sido un buen presidente porque ha entendido la importancia de las inversiones extranjeras en su país. Y usted, señor Simons, está haciendo lo correcto al investigar las ventajas económicas que hay en México. El trabajo es, por supuesto, una preocupación primordial. Por ejemplo, si usted abriera una finca de producción de ladrillos en México, prácticamente no tendría gastos de mano de obra. Los costos de transporte serían más elevados, pero con los intereses de la línea de ferrocarriles estadounidense que hay allí, estoy seguro de que podría llegar a una solución negociable.

El señor Riley movió de la izquierda a la parte derecha de su mesa tres botellas de cristal con perfume. Se reclinó, unió sus dedos y los flexionó cuando empezó a hablar.

—Señor Simons, existen excelentes ejemplos de americanos cuyas inversiones se han visto recompensadas ventajosamente por el presidente Díaz. Permítame citar a algunos. El presidente Díaz le dio miles de acres en Baja California a Louis Huller, y el coronel Greene obtuvo miles de acres de tierra rica en cobre en Cananea. También le vendió por casi nada a Rockefeller tierras ricas en caucho en el sur de México y otros miles de acres de bosque en el estado de Morelos y el estado de México a un grupo de empresas americanas productoras de papel en el norte de California —dijo Riley mientras la mirada de Walter seguía a una cucaracha que se escondía bajo la mesa.

—El presidente Díaz ha modificado el código minero mexicano para beneficio de los inversores americanos tales como Huntington, Fitzer y el monopolio metalúrgico de los Guggenheim —continuó explicando Riley—. El presidente también ha hecho algunas concesiones económicas al embajador Thompson para poder organizar la Compañía Bancaria Estadounidense y la Línea Ferroviaria Panamericana. Estas concesiones han sido también ventajosas para los intereses petrolíferos americanos. El presidente Díaz es un verdadero amigo del hombre de negocios americano y, por supuesto, su país y su pueblo se están beneficiando mucho de nuestras inversiones. Estoy seguro de que usted tendrá éxito en México.

El señor Riley se inclinó hacia delante, sonreía y hablaba despacio. Walter se acercó más a él.

—Señor Simons, ya lo he dispuesto todo para que usted viaje con un grupo de empresarios americanos que están interesados en México. Alguno de ellos ya tiene grandes inversiones o son propietarios de vastas parcelas de tierra. Este viaje ha sido organizado por William Randolph Hearst, quien tiene el orgullo de poseer un rancho de tres millones de hectáreas en el estado de Chihuahua. El señor Hearst y sus amigos están propulsando la inversión americana. He hablado con la secretaria del señor Hearst sobre su empresa y su preocupación financiera. Le ha extendido una invitación, ¿qué debo decirle? —preguntó el señor Riley.

Walter no lo dudó.

—Sí, dígale al señor Hearst que sí.

—Espléndido, señor Simons. En pocos días le facilitaré los detalles del viaje.

El anuncio del conductor produjo un gran silencio y una sensación de alivio dentro del entretenido vagón donde Walter y otros dos caballeros se bebían un trago. En cuestión de una hora, o menos, el tren en el que llevaban una semana llegaría al rancho de Hearst, situado al norte de la ciudad de Chihuahua, en Chihuahua, México.

El grupo de Hearst se componía de siete hombres californianos. Habían demostrado ser muy cooperativos y pacientes durante la travesía por el desierto. El tren tenía todas las comodidades para los invitados: excelente comida, bebida, un vagón para cenar y beber y un vagón especial para el esparcimiento, donde varios de ellos había permanecido casi todo el tiempo. En el vagón trabajaban y dormían tres mujeres. Estaban allí para cantar, bailar y actuar cuando así lo pidieran los caballeros. Sin embargo, cada uno de los pasajeros esperaba con impaciencia la llegada a su destino, poder bajarse del tren, caminar sobre tierra firme y dormir en una cama estable, libre del constante ruido de la locomotora y de las ruedas de hierro que circulaban sin cesar por las vías.

El tren empezó a desacelerar y, finalmente, paró. Desde las ventanas de los vagones los hombres descubrieron las cercas blancas del Rancho Mexicana USA. Mientras embarcaban en los carruajes que les llevarían por las cuatro millas que distaban del rancho, el señor Hearst explicó que el nombre hacía referencia a que éste se encontraba en tierra mexicana pero todo en él era americano.

Mientras iban por la carretera hacia la casa principal, Walter observó las caras oscuras de los campesinos. La gente parecía sucia, sin ningún aseo personal. Los niños no sonreían, simplemente miraban al espacio infinito. Cuando llegaron a la casa, les esperaban mujeres mexicanas para atender todas las peticiones que los huéspedes de Hearst pudieran hacer. La casa, una bonita estructura blanca de adobe con techo de teja roja, tenía un piso principal con forma de "U" en el que cada una de las habitaciones tenía acceso al jardín central.

Esa noche, después de haber dormido dos horas, una mujer de unos treinta años de pelo negro brillante y ojos oscuros le preparó un baño a Walter. Le dijo que la cena estaría servida a las diez, y que las bebidas y *hors d'oeuvres* empezarían a servirse a las nueve. Walter salió a explorar el jardín. Mientras se detenía en ello, se dio cuenta de que los sirvientes de la casa eran los más apuestos de todos los mexicanos que trabajaban en la hacienda. Las mujeres eran deslumbrantes y los hombres muy guapos. Este pensamiento quedó confirmado cuando entró en el comedor y se encontró con bellos hombres y mujeres bien entrenados para hacer su trabajo. Algunos incluso entendían y hablaban inglés. Parecían saludables, inteligentes y felices. Walter recordó las caras de los trabajadores que estaban fuera de la casa. Había muchos más, cientos, quizás miles, que trabajaban en el grandísimo rancho.

Los huéspedes se sentaron en una mesa larga llena de los mejores productos locales cultivados en la propiedad. Conversaron sobre negocios, y comieron y bebieron hasta la madrugada. Discutieron la posibilidad de adquirir la tierra adyacente a la propiedad de Hearst, de exportar alimentos a Estados Unidos, de expandir las líneas ferroviarias hacia las montañas, y de la posibilidad de encontrar oro. Walter escuchaba y a veces contribuía con algún comentario sobre los beneficios que daría la producción de ladrillos en México; sin embargo, a medida que las horas de la madrugada se hacían más oscuras, él miraba a la tierra que se veía desde un gran ventanal. Sintió como si miles de ojos saltones miraran vorazmente la mesa y la comida, y como si miles de manos alcanzaran la carne que había allí. Oyó el lejano llanto de un niño, las voces de una mujer y la risa de un hombre. Los músicos tocaban y las mujeres bailaban. No se fijaban los unos en los otros y los hombres hacían lo que hacían y las mujeres hacían lo que ellos les decían.

Cuando Walter cerró la puerta, se encontró afuera con una madrugada oscura y fría. Caminó sin temor por el terreno cuando creyó oír el llanto del niño otra vez. El tiempo se detuvo mientras Walter avanzaba hacia la colina. La luz de las estrellas le alumbró por el camino hasta alcanzar la cima.

De repente apareció un hombre en lo alto. Walter se detuvo y observó que el hombre bajaba de la colina. Este hombre harapiento, sucio y maloliente llevaba en sus manos trozos grandes y humedecidos de intestinos putrefactos. Vio a Walter y se detuvo defendiéndose y protegiendo su comida. En ese momento, el hombre mordió salvajemente una parte del intestino salpicando de líquido la cara de Walter. El hombre enseñó los dientes, la cara deformada y, mientras comía, sonidos horribles salían de su boca. No era humano. Lo que se movía colina abajo en la oscuridad, con una costra de tierra y escamas en la espalda, era un enorme insecto. Walter no sintió miedo y continuó caminando hacia la cumbre.

Delante de él, veinte insectos de todas las medidas hormigueaban por el cadáver podrido de un caballo. El animal olía. A un lado ardía un fuego donde unas figuras desconocidas apenas cocinaban las porciones de carne podrida que arrancaban del tieso caballo. Un insecto hembra notó la presencia de Walter el cual chillaba como si le hubiera hecho frente a la muerte. Ella y los demás escapaban del fuego. Algunos se quedaron para proteger la carroña. Un niño se introdujo dentro de la cavidad abdominal abierta del caballo y se escondió. Otras criaturas todavía revoloteaban halando trozos de carne. Debido a la luz de las estrellas, una imagen impactó a Walter: un caballo podrido y mutilado con las piernas rotas, destellantes huesos blancos, el pecho sangrante y el estómago abierto y, centrado en la muerte, un niño inhumano, un insecto que chupaba y se empapaba con la putrefacción. Cuatro insectos grandes protegían la carcasa. Todos los sentidos de Walter dieron fe de que la imagen, intensamente aguda y clara, era real. La oscuridad se escondió lentamente ante la primera luz que invadió la mañana.

De repente, unas pezuñas pesadas golpearon la tierra. Eran hombres a caballo brutalmente machacados. En ese momento, gritos y disparos agujerearon el espacio que Walter ocupaba. Los insectos empezaron a correr, pero los hombres pronto les alcanzaron y partieron sus espaldas con balas y machetes. Las criaturas caían envueltas en violentos espasmos como último esfuerzo antes de su caída. Uno de los hombres se aseguró de que ningún insecto se acercara a Walter. Mientras protegían al conmocionado gringo, el hombre a caballo insultaba a los insectos y animaba a sus hombres para que buscaran más y mataran a más criaturas.

—¡Castíguenlos! ¡Quién les ha dado permiso para que consuman ese caballo muerto! ¡Malditos jodidos, vagos animales! ¡Van a pagar ahora por ello!

La matanza siguió hasta que salió el sol. Esta era la señal para que se detuvieran. Los hombres a caballo tiraron con cuerdas de la carroña con el niño todavía sentado en medio de la herida abierta. Se llevaron los cuerpos y desaparecieron por una distante colina. Un hombre le ofreció un caballo a Walter y lo escoltó de vuelta a su habitación.

Por la tarde, Walter se dirigió al comedor y preguntó por el señor Hearst. La criada le dijo que no estaría disponible hasta la noche. Walter caminó hacia el jardín cuando se encontró con dos hombres del grupo y los invitó a dar un paseo. Los llevó hasta donde se había producido la matanza. Sin embargo, no hallaron nada que explicara lo que había sucedido y averiguó acerca de los gritos y disparos de esa madrugada. Recibió respuesta negativa. Entretanto, se encontraron con un grupo de personas que regresaba de su faena en el campo.

—¿Muertos? —preguntó Walter.

La quintaesencia de seres hambrientos, temerosos, enfermos e iletrados denotaba que no habían olido, oído ni visto nada. El grupo miró fijamente a Walter y sus dos compañeros, y desaparecieron. Los campesinos se multiplicaban agachando la cabeza cuando los tres hombres pasaban por su lado. Los hombres a caballo que escoltaban a los trabajadores hicieron un gesto con su sombrero, sonrieron y saludaron a los visitantes del Rancho Mexicana USA. El hombre que iba a la cabeza de este grupo, y que Walter reconoció como el líder de los asesinos, instó a los visitantes a que regresaran a la casa. Walter regresó pensativo, asombrado de que nadie confirmara la existencia de ese brutal acto. El señor Hearst estaba esperando en el patio.

—Señor Simons, el mayordomo me ha dicho que ha preguntado por la matanza de un caballo ayer por la noche.

—No, he preguntado por la matanza de gente —dijo Walter fríamente.

—Anoche murieron dos ladrones de caballos. Los ladrones deben ser castigados. La política del presidente Díaz de "pan o palo", "pan o porra" es un mandamiento. Damos "pan" a los trabajadores del rancho, les damos comida. Mi mayordomo cuida bien a nuestra gente, pero siempre hay algunos elementos que deben tratarse con eficacia y firmeza. Si no tuviéramos mano firme perderíamos la posibilidad de tener una alta productividad.

Como sabe, el presidente Díaz quiere que su gente sea productiva
—concluyó Hearst.

—Pero pude ver a mujeres hambrientas y a niños horrible-
mente apaleados —declaró Walter enojado.

—Bien, bien, señor Simons. El mayordomo me ha informado
de que sus hombres encontraron a los dos ladrones con las manos
en la masa. Además, me ha dicho que a usted lo encontró afuera,
caminando solo. Me dijo que parecía haberse echado unas copas de
más. El tequila hace que se vean las cosas de un modo exagerado y
provoca pesadillas —dijo Hearst con tono serio—. Señor Simons,
debe olvidar sus pesadillas porque sólo son eso, pesadillas.

Hearst se dirigió a los hombres que se encontraban en la
reunión de negocios.

—Vengan, comamos algo y les explicaré nuestro próximo
destino.

Hearst puso su mano encima del hombro de Walter.

—¿Vendrá con nosotros, por favor? —le preguntó.

Decepcionado, Walter siguió los pasos de William Randolph
Hearst hacia el comedor, donde le esperaban bellas sirvientas
mexicanas.

Hearst abrevió la estancia del grupo en el Rancho Mexicana USA
y les llevó directamente a Terraza, la hacienda de la familia, para
que observaran el sistema de trabajo durante cuatro días. Uno de
los hijos era el anfitrión oficial el cual hizo que la estancia de los
caballeros fuera agradable y permitió que exploraran la hacienda
libremente. Walter recordó entonces la descripción que su padre
hacía de los campesinos cuando comparaba las caras hundidas y
hambrientas de los esclavos mineros británicos. Aquellos
trabajadores de las fábricas: viejos y jóvenes, hombres, mujeres y
niños, a quienes la humanidad les había sido negada y se les había
forzado a vivir como animales. Walter pudo encontrar una
similitud entre el efecto que causaba el enclaustramiento de los
trabajadores ingleses y los de la hacienda mexicana. Los dos
sistemas, el inglés y el mexicano, creaban una población indigente
y desarraigada económicamente.

Walter llegó a la conclusión de que la situación empezaba a ser crítica en México. Había visto cientos y miles de campesinos desprovistos de tierra y comida, y cómo millones de personas vivían como virtuales esclavos dentro de las grandes haciendas. Algunas eran tan extensas que nadie, ni siquiera los dueños, conocían la verdadera extensión de sus propiedades, ya que raramente vivían en ellas. Lo hacían en casas bonitas de la Ciudad de México, donde ejercían su poder político para ampliar sus bienes y no para producir beneficios. Walter entendía que los propietarios querían explotar más el trabajo que el suelo y se negaban a invertir en maquinaria, prefiriendo la mano de obra barata con el fin de evitar el gasto de mantenimiento.

Una noche Walter le preguntó al muchacho que estaba en Terraza dónde estaban sus padres. El joven le contestó tranquilamente que estos se encontraban en Lóndres, París, o en la Riviera, y que rara vez se dejaban ver por la hacienda. Los hacendados, descubrió Walter, eran una clase privilegiada, cortés, lujosa, sensual y decadente, sin otro motivo para vivir más que el placer y la buena vida. Ellos eran generalmente las familias favoritas del presidente Díaz.

Cuando Walter caminaba por las aldeas de los peones pudo comprobar que las condiciones de los trabajadores de la hacienda Terraza eran, en el mejor de los casos, repulsivas. La esclavitud era la única palabra que podía describir esa situación. La hacienda les ofrecía tiendas de raya más grandes que las habituales en donde podían hacer sus compras una vez que cobraran el sábado por la noche. Un trabajador y toda su familia vivían con seis u ocho centavos al día, y el sueldo llegaba a ser de unos cincuenta centavos a la semana. No tenían que pagar la renta o la leña, y pocas veces compraban algo de ropa.

Durante varios días, Walter observaba a los hombres que regresaban de las tareas del campo y se reunían con un contador sentado detrás de una gran mesa situada en el patio de la casa del mayordomo. Los hombres tenían que esperar a que el mayordomo les llamara por sus nombres. Todos contestaban cuando se les llamaba. Se tardaba algunas horas en registrar a un millar o más de nombres. En una ocasión, pudo ver cómo un jinete de la hacienda golpeaba a uno de los hombres por no quitarse el sombrero en presencia del mayordomo. Después del golpe, la víctima le agradeció el castigo al mayordomo. Los campesinos esperaban tranquilos, con respeto, con el sombrero en la mano y se inclinaban educadamente cuando pasaban por delante de la mesa del mayordomo.

El grupo salió de la hacienda Terraza a visitar algunas propiedades en el estado de Jalisco. Todas las haciendas eran bastante parecidas. Los alimentos básicos en la dieta de los trabajadores eran los frijoles y el maíz. Utilizaban chile fuerte para que les ayudara a hacer la digestión. También tomaban pulque para suavizar los efectos del chile. Esta combinación de alimentos representaba un círculo vicioso, doloroso y fatal que se extendía como una plaga entre los campesinos y les producía graves desarreglos intestinales. La falta de agua para el baño y la higiene general contribuía a la aparición de disentería amebiana, fiebre tifoidea y hepatitis.

A Walter le hubiera gustado ayudar a esta gente, pero no se atrevió. Le sorprendió su capacidad de supervivencia. No le ofendía el hecho de que estuvieran sucios, y no entendía cómo se mantenían tan limpios. No pensaba que fueran vagos o débiles, sino que llegó a comprender que siempre andaban enfermos, sorprendiéndose que algunos se encontraran bien de salud. Tampoco consideraba que a los mexicanos les encantara emborracharse, y llegó a la conclusión de que, sencillamente, no podían soportar estar sobrios por las condiciones en las que vivían. Se dio cuenta de que la bebida era la herramienta del mayordomo para oprimir al trabajador y, de un modo irónico, éste representaba la única salida que tenían los campesinos para escapar de la miseria que les rodeaba. Un abrumador sentimiento de desesperación prevalecía en la hacienda. Walter veía a los campesinos mexicanos como gente que nacía y moría sin esperanza. La muerte parecía estar siempre presente, esperando y acechando. La hacienda era un lugar mortuorio. La hacienda, pensó Walter, era un microcosmos de México.

A medida que se dirigían más hacia el sur, Walter se dio cuenta de que las tiendas de raya eran un mecanismo para esclavizar a los peones de la hacienda. El peón pagaba con unos discos de metal que sólo podían cambiarse en la hacienda, o también se le daba crédito para comprar en la tienda de raya. Los administradores corruptos les cobraban lo que querían por las mercancías básicas para vivir. No se podía pagar nunca la deuda que el trabajador acumulara, y en muchos casos, el peón ya nacía con una deuda y heredaba las obligaciones de sus padres. En cualquier caso, Walter aprendió que un niño ya adquiría una deuda el día de su bautizo para poder cubrir el gasto del sacerdote, la bebida y la comida de la fiesta. Las primeras ropas del recién nacido se compraban con crédito en la tienda de raya a costa de sus ganancias venideras. Cuando el peón era lo suficientemente mayor para contraer matrimonio se le prestaba dinero. La vida de los hombres, las mujeres y los niños era manipulada por los continuos mecanismos de esclavitud que se heredaban desde el nacimiento. Walter comprendió que la vida de campesino era el destino de casi toda la población mexicana.

La mayoría de la gente de México no tenía ningún derecho o libertad, y la única justicia que ellos conocían era la que ejercía el patrón o el mayordomo. La justicia de las haciendas estaba respaldada por los agentes rurales del presidente Díaz. Estos hombres tenían la última palabra y, como los hacendados, trataban a los peones peor que a animales, pues las bestias tenían más valor y eran más caras de reemplazar. El peón se encontraba desprotegido a la hora de defender a su familia de los rurales o de los hacendados. Si un hombre se atrevía a defender a su mujer, hija o hijo, sabía que las consecuencias iban a ser terribles.

Un día, el mayordomo que guiaba a Walter por las propiedades de una hacienda en el estado de Guanajuato se acercó a una de las familias de los peones. Mientras Walter observaba, el mayordomo ordenó a una de las jóvenes que lo siguiera a través del campo donde, en presencia de sus padres, la violó. La chica no tendría más de catorce años y, cuando hubo terminado, los padres le agradecieron su amable atención. Cuando Walter y el mayordomo se alejaron, los padres de la niña desnuda corrieron a consolarla. El mayordomo apreció en ese momento el interés de Walter y le preguntó si la quería poseer. Casi respondió afirmativamente. Se había disgustado por todo lo que había visto excepto por la idea del poder absoluto que los hacendados tenían sobre los peones. Walter pensó que ese poder era necesario para ayudar a la gente, sin embargo, el abuso de poder era el único modo de vida en México.

Una mañana, Walter bebía tequila en una aldea de unos tres mil habitantes situada en la hacienda de la familia Amor en el estado de Morelos. Hearst les había dicho que era una de las haciendas mejor administradas de México. La familia Amor tenía una actitud paternalista con los peones y creía en un trato relativamente justo. Los peones de la hacienda Amor no pagaban renta y disponían de tierra para construir sus propias casas. Los campesinos gozaban del privilegio de cultivar por sí mismos un pedazo de tierra, y como pago debían trabajar para la hacienda cuando se les llamara. Como en otras fincas, un sacerdote se encargaba de celebrar misa, bautizar a los niños, casar a las parejas, confesar a los pecadores y oficiar entierros. A diferencia de otros lugares, una monja acudía una vez por semana para enseñar a los niños del pueblo. Esta fue la única hacienda que Walter había visitado que ofrecía alguna clase de programa educativo para los niños. Los Amor incluían a un médico en el personal que atendía a los trabajadores dos veces al mes. Esta familia creía estar obligada por Dios, y no por el presidente Díaz, a cuidar de las necesidades espirituales y físicas de sus trabajadores. Se consideraban dioses que tenían el poder de otorgar vida o muerte a sus trabajadores. A menudo, en la hacienda Amor, los peones estaban sujetos a la mano violenta e iracunda de Dios.

Hearst, amigo personal de la familia Amor, había decidido no pasar por la Ciudad de México y dirigirse directamente a la hacienda de sus amigos, donde sabía que su grupo sería bien recibido. Allí permanecieron dos días. Era veinte de diciembre cuando se marcharon de la finca de los Amor, y viajaron durante dos días hasta Quiseo de Abasolo, situado en el estado de Guanajuato. Hearst había hecho una reserva en uno de sus lugares favoritos, los antiguos baños de azufre Caldera. Los viajeros pasarían las Navidades en la Residencia Caldera, el mejor hotel de la zona.

En la tarde del día veintidós, Walter se apeó del tren en Irapuato, Guanajuato. Desde allí el grupo embarcó en un carruaje y fueron directamente hacia el Hotel Real de Minas. El entusiasmo por las fiestas navideñas invadía el espíritu de la ciudad. Las calles estaban decoradas con luces de colores y con piñatas de los tres reyes magos, y había toda clase de "nacimientos" en las ventanas de los comercios y las casas. Los colores rojo, verde y blanco abundaban por todas partes a medida que uno se acercaba a la plaza. La catedral que se encontraba cerca del hotel estaba repleta de luces. Los niños jugaban en la plaza mientras un coro de niñas, dirigidas por unas monjas, cantaba villancicos.

Cuando Walter entró a la recepción del hotel se puso a observar la actividad de los vendedores y de la gente del pueblo. Olvidó por un momento la experiencia de las últimas semanas. Esta gente era de los pocos afortunados que podían reír y disfrutar de la festividad. Pero aún así, a pesar de los buenos sentimientos que las fiestas despertaban, bajo esa apariencia de alegría, se apreciaba una tensión indescriptible, una inquietud irrefrenable como si la festividad pudiera acabar violenta y repentinamente.

Tres grandes y lujosos carruajes pararon enfrente del hotel. Saldrían en una o dos horas de la Residencia Caldera. Tenían tiempo para asearse y tomar un trago. Mientras Hearst y Walter bebían algo suave, tres rurales entraron al hotel.

—Señor Hearst, llegó la escolta —anunció el mesero.

—¿Para qué los necesitamos? —preguntó Walter.

—Ha habido problemas en las minas de plata cerca de Guanajuato. Una huelga y rebelión de trabajadores. Han matado a los peones —dijo suavemente Hearst dirigiéndose solamente a Walter.

—¿Cómo nos afecta esto? —le preguntó Walter nervioso.

—Hay una banda de peones renegados que atacan a los viajeros en medio de las carreteras. Me han dicho que se ha producido un asalto en la carretera de Quiseo de Abasolo hace unos días. Por eso he pedido escolta. Esos malditos bandidos no se atreverán a acercarse a los rurales —dijo Hearst con seguridad mientras se acercaba a ellos.

La tarde se había vuelto fría al final de las dos horas de viaje a Quiseo de Abasolo. Conforme atravesaban los campos, Walter recordó que Quiseo de Abasolo era la ciudad en la que había nacido Rosendo. Sus pensamientos volaban de México a Estados Unidos, de estos campos a los que rodeaban Pasadena. Se acordaba de su familia preparando la Navidad, de James y de lo afortunados que eran. Humeantes chozas dominaban el paisaje. Las familias de agricultores se preparaban para la noche fría. Las chozas parecían estar abandonadas y solitarias.

Para evitar que el grupo fuera un blanco que se moviera despacio, y con el fin de llegar a la Residencia Caldera lo antes posible, los rurales insistieron en que se mantuviera una marcha rápida. Estos iban bien armados con dos pistolas cada uno, con machetes en ambos lados de los caballos y dos rifles Mauser nuevos dentro de las pistoleras de piel. Los rurales constituían el desmedido e impresionante armamento letal de élite que veneraba a Porfirio Díaz. Debían matar a cualquiera que se opusiera a sus órdenes. Estaban acostumbrados a disparar primero y no hacer preguntas ni a recibirlas. Los rurales, temidos por los campesinos, y por muchos hacendados y sus administradores, dominaban los campos y exigían los mayores privilegios. Todo el mundo se esforzaba por agradarles.

Los carruajes se acercaban a Quiseo de Abasolo cuando el pueblo avistó que tres agentes acompañaban a los huéspedes. La actividad familiar se intensificó inmediatamente, los padres escondieron a sus hijas más jóvenes y las mujeres se dispusieron a preparar toda la comida que tenían en ese momento. Limpiaron las áreas reservadas como dormitorios y los hombres se aseguraron de tener listas algunas bebidas alcohólicas. Todos estos preparativos se ordenaron en las paupérrimas chozas, en las casas más ricas y en el mejor hotel del pueblo. Los residentes debían prepararse para satisfacer lo que a los rurales se les pudiera ofrecer: un bocadito, un traguito, un lugar para dormir y una buena compañera eran las exigencias más frecuentes. Si el hombre de la casa no estaba trabajando, éste debía permanecer delante de su choza sombrero en mano e inclinarse cada vez que pasara por allí uno de los rurales. Incluso durante la noche, los habitantes del pueblo sabían cuándo los temidos agentes se encontraban cerca. En el campo, los campesinos se preocupaban los unos por los otros, y se comunicaban entre sí cuando amenazaba el peligro.

Los rurales fueron los primeros en ser recibidos en la Residencia Caldera. Al llegar, unos hombres se llevaron inmediatamente los caballos al establo para cepillarlos y alimentarlos. Hearst les agradeció su disposición y les entregó un sobre a cada uno. Los agentes entraron en la residencia y el propietario les dio la bienvenida. El grupo de Hearst iba detrás del disparatado trío. Momentos después, el dueño retiró la pesada cortina que abría paso al comedor y se encontraron con una mesa repleta de comida y tequila. Tres mujeres jóvenes con vestidos de algodón atados a la cintura abrazaron a los tres hombres. El dueño y el grupo de Hearst se detuvieron a mirar a las parejas que se besaban, y cómo los rurales se servían de los cuerpos femeninos. Los ojos del propietario se inclinaron y la punta de su lengua penetraba ligeramente en su lasciva sonrisa. De repente, recordó que allí estaban sus otros huéspedes absortos por las cautivadoras y jóvenes mujeres que eran acariciadas. La cortina se cerró bruscamente.

—Bienvenido, señor Hearst. Bienvenidos, señores.

El propietario ordenó a los sirvientes que descargaran el equipaje de los huéspedes y les enseñaran sus habitaciones.

—Si desean ir a los baños minerales, ahora están muy calientes. Están perfectos para la noche —sonrió el hombre.

Walter siguió al sirviente cuando escuchó risas y la música de una guitarra que procedía de detrás de la cortina. Empezó a imaginar la suave piel morena de las mujeres.

—¿Tomará los baños minerales, señor? —preguntó el sirviente.

—No, hasta mañana —contestó Walter cerrando la puerta.

Retiró las sábanas y se metió en la cama. Serían las dos de la mañana cuando se despertó sudando y decidió ir al baño a orinar. La música y la risa de las mujeres se dejaban sentir cada vez más cuando Walter escuchó las voces de algunos hombres de su grupo. Salió de su habitación, se encaminó del patio a los baños de azufre y en ese lugar encontró a cinco de los huéspedes con dos rurales y cinco mujeres desnudas que se bañaban y bebían. A un lado del habitáculo los músicos continuaban tocando. Cerca de ellos, en una hamaca, se encontraba el tercer rural, a quien una de las tres mujeres con vestido de algodón blanco lo acariciaba. Su vestido caía por encima de los hombros dejando ver sus pechos morenos. Sonreía.

—¡Entre, el agua está fantástica! —gritó uno de ellos.

Walter buscó la salida pero se dio cuenta que su cuerpo no podía moverse ni su mente podía responder. Estaba atrapado. Si se unía a ellos sería uno más. Inconscientemente, se dirigió hacia la mujer que le había sonreído, ella fue hacia Walter, lo tomó del brazo y lo llevó a su habitación. Unos aplaudieron, otros lo animaron y algunos lo vitorearon mientras él sentía el pecho ardiente de la mujer en su antebrazo. Su piel era suave y su carne maravillosamente pesada e intensamente viva. La mujer entró primero, él cerró la habitación y se entregó a ella.

En la mañana del 24 de diciembre de 1901, acompañado por un rural y la mujer con la que había hecho el amor la noche anterior, Walter dejaba la Residencia Caldera para explorar los campos que rodeaban Quiseo de Abasolo. Pasaron por el patio de la iglesia después de haber atravesado la pequeña plaza que daba a la carretera que dejaba el pueblo. Había aprendido que en Quiseo de Abasolo, al igual que en otros pequeños pueblos de la zona, los ciudadanos celebraban la Navidad haciendo elaborados espectáculos escénicos y diferentes obras que narraban el nacimiento de Cristo.

Walter vio la presencia en el escenario de un sacerdote que regañaba a cinco campesinos, dos de ellos arrodillados. Walter y la mujer detuvieron sus caballos, el rural continuó y pasó de largo sin detenerse. El sacerdote agitaba las manos vehementemente, gritaba y, en ese momento, se desató con furia la cuerda y el crucifijo de la cintura golpeando cruelmente a los hombres arrodillados en la cabeza y espalda hasta que estos empezaron a sangrar. Entonces hizo la señal de la cruz y empezó a murmurar mientras los otros tres permanecían de pie, con su sombrero en la mano y las cabezas inclinadas. El caballo de Walter dio un paso adelante, la mujer tomó las riendas y el animal se dirigió a la carretera que conducía fuera de la plaza.

Galoparon durante una hora por campos áridos y cultivados, atravesando pequeños conjuntos de chozas y dos coloridos cementerios cuando la mujer detuvo su caballo y se apeó. Miró la planicie y señaló un sendero que, según el oficinista de la Residencia Caldera, les llevaría a un pequeño rancho que era conocido por sus manantiales naturales y sus familias trabajadoras. El oficinista también dijo que cerca del rancho había una pequeña fábrica de ladrillos de adobe que Walter quería visitar. Miró a la mujer enojado.

—¡No asustes al caballo nunca más! —gritó Walter. Sabía que ella entendería su tono de voz.

—Y tú, ¿qué? Estabas asustado, ¿verdad? —la mujer se mantuvo firme y miró a Walter a la cara.

—Vamos, la ladrillera —dijo Walter más calmado.

—Cuidado, gringo, o te dejaré tirado —la mujer sonrió, se montó al caballo y siguió adelante.

Demostró tener una gran habilidad montando a caballo y Walter pensó que no se parecía a las mujeres campesinas que había encontrado en el viaje. Ella nunca le dijo su nombre. Se comunicaban por la vista, el sonido y el movimiento. Para el pueblo ella era "una mala mujer", sin embargo, la respetaban por su destreza y libertad que llevaba a cabo en pensamiento y en acción. La primera noche que la conoció Walter no la vio bonita, pero cuando la encontró tumbada en la cama durmiendo y los rayos del sol iluminando su cara por la mañana, descubrió que tenía una cabellera hermosa, bellas cejas, largas pestañas negras, nariz fuerte y delicadamente definida, labios sensuales y unas mejillas tersas y elegantes. En ese momento recordó que cuando ella se levantó, su piel morena todavía estaba presente en sus ojos, cabeza y corazón. Pronto se dirían adiós, pero por ahora viajaban ambiguamente juntos.

A primeras horas de la tarde, llegaron a la ladrillera. El rural se había adelantado y estaba allí esperándolos. A medida en que Walter y la mujer iban acercándose, el olor a madera quemada y carne podrida les llegaba a ráfagas. El sendero giraba y seguía la circunferencia de un gran canto rodado. Cuando alcanzaron el otro lado, encontraron la ladrillera, algunas casas y chozas destrozadas. El hedor se hizo entonces insoportable.

—¿Qué ha pasado? —exclamó Walter, abrumado por la devastación y muerte que se presentaban frente a él.

La mujer, quien no parecía encontrarse contrariada, movió la cabeza y fijó su mirada en los cadáveres como si hubiera visto la muerte muchas veces antes.

—Se está haciendo tarde —dijo el rural acercando su caballo hacia donde estaban Walter y la mujer.

—Vayamos al Rancho Ojo de Agua para comer y beber algo. Pasaremos la Nochebuena en Quiseo —le dijo la mujer al rural.

Observaron a Walter que permanecía callado quitándose el enjambre de moscas que cubrían de negro sus ropas y su cara. Cuando se alejaron de la putrefacción, las moscas fueron desapareciendo. A Walter le entraron nauseas y, por primera vez desde que inició su viaje por México, sintió la necesidad de echarse un buen trago de licor.

El rural, la mujer y Walter se quedaron dos horas en el Rancho Ojo de Agua. Pidieron pozole, tortillas y dos botellas de tequila. La mayoría de los hombres del rancho estaban en la cantina celebrando la Nochebuena, mientras las mujeres preparaban la comida de Navidad. Los campesinos estaban especialmente contentos porque una mujer iba a dar a luz en el rancho. Los hombres bebían y apostaban si sería niño o niña.

El rural permanecía sentado e inerte mirando hacia la fría noche a través de la puerta. La mujer fue hasta el comal en busca de calor. Se abrió el abrigo ligeramente para que la pistola enfundada bajo su pecho izquierdo se moviera y descansara en su muslo izquierdo. La empuñadura de la pistola estaba muy cerca de su mano derecha. Walter bebió otro vaso pequeño de tequila. De un modo extraño, el miedo empezó a alejarse de su corazón. Las miradas rápidas que parecían cruzarse los campesinos no denotaban maldad o astucia, ni tan siquiera temor. Walter podía moverse libremente de la mesa al mostrador y decidió pedir otra botella de tequila para el rural que seguía sentado inmóvil como una piedra. Los hombres regresaron excitados con noticias sobre la parturienta. Walter supo que se llamaba Milagros por una anciana que hacía tortillas y pozole en el comal y que predijo que el nacimiento se alargaría debido a las noticias que traían los hombres. Serían las ocho y media cuando entró un joven y se dirigió a la anciana.

—Dentro de veinte minutos, hijo —dijo con la cara resplandeciente de felicidad.

Todos se alegraron y aplaudieron en la cantina.

Walter, embriagado, siguió al joven. No lejos de la cantina se encontraba un manantial el cual daba el nombre al rancho.

—¡Damián! —el joven llamó a otro que contemplaba el gorgoteo del agua—. ¡Vamos a casa que ya es hora!

Los dos hombres se acercaron a una pequeña casa de adobe con techo de paja que se encontraba directamente enfrente de la cantina, justo en la otra parte del manantial. Una luz tenue salía de su interior. Algunas mujeres esperaban fuera en caso de que la madre o las ayudantes en el parto las necesitaran. Walter comprendió que este niño era el primero de la pareja. Dedujo que el hombre llamado Damián era el padre, y que Milagros faenaba con el cosmos que habitaba en su cuerpo, y que pronto daría una vida.

La música y la poesía llegaban desde la cantina, así como los murmullos de los hombres y mujeres que hacían guardia en la puerta de la futura madre. Más abajo, en un camino rocoso, y no muy lejos del hogar de Damián y Milagros, había una iglesia. El sonido de la música y la poesía era cada vez más escandaloso. Una procesión de hombres, mujeres y niños vestidos con coloridos disfraces y bastones de pastor avanzaba por el camino que llevaba hasta la plaza. Walter comprobó que se trataba de una representación religiosa y que los actores eran la gente del pueblo. De vez en cuando la compañía se detenía y alguien daba un paso adelante y recitaba un verso. El coro del Rancho Ojo de Agua estaba constituido por demonios que tentaban a los espectadores para que hablaran de las veleidades del pecado, ángeles que santificaban a la muchedumbre, dos bufones que deambulaban y hacían reír al pueblo, pastores que caminaban solemnemente con bastones en la mano y peregrinos que animaban a los espectadores a unirse a la procesión.

La procesión se detuvo al llegar a la casa en la que el niño iba a nacer. Todos miraron a Damián, a los familiares y a los vecinos que le acompañaban en su espera. Después de felicitarle, el líder del grupo señaló a los actores y, de pronto, un pastor y un ángel recitaron un poema de celebración.

Antes de pronunciar los últimos versos, el ángel comenzó a llevar a la procesión hasta el centro de la plaza que estaba enfrente de la cantina. Walter ya se había olvidado del rural y la mujer. Le preocupaba la mujer parturienta y se acordó de Laura y James, y de las posibles complicaciones que el parto pudiera desencadenar. Laura siempre tuvo a su lado a un médico, pero la mujer mexicana, Milagros, sólo contaba con familiares y vecinos. Ningún médico llegaba hasta el Rancho Ojo de Agua.

Un fuego encendido ardía delante de la casa de los padres expectantes. Los hombres se acercaban para calentar sus manos y hablar de la tierra, de los animales, del tiempo y de las tragedias que acontecían en México. Estos comparaban la violencia con una enfermedad que había traído décadas de injusticia y hambruna. Walter pudo entender algo de la conversación.

—No lo podemos soportar más, algo está a punto de suceder.

—La violencia.

—Somos desdichados y no tenemos nada.

—Damián, éste será tu primer hijo. Casi llega el día veintitrés. Hubiera estado bien para tu cumpleaños. Bien, ¿qué le puedes dar a tu primer hijo?

—Huelgas, masacres y bandidos.

—Muchos se están marchando.

—Damián, tienes parientes en Los Unites.

—La situación explotará.

—Será culpa del general y de su gobierno.

—Tengan cuidado, amigos. Hay oídos abiertos.

Damián se dio cuenta de que Walter escuchaba atentamente y en ese instante el rural y la mujer trajeron los caballos. Los visitantes montaron en sus caballos y cuando pasaron por al lado de los trabajadores se oyó el sollozo de un niño recién nacido. El llanto procedía de la casa de Damián. En ese instante, un niño había entrado en el mundano jardín de placeres de su creador.

CAPÍTULO 4

JOSEPH Y ROSENDO VIERON CÓMO CRECÍA LA EMPRESA DURANTE el corto periodo de tiempo en que Walter había permanecido fuera. Rosendo había contratado a veinticinco hombres más, había construido más casas para las familias de los trabajadores, había instalado dos máquinas más, aceleró la excavación en la cantera, que cada vez se hacía más grande y profunda, y aumentó la producción diaria de ladrillos. Walter comprobó que Joseph y Rosendo estaban satisfechos porque la Compañía Ladrillera Simons prosperaba. Sin embargo, se presentó una situación urgente que Joseph quería discutir con Walter justo después de su llegada. Joseph quería comprar una porción de terreno en el Rancho Laguna, propiedad de Harriet W. Strong, porque estaba convencido de que dentro de unos pocos años la ladrillera de Pasadena no tendría la capacidad de mantener la creciente demanda de ladrillos. La tierra estaba compuesta por una tierra roja, perfecta para la producción del ladrillo y esto se había convertido en una obsesión para él. Rosendo había visto la zona y también consideraba que era magnífica para el establecimiento de una ladrillera mayor que la que ya tenían en Pasadena.

Cuando Rosendo lo llevó a visitar el terreno, Walter tocó la tierra roja y le impresionó la consistencia del barro. Muchas de las propiedades de los alrededores eran terrenos dedicados a la agricultura y estaban labrados por arrendatarios japoneses y angloamericanos. Los mexicanos viajaban a diario desde las colonias cercanas al centro de Los Ángeles para trabajar en estos campos. En cuanto la tierra se desprendió de las manos de Walter, comprendió que él y su hermano construirían allí una fábrica de ladrillos. Se dedicó a contemplar la inmensidad del lugar, las ilimitadas posibilidades, los millones de ladrillos que podrían producir y los cientos, o miles de hombres, que trabajarían para él. Allí estarían felices, pensó mientras cogía otro puñado de tierra rojiza. Sintió como si cientos de personas se deslizaran por sus dedos. Rosendo miró hacia los cuatro puntos del mándala direccional y pensó en cuál sería la disposición de la ladrillera.

Hacia las tres de la tarde de ese día primaveral llegaron a un manantial, uno de los manantiales naturales y artesanales que más impresionaba a Harriet W. Strong. Los rumores decían que ella había comprado el terreno para desarrollar con ese manantial artesanal un sistema de agua con el fin de abastecer a la ciudad de Los Ángeles. Creía que podía embotellar el agua y venderla como agua medicinal purificada naturalmente. La señora Strong también había planeado construir una serie de diques y vender los derechos de irrigación a los granjeros locales; sin embargo, durante el corto periodo de tiempo en el que fue propietaria, abandonó estos planes porque tenía otros intereses más importantes. Al final, decidió vender su parte del Rancho Laguna a la Compañía de Aguas Bartolo. La señora Strong albergaba la esperanza de que esta compañía continuaría con los proyectos que ella misma había ideado.

Walter y Rosendo regresaron a Pasadena con la profunda sensación de que la tierra que acababan de explorar sería una pieza clave para sus planes futuros. Walter quería el terreno y se prometió a sí mismo que lo tendría. Le pidió a Joseph que enviara una carta a Harriet W. Strong y a la familia Bartolo expresando su interés por la compra de la tierra.

La Compañía de Aguas Bartolo se había encontrado con algunos problemas respecto a los derechos sobre el agua, así como con los agricultores y la ciudad de Montebello en California. Pero no fue hasta después de la muerte del señor Bartolo, quien fue asesinado a tiros, cuando la familia decidió vender. Antes del crimen habían sucedido algunos episodios de batallas campales entre los empleados de la familia Bartolo y los arrendatarios. Los episodios habían terminado con la muerte de algunos de ellos. Intentaron atentar contra la vida de algunos miembros de la familia Bartolo y, finalmente, el juez de primera instancia del condado acordó que la muerte del señor Bartolo se había debido a una enfermedad incurable conocida por el nombre de "venganza violenta". Las consecuencias de esta horrible enfermedad podrían ser fatales para toda la familia.

Un representante de la familia buscó el consejo de la señora Strong inmediatamente después del asesinato, y fue entonces cuando ella sugirió que debían vender la propiedad. Les habló de que los hermanos Simons de Pasadena estaban interesados en la compra y, tras unas conversaciones preliminares, el acuerdo acabó en un éxito. Los Bartolo y los Simons llegaron a unos términos aceptables y se decidió que los últimos documentos y las escrituras se firmarían oficialmente durante el día de campo de la campaña presidencial de Theodore Roosevelt que tendría lugar en la residencia Pío Pico el día 16 de septiembre de 1904, el día del aniversario de la Independencia de México.

Joseph, Orin Elmer y Walter llegaron a la mansión Pío Pico. Se servía una res entera asada al estilo mexicano cuando les presentaron a ciertas personas que habían vivido en la mansión cerca de ésta, y que habían conocido personalmente al matrimonio Pío Pico. Cientos de personas paseaban por la mansión, unos se dedicaban a mirar a través de las ventanas, otros tiraban sin cesar de las puertas cerradas y las pateaban con frustración. Los dignatarios políticos circulaban por la multitud pidiendo el apoyo para Roosevelt, y jóvenes angloamericanos agitaban banderas y pancartas. Uno a uno, los ponentes subieron a una plataforma pronunciando una serie de palabras que, en ese momento, no significaban nada para los hermanos Simons.

Hacía calor ese día y la gente sudaba. El fuerte olor a macho y hembra se mezclaba con el aroma de la res a la barbacoa dándole un toque sensual y especiado al día de campo que continuó hasta la noche, cuando apareció una banda que comenzó a tocar ante un grupo ya bastante animado. Joseph, Orin Elmer y Walter esperaban. De entre el tumulto que proclamaba la consigna de "apoyo a Teddy" apareció una mujer que ayudaba a caminar a otra mujer mayor, ambas escoltadas por dos hombres. Joseph reconoció a la primera mujer, la señora Strong, quien después de las presentaciones apropiadas, les condujo hasta una habitación grande en cuyo centro se encontraba una mesa negra, larga y estrecha, con seis sillas también negras.

La señora Strong ayudó a sentarse a la señora mayor mientras los cinco hombres se sentaron a la mesa. Cuando la señora Strong hubo tomado asiento, entró un hombre vestido con traje negro y colocó encima de la mesa varias libretas para tomar notas. Se leyeron los contratos y se firmaron, diseñados para satisfacer a todas las partes allí representadas. Doña Santa Bartolo firmó en primer lugar y después los dos hombres, y enseguida lo hicieron Joseph y Orin Elmer en ese orden. Afuera, continuaba la música y las canciones junto con el jolgorio por Theodore Roosevelt. Las firmas concluyeron y no hubo nada más que decir. Los Simons observaban en silencio a doña Santa Bartolo, quien hacía esfuerzos por levantarse mientras los dos hombres le ayudaban y la acercaban a la puerta. Cuando llegó hasta el portal de la entrada, se agarró del poste para apoyarse. Permaneció inmóvil durante varios segundos. En ese momento, Joseph y Walter vieron que por el encaje de su vestido subían dos grandes insectos cafés. Cuando se apartaba de la puerta, uno de los insectos cayó al suelo siguiéndola hasta fuera, escurriéndose por los seis pies que distaban de donde la celebración tenía lugar.

Ya no había ninguna razón para que los hermanos Simons siguieran en la mansión Pío Pico, se montaron en sus caballos, dieron las gracias a los anfitriones y se dispusieron a marcharse a Pasadena. Cabalgaron en silencio, cada uno de ellos perdido en sí mismo, en sus sueños y fantasías. Se sentían orgullosos de lo que habían conseguido ya que habían comprado cerca de trescientos acres de muy buena tierra para la manufactura de ladrillos. Estaba a punto de hacer realidad su sueño de construir la ladrillera más grande del sur de California. Llegaron a la calle Glenarm después de varias horas.

—Walter, dile a Rosendo que empiece a trasladar a los hombres y el equipo al Rancho Laguna, tenemos que empezar a construir enseguida —dijo Joseph.

—¿Por dónde empezamos? —preguntó Walter mientras le daba su caballo a Orin Elmer.

—Al final de la calle Vail hay una pequeña carretera que se llama Rivera. En la esquina de las calles Vail y Rivera, cerca de las vías del tren, es donde construiremos nuestra oficina principal —afirmó Joseph. Le sonrió a Walter y se adentró en la casa.

Walter caminaba solo cuando, a lo lejos, se oyó el sonido de unos disparos con motivo de la celebración del 16 de septiembre. Era un día importante para la familia Simons. Cuando abrió la puerta, las descargas aumentaron y continuaron hasta la madrugada.

Fue Walter quien se encargó de trasladar con cuidado el equipo desde la planta de Pasadena al Rancho Laguna. En seis meses, Walter, Rosendo y un hombre nuevo, Gonzalo Pedroza, transportaron todo lo necesario para poner en marcha una máquina que produjera los ladrillos necesarios para construir los edificios de la empresa. Walter dio forma a la planta y al pueblo siguiendo el mándala direccional rojo de Rosendo, el fabuloso diseño utilizado para la ladrillera de Pasadena. El plan de Rosendo, junto con aquéllo que Walter había aprendido acerca del sistema de las haciendas en México, era la proyección de su sueño para el futuro. Walter pasaba largas horas en la quietud de las noches diseñando y dibujando los edificios, las parcelas y la organización de los terrenos que darían cabida a la fábrica. Siempre le acompañaba su mapa favorito, un rudimentario bosquejo de su idea original. Se veía el eje norte y oeste del mándala extendiéndose hacia el centro de su empresa y su "Ciudad Simons", mientras le susurraba a alguien que no estaba presente. Su soledad se llenaba de la alegría que significaba el comienzo de la construcción del primer edificio de la empresa de ladrillos.

Las lluvias llegaron temprano en octubre de 1904, y éstas se hicieron constantes a finales de año continuando hasta marzo de 1905 por lo que fueron seis meses malos durante los que el equipo y los materiales permanecieron en la esquina de las calles Rivera y Vail. La lluvia, el lodo y la indisposición de los hombres y las mulas hizo que el traslado se llevara a cabo lentamente, casi lo tuvieron que arrastrar todo peligrosa y costosamente. Pero el mes de abril pasó y el barro rojo se secó.

Tres hombres observaban la zona donde se levantaría la oficina principal de la Ladrillera Simons cuando Walter sacó el mapa y el dibujo de la estructura. Les mostró a Rosendo y a Gonzalo Pedroza la forma de "L" del edificio y dónde pensaba colocar las puertas. Por allí cerca, veinticinco hombres esperaban la orden para empezar a cavar. Gonzalo era el jefe principal del equipo y el capataz de la nueva finca. Él contrataba, despedía y sólo recibía órdenes de dos hombres: Rosendo Guerrero, su mentor, y Walter Robey Simons, su patrón. El personal de Gonzalo realizaba bien su trabajo y hacían lo que se les mandaba sin criticar al capataz. Pedía respeto e insistía que los trabajadores se dirigieran a él con el nombre de "mister".

El lugar de nacimiento de Gonzalo Pedroza seguía siendo un misterio tanto para él como para sus padres, que habían procreado un total de dieciocho hijos. Habían olvidado exactamente cuándo y dónde habían traído a su hijo al mundo y él mismo no sabía si era más pequeño o mayor que sus hermanos; sin embargo, era consciente de que era más fuerte que ellos. Confiaba en su fuerza y brutalidad para lograr sus metas, y este modelo de existencia, este conocimiento innato de cómo hombres y mujeres reaccionaban ante el miedo, junto con su inteligencia, hacían de él un capataz eficiente.

Gonzalo había trabajado bien en la ladrillera de Pasadena durante varios años, cuando se ganó la confianza de Rosendo Guerrero. Cuando oyó hablar de la nueva finca de Rancho Laguna se propuso como voluntario para ponerse al frente del personal y Rosendo le dio el cargo de capataz. Durante los primeros meses de organización de todo el trabajo, Gonzalo estuvo solo en el lugar para vigilar los materiales y el equipo. De forma periódica, durante los fines de semana, se marchaba a Pasadena para visitar a su mujer, Pascuala, y regresaba de vuelta con algunas provisiones que hacían más llevaderas las noches solitarias. Para que su existencia fuera soportable, se construyó una morada de una sola habitación con una cama, una mesa, una silla, una lámpara, una hilera de clavos en la pared y un espejo cuadrado. Estaba obsesionado con los espejos cuadrados porque su mandíbula y su cara, al igual que los ladrillos de Simons, no encajaban con los espejos de forma circular. Daba igual que el espejo fuera más grande o más pequeño, su cara seguía siendo demasiado alargada. A pesar de estas características faciales únicas y de su corta estatura, Gonzalo Pedroza era un hombre extremadamente deseado.

Esa mañana de mayo, se miró en su espejo de nueve por nueve pulgadas, escupió un poco de saliva en la yema de su índice, perfiló y curvó las puntas de su voluminoso y negro bigote, se alisó el pelo, se colocó el sombrero y salió de su cuarto de madera. El personal de veinticinco hombres había llegado antes de que lo hicieran Rosendo y Walter. Gonzalo les ordenó que colocaran seis tiendas: cinco para dormir y una grande que haría las funciones de rancho. Preparó café y se dispuso a observar al personal. Alrededor de las siete, Rosendo y Walter desmontaron de los caballos y se sirvieron café. Walter saludó de cerca a los hombres y les explicó dónde excavarían los cimientos. Cuando hubo terminado, miró a Gonzalo quien se había acercado al personal y empezaron a trabajar.

Los hombres transportaron miles de ladrillos e instalaron la primera máquina, la cual empezó a producir desde el primer día en que comenzó la construcción. Walter era de la opinión de que siempre debían tener materiales más que suficientes, así como un excedente para su venta posterior. También planeó el transporte de ladrillos y mano de obra necesarios. Las primeras estructuras que se levantaron sobre la tierra roja fueron el almacén de la empresa y una sala de billar. Walter planeó la tienda de la compañía que proveería la mercancía básica para vivir que sus trabajadores pudieran necesitar. Se ubicaría una oficina de correos en una de las esquinas junto a la oficina personal de Walter. Mientras examinaba con atención algunas solicitudes, cayó en la cuenta de que la oficina de correos necesitaría un nombre. No dudó ni un segundo cuando escribió "Simons, California" en el espacio reservado para la identificación. Sonreía viendo su propiedad mientras inspeccionaba a sus trabajadores.

Mayo terminó con la disposición del mobiliario de la oficina y la construcción de mostradores, percheros y armarios de pared dentro del almacén general. El sueño de Walter empezaba a tomar forma conforme pasaban los meses. Durante la construcción del almacén principal también se levantaron otras moradas. La casa con camastros, la herrería y la sala de juegos, todas de ladrillo, quedaron terminadas una tras otra durante los meses que precedieron a octubre de 1905. El personal de Gonzalo construyó veinte estantes de secado cerca de la máquina número uno, e instalaron dos grandes hornos junto a la calle Rivera a medida que aumentaba la producción de ladrillos. Walter ordenó en septiembre la construcción de un espacio amplio para los suministros, una tienda de maquinaria y una pista de balonmano. En esos momentos el personal esforzado y trabajador de Gonzalo sumaba la cifra de cincuenta y tres, y todos procedían del estado mexicano de Guanajuato.

Walter pidió a finales de año que se añadieran veinticinco hombres más al personal. Gonzalo dirigía entonces a unos cien hombres aproximadamente. La empresa y el pueblo crecían y, envuelto por la euforia de la reelección del Presidente Theodore Roosevelt y su "Trato Equitativo", Walter decidió construir viviendas familiares individuales para sus trabajadores. A mediados de diciembre, ya se habían completado veinticinco casas de madera de cuatro dormitorios en la calle Vail, situadas a una milla del almacén general. Gonzalo eligió la mejor casa y fue el primero que se llevó a su mujer. Esa misma semana, dio permiso a sus mejores trabajadores y a los más dedicados para que eligieran la casa que quisieran después de haber tratado el asunto en privado con él. Unos días después de haber considerado sus preferencias, les distribuyó una casa a cada uno. No hubo ninguna queja y todo el mundo parecía estar satisfecho.

Las primeras Navidades en Simons fueron celebradas bajo un espíritu de mutuo afecto entre los trabajadores. A mediados de diciembre se adentró un periodo de frío severo que continuó hasta el día de Navidad. Gonzalo se vio forzado a pedir diez estufas que llegarían tres días antes del día de Navidad. Las diez familias que se encontraban sin estufas se habían dirigido educadamente a Gonzalo para pedirle que hiciera algo al respecto y acelerara el pedido.

—¿Quién piensan que soy, Cristo? —le contestó Gonzalo a una mujer que le pedía ese favor.

Al día siguiente, reunió a los hombres cuyas familias habían temblado de frío durante la noche y, con unos cilindros de acero, improvisaron la construcción de diez estufas temporales y las instalaron en las casas. Todo el mundo tenía su calefacción la mañana de Nochebuena.

En Nochebuena, el último día de las posadas, las familias mexicanas de Simons se reunieron en el almacén general. Las mujeres habían estado trabajando meticulosamente a lo largo del día preparando las delicias navideñas: tamales, buñuelos, menudo, flan, pan dulce y bombones. Abundaba el chocolate, el café de olla y varios licores. Las caras morenas escoltaron felizmente a San José y la Virgen María hasta la entrada del almacén donde Walter, Joseph, Laura, James Simons, Rosendo Guerrero y Gonzalo Pedroza esperaban dentro para dar la bienvenida a la sagrada pareja. Una vez realizada la petición de cobijo, se abrió la puerta, y los que esperaban dentro vieron los cientos de velas que portaban los trabajadores y sus familias. Las velas parpadeaban en la fría oscuridad de la noche estrellada mientras ellos esperaban la respuesta. Rosendo y Gonzalo empezaron a cantar. Sus voces sonaban tan desafinadas que la multitud empezó a aplaudir con fuerza para ocultar sus risas. Walter dio las gracias con una mueca y una inclinación de cabeza, e invitó a los trabajadores a que compartieran con ellos la comida, la bebida, las canciones y la felicidad. En ese acogedor ambiente, la gente comía, bebía y cantaba mientras los niños corrían y jugaban, la risa y los gritos flotaban entre el olor a deliciosa comida. De vez en cuando, los trabajadores observaban al patrón y a su familia para asegurarse de que estos disfrutaran de los festejos. Durante las fiestas navideñas, nadie saludó ni felicitó a los dos capataces que se encontraban cerca de la familia Simons. Después de una hora que la celebración había comenzado, Gonzalo pidió silencio. Rosendo dio un paso al frente.

—Les presento al señor Walter Simons, el patrón —dijo Rosendo proyectando su poderosa voz hasta el fondo del salón. La muchedumbre calló para escuchar las palabras de Walter mientras Rosendo traducía.

—Tengo varios anuncios que hacerles, pero permítanme primero desearles Feliz Navidad de parte de mi hermano Joseph, su mujer Laura, su hijo James, así como de mi padre y madre y de parte del resto de la familia. Les deseamos unas muy felices fiestas. Aunque nuestra estancia aquí será corta, nos encontramos muy contentos por estar aquí esta noche.

Rosendo permitió primero que los trabajadores aplaudieran y después continuó con la traducción de Walter.

—Ahora van los anuncios. Como saben, solamente tienen una máquina aquí en Simons. Sin embargo, creo que esta finca producirá algún día millones de ladrillos y cuanto antes instalemos otra máquina lograremos alcanzar esa meta. Por eso, hemos planeado poner otra, la número dos, unos días después de fin de año. Empezaremos a construir más casas para todos ustedes y sus familias. También estoy consciente de la necesidad de tener un sacerdote, una iglesia y una escuela para los niños. Intento cubrir todas estas necesidades. Probablemente algunos ya saben que tenemos una oficina postal aquí y que pueden recibir y enviar sus cartas desde aquí. No es necesario salir del pueblo para nada. En enero abriremos una tienda para que puedan hacer sus compras y tendrán a su disposición comestibles y cualquier otra cosa que necesiten. Si no tenemos lo que quieren, iremos a traerlo. Vendrá un médico una vez al mes para ver a los trabajadores o a cualquier miembro de la familia que lo necesite. Si tienen algún problema, diríjanse por favor a su capataz, Gonzalo Pedroza. Si surge algún asunto legal, algún problema mayor, Gonzalo es el designado legalmente para hacer cumplir la ley aquí en Simons.

—Gonzalo, ¿puede dar un paso al frente, por favor?

Gonzalo se puso al frente de la multitud donde se encontraba Walter, y éste le colocó una estrella plateada en la solapa, le dio una pistola enfundada y un cinturón atado a la cintura. Walter dio la mano a su sherife y se alejó. Después de concluir la traducción, Walter y su familia salieron del recinto, seguidos por Rosendo. Gonzalo, con su placa y su pistola permanecía ahora solo en la mesa donde varias mujeres servían de nuevo más comida. Comenzó la música y la bebida y la fiesta continuó hasta la mañana de Navidad. Todos los trabajadores y sus familias presentaron sus respetos a Gonzalo Pedroza.

Desde ese momento, Simons, California, ya estaba terminada. Joseph todavía continuaba siendo el administrador de las inversiones familiares. Sin embargo, después de la disputa que había surgido por la propiedad de las casas de Pasadena, habían surgido dos poderosas fuerzas en la familia. A la par que el negocio se intensificaba, se produjo un alejamiento entre los dos hermanos cimentado éste en una competencia personal. Aunque Joseph, Walter, Orin Elmer y la familia más cercana eran los propietarios de la Ladrillera Simons, solamente Joseph y Walter administraban los planes de expansión y las finanzas de la empresa. Joseph estaba concentrado en la finca de Pasadena y su objetivo era invertir en la finca de su primo John Simons en Los Ángeles y la posibilidad de empezar otra nueva en Santa Mónica. Mientras, Walter estaba completamente involucrado en la expansión de la finca y el pueblo que habían fundado en Simons. El proyecto Simons era su finca de juguete, y el pueblo y las personas que allí trabajaban y vivían eras sus muñecos, quienes existían solamente para su entretenimiento y seguían sus órdenes al pie de la letra.

A mediados del mes de febrero de 1906, se había instalado un nuevo depósito de agua y ello significaba que ya disponían de agua corriente un total de cincuenta casas nuevas. La máquina número dos ya estaba a pleno rendimiento y Gonzalo había contratado a veinte hombres más, todos procedentes otra vez del estado de Guanajuato. Su nómina ascendía a un total de setenta y cinco trabajadores, y veinte de los recién contratados estaban casados. Gonzalo no tuvo que ordenar, ni siquiera recordar, a los hombres el veloz ritmo de trabajo que les había pedido el patrón. Tuvieron que fabricar ladrillos para cumplir los pedidos de Montebello, Whittier y Los Ángeles, y Walter, decidido a facturar pequeños y grandes pedidos, exigía a sus capataces que los hombres trabajaran catorce horas diarias. Los trabajadores empezaban a las cinco de la mañana, disponían de media hora para comer a las doce del mediodía y se marchaban a las siete de la tarde.

Gonzalo no dejaba de vigilar la producción a lo largo de estos interminables días de trabajo. A menudo tenía una actitud reprobatoria y lo indicaba con un ligero movimiento de su cabeza cuadrada. Una noche, mientras Gonzalo pasaba por uno de los dos grandes hornos de la fábrica que ardían en medio de la fría noche, se encontró con uno de los hombres recién contratados que estaba sentado al lado del fuego. El hombre miraba fijamente y permanecía inmóvil frente a la luz que salía de la tubería de gas que ardía dentro del horno. Gonzalo se acercó a él.

—Bien, ¡vuelva al trabajo! —le gritó Gonzalo.

El hombre le dio la espalda a la luz. Llevaba un taco de papeles en su mano izquierda y un lápiz en la derecha. Gonzalo pudo reconocer entonces a Epifanio Trejo a quien había contratado hacía dos semanas. Epifanio y su familia habían llegado a Simons desde El Barral, un pequeño rancho de Guanajuato. Epifanio, apabullado, no contestó.

—¿Qué hace? —insistió Gonzalo.

—Estoy escribiendo —contestó Epifanio, nervioso como si le hubieran descubierto descansando en horas de trabajo. No obstante, miró fijamente a los ojos de Gonzalo Pedroza.

—¿Está escribiendo? —le interrogó sorprendido y enojado—. ¿Por qué está escribiendo cuando debería estar vigilando el fuego del horno?

—Mi turno ya ha acabado, señor Gonzalo. No tenemos lámparas en las casas y me levanto y regreso por la noche. Tampoco tenemos velas y con la luz que desprende el gas ardiente puedo escribir cartas —los ojos de Epifanio se enfrentaron a los de su capataz.

—Dígame, ¿quién es tan importante para que arriesgue su trabajo escribiendo cartas?

Las palabras de Gonzalo fueron duras y Epifanio se alejó del fuego.

—Le repito que no estoy de turno y que escribo a mis parientes de México. Le escribo a mi cuñado Malaquías de León —le explicó Epifanio cautelosamente.

—Es verdad, su turno ha terminado. Bien, dígale a su cuñado que venga a Simons porque necesitamos más trabajadores —respondió Gonzalo mientras se alejaba del horno y de Epifanio Trejo. De pronto, se detuvo.

—Acabe su carta y dígale a su mujer que venga al almacén mañana para recoger algunas lámparas y aceite. Le daré un buen precio, dígale que lo cargue a su cuenta —dijo Gonzalo mientras se distanciaba de la luz y se adentraba en la oscura y estrellada noche.

Las mismas estrellas que habían resplandecido en la noche de Los Ángeles, dominaban la mañana en que Walter trajo a William Melone a la Compañía de Ladrillos Simons. Walter abrió deprisa y con nerviosismo la puerta de su oficina. Le acompañaba Laura Simons que había llegado allí para preparar las cartas que Walter iba a dictar a los responsables gubernamentales con motivo del incendio de la ciudad de San Francisco, que había sido sacudida por un enorme terremoto el día anterior. La devastación era total y el fuego continuaba arrasando la ciudad. A la una de la mañana, Walter había recibido un telegrama en el que se le solicitaba que pusiera en funcionamiento la producción a marchas forzadas de su negocio, porque la ciudad de San Francisco lo necesitaba en aras de su inmediata reconstrucción. Walter no sabía el alcance de los daños, pero por el inicio del telegrama que decía: "San Francisco barrida, arde", pudo comprender que había ocurrido un desastre en el norte de la ciudad. Se dio cuenta de que se estaba destruyendo una gran ciudad, y que él y su empresa iban a participar en la reconstrucción.

Walter envió a William Melone para que trajera a Gonzalo. Cuando regresaron a la oficina, Walter le explicó a Gonzalo que William había sido asignado como el superintendente general de las obras. Gonzalo tenía, de este modo ahora a alguien a quien responder de todas las decisiones concernientes a la contratación, el despido y la vivienda. William era ahora a quien debía consultarle todo. Esa mañana planificaron la instalación de tres máquinas más y la ampliación de la finca en cuatro direcciones.

—Para finales de mayo deberíamos tener listos ochenta mil paletas y una capacidad de cien mil ladrillos al día —les dijo Walter a Gonzalo y William.

—Aumentaremos nuestra mano de obra en cien hombres o más. Gonzalo, ha hecho un buen trabajo en cuanto a la contratación. Contrate a veinticinco más, pero soluciónelo con el señor Melone. Que empiecen turnos de veinticuatro horas. No sólo los encargados de los hornos sino el resto de la producción debe continuar día y noche hasta que tengamos bastante producto. Quiero producir más que las otras fincas.

Gonzalo caminaba por el polvo rojo del mándala observando a los hombres que construían las hileras y las paletas de secado, los que preparaban la arcilla roja, los que regaban la pasta húmeda, larga y rectangular, los que vigilaban la máquina de corte del ladrillo, los que colocaban el ladrillo en las paletas de secado, los que cargaban el ladrillo en los vagones y aquéllos que cogían cinco o seis ladrillos a la vez y los entregaban a otros hombres, quienes los almacenaban en bloques gigantes. Gonzalo se colocó entre la máquina número uno y la dos y pidió a los hombres que se reunieran delante de él.

—Habrá dos turnos, el primero empezando a las siete de la mañana, dos turnos de doce horas cada uno. El patrón y el nuevo superintendente, William Melone, quieren que ustedes sepan que anoche ocurrió una terrible desgracia en San Francisco. El patrón ha recibido un telegrama notificándole que un terremoto ha destrozado la ciudad y que depende de nuestra producción de ladrillos para su reconstrucción. Por eso debemos trabajar veinticuatro horas. Los hombres de mi derecha harán el primer turno y los de mi izquierda el segundo. Ahora formen dos grupos —ordenó Gonzalo—. Tendremos menos hombres en las máquinas. ¡Debemos trabajar duro! Bien ¿qué dicen? —preguntó sabiendo la respuesta. Solamente tenían una opción y ninguno quería marcharse.

—¡No tememos al trabajo duro! —gritó un trabajador desde el fondo.

—¡Eso es! ¡Le daremos al patrón lo que quiere! —exclamó un trabajador flaco que tosía.

—Muy bien, el primer turno empezará a las siete de la mañana y el segundo a las siete de la tarde. Gonzalo pasó por medio de los cien trabajadores, que comentaban sobre el terremoto. No había llegado a conocer bien a ninguno de ellos, aunque sabía el nombre de la mayoría. Era un capataz duro para ellos y nada más. Nunca había sido invitado a sus casas, pero a veces socializaba con ellos jugando a las cartas o bebiendo. Gonzalo Pedroza, hombre de autoridad, estaba solo. Reconoció a Epifanio Trejo, que escuchaba atentamente, junto a otros cinco hombres más, a Galindo Correaga, uno de los hombres más viejos de la nómina. Galindo hablaba de una de sus siete hijas, la que apodaban con el nombre de El Eco.

—¿No oyeron a los perros ladrar y aullar ayer por la noche?, mi hija El Eco los oyó y empezó a ladrar también. Estaba en un profundo sueño cuando empezó a describir lo que veía —Galindo Correaga capturó la atención de Gonzalo y los demás, que se acercaban cada vez más para escuchar la visión de El Eco.

—La niña se levantó de la cama, se tumbó en el suelo y su cuerpo empezó a retorcerse. Hablaba en inglés y en español y sentía un enorme peso en su cuerpo, y decía que toneladas de ladrillos, un edificio entero, le habían caído encima. Ante sus ojos, vio la ciudad destruida. Sentía un gran dolor y esto hacía que viera todo claramente. Su visión penetró en la tierra y fue testigo de cómo el fuego consumía la ciudad. Oía los gritos de los niños que se quemaban. El Eco nos dijo que la tierra se movía, que temblaba, y entonces ella miró hacia ella y nos habló de una serpiente con plumas tan larga y tan grande como no nos podíamos imaginar, pero que ella lo podía ver todo. La serpiente era una energía que se retorcía y giraba dentro de la tierra provocando grandes temblores. El Eco dijo que una parte de la gran serpiente recorría el estado de norte a sur. Durante un tiempo no se movió, ni tampoco habló, y parecía como si se hubiera muerto.

—¡Jesús! dije yo, y ella empezó a llorar mientras los niños acudieron a la habitación. El Eco se había marchado. Y allí estábamos todos nosotros, llorando porque El Eco se había ido. De repente, su cuerpo se retorció bruscamente como si se estuviera quemando y después empezó a tranquilizarse lentamente. Pero antes de que se quedara dormida nos dijo que la gran serpiente seguiría retorciéndose hasta que nosotros, como pueblo, tuviéramos los hijos necesarios para reconstruir el suelo patrio aquí en este lugar.

Galindo Correaga hablaba al tiempo que una sonrisa se dibujaba en su cara. El silencio que siguió a su relato se rompió cuando un hombre intentó comprender lo que allí se decía.

—Su hija está loca, llévela a un hospital —dijo el hombre, y después se marchó.

—Ya está bien de historias, terremotos y tanta bobería. ¡Actúan como un puñado de indios supersticiosos! ¡Vuelvan al trabajo ahora! —gritó Gonzalo.

—Creo que El Eco tiene razón. Existen energías en el espacio que vienen de lejos y que provocan estos desastres y se comunican a través de gente desequilibrada como El Eco —le dijo Epifanio Trejo a Atilano Castro, cuando se encontraban enfrente del enorme horno en llamas.

—Es Dios en la tierra —concluyó Epifanio.

El sol caía sobre el cielo del sur de California. Su luz se propagaba por los doscientos cincuenta acres de la Ladrillera Simons, haciendo que la tierra del mándala fuera más roja que nunca. Gonzalo caminaba desde donde estaba hacia el almacén general, los niños jugaban por allí y sus madres trabajaban dentro de casa. Su propia imagen, en la cual les llamaba indios supersticiosos a sus trabajadores y la de una gran serpiente emplumada despertó emociones latentes que habitaban en su mente. Gonzalo y Pascuala no tenían hijos y vivían cómodamente en Simons; sin embargo, los profundos sentimientos de lo que había sido su propia historia personal se apresuraban identificándoles y recordándoles dónde estaban y quién tenía el poder. Gonzalo caminaba con los puños apretados, contemplando la pérdida de su poder frente a William Melone. En la estructura de su razón apareció una pirámide donde él ocupaba el tercer lugar desde arriba. Antes de que apareciera este nuevo hombre, él solamente rendía cuentas al señor Simons y ahora tenía que tratar con el señor Melone quien, a partir de entonces, ostentaba el poder de despedirle y echarle de Simons. Si quería conservar y mantener su puesto tenía que agradar al señor Melone a toda costa.

Roberto Lacan fue la primera persona que Gonzalo vio cuando entraba al almacén general. Le había dado a este hombre la tarea de hacerse cargo del almacén. Roberto sabía leer, escribir y tenía conocimientos básicos de matemáticas por lo que era el encargado de explicarles a los trabajadores el sistema de crédito establecido por Walter Simons. Roberto era un chico de veintidós años procedente de Guanajuato que había abandonado sus estudios en la Ciudad de México debido al hostigamiento político que allí reinaba. Había apoyado a Francisco I. Madero y a los hermanos Flores Magón, como así lo hizo también su padre, su madre y sus hermanos, quienes habían pagado con su vida tal relación. Roberto y dos de sus hermanas fueron los únicos en sobrevivir al castigo de los rurales en Guanajuato y a los federales de la Ciudad de México. Miles de mexicanos salieron del país con destino a Estados Unidos debido a la tan deteriorada situación política y económica del país.

Los pocos elegidos que habían llegado a Simons descubrieron una paz campestre y un aislamiento perfecto de los desórdenes del mundo.

Roberto había sido contratado con la aprobación de Walter Simons a condición de que no hablara de su familia y no removiera el deseo de los trabajadores de regresar a México. Lo aceptó, y le dijo a Gonzalo que sería difícil convencer a cualquier ser viviente de Simons que regresara a las condiciones de vida de su país natal.

Cuando William entró al almacén general comprobó los suministros que se necesitaban y escuchó las sugerencias en el inglés quebrado de Roberto. William percibió la presencia silenciosa de Gonzalo.

—¿Cómo han recibido las noticias? —preguntó William mientras dejaba lápiz y papel en el mostrador.

—Muy bien —respondió Gonzalo.

—¿No hubo quejas? —sonrió William.

—No —Gonzalo miró a Roberto moviéndose detrás del mostrador.

—Bien, ahora trabajémoslos —dijo William de modo entusiasta.

—Gonzalo, el almacén se ve muy bien. Ha sido una elección inteligente la de Roberto. Lo veré aquí a las siete en punto. Está haciendo un trabajo excelente, Gonzalo.

William miró a Roberto de reojo ignorándolo y agarró a Gonzalo por el brazo.

—Buen trabajo —susurró William maliciosamente, y lo dejó a él y a Roberto solos en un inmenso silencio.

La cara cuadrada de Gonzalo nunca había probado un vino tan bueno y templado como el que tomó esa noche de mediados de junio de 1906. Sería un verano caluroso, pensó, mientras veía cómo su casa de Vail se hacía cada vez más grande. Se preguntó cómo los objetos, cómo una casa, se hacían más pequeños a medida que te alejabas de ellos y cómo estos crecían cuando te les acercabas. Se detuvo delante de la casa. Las lámparas estaban encendidas porque a Pascuala no le gustaba estar a oscuras. Todas las noches encendía cada una de las lámparas.

La casa de Gonzalo era una de las tres mejores de Simons. Tenía tres habitaciones en lugar de dos, una cocina grande y un comedor y un patio de entrada muy grandes. Comprobó que estaba solo en la calle. Sacó un espejo cuadrado del bolsillo interior de su abrigo. Mirándose en él se atusó el bigote y se arregló el pelo. Sacó brillo a su placa, se desabrochó el cinturón y se zafó su pistola por encima del hombro y le vino Pascuala a la cabeza. Llevaban tres años casados y todavía su amor no había engendrado un hijo. Los hijos eran importantes. Pascuala, al igual que Gonzalo, venían de grandes familias cuyas mujeres eran fuertes y orgullosas madres de muchos hijos. Abrió la puerta y se dirigió a la cocina a través del comedor. Pascuala tenía preparada la cena como era habitual. La casa estaba en perfecto orden y la encontró calentando tortillas en el hornillo de la estufa.

—Buenas noches, Gonzalo. Estoy contenta de que hayas llegado más temprano —dijo Pascuala con un tono fuerte y lleno de felicidad.

—Gracias —Gonzalo, con el ánimo elevado por la alegre actitud de su mujer, se sentó. Ella le servía la cena y él comía.

—¿Tienes suficiente leña? —le preguntó asombrado por su estado de ánimo.

—Hay bastante. Tenemos bastante de todo gracias a ti, Gonzalo —envolvió tres tortillas y las puso en la cesta que había encima de la mesa.

—Esta mañana, cuando fui por agua y me encontré con las señoras Narvate, Mariquita Carrillo y Dolores Correaga, me dijeron que se van a instalar tres máquinas más.

—Sí, dos más. Habrá un total de seis a finales de mes —respondió mientras cogía otra tortilla.

—Bien, vendrá más gente —dijo ella suavemente—. Gonzalo, también hablamos de otras cosas —fue y se sentó a su lado—. Les he contado que durante los últimos días no me encuentro bien por las mañanas y que tengo el estómago revuelto. La señora Correaga me ha hecho preguntas que me han dado pena responder. Por otra parte, eran necesarias. Entonces me pidió permiso para tocarme la barriga y los pechos. Las tres mujeres se echaron a reír, las dejé que me tocaran la barriga porque antes me habían dicho que podría estar esperando un niño y lo querían confirmar. Entonces la señora Correaga concluyó que sin lugar a dudas estoy embarazada. Me abrazaron y me felicitaron. Me dijeron que puedo contar con ellas cuando llegue la hora. Podría ser en noviembre. Perdóname, Gonzalo. No sé si sean unas chismosas —los labios de Pascuala se acunaron en una ligera sonrisa.

Gonzalo, sorprendido por la maravillosa noticia, la agarró de la mano. Después de la cena, Gonzalo y Pascuala dieron un paseo por el jardín trasero de su casa.

—Por eso estás tan delgada, mujer, porque estás embarazada. Mira la noche, es preciosa, llena de estrellas, y el suave viento está caliente como tus brazos. Vamos a pasear por los campos.

Gonzalo y Pascuala pasaron por el establo hacia una carretera que llevaba a los campos de agricultura plantados por los granjeros japoneses. Se abrazaron y besaron disfrutando de la suave y balsámica noche californiana, y siguieron hablando del futuro.

Walter y Joseph, como era habitual, habían discutido de negocios en su paseo de media hora, durante la calurosa y ventosa noche de mediados de junio en Pasadena. Regresaron a la casa de Joseph en la calle California, donde él y Laura habían estado recibiendo invitados desde las siete y media de la tarde. Se trataba de una celebración fastuosa a la que había llegado gente de todo el sur de California con motivo de felicitar el cuadragésimo sexto aniversario de bodas de Reuben y Melissa Simons —el patriarca y la matriarca de la familia Simons. Reuben Simons contaba con setenta años de edad y Melissa con sesenta y nueve. Habían hecho muchos amigos por su actividad en la iglesia y por el próspero negocio de sus hijos. Ese día ellos dos eran el alma de la fiesta y el centro de toda atención. Sobre las once y media ya se habían marchado la mayoría de los invitados, excepto diez parejas que eran los amigos más cercanos de Pasadena y estaban sentados conversando con Reuben y Melissa.

Joseph y Walter habían dejado la fiesta para discutir sobre ciertas urgencias financieras que habían surgido en lo que Joseph llamaba "la propiedad de Walter". Dejaron la fiesta para no molestar a los invitados ni avergonzar a sus padres si gritaban durante la conversación. Desde el terremoto de San Francisco, Joseph y Walter habían tenido constantes desacuerdos. Ninguno de los dos podía hacer una sugerencia sin que fuera motivo de roce. Sin embargo, esa noche coincidieron en lo que se debía hacer para solucionar las necesidades más inmediatas de la Ciudad Simons. Se necesitaban más mulas, heno para alimentarlas y más carros. Joseph se ofreció a trasladar los animales y cualquier otra cosa que fuera necesaria para que la finca de Walter siguiera produciendo ladrillos y cumplir los pedidos del norte y sur de California. El éxito de la producción de Walter significaba dinero para su propio bolsillo, puesto que era él quien controlaba los asuntos financieros de la Compañía de Ladrillos Simons.

Desde afuera, Rosendo miraba las luces y escuchaba los alegres sonidos del hogar de los Simons. Estaba a cargo de organizar el mobiliario para la cena en el jardín. Le habían invitado a disfrutar de la velada con la familia, pero él prefirió quedarse fuera en el jardín. Comió y bebió solo sentado en la mesa más alejada del centro. Joseph le sonreía a su trabajador de más confianza. Estaba convencido de que el mexicano Rosendo le sería fiel toda la vida. Walter vio cómo Rosendo le dio a su jefe un sentido abrazo.

—Gracias por dejarme quedar aquí. Por favor, felicite de mi parte a su padre y a su madre otra vez. Buenas noches, Joseph. Buenas noches, Walter —Rosendo desapareció por la calle California.

—¿No se ha casado todavía, verdad? —preguntó Walter abriendo la puerta del cerco cubierto de buganvilla.

—No, todavía no —replicó Joseph subiendo al patio.

—¿Por qué te parece tan extraño? Tú tampoco estás casado.

—¿Qué es lo que hace? —preguntó Walter no muy seguro de dónde quería llegar o lo que quería saber.

—Lee mucho, todo lo que cae en sus manos, en inglés, español o francés —respondió Joseph.

—¿Y qué tal con las mujeres? —preguntó Walter.

—Creo que va a Los Ángeles a eso. A veces cabalga en dirección sur a Santa Ana, pero ha estado leyendo durante los últimos años. Pidió permiso para utilizar la biblioteca de la ciudad y allí es donde pasa su tiempo libre —Joseph alcanzó la puerta principal.

—Raro, creo que eso es raro —Walter estaba molesto por la afición lectora de Rosendo.

Los hermanos observaron cómo discutían y reían sus padres con los amigos. Joseph abrió su reloj y sonrió.

—Se está haciendo muy tarde para papá —dijo Joseph.

—Dejemos que disfruten, ¿cómo se ha sentido últimamente? —preguntó Walter.

—Unas veces bien, pero otras no puede levantarse de la cama. Hoy parece estar más fuerte que cualquiera de nosotros —dijo Joseph mirando a las veinte cabezas de pelo gris con cuerpos ya envejecidos sentados en los sofás. Laura se acercó al lado de Joseph.

—Bien, parece que están teniendo una noche maravillosa —dijo ella tomando a Joseph por el brazo—. Antes de que me olvide, hemos recibido una carta del Ayuntamiento de Montebello quejándose de que no quieren que tus trabajadores mexicanos compren en sus tiendas. De hecho, no quieren que la ladrillera esté cerca de la ciudad.

—Demasiado tarde para quejarse ahora. Nos quedaremos allí —dijo Walter con un matiz de enojo en su voz.

—Eso es, seguirás allí —dijo Joseph.

Laura y Joseph se reunieron con sus padres y Walter, sorprendido por la última afirmación de su hermano, decidió no acompañarles y se fue al salón a tomar un trago. Tenía los ojos humedecidos y la visión borrosa. Estoy cansado, pensó, y se bebió un whisky.

Walter había notado la presencia de dos personas en la sala, un hombre y una mujer, pero no les prestó atención. Solamente después de haberse bebido el whisky pudo oír sus voces claramente, y fue cuando reconoció a su hermano Orin Elmer que estaba sentado en la mesa y hablaba animadamente. Walter nunca había visto a su hermano tan contento y orgulloso. Orin Elmer hablaba con una mujer que llevaba puesto un vestido de color azul intenso. De sus hombros colgaba un chal de color azul oscuro, atado en la parte izquierda de su corazón. La línea de su cuello estaba escotada hasta el inicio de sus pechos, no revelaba nada, pero para Walter lo revelaba todo en su imaginación. Un collar de perlas anunciaba el inicio y emergencia de un cuello poderoso y elegante. Se apartó su suave y delicado pelo color castaño de la parte izquierda de su cara.

Por encima de su nariz se asomaba la excitación, el calor y la humedad de dos surcos verticales y paralelos. Colocó allí el dedo de en medio de su mano derecha y empezó a mover los demás por su ceja sin dejar de observar a Walter.

Orin Elmer, sobrecogido por la presencia de algo, alguien desconocido que se encontraba detrás de su espalda, se puso de pie, se giró y descubrió a su hermano.

—Ven, siéntate con nosotros —dijo Orin Elmer nervioso—. Estaba a punto de retirarme. Yo estaba hablando con la señorita Sarah Patenkin que es la hija del señor y la señora Patenkin. Han abierto la farmacia nueva de la ciudad.

Walter, indiferente, no pudo expresar nada con sus gestos. Miró a Sarah de un modo que probablemente hubiera incomodado a cualquier mujer. Puso más nervioso a su hermano y ella mostró entonces curiosidad. Orin Elmer abandonó la habitación y sus palabras se desvanecieron y olvidaron. Sarah permaneció en la mesa y sus voces cubrieron gradualmente el mágico espacio que había entre ellos.

—¿Cómo está? —dijo ella con confianza.

—Me llamo Sarah Patenkin —sonrió y se fue hacia la puerta que conducía al comedor. Los invitados estaban recogiendo sus abrigos y ya se marchaban.

—Creo que sé todo sobre ti, Walter —dijo Sarah al borde de la risa.

Walter percibió el flirteo amistoso y el ambiente relajado. Comprendió que estaba en presencia de la primera mujer a la que podría amar y considerar para el matrimonio. La tomó del brazo y la llevó al comedor. Anunció a sus padres y a los de ella que les estarían esperando en el patio. A Walter le pareció curioso que los Patenkin fueran los últimos en marcharse; sin embargo, para él fue demasiado pronto cuando ya se encontraban en su carruaje camino al centro de Pasadena.

Cuando Walter caminó hacia la casa bajo un manto de estrellas expuestas por los vientos cálidos, apareció la imagen en su mente de sus dos preocupaciones más importantes: la Ladrillera Simons, que Joseph había identificado como la finca de Walter, y Sarah Patenkin, la bella mujer que sabía todo sobre él. Rodeado por el sonido de la vida que se asomaba en la mañana temprana, Walter escuchó el susurro de los animales que descansaban y forcejeaban.

CAPÍTULO 5

LA TIERRA SE ABRIÓ DOS VECES DURANTE LA NOCHE. LA GENTE de la aldea El Barral descubrió por la mañana que cinco casas y sus familias habían desaparecido. A mediodía, surgió agua por las grietas que se habían hecho en la tierra. Las noticias se propagaron, y se decía que otras familias y aldeanos habían desaparecido debido al movimiento subterráneo que había provocado una gran serpiente que había perforado la tierra. El agua no llegaría hasta la choza de Malaquías de León porque estaba en lo alto de la colina, pero los campos estaban arruinados y la cosecha perdida. Se formaron enormes nubarrones en el norte. Al final de la tarde llovió, y rayos y truenos aterrorizaron a los animales y a las personas.

Malaquías casi maldijo al sol ese veintidós de junio de 1906. La estación de lluvias prometía ser larga y abrumadora, pensó mientras caminaba hacia la entrada de su casa, donde yacía Lorenza Trejo de León que con mucho dolor y sintiendo como su cuerpo se abría, daba a luz a su segundo hijo. Se metió la mano en los bolsillos y encontró unas pocas monedas y una carta. Los quejidos de Lorenza eran cada vez más constantes. Esperaba que todo acabara pronto. Su primer bebé, Paquita, contaba ahora con un año y medio de edad y pronto se pondría a llorar. Tendría hambre y Lorenza tenía que alimentarla y confortarla. Esta vez no había ninguna partera para ayudar con el nacimiento. Por la noche, los movimientos de tierra y las inundaciones habían aislado a la familia León. La gente no se atrevía a dejar sus casas por miedo a ser tragados, barridos por el agua o partidos por un rayo.

Malaquías observó la casa. Lorenza permanecía tumbada esperando la siguiente contracción. Paquita estaba sentada en un rincón con una muñeca de madera, comprada en Quiseo de Abasolo después de nacer. Pronto estarían encima de ellos grandes rayos y cortinas de agua. Malaquías no podía hacer otra cosa más que esperar. Las fuerzas de la naturaleza se apresuraban sobre ellos. La familia sobreviviría o perecería junta. Se sentó en cuclillas afuera, en la entrada, bajo los últimos rayos templados de sol, devorados cada vez más rápido por las nubes que oscurecían la tierra. La lluvia estaba a menos de una hora. La tormenta se hizo cada vez más fuerte. Se levantó y miró la tierra viva y extensa que se mostraba frente a él.

Recordó con enojo la carta de su primo. La palabra "trabajo" saltaba de un lado a otro en su cerebro. Él trabajaba aquí y no tenía nada. Nunca había podido contar con agua, ya que era o muy poca o demasiada. Cómo odiaba y amaba esta tierra. Mientras el cielo oscurecía pensó que nunca ahorraría suficiente dinero para que su familia pudiera marcharse, pero sabía que algún día encontraría trabajo, compraría tierra y, una vez asentado, llamaría a su mujer y a sus hijos para que se reunieran con él. A lo lejos, una ligera luz encarnada flotaba allí donde el cielo se une a la tierra. Encima de su cabeza, el cielo se tornaba cada vez más grisáceo, repleto de nubes negras y lleno de agua que pronto descargaría. Pensó en Lorenza tumbada dentro, rezando para que todo pasara rápidamente.

Malaquías sintió que el viento cogía fuerza. La luz que se avistaba sobre el horizonte se convirtió en una línea de color blanco. La casa, Lorenza, su hija, el bebé que iba a nacer y él mismo estaban envueltos en una húmeda negrura. Silenciosos haces de luz salían de las monstruosas nubes y, en cualquier momento, las luces estarían encima de ellos anunciando su presencia con rayos inimaginables, caerían toneladas y toneladas de agua sobre él y las personas que amaba. El viento era cada vez más fuerte y empezó a dejar caer pequeñas gotas. Ahora que estaba rodeado por rayos que dejaban caer el tonelaje de agua, Malaquías sabía que no tenía a dónde ir y sólo restaba quedarse dentro de casa y esperar que aguantara el peso que le caería encima. Un grito rompió la música del goteo de la lluvia, inmediatamente después el cielo se agrietó y respondió con una tormenta intensa y dolorosa.

Malaquías se arrastró hasta alcanzar su casa y vio cómo Lorenza hacía esfuerzos por parir. Paquita estaba sentada a la derecha de Lorenza en silencio y esperando poder sostenerse del pecho. Una fuerte contracción sacudió a Lorenza y Malaquías le puso una toalla entre sus piernas. La cortina de agua cambió de rumbo y empezó a entrar en la choza. La tierra tembló y se agitó. El agua caería encima de ellos en unos pocos segundos. Los rayos iluminaron el cielo y un fuerte trueno estalló no muy lejos.

Malaquías acercó el candil y vio cómo entre las piernas de Lorenza asomaba un niño. Cuando tomó el bebé para ponerlo encima de Lorenza, un rayo inmenso cayó fuera de la entrada de la casa. El cuerpo de Lorenza se tensó, su primer bebé se agarró de su pecho y así lo hizo también el recién nacido. Lorenza gritaba con cada sacudida de la tierra. La cortina de agua cayó encima de los cuatro. El bebé, con el cordón umbilical todavía sin cortar, lloró buscando el pecho de su madre mientras la hija mayor estaba agarrada de su madre y de su nueva hermanita. En ese momento, Malaquías intentó desesperadamente de abrazar a las tres con sus brazos y su pecho.

Malaquías miró los ojos brillantes de Lorenza en medio del ruido y las energías de la naturaleza. Ella nunca supo si lo que oyó fueron risas o llanto, o si era agua o lágrimas lo que salía de los ojos de Malaquías. Tomó tiernamente en sus brazos a sus niñas, Paquita, su primera hija, y a Nana, su nuevo bebé. Lorenza estaba convencida de que con Malaquías allí para protegerlas la casa permanecería sin derrumbarse ante la furia de Tláloc, el alma de la energía de la lluvia.

El chico de diez años de piel morena, cabellera negra y redonda, grandes ojos negros, nariz grande y aguileña, labios finos, boca grande, grandes dientes blancos y orejas levantadas, sonreía mientras se volvía para decirle a su amigo que estuviera listo para la fotografía que el señor J. R. Allen, el fotógrafo personal de Walter Robey Simons, iba a tomar. Los chicos sonreían por la atención que les prestaban los "gringos" del Distrito Escolar Unificado de Montebello, que habían llegado allí para matricular a los hijos de los trabajadores y poner una escuela sólo para ellos. Los dos chicos estaban al frente de la fila compuesta por unos doce niños. En un banco detrás de ellos posaban ocho niñas y cuatro niños, y por encima de este banco siete niños y dos niñas miraban a la cámara. Todos los chicos llevaban camisas de manga larga abotonadas hasta el cuello y gorras en la mano que apuntaban a sus pies descalzos. El blanco era el color para los vestidos de las niñas. Las inocentes y limpias caras brillaban por la excitación y el miedo que se filtraba desde sus corazones.

Después de realizarse la fotografía, los niños se bajaron de los bancos y se pusieron en fila con sus padres para ser matriculados. Cuatro grupos de treinta y tres niños compondrían las primeras clases de la Escuela de Primaria Vail. Las clases se organizaron por edades. De los siete a los diez años era la edad del primer grupo de niños; la segunda clase contaba con niños de diez a doce años; el tercer grupo tenía a niños de trece a catorce años y la cuarta clase se componía de adolescentes de quince a dieciséis años.

Mientras los niños pasaban por la fila, se les preguntaba a los padres por el certificado de nacimiento o bautismo. Ninguno tenía el primer certificado y pocos el segundo. Los administrativos de la escuela tomaron la información que daban los padres y aprobaron el listado oficial. De las ocho a las tres de la tarde se matriculó a todos los niños. Durante la espera, las mamás hablaban entre ellas y los niños se quedaban para jugar. A la una de la tarde, se anunció una ceremonia improvisada cuando Walter y Sarah Simons, Jonathan y Clarissa Vail y la señorita Betty Haylock, la administradora y profesora, llegaron al lugar para abrir oficialmente la escuela y declarar el comienzo del nuevo año académico.

J. R. Allen se las arregló con la caja negra de su cámara para ponerla en posición y capturar ese momento para siempre. La señorita Haylock se encontró con los niños y tuvo una conversación con unas madres, que movían la cabeza y contestaban que sí a todas sus preguntas y afirmaciones. Les indicó que tomaran asiento en los bancos y escucharan lo que el señor Simons tenía que decirles.

Walter observaba las caras de las jóvenes madres que intentaban entender y hacer lo que la señorita Haylock ordenaba. De repente pensó en la gente que vio durante su viaje a México. Su gente tenía de todo, nunca se rebelarían en contra de él. Nunca le despreciarían ni le querrían ver muerto. Estudió esas agudas caras indias y vio que en sus ojos se reflejaban miles de años de historia. Walter tenía miedo de los niños. Les daría una escuela, una iglesia, una clínica, todo, y crearía un paraíso en el que sus trabajadores dependieran totalmente de él, tanto que la revuelta creciente en México no le afectara ni a él ni a su gente. Pensó que nunca se marcharían de allí.

La señorita Haylock escoltó a los Simons y a los Vail hasta los bancos que había enfrente de las madres y los niños y le entregó a Walter una lista con todos los nombres.

—Señor Simons, estos son algunos de los niños que se han matriculado en su escuela, ¿podría llamarlos por sus nombres, por favor? —le entregó a Walter el primer listado oficial.

—Bartolomé Becerra, Alberto Caballero, Nicolás Ortiz, Andrew Ortiz, Henry Ortiz, Joe Rodríguez, Albert Ponce, Fernán Alarcón, Bernard Alarcón, Carmelia Ortiz, John Cano, Leopoldo Martinez, Rita Juárez . . .

La audiencia aplaudió y los niños empezaron a poner caras graciosas mientras Walter recitaba y transformaba la lista en el libro del Génesis. De repente, para asombro de todos, Walter gritó:

—¡Esto es el principio!

Los niños y los padres aplaudieron el entusiasmo de su patrón.

—Permítanme decir que este es un día muy importante para todos nosotros. Para sus hijos, es el principio de una gran oportunidad de aprender. Aprender un nuevo idioma, nuevos nombres para todas las cosas que ahora saben. Para sus madres y sus padres, es el principio de su dedicación para ayudar al progreso de sus hijos. Para la señorita Haylock, es el principio como profesora y administradora. Pronto tendremos otros profesores, pero ella será la persona encargada de la escuela y de la educación de sus hijos. Las personas que han hecho posible este comienzo son el señor y la señora Vail, quienes han donado este terreno para construir la escuela. Se construirán en breve unos bonitos edificios para la escuela con el ladrillo que ustedes mismos han fabricado —declaró Walter.

Sarah se acercó para estar a su lado mientras los niños, las madres, los miembros de la escuela, los señores Vail y la señorita Haylock aplaudían y celebraban las promesas del patrón.

—Aquéllos que ya se hayan matriculado, pasen a formar una fila para visitar la escuela. Por favor, no perdamos el tiempo ahora —la señorita Haylock los señaló con sus manos y los mexicanos se pusieron en fila.

El paseo dio comienzo cuando la señorita Haylock colocó a cada niño en la entrada de las clases. Con sus fuertes manos les detenía la cabeza a los niños para examinarles primero la boca y los dientes, y después las orejas y la nariz, los ojos, el pelo, el cuero cabelludo y el cuello. No cabía duda que la señorita Haylock era también la enfermera de la escuela. Los niños se peleaban:

—Quiero este pupitre —decía una niña de diez años.

—¡No, ése es mío!

—¡Pero yo soy más alta! —insistía una niña de trece años.

—No discutan, por favor, yo decidiré quién tiene pupitre y quién no —la señorita Haylock gritó después de darse cuenta del por qué los niños estaban enojados.

Un niño se agarró de las dos manos que le apretaban sus mejillas y lo forzaban a abrir la boca. La señorita Haylock estudió la postura enojada del niño.

—No te enojes, esto es por tu bien —puso al niño delante y tomó al siguiente.

Sus palabras resultaban familiares, pero no encajaban ni conveniente ni cómodamente en los espacios de entendimiento del cerebro del niño. Todavía tenía la sensación de estar siendo empujado por los hombros, y le seguían doliendo las mejillas. Se giró, se tocó las mejillas y la oreja izquierda, y miró cómo la señorita Haylock agarraba a otros niños que entraban en clase. En ese momento, oyó ruidos, pero entró en la habitación sin saber lo que eran. Algunas palabras le sonaban huecas y vacías, otras le sonaban como si estuvieran perforadas y ajenas a él. No entendía nada. Las palabras de la señorita Haylock eran occidentales y no encajaban con las ancestrales enseñanzas mexicanas que había heredado y aprendido hasta ese momento. La madre del niño siguió a las otras madres, y en lo más recóndito de su mente, una sensación de dolor emergió lentamente.

Ese septiembre de 1907 los niños de Simons empezaron su educación americana.

Desde la noche en que Walter y Sarah se conocieron en la fiesta en honor a su padre y su madre, Reuben Simons se había deteriorado progresivamente. Habían pasado tres años sin que nadie hubiera visto una sonrisa en su cara. En el último año, se ahogaba a menudo cada vez que se acostaba, y ahora pasaba la vida sentado en una silla. Su vida era pasiva por su constante inactividad. Había perdido el control físico de las funciones de su cuerpo, su mente ya comenzaba a mostrar señales seniles y empezaba una regresión a la infancia. Melissa, su mujer, luchaba a solas con él porque se negaba a que nadie más le ayudara. Les había dicho a sus hijos y escrito a sus hijas que era deshonroso para su marido que lo vieran así, y que solamente ella podía estar con él. Sin embargo, a medida que Reuben empeoraba, su cuerpo pesaba más y llegó un momento en que ya no lo podía levantar.

Reuben se convirtió poco a poco en una piedra quebradiza. No reconocía a nadie y balbuceaba palabras y frases sin sentido como si conversara con alguien que tuviera delante. Tenía alucinaciones y, sin embargo, podía describir con claridad lugares, gente y situaciones del pasado. De vez en cuando, en instantes de lucidez, podía reconocer a la gente que lo quería. Les llamaba por su nombre, pero antes de poder establecer una conversación, su mente se volvía a marchar. Regresaba a su infancia cuando se entretenía jugando con unas pequeñas bolas de madera, bloques o con muñecos. Cuando le servían la cena, engullía la comida ayudándose con sus propias manos. No le importaba el alimento que fuera, quería comer con las manos y no parecía saciarse nunca; bien pudo haber estado tragando comida hasta llegar a la muerte. Su cerebro no recibía ningún mensaje, ni de estar saciado ni de tener hambre. Comía de modo automático cuando le ponían la comida delante. Reuben Simons se había transformado en un niño desvalido a merced de cualquier ser humano. No le funcionaba prácticamente nada, y su familia deseaba que tuviera una muerte rápida con el fin de ahorrarle las horribles y humillantes agonías de la decrepitud.

Joseph había estado con él en sus últimos momentos. Se sentó en la entrada de casa de sus padres esperando a que pasaran los invitados y expresaran las esperadas palabras de condolencia. Al lado de él estaba sentada su madre y Orin Elmer, quien parecía ser el más afectado por la muerte de su padre. Esa tarde, de pie, junto a la ventana viendo ir y venir a los visitantes, Walter no había intercambiado ni una sola palabra con el resto de la familia. Reinaba una sensación de alivio y resignación en las personas que se encontraban dentro de la habitación. En pocas horas, conducirían el elaborado ataúd al Cementerio Presbiteriano de Pasadena, lo bajarían a la fosa, lo cubrirían con tierra y ya estaría separado del mundo de los vivos. Laura, el pequeño James de nueve años y Sarah estaban sentados cerca del ataúd esperando a que llegaran los enterradores para llevárselo. Cuando montaron el ataúd al carruaje, Orin Elmer comenzó a gritar y sollozar.

—¡Por qué tenemos que enterrarle tan hondo! —repetía Orin Elmer de camino al camposanto.

Cuando el cortejo familiar llegó al cementerio, Melissa Simons se vino abajo y empezó a rezar y a llorar por su ser amado. No había ningún sacerdote para decir las últimas palabras, y los familiares y amigos le dijeron adiós a su modo.

—¡Reuben, tengo tanto miedo de quedarme sola! —Melissa se aproximó al ataúd mientras lo bajaban.

El señor y la señora Bolin fueron hasta donde se encontraba Melissa y la apartaron. Las mujeres y la familia la siguieron. Los tres hermanos Simons permanecían al borde de la tumba.

—Sarah está embarazada —anunció Walter mirando a Joseph.

—Dios mío, nuestro padre hubiera estado tan feliz. Pronto llegará otro nieto —dijo Joseph extendiéndole la mano.

—Espero que ustedes dos paren de pelear. ¡Háganlo por él! —Orin Elmer echó un clavel a la tumba.

—Vamos a casa —Joseph acompañó a Orin Elmer hasta el carro mientras Walter permanecía al lado de la fosa.

—Vamos, Walter —insistió Orin Elmer ya montado en el carro.

—No, quiero quedarme, caminaré después —dijo Walter mientras el vehículo se alejaba.

Después de un rato, llegaron dos mexicanos y empezaron a echarle tierra a la fosa. Los puñados de tierra sonaron huecos en el ataúd.

—Un buen reposo —dijo Walter delicadamente.

—Sí, patrón, bonita cama —repitió uno de los mexicanos mientras el otro sacaba un cigarrillo y lo encendía. Entonces le ofrecieron uno a Walter, quien lo agarró mientras el otro hombre tomaba otro cigarrillo.

Walter le encendió el cigarrillo, después se encendió el suyo y se marchó, dejando huellas y cenizas en la tumba de su padre.

La noche era mágica. Voces de un pasado de hacía cuarenta años llegaron a su pensamiento mientras miraba por la ventana de su segunda habitación nupcial del National Palace. Buscaba la brillante y larga línea de luz que viajaba por la clara noche del cielo del Oeste. ¿Se iría a acabar el mundo? No, según quienes él consultó. La Edad de Oro nunca terminaría. El Cometa Halley era la señal de este interminable poder que representaba otros cien años más del reinado del Mesías.

Había mandado con mano dura, había guiado a su pueblo a la tierra prometida, una tierra de tranquilidad en la que reinaba la paz desde hacía veinticinco años. Sus enemigos le acusaban de ser un déspota irresponsable, cuyas voces empezaban a surgir en su contra. Pero se lo devolvería, estaría encantado de devolverles el favor. Con el fin de ofrecer a sus oponentes el respeto que se merecían, había organizado el Bravi urbano, un ejército privado capaz de destruir a cualquier persona u organización que se atreviera a poner en duda su autoridad.

Los Bravi acababan con cualquier elemento que obstaculizara el gobierno de don Porfirio Díaz quien los controlaba dándoles la libertad para conseguir toda la sangre humana que fuera necesaria para satisfacer su insaciable sed. Era un maestro para ofrecer "pan y garrote". Había puesto la policía nacional y los rurales en las provincias, y ellos decidían la vida y la muerte de los campesinos. Sus asesinatos fueron incuestionables durante treinta años. Don Porfirio Díaz daba el pan a los Bravi, a los rurales, al ejército, a los burócratas, a los extranjeros y a la Iglesia Católica y reservaba el garrote para los mexicanos corrientes que vivían en las ciudades y en los campos, un garrote que utilizaba sin piedad.

Se creía el padre de todos los mexicanos. En sus sueños sostenía y acariciaba su paternal y enorme pene el cual se extendía por toda la tierra. Había engendrado las vías ferroviarias que iban de norte a sur, las minas de plata, oro, cobre, plomo y zinc, las plantaciones de café, azúcar, plátano y henequén, y toda la exportación de los recursos naturales de México. El esperma de Porfirio impregnaba el país con el interés económico extranjero que explotaba a los mexicanos y a México. Estados Unidos, Inglaterra, Francia, Alemania y otros países colocaron sus vulvas económicas al servicio del rico pene de don Porfirio. Les daba todo lo que deseaban, y ellas le devolvían sólo placer sexual. Para la lógica de don Porfirio Díaz, México no estaba siendo chingado sino que era el que chingaba. Sonreía y se felicitaba a sí mismo por lo que consideraba uno de sus mayores logros.

La gente que rodeaba al grandísimo bárbaro empezó a creer en su inmortalidad, decidiendo que la ciudad en la que habitaba el dios inmortal debía limpiarse de suciedad y escoria humana. Se limpió la capital y se modernizó. Las luces eléctricas iluminaban entonces los bulevares, y brillaban y alumbraban los nuevos tranvías que circulaban por la vía pública principal de la ciudad. Por orden de don Porfirio se construyeron grandes edificios de mármol para la contemplación del dios. Construyó el fabuloso Palacio de Bellas Artes con el fin de ofrecer sus selectos espectáculos. Este edificio resultaba tan extraño como la vida que modeló don Porfirio. Las masas esclavizadas que tenían menor rango que bestias eran el único elemento auténtico del México de esa época. La aristocracia alababa que la dictadura hubiera traído esta edad dorada, así como el sistema feudal impuesto en las haciendas y los rurales como el símbolo de paz de todo este sistema.

Si algún peón o cualquier pobre mexicano se quejaba de los pagos de la aristocracia, era arrestado por los rurales, y cuando un mexicano intentaba escapar se le disparaba inmediatamente aplicando "la ley de fuga". Los indios, es decir, la mayoría de los mexicanos, eran el blanco favorito de don Porfirio Díaz; esclavizó e hizo una carnicería con miles de yaquis y mayas, sus generales se enorgullecían de que el placer que él sentía al matar indios empatara sólo con lo mejor de las caballerías americanas.

Otro de sus deseos era hacer desaparecer permanentemente a los indios y leprosos que pedían limosna en el Paseo de la Reforma y en otras elegantes avenidas y bulevares de la capital. El descubrimiento de los miles de cuerpos desmembrados en las carreteras rurales y en los campos abiertos de las afueras de la Ciudad de México fue explicado más tarde como si se tratara de los cadáveres leprosos deshechos a causa de la enfermedad. Los ricos aceptaron la explicación oficial sin cuestionarla, y los pobres no tuvieron otra opción más que enterrar los desechos humanos. La inmortalidad de don Porfirio Díaz crecía sobre las montañas de los cuerpos de mexicanos muertos en las ciudades y en el campo.

Un domingo cualquiera aparecía desfilando en un elegante carruaje jalado por hermosos corceles por el Paseo de la Reforma hasta llegar a casa de uno de sus "científicos" de más confianza. Allí conversaban sobre lo último del estilo francés o de los mejores colegios franceses a los que iban sus hijos. Las mujeres comentaban el *dernier cri* y la calidad absolutamente inferior de la mantilla española. Los aristócratas dejaban caer una o dos palabras en francés y se lamentaban del horrible barbarismo de su país. Se enorgullecían de coleccionar objetos franceses y fanfarroneaban y señalaban con orgullo los artefactos importados de Francia que decoraban la casa entera; con la convicción de haber cumplido una tarea bien hecha le decían a don Porfirio Díaz, —¡En esta su casa no hay nada mexicano!

Don Porfirio solamente veía caras blancas a su alrededor en las fiestas a las que acudía. En sus reuniones con los administradores gubernamentales elegidos por él, sólo lo miraban silenciosas caras blancas . . . Era verdad, no había nada de mexicano en México . . . pensaba mientras circulaba por entre los partidarios internacionales. Don Porfirio llevaba su pene en la mano izquierda y a su hermosa mujer doña Carmen Rubio en su brazo derecho. Para los más pobres, México se había convertido en la madre de los extranjeros y en la madrastra de los mexicanos. El inmortal, don

Porfirio daba audiencia a dignatarios internacionales tres veces a la semana, quienes llegaban hasta allí para bañarlo con lisonjas y decoraciones extranjeras, algo que a él le fascinaba. Para el pueblo, el interés internacional de don Porfirio Díaz significaba la explotación sistemática y una muerte lenta.

Aquel hombre, que nació en el seno de una familia mestiza pobre, que fue un guerrillero analfabeto, que luchó y detuvo a los franceses en las montañas rocosas de Oaxaca, pasó a ser de repente el inmortal dictador de México, el cual, mientras acumulaba más poder y fuerza en el gabinete político, se casó, después de que su primera mujer muriera a causa de misteriosas circunstancias, con doña Carmen Rubio, una joven, bella y fuerte mujer criolla, luego sufrió poco a poco una metamorfosis. Empezó a ser blanco.

Un pintor francés, comisionado por doña Carmen, fue el primero en darse cuenta de este extraño fenómeno al descorrer la cortina que cubría el retrato de don Porfirio durante la audiencia pública que el inmortal daba una vez al año. Allí se encontraban presentes sus consagrados, su caballada, sus altos mandos rurales y Bravi y sus ilustres científicos. De repente, un murmullo, seguido de un ruidoso aplauso, invadió la gran recepción del Palacio de Bellas Artes al caer la cortina del retrato. Cuando don Porfirio y doña Carmen Díaz se colocaron delante del cuadro, comprobaron que era la imagen exacta del dictador, pero la cara de este hombre era la de un hombre blanco. Los dos coincidieron en que se trataba de la cara de un blanco y fue cuando el dictador pidió un espejo para mirarse su cara y brazos mestizos. Por supuesto que él era blanco, y cuando levantó sus brazos blancos por encima de su cabeza, se oyeron los aplausos de nuevo. Desde aquel momento, don Porfirio, cualquier miembro de su familia y todo aquel que quisiera obtener su favor, empezaron a utilizar polvos de talco para blanquearse el rostro. Desde entonces, el tono pálido y enfermizo se puso de moda.

Don Porfirio seguía buscando en el cielo nocturno esa cola blanca del Cometa Halley. Se dio cuenta de que sus detractores dirían que el blanco de su cara se debía al miedo y la cobardía. Se tocó la cara con los dedos de las dos manos deslizándolos lentamente, contemplando el contraste entre la mancha blanca de las yemas de sus dedos y la oscuridad de sus envejecidas manos.

Lejos, al norte, Malaquías de León se quitaba el lodo de su oscura cara. Como muchos otros, se había visto obligado a atravesar un área grande de lodo que conducía hacia la frontera internacional. Malaquías sacudió su bolsa y su ropa porque se había metido de cabeza en el cieno. Escupía lodo cuando cruzaba la frontera con Estados Unidos. Vio el Cometa Halley y se alejó de allí para dirigirse a Simons, California.

CAPÍTULO 6

UNAS MANCHAS BLANCAS, ROJAS Y PÚRPURAS APARECIERON A LO lejos, en la parte izquierda del camino. Nana de León apoyaba su cara en el cristal para no perderse todos los colores que pasaban por su lado. Miraba por encima de su tío Mario, un punto blanquizco en su mejilla izquierda y su nariz, y le imploraba en silencio que abriera la ventana. Pudo ver entonces los bonitos edificios de ladrillo con techos de teja roja. Su hermana Paquita se acercó a ver sobre su hombro y vio al hombre que esperaba solo en la estación de Simons. Las manchas blancas, rojas y púrpuras se habían convertido ahora en flores que decoraban la estación que había enfrente del almacén general. Nana veía que la gente entraba y salía de otros edificios cercanos.

El tren aminoró la marcha, poca gente se paraba para ver quién bajaba o subía. El tío Mario se puso de pie y preparó a todo el mundo para bajarse. Nana observó que él sonreía ligeramente cuando agarró la mano de su mujer. Comprendió que esa sonrisa era de felicidad porque el viaje había terminado y todos habían llegado bien a su destino.

—¡Simons! —gritó un conductor cuando subía los escalones de hierro de la puerta del vagón donde estaban ellos. Nana vio que el hombre cogía un mango de hierro y balanceaba su cuerpo en la grava. Movió la mano y el tren se detuvo.

El hombre que había visto a lo lejos se encontraba ahora de pie frente a una delicada banca de hierro. Esperaba en la puerta. Habían pasado dos años desde que había visto a su padre. Paquita y Nana lo reconocieron enseguida. Su hermanita pequeña, Jesús, de dos años no reconoció a Malaquías de León porque había abandonado El Barral días después de que ella naciera. Todos se apretujaron hacia la puerta para pisar suelo firme. Oyeron alguna palabra de ese hombre silencioso que parecía abrazarles con la mirada.

87

Malaquías de León alargó la mano para estrechársela a su cuñado Mario. Sonrió y le agradeció que hubiera aceptado la responsabilidad de guiar y llevar hasta allí a Lorenza y sus tres hijas en la peligrosa travesía hacia el norte. Lorenza esperaba tranquilamente que su marido le expresara algún tipo de reconocimiento quien, finalmente, se dirigió hacia su mujer y la abrazó. Después abrazó a su hija mayor, a Nana y tomó a la niña Jesús en sus brazos.

—Estoy feliz de que hayan llegado bien, ahora síganme —dijo Malaquías.

Las dos hermanas caminaban una al lado de la otra observando los edificios nuevos y las casas también construidas recientemente. Todo era nuevo y moderno. Simons era un lugar maravilloso y bello, una ciudad misteriosa llena de extrañas máquinas y ruidos. Mientras avanzaban junto a su padre, vieron a los hombres pasar por el centro de la ladrillera, de ese lugar salían sonidos polifónicos y emergían hombres con caras y ropas cubiertas de polvo rojo y barro. La gente parecía tener un destino y Nana se preguntó cuál sería el de su padre. Confiaba en que sería una de aquellas bonitas casas blancas con macetas llenas de flores en los bordes de los pequeños patios de la avenida Vail. Era un lugar maravilloso y bonito comparado con la casa en la que habían vivido en El Barral.

Nana caminaba ahora detrás de su padre volviéndose para explorar la ciudad. Esperaba que su padre las llevara a una de esas casas blancas y se prometió a sí misma que cuidaría de las flores. Había sólo tres casas más en la calle por la que pasaban y la cara de Nana reveló una gran decepción cuando su padre pasó por delante de la última casa. En el camino apareció una pequeña tienda de ultramarinos y Malaquías abrió la puerta de madera que lindaba con la tienda de Acacio Newman Delgado. Entró por un pequeño y fresco jardín de helechos y flores exóticas. La residencia Delgado estaba conectada perpendicularmente con la parte trasera de la tienda. Era más grande que las otras casas de Simons. En el patio había colgado una banca para dos en la que Nana y Paquita se sentaron inmediatamente. Malaquías llamó a la puerta y puso a

Jesús en su hombro izquierdo. Desde dentro de la casa una alegre voz saludó.

—¡Ha venido su familia, Malaquías! Las habitaciones están preparadas. Venga conmigo, señora. Se quedarán aquí hasta que terminen las casas nuevas, será en dos semanas cuando mucho. Esos carpinteros trabajan muy rápido, ¿verdad, Malaquías? —dijo María Delgado casi gritando y hablando rápido.

Malaquías no intentó interrumpirla y le hizo un gesto a Lorenza para que ella tampoco lo hiciera.

—Entren, por favor. Qué niñas tan bonitas, serán muy felices aquí. Hay mucho que hacer y también tienen que ir a la escuela. He traído cobijas extras para las chicas. Las dos camas son grandes y cómodas, creo que estarán bien. La comida para nuestros huéspedes se sirve a las siete de la mañana, a las doce y a las seis de la noche, todos los días, claro.

María Delgado abrió la puerta de una de las habitaciones que daban a la parte trasera de la casa que ella alquilaba a los hombres solteros. Malaquías había estado con la familia Delgado durante dos años desde que llegó a Simons. Les pidió que le dejaran otra habitación para su familia hasta que le dieran la suya propia. Gonzalo Pedroza le había prometido una casa de las nuevas que se estaban construyendo en Simons. De repente, Malaquías y Lorenza se dieron cuenta que la verborrea rápida de María Delgado había desaparecido. Se había marchado tan rápido como había aparecido. Malaquías se rio con su mujer y sus hijas.

—Voy a comprar algo de fruta y leche para las niñas —dijo Malaquías.

—¿Adónde se fue Mario y su familia? —preguntó Lorenza sorprendida de que durante el tiempo que caminaron de la estación hasta la casa de los Delgado no se había dado cuenta de que el tío Mario y familia ya no los acompañaban.

—Han ido a casa del tío Epifanio —respondió Malaquías sintiendo la decepción de no tener casa propia para ella.

—No te disgustes, Lorenza, tendremos nuestra casa en dos semanas.

Se marchó y ella se dispuso a preparar una casa para su familia en las dos pequeñas habitaciones de soltero. Lorenza se encontró sentada en el borde de la cama cubierta con una sola sábana. Sus dos hijas mayores jugaban detrás de ella y su hija pequeña se arrullaba en su cobija, cómoda y caliente. Ahora se sentía segura y a salvo porque estaba con su marido. Durante la travesía hasta el norte nunca se encontró segura, siempre temió que algo les pasara a sus hijas, pero ahora allí, en esa habitación, estaba el futuro, la esperanza y la promesa de tener una vida mejor.

Les dijo a Paquita y a Nana que pidieran una escoba a María Delgado. Lorenza quería limpiar muy bien las dos habitaciones. Empezó a desempacar las pocas prendas que traían mientras doblaba y buscaba un sitio para colocar la ropa de su familia. Sacó los únicos objetos materiales que traía de México. La ropa desgastada nubló su vista al recordar la apariencia andrajosa de sus vecinos. La ropa harapienta era una metáfora de los campesinos mexicanos, y los jirones eran tan grandes y profundos que nunca podrían ser arreglados. O la destrozaba o hacía ropa nueva. Lorenza tenía el talento de coser y reparar material usado y convertirlo en ropa nueva. Separó lo que se podía salvar y volver a utilizar, no se tiraría nada.

Lorenza, sentada al borde de la cama, puso sus manos en el regazo y volvió la vista hacia la puerta abierta de la habitación. La luz de la tarde acariciaba sus pies y tobillos suavemente, subiendo por sus piernas y penetrando en sus caderas y sus muslos. Sus delicados ojos cafés brillaron al sentir el poder del calor del sol, en ese momento sintió que su vida era importante. No era sólo una mujer sentada al borde de una cama. Sus oscuros ojos fueron más allá de la puerta de al lado de la casa de los Delgado y del jardín de helechos. Su cara se transformó en la hoja de un cactus y sus hijas en plantas de cactus que crecían fuertes y espinosas. Sus tripas eran una red de espinas de cactus perfectamente tejida. Su marido había penetrado su cuerpo, le había roto las espinas dolorosamente y, de algún modo, daría a luz de nuevo a otro niño cactus.

En el jardín, María Delgado tiraba agua con un balde sobre el duro barro rojo. El agua se derramaba como si un hielo se hubiera derretido por encima de la tierra. Lorenza y sus tres hijas se detuvieron delante del terreno mojado y vieron una imagen, una cara de mujer atrapada en el agua helada. La cara se movió, abrió la boca y gritó en silencio. No oyeron ningún ruido, pero Lorenza entendió que la mujer había gritado. No podían hacer nada mientras la imagen se retorcía en su agonía. Había viajado aterrorizada a través del agua y la humedad del universo. Lorenza se movió hacia delante, las tres mujeres pisaron la imagen y esta despareció.

Lorenza y las niñas caminaron en dirección al lugar donde los obreros construían la casa de la familia de León. Quedaban pocos días para que Gonzalo Pedroza girara la llave de la puerta y la casa fuera suya. Sólo dos días para hacer las maletas.

Ese día finalmente llegó, Malaquías le alquiló a Gonzalo un caballo y un carro, y a las tres de la tarde, volvieron de trabajar para trasladar a la familia. Cargó el carro con cajas llenas de ropa y utensilios de cocina que Lorenza había empaquetado por la mañana. Por fin Malaquías llevaba a su familia a su nueva casa en la calle Jalisco, justo en medio del mándala Simons. Nana tomó su muñeca mientras observaba con orgullo el mundo pasar por detrás del carro. Estaba orgullosa de su padre, de su madre y de sus hermanas. Se sentía especial por vivir en una nueva casa blanca.

Esa noche, Lorenza colocó a las niñas en su habitación. Malaquías había traído del almacén general dos camas nuevas, cinco sillas y una mesa para la cocina, cobijas, tapetes de plástico para los lados de la cama y una pequeña cómoda de madera con tres cajones para meter la comida que también había comprado.

—Mañana temprano traerán el congelador y la estufa —anunció Malaquías a su familia.

—Papá, quiero algunos maceteros para plantar flores y ponerlas enfrente de nuestra casa —dijo Nana de una manera clara y con confianza.

—Sí, por supuesto, m'ija —Malaquías sonrió y puso los brazos alrededor de Lorenza.

Nana salió y se sentó con su muñeca en el patio, calculando dónde pondría sus maceteros. Se quedó sentada y escuchó la conversación de los vecinos que pasaban. Vio a los niños con los que pronto jugaría y serían sus compañeros de clase. Lorenza había preparado a Nana y a Paquita para estas nuevas experiencias. Dos mujeres se pararon a unos cinco pies de donde estaba ella, y hablaban de la nueva iglesia que el señor Simons había mandado construir. Las mujeres discutían sobre la localización de la iglesia y la última frase que pudo oír, cobró sentido para ella.

—Nuestra sagrada iglesia será muy bonita —gritó una mujer mientras la otra se alejaba mirando a Nana. La mujer paseó hasta llegar a la casa de al lado.

Nana vio cómo la mujer entraba y volvió a imaginar dónde pondría sus bonitas flores. Estaba feliz y prometió que las cuidaría bien. En ese momento, la mujer de la puerta de al lado salió y tiró agua a la calle de tierra. Nana pudo ver en la húmeda ventana la imagen de una mujer asfixiada, ahogándose. Tembló, pero se quedó allí, en medio de su jardín imaginado.

El 1º de mayo de 1913 ya estaba en pie la primera piedra de granito para la iglesia católica. Una semana después se mandó quitar por orden del sacerdote, quien aseguró que en la iglesia no apoyaría ninguna fecha bolchevique. El sacerdote condenó pródigamente la piedra por miedo a que ésta inspirara alguna actividad subversiva en los mexicanos de Simons. El padre Zarrutia avisó de las acciones subversivas de muchos simpatizantes bolcheviques en México, y les recordó a los hermanos Simons que la Revolución Mexicana estaba pasando su momento más violento. Miles de mexicanos morían cada día y se contaban por miles los refugiados que entraban en Estados Unidos escapando de las atrocidades de los alocados bolcheviques.

Rosendo y Gonzalo escucharon al hombre vestido de negro, e interpretaron sus palabras como si se tratara de un cuento exótico de unos monstruos devoradores llamados bolcheviques. Para ellos, estos monstruos políticos estaban lejos de llegar a ser una realidad y no representaban ningún peligro. Walter pensaba que el profuso miedo del sacerdote era mera cobardía y que este hombre era uno de los mayores hipócritas por no ofrecer a su Dios como fuente de seguridad frente a esos monstruosos bolcheviques. Joseph escuchaba atentamente y movía la cabeza como si estuviera de acuerdo con las palabras del sacerdote.

—¡No debemos darles ninguna señal de que aquí encontrarán oídos simpatizantes! —dijo el padre Zarrutia dando una patada a la piedra—. ¡No me importa donde, pero destrozadla, enterradla en algún lugar y sacadla fuera de mi vista! Preparen una nueva piedra con una fecha diferente. —Se dirigió hacia su carro y se marchó, sabiendo que su palabra sería obedecida.

Joseph ordenó a William y Gonzalo que destruyeran la piedra. Rosendo movió la cabeza y sonrió. No entendía la urgencia de eliminar la fecha y el bloque de piedra.

—El sacerdote tiene razón, hay peligro y no sabemos quién viene de México —dijo Joseph a Walter y a los otros hombres.

—La gente que viene de México es gente pobre y desesperada que desea vivir en paz y conseguir un trabajo —le replicó Walter a su hermano.

—Tienes un problema, Walter. Quieres ser el padre de todo el mundo, y esta vez no. Debemos destruir la piedra o no habrá iglesia —contestó Joseph, impaciente y enojado.

—¡Vamos, Rosendo! —ordenó.

El viento levantó polvo y Walter, solo, miraba hacia donde había desaparecido su hermano Joseph. *Ésta es la última vez que me dices lo que tengo que hacer, o que le digas a mis hombres lo que tienen que hacer. Ésta es mi finca y tú no mandas aquí, hermano . . .*

El viento lo rodeó y la polvareda roja se volvió más espesa. Una pared de polvo embravecido le impidió ver el mundo . . . alguien será sepultado, pensó Walter espontáneamente, y en ese momento se preguntó de dónde y el por qué le había llegado esa idea con tanta claridad. Se acercó a las pistas de las vías del tren, cruzó las vías Santa Fe, fue hasta la carretera Rivera y entró en el almacén general pensando todavía e intentando escapar ahora de la imagen de alguien enterrado en un remolino de polvo rojo.

Libra, el séptimo signo del zodíaco, es como una cruz y una espada, simboliza el equilibrio tanto en el plano cósmico como en el psíquico. Sin embargo, el mes de octubre de 1913 estaba en total disonancia siendo el mes de un trágico, demente e inexplicable evento. Lo que aconteció en una fría noche ya tarde de mediados de octubre dejó a Melissa Simons en un estupor psicológico. Más tarde actuaría y hablaría con normalidad, pero sus pupilas seguían fijas en una visión que no estaba presente en ese tiempo ni en ese espacio. Era como si estuviera ciega aunque pudiera ver.

La noche estaba inusualmente tranquila; los animales salvajes rondaban más cerca de lo normal por las casas de Simons en la calle California. Joseph vio coyotes cerca de la entrada de la casa de Walter. Los ojos brillantes de estos animales se fijaron en él, la respiración de sus hocicos calientes y húmedos formó una nube a su alrededor mientras regresaban a los campos colindantes y hacia las montañas. Allí arriba, más allá de las montañas, una luz parpadeaba por la electricidad generada de los vientos fríos y calientes y las inestables condiciones que flotaban por la superficie de los grandes y removidos montículos de tierra.

Todo el mundo estaba cómodo y seguro. Laura y James se habían retirado y la luz de la habitación de Walter y Sarah seguía encendida. En la puerta de al lado, su madre se había retirado desde las diez, su hora de costumbre, mientras Orin Elmer, probablemente, seguía trabajando, o leyendo, o pasando el tiempo hasta bien entrada la madrugada que era cuando normalmente se quedaba dormido. A menudo no se cambiaba y se dormía con la ropa que había usado en el día. Joseph se fue a dormir poco después de las doce de la noche.

Quizás, el momento extraño que llegó alrededor de las once y media de la noche, se colaría por la casa de Melissa, pasando por su habitación y encontraría su lugar cerca de Orin Elmer. Nadie de la familia, ni los niños, los amigos, los adultos o los mexicanos supieron el momento preciso en el que la extrañeza abrazó, penetró y engulló a Orin Elmer. Calladamente dominó las tres casas cuando Orin Elmer apagó las luces y se tiró en la cama. Empezó a sentir una gran sed que subía hasta su cerebro. Las extremidades de su cuerpo se activaron como si estuvieran poseídos por una energía independiente. Se movían, retorcían y se estiraban del cuerpo. Se quedó tumbado en la cama sin saber qué hacer, temeroso de que sus manos, brazos, pene, piernas, pies o cabeza se le arrancaran del cuerpo. Le subió una fiebre en medio de este pavor escurriéndose por su carne y su mente.

Orin Elmer se sentó y oyó el profundo silencio de la fiebre. Ansiaba un poco de agua para sofocarla ya que estaba empezando a devorar su subconsciente y su carne más profunda. Se levantó de la cama y pudo salir hasta la cocina. Buscó un vaso en la oscuridad y lo puso bajo el grifo que, para su desesperación, no le dio agua. Se quejó de esta inesperada e ilógica condición. Cuando abrió los dos grifos oyó un silbido que salía de las tuberías. Necesitaba agua, aunque sólo fuera un vaso, para dar un sorbo y humedecerse los labios y su cuerpo sofocante. Pronunció frases sin sentido y se acercó al refrigerador.

En la parte de arriba había una botella de agua. No recordaba desde cuando estaba allí, decidió no beber y empapó un trapo para ponérselo en la cara. Repitió la operación varias veces, y cada vez gemía más, tropezándose contra los muebles, y tirando cacerolas y platos al suelo. Se inclinó en el fregadero donde estaban los platos de la cena sin lavar, tomó uno y aparecieron miles de insectos. Volvió a mirar de nuevo, esta vez los insectos habían invadido el fregadero completamente y se dispersaban por el mesón. Abrió los dos grifos para ahuyentar los insectos, pero volvió a oír un silbido más fuerte por la boca del grifo, después un silencio y una corriente de miles de insectos envolvió la botella de agua que tenía en la mano. Se apartó para proteger la botella y con cada paso que daba aplastaba cientos de bichos cafés que ahora cubrían el suelo, las paredes y el techo como un manto.

Las palabras delirantes de Orin Elmer se convirtieron en gritos desgarradores. Se dirigió a su recámara tambaleándose y los insectos tomaron la casa. Su cama ya estaba completamente cubierta por las criaturas, no podía escapar de ellas. Las bestias trepaban por sus piernas, caían del techo. Orin Elmer las aplastaba y se las quitaba del pelo mientras seguía chillando y tratando de salir de allí.

Melissa corrió hacia su habitación y cuando dio tres pasos en la entrada de la casa ya tenía a los insectos subiendo por el tobillo. En ese mismo instante, una oleada de insectos había invadido su habitación, ni las luces encendidas hicieron que éstos desaparecieran. La luz provocó que los bichos de las capas más altas de la habitación cayeran hasta las capas que estaban más abajo. Melissa, cubierta de insectos cafés, gritó a su hijo para que se marchara de la casa. Lo tomó del brazo forzándolo a que pisara encima de la profunda capa de cieno que había hasta llegar al patio que daba al exterior de la finca.

Cuando llegaron Walter y Joseph, sus caras reflejaban el pánico de los gritos de Orin Elmer y la expresión de terror de su madre que, en ese momento, se quitaba de la ropa los insectos cafés.

—¡Pero, qué diablos! —exclamó Walter mirando la casa de donde se oía un sonido extraño como si fuera papel.

—¡No entren en la casa, está llena de insectos! —gritó Melissa.

—¡No hay agua, estoy ardiendo y necesito agua! —Orin Elmer se sacudió los insectos encima de Joseph.

—¡Dios Santo . . . Orin Elmer está contaminado! —dijo Joseph.

—¡Walter, tenemos que detenerlos para que no lleguen a las otras casas!

—No creo que se expandan, sólo pertenecen a esta casa y no quieren ir a ningún otro lugar. Si quieres detenerlos tienes que quemar la casa, ¡y no hay garantías de que esto funcione! —gritó Walter.

—Ve a la finca por Rosendo y los demás para que caven un agujero alrededor de la casa, llénalo de petróleo y quémalo. Llevaré a nuestra madre y a Orin a mi casa —dijo Joseph ayudando a Orin Elmer que pedía agua y se quitaba los insectos de la boca.

Mientras Walter se alejaba de la finca de Pasadena, los vecinos se encaminaban hacia la casa invadida . . . Espero que no les entre el pánico cuando vean a esos bichos, pensó mientras espoleaba al caballo para ir a galope.

A las tres de la madrugada, la casa de Melissa estaba rodeada de anillos de fuego. Walter y Rosendo habían regresado con veinticinco hombres que inmediatamente cavaron una trinchera de un pie de profundidad, la llenaron de petróleo y la encendieron. Sin embargo, una vez que llegaron a la casa, lo extraño se había ido. Los insectos habían desaparecido sin dejar huella de su existencia. A pesar de todo, Rosendo no dudó ni una sola vez de la descripción que había hecho Walter de los insectos invasores. Rosendo sugirió que procedieran como habían planeado e incendiaran la casa. Walter no podía creer que se hubieran ido sin dejar rastro alguno. La casa estaba como si nada se hubiera arrastrado por ella. Buscó y no encontró ni un insecto muerto. Walter observó la casa de Joseph, donde su hermano yacía ardiendo en fiebre. Lo extraño se había albergado en Orin Elmer quien, durante las primeras horas del día, había estado vomitando y tosiendo trozos y, a veces, insectos cafés enteros que salían del interior de su cuerpo.

Joseph mandó llamar a un destacado especialista en venenos de Pasadena, convencido de que su hermano había sido mordido por alguna clase de animal. La horrible putrefacción de las partes internas de Orin Elmer solamente podía ser causada por algún tipo de veneno. Cuando el médico llegó, en un elegante carruaje, Rosendo y los hombres todavía mantenían vivas las últimas llamas. Rosendo sabía de este ostentoso doctor y estaba seguro de que no ayudaría a Orin Elmer.

Walter salió de su casa y fue a inspeccionar el fuego una hora después de la llegada del doctor. Se acercó a Rosendo, quien estaba de pie mirando la fachada de la casa de Joseph. Walter percibió el malestar de Rosendo e instó a que éste hablara con un movimiento de manos.

—Ese doctor no puede curar a su hermano —dijo Rosendo.

—¿Por qué no? ¡Es el mejor! —respondió Walter enojado.

—Su hermano no está enfermo por la fiebre ni está envenenado, está embrujado —expresó Rosendo como si estuviera seguro de lo que acababa de decir.

—¡Embrujado! ¿Quién querría echarle una maldición? —preguntó Walter molesto por el comentario de Rosendo.

—No lo sé, pero necesita que lo vea un curandero —Rosendo habló con tono insistente.

—¿Cree que Joseph lo permitiría? —preguntó Walter interesado por la idea de Rosendo. Walter pensaba que la enfermedad de su hermano era grave y muy por encima de la ayuda que pudieran ofrecerle los médicos.

—Si quiere que su hermano viva, permita que lo vea un curandero —afirmó Rosendo rotundamente.

Walter vio como Rosendo golpeaba una pala adentro de la trinchera quemada. Parecía que estuviera enojado por la posibilidad de que Orin Elmer no tuviera el privilegio de ser aliviado por un curandero; entendía que había sido envenenado espiritualmente, y que la lógica *anglo* de uno de los hermanos Simons no permitiría su salvación. Rosendo identificaba a Joseph como un obstáculo. Walter dejaría que un curandero viera a Orin Elmer, pero sabía que Joseph pensaba que éstos eran charlatanes que se aprovechaban de las supersticiones de los mexicanos.

Rosendo casi se violentó con esta idea. Golpeó su pala en la trinchera y arrojó la tierra como si estuviera enterrando a uno de sus patrones. Los mexicanos que trabajaban con él sintieron su enojo, creían que los poderes de la extrañeza serían victoriosos. Los bichos cafés que medraban dentro del cuerpo de Orin Elmer eran el resultado de una maldición telúrica-humana. Rosendo y los demás hombres rellenaron la trinchera y, a medida que cada uno de ellos echaba la última palada de tierra, él miraba la casa donde Orin Elmer permanecía estrangulado por los insectos que emanaban de su boca.

A las ocho de la mañana, Joseph salió a buscar a los hombres que miraban y esperaban la última palabra. Joseph respondió furiosamente a la mirada comprensiva de los hombres.

—¿Qué esperan, que les diga que está muerto? Son como buitres esperando un cadáver. ¡Váyanse de aquí! ¡Vuelvan a la finca! —gritó Joseph.

—¡Cálmate, hermano! —instó Walter.

—¿Cómo está?

—Orin Elmer se está muriendo —declaró Joseph con cuidado, como si estuviera hablandose a sí mismo.

—Joseph, déjame ir por un curandero —sugirió.

—¡Maldito seas, Walter, ni Orin Elmer, ni nuestra madre, ni yo creemos en brujas, en esas estúpidas supersticiones mexicanas! ¡Nunca permitiré que mi hermano sea tratado por indios mexicanos ignorantes o brujos! —dijo Joseph con firmeza.

—¡Pero es la única oportunidad que tiene! ¡Tal vez puedan hacer algo por él! —exclamó Walter intentando romper la dura corteza que cubría la mente de Joseph.

—No, Walter, no creo en tus malditas supersticiones mexicanas. Orin Elmer tendrá el mejor cuidado médico que el dinero pueda comprar. ¡Sobrevivirá! —la voz de Joseph estaba inundada de furia y odio hacia Walter, quien se había atrevido a ofrecer un hechicero para curar a Orin Elmer.

A las diez de la mañana los ceños fruncidos desaparecieron y un fuerte gemido se oyó desde el corazón de la casa de madera de Joseph Simons. Melissa lloraba por la atrocidad de contemplar a su hijo muriéndose, estrangulado por esos insectos cafés que chorreaban de su boca. Walter le había pedido a Joseph por tercera vez que llamara a un curandero. La respuesta de Joseph fue que Walter desapareciera. Éste declaró que iría a buscar uno a pesar de la negativa de Joseph. Al escuchar esto, echó a su hermano violentamente. Mientras sus hijos peleaban bruscamente y sus lloros se convertían en un lamento estridente, Melissa observó fascinada cómo los insectos cafés cubrían el cuerpo de su querido Orin Elmer. Las bestias trepaban por dentro de cada orificio de su cara y torso.

Orin Elmer estaba sumergido en un capullo de insectos cafés cuando dieron las once de la mañana. Su cuerpo desprendía olor a putrefacción y sonidos de gorgoteo, y su familia no era capaz de quitarle la plaga de encima. Cuando su madre lo desvistió, los insectos seguían agarrados insistentemente de su piel y la ropa seguía estando inmaculada. En el momento de meter a Orin Elmer en un ataúd, millones de bichos rodeaban su cadáver. Sólo cuando se cerró la caja para siempre la multiplicación de insectos pareció desvanecerse.

Enterraron a Orin Elmer en el Cementerio Presbiteriano de Pasadena. Sólo acudió al entierro la familia más cercana. Después de la muerte de Orin Elmer un odioso y profundo silencio permaneció entre Joseph y Walter. Desde ese momento, Melissa se quedó muda y ciega, mirando el futuro secretamente y para siempre.

La primera misa oficial de la iglesia de Nuestra Señora del Monte Carmelo se celebró en la tercera semana de octubre de 1913. Lo que debía haber sido un feliz evento se convirtió en un momento solemne con motivo de la celebración de la entrada de Orin Elmer Simons al paraíso. Comenzó temprano con la llegada del obispo Connaty, que iba acompañado por el padre de Fives, el padre Juan Zarrutia y el padre Arcan Rose. A las ocho de la mañana, el colorado William Melone, el encargado principal de la ocasión, sentó a Walter y Sarah Simons, Joseph, Laura y James Simons. La señora Arcadia Bandini de Blake, una benefactora, se unió a la familia Simons en la primera banca, reservada para los feligreses. El obispo preparaba el funeral cuando le recordaron que la familia Simons había donado una gran extensión de tierra, así como los materiales de construcción y la mano de obra para la iglesia. Le habían informado también que la señora Arcadia Bandini de Blake había posibilitado el altar y también había donado muchos objetos, imágenes y cuadros que decoraban el interior de la iglesia.

El obispo, satisfecho de que él y sus ayudantes estuvieran preparados, le hizo una señal a William para que entraran los parientes de la familia. Pocos sabían que estaban a punto de escuchar una misa réquiem en latín y, mientras esto sucedía, los lloros y gemidos no dejaban de escucharse. Estos se iban multiplicando, y a mitad de misa la mayoría de las mujeres mayores lamentaban profundamente la muerte de Orin Elmer, un hombre al cual ninguna de ellas había conocido nunca.

Después de la celebración, el obispo Connaty rindió homenaje al padre Rafael de Fives por su excelente trabajo como misionero, y agradeció a la señora Arcadia Bandini de Blake su generosa contribución, la cual nunca sería olvidada por los sirvientes de Dios. Reconoció los grandes sacrificios de los hermanos Simons e instó a los mexicanos de Simons a que siguieran el ejemplo de sacrificio y generosidad del amor cristiano. Las mujeres mexicanas, que entendían muy poco los comentarios en inglés del obispo, pensaban que seguía hablando del desparecido Orin Elmer y sollozaban sin cesar. El obispo les indicó que no debían llorar, sino que debían mostrar su gratitud a la familia Simons, a la señora Arcadia Bandini de Blake, al padre Rafael de Fives y a los demás padres benedictinos que demostraban su amor siendo obreros obedientes y seguidores de fe en Jesucristo.

Después de marcharse Walter, Joseph y sus respectivas familias se dirigieron a sus casas en Pasadena, y después de que la señora Arcadia Badini de Blake fuera escoltada a la estación Simons para tomar el tren de mediodía hacia Los Ángeles, el obispo Connaty reunió a los fieles de Simons fuera de la nueva iglesia y les anunció que el padre Rafael de Fives sería su nuevo pastor. Después les bendijo y se marchó en dirección a Montebello.

Esa tarde, el padre Rafael de Fives, William Melone y Gonzalo Pedroza organizaron una fiesta improvisada en honor del nuevo pastor y su iglesia. Todos los habitantes de Simons ayudaron y organizaron la primera de las muchas alegres y excitantes jamaicas del lugar. Malaquías y Lorenza de León regresaron a casa con su familia a la una de la madrugada. Caminaron bajo un cielo cubierto de estrellas que alumbraban su paso. Nana, feliz y alegre al lado de su madre, brincó durante todo el camino que llevaba a su hogar.

Lo que parecía grande y misterioso se convirtió en algo pequeño y familiar para Nana cuando exploró la Ladrillera Simons y el pueblo del mismo nombre. Cuando paseaba por los terrenos y los campos de agricultura, descubrió un diamante de béisbol en las praderas de flores silvestres de la parte norte de la calle Vail. Todos los días, a las tres de la tarde, veinte hombres practicaban el bateo. Los hombres corrían hasta los puntos del diamante y a veces eran capaces de regresar hasta donde habían empezado.

A Nana le gustaba quedarse a mirar el juego. Cada hombre llevaba a cabo una proeza sobrehumana. Corrían más rápido, golpeaban la pelota más lejos, lanzándolo más fuerte de lo que Nana nunca hubiera imaginado. Estos hombres eran gigantes que le sorprendían a diario. Los sábados y los domingos, cuando el equipo Simons recibía a los visitantes invitados, Nana convencía a su padre para que la llevara a ver el partido. Nunca llegó a comprender el juego pero disfrutaba del espectáculo y la excitación que le producía. A Nana le gustaban los uniformes de los jugadores de béisbol, las holgadas camisetas verdes y los pantalones cortos tomados por un portaligas bajo la rodilla. Las camisetas eran de cuello redondo rojo, con letras blancas en la parte delantera y llevaban el nombre inscrito de la compañía "Simons". Los hombres llevaban calcetines blancos largos con remates rojos y gorras verdes de visera corta.

Había veces en que Nana, Paquita y su padre se quedaban estupefactos por el alboroto de la multitud que veía el partido. Algunas veces, los seguidores se emborrachaban y se amenazaban unos a otros y a los jugadores, Nana ya había presenciado en alguna ocasión sus peleas. A menudo los hombres eran estúpidos, estaban tan ebrios que no podían hacer nada, sin embargo, un día corrió tanta sangre que Nana nunca olvidará.

El equipo Simons contaba con un negro en primera base, Glory, a quien los jugadores mexicanos y sus seguidores llamaban "La Gloria". Nana nunca había visto un hombre negro, la primera vez que lo vio se quedó asombrada por su profunda negrura, por su ancha y aplastada nariz, sus labios gruesos, sus ojos brillantes y su reluciente y rizado pelo. Lo miró con estupefacción, Glory se dio cuenta de la mirada de la niña pequeña. Caminó hacia ella, la miró directamente a los ojos y la asustó un poco, celebrando su broma y riéndose a carcajadas. Nana, sorprendida y asustada, lo vio reírse y ella empezó a reír tontamente; nunca más volvió a mirar fijamente de ese modo a nadie.

Glory siempre la saludaba. Nana se solía sentar con su padre y Paquita cerca de la familia de Glory. Un día, durante un partido, dos miembros del equipo rival empezaron a decirle apodos horribles, haciendo movimientos obscenos delante de su mujer y sus hijos. Nana vio cómo los otros jugadores del equipo Simons lo calmaban y sentaban en el banquillo mientras su mujer agarraba a sus hijos y les tapaba los ojos para que no vieran a los sucios hombres.

Cuando Glory fue a batear, los insultos comenzaron de nuevo y los seguidores del equipo visitante se unieron a los gritos. Lanzaron la primera pelota que golpeó a Glory directamente en la cabeza derribándolo. William Melone protestó de modo vehemente y Glory se levantó para encararse al lanzador. Los insultos empezaron otra vez. En ese momento, el lanzador aventó la pelota, golpeó a Glory en el hombro y el cuello y el jugador cayó en el suelo retorciéndose de dolor.

—¡Me he cargado a un verdadero negro! ¡Me cogeré a esa negra pechugona calienta camas después del partido! —el lanzador gritó orgulloso, los jugadores visitantes y sus seguidores lo aclamaban y aplaudían.

La mujer de Glory corrió hacia donde estaba su marido, los niños permanecieron sentados cerca de Nana conscientes de lo que sucedía. Los jugadores del banquillo del equipo Simons saltaron al campo, fueron directamente hacia el lanzador y lo tumbaron. Glory se levantó y cargó contra su atacante golpeándolo en la cabeza. Los dos banquillos se vaciaron, y cuando los seguidores del equipo visitante se disponían a saltar al terreno de juego, cinco hombres de Simons les bloquearon el paso. De repente, sacaron los revólveres y los disparos volaron por encima de las cabezas de los visitantes en dirección a los campos vacíos de alrededor. La refriega se detuvo de pronto.

Gonzalo Pedroza, quien había llegado en ese momento, fue informado de lo que había pasado y ordenó a los visitantes que se retiraran. Fue hacia Glory que estaba sentado encima del lanzador, se volvió hacia los seguidores del equipo visitante, disparó su pistola al aire y les gritó que se marcharan. En ese instante, se giró hacia Glory y el lanzador que no paraba de sangrar tumbado en el suelo.

—Golpéalo hasta que estés satisfecho —le dijo a Glory. Éste golpeó tres veces la cara del derrotado lanzador con un potente puño.

Glory levantó al hombre apaleado, caminó hasta donde se encontraban algunos jugadores visitantes que iban rodeados por seguidores del equipo Simons, y lanzó al hombre a sus pies.

—Gracias por el partido, chicos —dijo Glory. Después se marchó con su familia aterrada.

Nana estaba esperando junto a los hijos de Glory. Nunca olvidaría el odio reflejado en las caras de los visitantes, siempre recordaría las horribles palabras en español y en inglés dirigidas hacia los mexicanos por permitir que un hombre negro jugara en el equipo de béisbol de la Ladrillera Simons. El odio superaba a los acontecimientos que ella había presenciado ese día. El odio se había desencadenado en el campo de béisbol por el color de la piel de Glory y su familia.

La negrura de Glory y la piel morena de Nana eran resplandores de luz que flotaban en su cabeza cuando ella y su padre regresaban a casa y atravesaron el nuevo edificio de la escuela Vail. Los campos estaban cubiertos de flores silvestres de color púrpura, amarillo y blanco, recordándole que debía regar sus flores situadas en los escalones del porche delantero de su casa. Caminar con su padre era un asunto de silencio. Éste nunca hablaba mucho con sus hijas. Los saludos de buenos días y buenas noches, así como las órdenes que les daba, no dejaban ver los verdaderos sentimientos que guardaba dentro de su corazón. Nana entendió que el silencio era la naturaleza dominante en la relación padre-hija.

Cuando llegaron a la escuela Vail, Nana se detuvo a pensar que sus sentimientos hacia la escuela eran del todo ambiguos. Disfrutaba de los ejercicios intelectuales y académicos que ella comprendía a pesar de su impaciente profesor. Nana iba a la escuela con el resto de los niños de Simons, y entre ellos, encontró muchos amigos y unos pocos burlones y traicioneros como los cinco Pedroza: Francisco, María Pascuala, Ramón, Jesús, que tenía los mismos seis años que Nana, y Elvira.

Durante las primeras semanas de escuela, los niños que acababan de llegar a Simons eran siempre el centro de atención. Los niños nuevos parecían moverse en medio de un gran círculo de niños. Nana estaba en segundo año. El primer día de clase, cuando caminaba hacia el salón, Jesús, Elvira y Francisco empezaron a reírse y burlarse de ella. Los veteranos entraban en clase contentos de verse de nuevo en la escuela.

Ese día, Nana se sentó delante, no porque ella hubiera querido, sino porque fue una de las últimas en entrar. Se sentó al lado de la ventana, en la primera hilera de pupitres. La mañana ligeramente templada y otoñal, despejada y bonita, invitó a Nana a disfrutar de la naturaleza que asomaba por esa ventana. Contempló deliciosamente los pájaros que volaban afuera por entre los árboles.

De repente, Nana se dio cuenta de que le llegaba el turno de presentarse. La profesora sabía que era una de los recién llegados y la llamó para que saliera delante de la clase. Nana dedicó su mirada una vez más a los pájaros que afuera volaban libremente, no podía hacer otra cosa más que obedecer y, de un modo automático, siguió el movimiento de manos de la profesora que le indicaba que saliera al frente de la clase. Desde allí, setenta ojos la miraban fijamente. De entre esas órbitas, Jesús y Elvira Pedroza reían maliciosamente porque Nana estaba nerviosa y avergonzada. Estaba sola, con un ligero vestido rosa y el pelo partido en dos trenzas atadas con lazos blancos. Nana tenía las manos unidas y miraba al suelo mientras oía los comentarios burlones de los Pedroza. La profesora puso la mano en su hombro, de esa sonrisa dibujada en su cara salieron palabras que Nana entendía, pero que en ese momento no quería escuchar.

—Y, ¿cuál es tu nombre? —preguntó la profesora.

Nana se adentró en sí misma, sus hombros se encogieron en su pecho, tenía los brazos agarrotados, las manos apretadas y pegadas entre sus muslos. Las burlonas caras de los Pedroza se inclinaron hacia delante para poder escuchar mejor, todo el mundo esperaba en silencio.

La profesora empujó ligeramente a Nana, —Mira a la clase y diles tu nombre.

Jesús y Elvira Pedroza miraron a los otros niños, con las bocas entreabiertas y al borde de la carcajada, se inclinaron de nuevo en sus pupitres y se retorcieron la oreja para escuchar a Nana. Sin mover la cabeza, vio a los Pedroza por un instante. Pronunció su nombre desde muy adentro con un tono infantil que reflejaba pavor y vergüenza.

—N . . . a . . . n . . . i . . . t . . . a . . . —dijo. Sus ojos miraban fijamente el suelo buscando un objeto que le permitiera concentrarse en otra cosa para sentirse segura.

—N . . . a . . . n . . . i . . . t . . . a . . . —se burló Jesús Pedroza.

Elvira se reía e imitaba su nombre con tono de niñita pequeña. La clase entera también empezó a imitarla burlándose de ella.

—Ya puedes sentarte, Nanita. —La profesora la colocó cerca de Elvira que no se estaba quieta ni podía contener la risa.

Jesús se inclinaba continuamente para ver a Nana, abría la boca, agitaba la cabeza y soltaba carcajadas que provocaban la risa de todos los demás alumnos de la clase.

Nana y su padre caminaron ladera abajo, atravesando parte de la zona de recreo de la escuela Vail en dirección a un arroyito que siempre llevaba agua. Ese día lo atravesaron con facilidad y subieron la colina que los llevaba a su casa en Hoyo. No había motivo para ir por ese camino, de hecho, era un paseo más largo. Su padre sonrió y Nana se preguntó que había hecho para que su padre sonriera así. Pasaron por una casa con grandes y coloridos tendederos.

—He traído unos abrigos para las niñas —le dijo Malaquías a Lorenza mientras colocaba las bolsas encima de la mesa de la cocina.

—Los necesitan, empieza a hacer frío —dijo Lorenza cuando abría los paquetes. Apareció una bata acolchonada con mariposas multicolores.

—¡Qué bonitos, Malaquías! Mañana los estrenarán.

Lorenza llevó las tres batas a la habitación de las niñas.

—Mira, Nana, estos son los abrigos que les ha traído su padre —le dijo. Nana tomó uno con mariposas de colores, le venía bien. Paquita escogió uno amarillo y Jesús uno verde. Nana empezó a soñar con el día siguiente, cuando llevara puesto su nuevo abrigo rojo a la escuela.

La mamá de Nana, que era madrugadora, despertó a Paquita a las cinco, hoy se quedaría en casa para ayudar con las tareas domésticas. Llevaba puesta la bata amarilla. Se atrasó un poco pensando por qué tenía que levantarse a esa hora de la mañana mientras sus hermanas seguían durmiendo. Ya conocía la respuesta: era la mayor y siempre sería así. Aunque estaba enojada porque ese día no iría a la escuela, estaba feliz porque estrenaría su precioso abrigo color rojo. Estaba segura de que los niños lo comentarían y los Pedroza se morirían de envidia. Paquita iría a la escuela al día siguiente con su abrigo amarillo y caminaría orgullosa al lado de su hermana.

Nana salió por la puerta a las siete y media y les dijo adiós a su madre y a Paquita, que lloraba en silencio. Nana se encaminó por la sucia calle Hoyo, ya repleta de trabajadores; la Ladrillera Simons crecía rápidamente. Nana corría para sentir su pelo moverse con el viento y pronto llegó al final del arroyo. Abajo, casi a punto de cruzar el agua, Jesús, Elvira y Francisco Pedroza se burlaban de tres chicos. Jesús amenazaba con tirar al agua al más pequeño y Elvira y Francisco lo agarraban de sus piernas. El niño se resistía, lloraba, gritaba y, finalmente, echó a correr. Nana había alcanzado a los Pedroza cuando estos intentaban enseñarle al chico la entrada al agua.

—¡Miren quién viene, La Nanita!

—¡Y lleva una bata de payaso! —señaló Elvira mientras Nana empezaba a cruzar el arroyo.

—¿Por qué te has puesto esa bata? ¿No tienes una chaqueta? —le preguntó Francisco que ya había llegado a la otra parte del arroyo.

Asombrada por los comentarios, Nana se agarró de las solapas del abrigo.

—Mi papá me la compró —contestó Nana enojada.

Los Pedroza cruzaron el arroyo cuando Jesús tomó a Nana y la jaló de la bata roja.

—Esto no es un abrigo, ¡es una bata para después del baño! —rió Jesús a carcajadas.

Los demás niños de la clase también se dieron cuenta de que Nanita llevaba puesta una acolchonada bata roja cubierta de mariposas tejidas. Nana se metió en clase y se puso en la fila con el resto, que se mofaba y reía de ella. En ese momento, Jesús y Elvira se pusieron delante de la fila burlándose todo el tiempo de Nana y su vestimenta; ella comprendió entonces que su atuendo no era adecuado para llevarse como un abrigo, era una especie de quimono o algo relacionado a la ropa de baño. Lo que uno se pone para cubrir el cuerpo desnudo después de tomar un baño no debe llevarse en público, es como la ropa interior, nadie debe verla. Paquita también llevaría puesta la bata cuando fuera a la tienda. Nana almacenó estos pensamientos vergonzosos en una precaria torre construida en su mente cuando sus compañeros entraban en clase. La profesora la detuvo.

—¿Por qué llevas puesta esa bata, Nanita? —le preguntó medio enojada y divertida a la vez. Con el gesto torcido y una expresión de descrédito, le puso la mano en el hombro y la empujó ligeramente por la espalda para poder observar detenidamente la multitud de mariposas cromáticas de su bata. Nana no levantó la cabeza, solamente se encogió de hombros, humillada y avergonzada.

—Entra y siéntate, Nanita —le ordenó la profesora.

Mientras ella se dirigía a su asiento, los Pedroza hacían esfuerzos por controlar la risa y los demás niños acompañaban los gestos burlones de los hermanos.

—Mira que bata más bonita lleva Nanita —uno de los niños comentó.

—Me gustan los colores —añadió otro.

—¡Y las mariposas! ¡Ten cuidado no vayan a salir volando contigo! —gritó un chico desde el fondo de la clase.

Tras este último comentario, toda la clase estalló en risas. Nana permanecía sentada llorando, y deseaba en ese momento que las mariposas volaran con ella. La profesora puso orden en la clase y, antes de que los niños se levantaran para honrar la bandera, Nana se giró con los ojos llorosos y las mejillas empapadas para mirar directamente a Elvira y darse cuenta de que su cara y su color de piel eran muy diferentes. El color de la piel de Elvira era tan oscuro como el chocolate. Cuando se levantó para hacer el saludo a la bandera, Nana miró fijamente las caras de Jesús y Elvira Pedroza, esas caras no las olvidaría nunca.

Durante el primer recreo, la profesora le ofreció a Nana un suéter que había en la caja de objetos perdidos. Sin embargo, Nana se agarró de su quimono y salió al recreo soportando la burla de los Pedroza y su grupito. Nana no les hizo ningún caso, los niños se olvidaron pronto de su bata y la invitaron a jugar con ellos.

Nana corrió a casa después de haber terminado la escuela, todavía llevaba puesta la bata. Se encontró con Paquita que estaba esperando fuera con su abrigo amarillo lleno de mariposas. Nana le contó todo lo que le había pasado y las dos niñas colgaron los abrigos detrás de la puerta del dormitorio. Lorenza había dejado allí el abrigo de su hija, Jesús, porque ya había discutido por la mañana temprano con una de sus vecinas acerca de la compra que Malaquías había realizado el día anterior. Lorenza descubrió entonces que lo que su marido y ella habían pensado sobre las vestimentas, en realidad eran unos quimonos.

Al final del año escolar de 1914, Paquita, Nana y Jesús descubrieron que su mamá esperaba un nuevo bebé. Lorenza había intentado ocultar el embarazo todo el tiempo que pudo, pero el aumento de talla se había convertido en un factor delatador. Nana y Paquita se preguntaban con curiosidad por qué su mamá tenía el abdomen abultado.

El vecindario que se reunía temprano por la mañana y charlaba a la entrada de las casas blancas de Simons estaba de acuerdo que ese verano sería extremadamente caluroso. La noche anterior, Malaquías les había dado a las niñas unas gorras blancas con lazos largos y rojos, les había dicho que eran para protegerles su bonita piel del fuerte sol.

Nana y Paquita se marcharon a la escuela jugueteando con los lazos de sus gorras nuevas. Los niños que iban por el camino comentaron lo bonitas que eran las gorras; se sintieron felices y contentas de llevar esas preciosas gorras, sin embargo, sus pensamientos estaban con su madre y esperaban que cuando regresaran a casa ya estuviera allí el nuevo bebé. Las niñas pasaron por el arroyo y subieron la colina hacia la zona de recreo de la escuela Vail. De repente, una mano golpeó la gorra de Paquita tirándola al arroyo, ella se giró y vio cómo su gorra iba corriendo abajo. Nana reconoció inmediatamente a Elvira Pedroza quien corría colina arriba sin mirar atrás.

—¡Vamos, recojamos la gorra, el agua se la va a llevar! —le dijo Nana a su hermana.

Se acercaron cuidadosamente al borde de la orilla. Paquita, que estaba un poco más abajo del arroyo, tomó una ramita larga para poder atrapar la gorra que flotaba a su lado. Miraban con atención el objeto blanco que se movía entre ellas. Nana lo alcanzó con una rama más pequeña cuando, de repente, aparecieron dos gorras blancas en la corriente del arroyo. Un grito irrumpió desde la superficie del agua mientras Nana, sentada y enojada, miraba cómo Jesús Pedroza se escapaba a clase tras haberla empujado dentro.

Nana pronunciaba frases ininteligibles llenas de ira mientras Paquita se metía en el agua para ayudarla. Cuando intentaba sacarla de allí, ella también se cayó. Las dos hermanas permanecieron sentadas con sus manos apoyadas en el suelo viendo cómo sus bonitos gorros blancos con lazos rojos flotaban y se alejaban cada vez más. Se levantaron lentamente y regresaron a casa. Llegaron en pocos minutos jadeando por haber corrido tanto. Casi no podían explicarle a su madre lo que había pasado porque hablaban con la respiración entrecortada. Al final, después de cambiarse de ropa y haberse secado el pelo con una toalla, las niñas se calmaron y, en la mesa de la cocina, le pudieron contar lo que había pasado.

—¿Quién va a parar a esos Pedroza? —preguntó Nana en voz baja . . . Son los hijos del señor Gonzalo Pedroza y es capaz de echar a cualquier familia que toque a sus hijos . . .

Lorenza no compartió estos pensamientos y se dispuso a preparar chocolate caliente para las hijas. Sus movimientos eran pausados porque su bebé estaba a punto de nacer. Le sirvió una taza de chocolate a Nana, Paquita y Jesús quienes escuchaban con tristeza la historia de la pérdida de los dos gorros blancos. Lorenza dejó a las niñas en la cocina y salió a la parte trasera del jardín para empezar a lavar la ropa sucia.

Durante toda esa mañana y toda la tarde, Nana recreó en su cabeza las imágenes de lo que había ocurrido, el sentimiento de impotencia al ver cómo el agua se llevaba su gorrito persistía. Y culpó a Jesús y Elvira Pedroza.

Nana esperaba junto a sus maceteros de flores con la esperanza de que los Pedroza hubieran tomado el camino más largo de regreso a casa. Su paciencia resultó dar fruto. Jesús, Elvira y Francisco avanzaban solos, juguetalindo, burlones y dando patadas a una lata esperando la oportunidad para burlarse de Nana nuevamente. Los Pedroza avistaron a Nana en el patio y se acercaron a ella. Sin embargo, Nana había tomado la determinación de que les haría frente. No sabía exactamente cómo, pero los Pedroza no se meterían nunca más con ella ni con su hermana Paquita, y no le importaban las consecuencias. Los hermanos se situaron delante de los maceteros.

—Qué flores más bonitas, Nanita —se burló Jesús.

Elvira tomó una, Nana le agarró la mano y se la retorció, después la empujó al suelo. Su tono de piel claro contrastaba con el tono color chocolate de Elvira.

—¡No la toques, negrita! —Nana defendió su territorio.

—¡No me llames eso! —gritó ella.

—¡Negrita, negrita, te llamaré lo que quiera, negrita! —exclamó Nana.

—¡Por favor, no me llames eso! —suplicó Elvira.

—¡No llames negrita a mi hermana! —le ordenó Jesús.

—¡Negrita, negrita, negrita! —las hermanas de Nana, Paquita y Jesús, se unieron al coro.

Atraídos por el alboroto, otros dos niños se acercaron y vieron a Elvira llena de lágrimas, a su hermano Francisco llorando y a Jesús Pedroza gritándoles a las hermanas León que seguían repitiendo estas palabras al unísono. Unos cinco niños también se pusieron a cantar minutos más tarde. El coro se hizo insoportable para los hermanos Pedroza.

—¡Negrita, Elvira es la negrita, negrita, Elvira es una negrita, negrita!

Los niños habían rodeado a los Pedroza. Jesús sacó del círculo a su hermano que seguía sollozando y también a su hermana y corrieron a casa seguidos de una hilera de trece niños que seguían cantando sin ningún temor. Los Pedroza llegaron a la puerta principal de casa y los cantos se detuvieron. Jesús, Elvira y Francisco echaron la vista atrás y descubrieron que se habían quedado solos.

CAPÍTULO 7

LAURA Y SARAH SE REGOCIJARON AL VER A SU FAMILIA REUNIDA con motivo de la cena que habían preparado la tarde del 4 de julio de 1916. Aunque era un día especial, Joseph y Walter decidieron celebrarlo tranquilamente en casa de Walter. Habían pensado que la cena se celebraría temprano, para que después la familia se sentara en el patio para ver cómo Rosendo dirigiría a los cinco hombres encargados de encender los fuegos artificiales comprados en el barrio chino de Los Ángeles. Joseph, Laura y James pasaban por entre todos los dispositivos que en ese momento estaban empezando a colocarse. El sol se reflejaba en los relucientes botes plateados que contenían los fuegos artificiales que permanecerían durante tres horas en la calle hasta la noche, cuando estos se dispararían y estallarían en el cielo como flores multicolores.

Sarah fue hacia Walter, estaba sentado en una cómoda silla en el porche. No se intercambiaron ninguna palabra, sólo una ligera sonrisa y un ligero roce con gran intimidad. Se dirigió hacia la calle donde Laura observaba cómo los hombres preparaban los cohetes. Walter los podía ver desde donde estaba sentado, allí se sentía cómodo. Tenía el estómago satisfecho, la mente descansada, las pasiones gratificadas, su cuerpo estaba saludable acariciado por el sol de la tarde, y entonces decidió que no se movería de donde estaba sentado. Sintió el deseo de que esa sensación permaneciera consigo para siempre. La familia entraba y salía de la casa. Afuera, algunos tomaban sol, pero impacientemente deseaban acelerar la puesta.

A la caída del sol, los familiares sacaron a Melissa de la casa para que pudiera contemplar los fuegos artificiales. Ocupó el asiento que Walter había abandonado hacía unos pocos instantes. Se había marchado para comprobar la colocación final de los fuegos, y vio a su madre desde el lado de la calle. Se hacía de noche y Melissa miraba al frente, inmóvil. No cambió de postura al comenzar los fuegos artificiales, ni tampoco realizó un sólo movimiento cuando se oyó el fuerte estallido de las bombas y de las poderosas luces y cohetes. Todo el mundo tenía las manos en los oídos y todos permanecieron al lado de los cohetes. Joseph detuvo a un emocionado James que quería salir a la calle, regañándolo y sentándolo en los escalones. Laura y Sarah se unieron a James mientras Joseph permanecía con Walter al lado de Melissa.

—Ya no responde a nada —le dijo Joseph a Walter, quien en ese instante miraba cómo un cohete estallaba en el cielo.

—¡Orin Elmer adoraba los fuegos artificiales! —exclamó enojado porque Walter no había dicho una sola palabra acerca de su madre.

—Al menos no le negué la oportunidad de haber sobrevivido —contestó Walter con rapidez.

—¿Qué quieres decir con eso? —preguntó Joseph cortante.

Millones de colores cayeron del cielo.

—Vamos, no te calles. Nada podría haber salvado su vida. Ni siquiera tus doctores brujos mexicanos que querías traerle —dijo Joseph enojado mirando las cortinas de color rojo que colgaban del cielo de la noche.

—No me importa cómo les quieras llamar. Podrían haberle salvado la vida —Walter se dio la media vuelta y se dispuso a bajar las escaleras.

—¡Espera un momento! No vas a culparme ahora, ¡maldito seas! ¡Fueron esos insectos los que le mataron! —gritó.

¡Zas! Un fuego patriótico rasó por las estrellas.

—¡Podría haberse salvado si hubieras permitido que lo viera un curandero! —dijo Walter tratando de mantener la calma.

—No digas eso, Walter —Joseph apretó los labios cuando pronunció el nombre de su hermano.

—No tengo por qué callarme cuando todo el mundo piensa igual —Walter hirió a su hermano.

Laura, Sarah y James se pusieron entre los dos y los separaron.

—¡Maldito seas, Walter! ¿Por qué no te vas a vivir con tus mexicanos? —Joseph lo desafió.

—¿Por qué tendría que hacerlo? Éste es mi hogar. Esta casa me pertenece, ¡yo me la gané! —gritó Walter.

—Estás equivocado. Esta casa pertenece a mi hijo y será de él —respondió Joseph furiosamente.

—Vete a casa, Joseph. Cálmate y te veré por la mañana —sugirió Walter.

—Te veré en el juicio, querido hermano —dijo Joseph.

—Bien, es hora de que arreglemos las cosas —Walter le hizo una señal a Rosendo.

Los fuegos artificiales encendieron la noche de maravillosos colores y regocijo. Joseph caminó junto a Laura que estaba ya en la calle antes de que James pudiera reaccionar ante lo ocurrido. James, molesto por no poder quedarse a ver los fuegos artificiales junto a su abuela, su tío y su tía, corrió detrás de sus padres. Hubiera disfrutado de los fuegos sentado en las escaleras de su propio patio.

Joseph abrió la puerta de la reja y se preguntó por qué había amenazado a su único hermano. Laura y James se reunieron con él en el patio.

—Walter es el único hermano que te queda —dijo Laura besando y abrazando a su hijo.

—Tal vez la familia es más importante que las posesiones económicas o que la rivalidad entre hermanos —murmuró Joseph.

Su padre había muerto y su madre ya no estaba prácticamente entre ellos. Ya no le funcionaba la cabeza. Orin Elmer había sido devorado por unos insectos y la locura. Walter era el único hermano que le quedaba vivo. Sus tres hermanas que vivían en Iowa apenas escribían. Además, habían declarado que no reclamarían nada de lo que sus dos hermanos hubieran construido. Las fábricas de ladrillos eran suyas y de Walter. Las ladrilleras de Los Ángeles, Pasadena, Simons, Santa Mónica y la finca que estaban considerando poner en marcha en El Centro eran suyas y de sus herederos. No obstante, debían de llegar a un acuerdo sobre quién administraría cada una de las fincas.

Joseph no quería la finca en Simons porque Walter la había usurpado y la había hecho suya. No estaba de acuerdo con el modo paternalista con el que su hermano operaba en la finca. Le incomodaba la manera de actuar de Walter, como si fuera el gran padre de los campesinos mexicanos. Debían de llegar a un acuerdo por escrito, pensó cuando los últimos cohetes iluminaron el cielo.

—Iré por mamá —le dijo a Laura.

—Por favor, no discutas con él —le contestó ella preocupada.

Joseph movió la cabeza, se dirigió hacia la calle, fue por Melissa y empezó a acompañarla. Walter llegó al porche cuando Joseph cerraba la puerta de la reja y se acercó a él.

—Buenas noches, madre —Walter deseó que ella contestara algo.

Joseph se detuvo y miró a Melissa a los ojos, esperando. No contestó nada. Permanecía de pie como una piedra, mirando al espacio hasta que alguien o algo se movieran.

Walter estaba ahora a su lado y la besó.

—Joseph, debemos encontrarnos en mi oficina de Simons mañana. Debemos hacerlo cuanto antes —dijo Walter.

Joseph, molesto porque su hermano había tomado la decisión por él sin considerar cuáles serían sus planes del día siguiente, pensó por un momento en el aviso de Laura y decidió encontrarse con Walter.

—¿A las diez de la mañana, Joseph? —Walter esperó la respuesta de su hermano.

Joseph tomó a Melissa de la mano y empezó a caminar hacia su casa.

—Mañana a las diez —gritó.

—Pero no en Simons. Está muy lejos. Podemos hablar aquí mañana, en tu casa o en la mía, o aquí, en medio de la calle. En Simons, ¡no! —volvió a gritar Joseph.

Al día siguiente, al igual que los hombres que trabajaban en la Ladrillera Simons produciendo miles de ladrillos al día, Walter no descansó. Se despertó a las cuatro y media de la madrugada y no pudo volver a conciliar el sueño. Enseguida pensó en su reunión con Joseph y ya no pudo quitárselo de la cabeza. A las cinco, ya estaba vestido y preparándose un café. Mientras bebía a sorbos el café, fue hasta su estudio y abrió una caja grande de hierro donde había tres libros en los que tenía anotadas las ventas de la ladrillera, así como los tratos personales con compradores, contratistas, empleados y sus notas con los comentarios sobre su método de administración y la toma de decisiones.

Walter conocía todo lo referente a la maquinaria, la producción y el mantenimiento humano necesario para sacar beneficios en la Ladrillera Simons, que se estaba convirtiendo, por mucho, en la finca más grande de todas las propiedades de los hermanos Simons. Consciente del creciente potencial de esta finca, había decidido que él merecía ser el propietario principal. Conforme miraba los libros con sus notas apuntadas, llegó a la conclusión de que la propiedad de El Centro debía ser el cimiento esencial para la creación de otra finca como la de Simons.

Tomó otro sorbo de café y pensó en su padre y en su madre, en cómo ahora la casa estaba vacía, en lo silenciosa que estaba la habitación de Orin Elmer. Buscó en las paredes que en ese momento lo rodeaban. Lo invadió un sentimiento de posesión de esas paredes, de esa habitación, de esa casa. No se rendiría en su empeño de quedarse con la casa o la finca Simons. Pensó que él la había creado y que, por lo tanto, pertenecía a ese lugar y que ese lugar le pertenecía a él y solamente a él.

Joseph no esperó hasta las diez. Él también había tenido una noche desapacible. Las imágenes y las palabras que se dijeron él y Walter la noche anterior irrumpieron en su sueño. Se despertó cansado e irascible, se movía lentamente por la casa y decidió ir hasta la cocina y prepararse una taza de café.

Al salir por la puerta de su casa, decidió que las ladrilleras de Los Ángeles, Pasadena, Santa Mónica y El Centro serían suyas. Su madre debería trasladarse a donde, por ahora, vivía Walter, es decir, a la futura casa de James. Insistiría en quedarse con la casa que había construido para su hijo, y Walter y Sarah podrían marcharse a la casa donde vivía Melissa, pensó Joseph mientras cruzaba la calle, dado por hecho como todo lo demás en su vida.

No se molestó en llamar a la puerta de Walter. Fue rápidamente hasta el estudio donde encontró a su hermano bajo una amarillenta luz que alumbraba un puñado de papeles. Se detuvo unos segundos para mirar cómo Walter leía, tomaba una página y la devolvía a la pila de papeles que ya había revisado. De repente, Walter sintió la presencia de alguien parado más allá de la entrada del estudio donde estaba en ese momento su hermano. Los dos hermanos habían tomado una decisión que no sólo tenía que ver con las posesiones materiales. Por el bien de la paz familiar, tenía que establecerse la propiedad de la ladrillera y las demás posesiones, así como delimitar la autoridad de cada uno de ellos y romperse así una antigua unión. La dependencia del uno y el otro se había convertido en una carga que sólo podía aliviarse con la independencia económica de cada uno.

—Entra, siéntate —Walter señaló la silla que estaba frente a su mesa y no la silla que estaba a su lado. Pensó que hablar desde detrás de su mesa, detrás de una gran pila de documentos, le daría una posición de poder y que él sería el fuerte y su hermano el débil.

—Bien, ¿qué es lo que vamos a disponer? —Joseph se inclinó hacia delante, colocó su antebrazo encima de la mesa, y miró de frente a su hermano bajo la luz.

Walter decidió no perder tiempo.

—Es hora de que los dos trabajemos a nuestro propio ritmo, que trabajemos de manera independiente. Hacer lo que queramos sin molestar al otro, pero ayudando al otro cuando lo necesite.

—¿Qué es lo que propones? —respondió Joseph.

—Nos deberíamos separar. Yo quiero la finca Simons, la de El Centro y esta casa. Tú te puedes quedar con el resto. Debemos operar independientemente con el compromiso de que si tú o yo tenemos un problema con respecto a la solvencia de una de las fincas, entonces el otro tiene la obligación de hacerse cargo de ella y hacer socio al otro de esa propiedad solamente. Debemos hacer lo que te estoy diciendo para seguir manteniendo las propiedades dentro de nuestra familia, para asegurarnos nosotros mismos y desarrollarlas a nuestro propio ritmo. —Walter se detuvo preguntándose si Joseph había entendido todo lo que le había dicho. Puso los brazos encima del montón de papeles, se inclinó hacia delante y esperó en silencio.

—No puedes quedarte con esta casa. Construye la tuya propia —dijo Joseph sonriendo.

—Solamente estoy reclamando tres propiedades —replicó Walter con un cierto matiz de enojo.

—¡No seamos poco razonables!

—¡Poco razonables! ¡Tú eres el que quiere romper el negocio! ¡Además, construí esta casa para mi hijo, y lo sabes! —Joseph levantó la voz.

—Yo la he estado manteniendo. No te has gastado ni un centavo en el mantenimiento o en los cambios que he hecho. ¡No has dicho ni una sola palabra de los cambios! El mero hecho de que yo haya invertido mucho dinero en esta casa debería ser suficiente para convencerte de que me pertenece a mí —replicó Walter con los labios apretados.

Joseph se levantó de la silla.

—Eres un egoísta. Te dije desde un principio que la casa sería para mi hijo.

—¡No me rendiré! —gritó Walter apagando la lámpara y caminando hacia la ventana. Abrió las cortinas y el sol de la mañana del día después del cuatro de julio invadió el estudio.

—Tenía razón entonces —dijo Joseph.

—¿Sobre qué? —preguntó Walter dándole la espalda a Joseph, que en ese momento se dirigía hacia la puerta.

—Te veré en el juicio —contestó Joseph descorazonado.

Joseph miró a su hermano y movió la cabeza, —Bien, hablaremos más tarde —contestó, sabiendo que al final resolverían lo que tantos años les había hecho estar enojados.

Los hermanos se miraron por un momento. No podía ser de otro modo. Se oyeron las pisadas firmes en el piso de madera, y la puerta principal abriéndose y cerrándose. Los sonidos se disolvieron con el calor de la mañana.

Por orden judicial, J. R. Allen, acompañado por Joseph y Walter Simons, viajó por todo el sur de California fotografiando cada edificio, máquina o animal propiedad de los hermanos Simons. A principios de 1917, el juez falló a favor de las peticiones de Joseph Simons, que reclamaban el control de todas las propiedades, con excepción de la finca Simons. Sin embargo, Walter quería la propiedad de la finca Simons, las propiedades de El Centro y la casa de Pasadena, y fue cuando interpuso una apelación contra su hermano. A sabiendas de que su hermano no se atendería a la decisión judicial, y no queriendo alargarlo en el tiempo y sufragar más gastos, Joseph capituló a las peticiones de Walter.

En la primavera de 1917, Walter Robey Simons, había conseguido tener el control económico absoluto de las propiedades que quería desde un principio. Un mensajero especial le llevó las escrituras de la casa. Desde el momento en que Walter aceptó el paquete, la relación con Joseph había terminado y empezaba una nueva etapa. La paz se mostraba en apariencia, pero quedó el dolor y la amargura para siempre.

Walter no tuvo ningún remordimiento cuando, en los procedimientos del juicio, se habló de la terrible y dolorosa traición económica a un hermano. Solamente le dolía profundamente el cambio que se produciría en la relación de Joseph con James.

James encolerizó por la pérdida de su casa. Tenía diecisiete años cuando su padre decidió no continuar con la batalla legal sobre las propiedades que Walter reclamaba. La situación venía arrastrándose incluso antes de que él naciera.

James había sido un muchacho apacible hasta entonces, cuando se volvió agresivo. La primera persona que se convirtió en el blanco de su ira y violencia verbal fue su propio padre.

Walter nunca olvidaría la noche en la que James atacó a Joseph. Los insultos "fracaso", "traición", "cobardía", "inútil", y los lloros de Laura, daban vueltas por su cabeza.

Estos insultos y toda la humillación socavaron el respeto que existía entre padre e hijo. El estrés derivó en una parálisis que empezó a hacer mella en el cuerpo de Joseph. Perdió la sensibilidad del dedo pulgar, el índice y el de en medio de la mano derecha, y también la movilidad del antebrazo. Aunque todavía podía sostener una pluma, le era muy difícil escribir, y por eso se servía de su mano izquierda para ayudar a la mano derecha con tal fin.

Laura estaba convencida de que la parálisis había sido motivada por la tensión y la preocupación durante el proceso judicial. Sin embargo, lo que había sido más destructivo para su esposo, fue que James le hubiera perdido el respeto. Joseph caminaba con la cabeza agachada y nunca miraba directamente a los ojos de sus interlocutores. La expresión de su cara denotaba la pérdida de un hijo, alguien a quien nunca había llegado a conocer realmente.

Walter estaba sentado en su mesa revisando los pedidos de la semana. Lastre para barcos, pensó. Al empezar Wilson su segundo plazo, la paz llegaría pronto. Le hacía feliz la cantidad de ladrillos que habían pedido los corredores de barcos de la base internacional de Los Ángeles. Miles de ladrillos habían de ser utilizados como peso en barcos rusos. No cuestionaba su uso, pero envió a William a que investigara la solidez económica de la compañía. No obstante, ordenó inmediatamente que se realizara el envío al muelle de Los Ángeles. Le dio instrucciones a Gonzalo para que operaran las doce máquinas y pusiera a funcionar la número trece. El número no era algo relevante para William o Gonzalo, quienes escucharon como Walter hacía un pedido para comprar más mulas y carros.

Al mirar por la ventana, Walter vio como Roberto Lacan desmontaba del caballo y lo ataba a un poste. Le vino a la cabeza en ese momento Pancho Villa, que había cruzado la frontera con las guerrillas y había atacado Columbus en Nuevo México, dando muerte a diecisiete americanos. El general Pershing persiguió a Villa con seis mil hombres y no pudo encontrarlo. Roberto Lacan, un maderista inteligente, hubiera querido estar con Villa. Roberto se dirigió hasta donde estaba su jefe y le dio los buenos días.

—¿No irá a dejar a su caballo allí? —dijo Walter con voz firme—. Se cagará y la peste la tendremos dentro. Olerá a establo.

—No, señor Simons. Lo moveré inmediatamente —Roberto abandonó la intención de montar una nueva muestra de zapatos delante del almacén general que abría a las ocho en punto. Roberto y su caballo desaparecieron de vista en un minuto.

Walter regresó a su trabajo y terminó con la salida de los pedidos. Cuando entregaba la hoja, pensó en lo ocurrido con Sarah temprano esa mañana. Ella sintió cómo Walter se levantaba de la cama, se aseaba y se vestía. Cuando regresó de la cocina para darle un beso, murmuró unas palabras que ya había utilizado tres veces antes. Cuando se lo dijo, Sarah se echó a llorar. Los dos tenían miedo de perder este bebé. Ya había abortado tres veces. Le dijo que se volviera a dormir y se marchó.

Walter tomó otro montón de pedidos y se preguntaba qué pasaba con los hombres de Simons. Joseph solamente había podido tener un hijo. Walter todavía no tenía ninguno. Deseaba con todas sus fuerzas que este niño saliera bien, Sarah se lo merecía. Colocó el último pedido encima del montón de pedidos de la zona, cuando se dio cuenta de que éste era para una construcción residencial. Decidió en ese momento que Sarah necesitaba un cambio de ambiente. Abandonarían la casa de Pasadena, la casa por la que tanto había peleado. Walter se rio por toda esta estupidez y se levantó de la mesa bruscamente.

Cuando se dirigía al almacén general, se encontró a William y Gonzalo tomando una taza de café que Roberto les había servido. Walter sostenía en lo alto de su mano el pedido de alojamiento residencial cuando miró fijamente a Gonzalo.

—Voy a construir una casa —dijo.

La declaración agarró por sorpresa a los tres hombres. Permanecieron con sus tazas en la mano sin saber cómo responder a lo que Walter acababa de comunicarles. William bebía su café mientras Walter observaba como salía el humo de las tazas.

. . . Soplaré, soplaré y tu casa tiraré. Un cerdito construiría una casa de ladrillo más resistente que la de su hermano, tan fuerte que nada podrá derribarla. Sería la casa más firme y segura del mundo. Había habido tres cerditos, pero ahora sólo quedaban dos. Unos insectos cafés se habían comido al tercero, y la preocupación y la pérdida de respeto en los ojos de su hijo habían hecho cortocircuito en algunas partes del cerebro del primer cerdito. El primero y el segundo habían enterrado al tercero. El segundo veía chispas que flotaban perpetuamente por la cabeza del primer cerdito. El segundo sobreviviría construyéndose la mejor casa de ladrillo de Los Ángeles . . . El pensamiento de Walter permitió que las caras de los tres cerditos se alejaran. En ese momento, parpadeó y vio tres caras humanas mirándolo. Le hizo una seña a Roberto para que le sirviera más café.

—Gonzalo, el ladrillo que utilizas para levantar una casa, ¿es el ladrillo normal y corriente? —preguntó Walter.

Gonzalo asintió con la cabeza.

—Quiero que selecciones y apartes el ladrillo más fuerte y con mejor forma que nosotros produzcamos —dijo Walter pensativo—. En pocos días te diré donde debes llevarlo.

—Sí, señor Simons —Gonzalo dejó su taza en el mostrador. Tomó su sombrero y la puerta se cerró tras él. El caballo relinchó y se marchó a galope.

Walter regresó a su oficina y empaquetó dos bolsas con varios documentos. A la una del mediodía, comenzó las negociaciones preliminares para la compra de una propiedad residencial en una zona exclusiva de Los Ángeles. Al día siguiente, firmaba el contrato para comprar, con dinero en efectivo, tres parcelas en la calle Plymouth, e inmediatamente después de la transacción, llamó a William y Gonzalo para que empezaran a transportar el ladrillo al lugar.

La mañana que Walter anunció que construiría una casa y dio órdenes para que se seleccionara el mejor ladrillo de su producción, Gonzalo había abandonado el almacén general a galope. Cabalgó hasta los alojamientos reservados a los hombres solteros con el fin de comprobar si alguno nuevo había llegado. Todavía le resonaban las palabras de Walter ordenándole que seleccionara los mejores ladrillos para él. Durante el camino, recordó que había tenido una discusión con Malaquías de León que debía terminar. Sucedió que Malaquías, un excelente trabajador que había llegado a Simons alrededor de 1910, se había convertido en algo parecido a un rebelde. No quería obedecer la regla establecida para todos los habitantes de Simons, por la cual, se pedía que los trabajadores compraran los comestibles, la ropa, los zapatos y otras necesidades de la vida cotidiana, en el almacén general de la compañía. Malaquías y Gonzalo habían alimentado una contienda permanente. Gonzalo insistía que las reglas debían ser obedecidas, y Malaquías pensaba que él era libre, y que después de trabajar durante doce horas, el resto del tiempo era suyo y nada más que suyo. Malaquías creía tener el derecho de gastar su sueldo cuándo, dónde y cómo le diera la gana. Ahora se lo gastaba fuera de Simons, en las ciudades colindantes.

Lo que más le preocupaba a Gonzalo eran los dos caballos y el carruaje que Malaquías compró y guardó en la parte trasera de su casa en Simons. Estos animales significaban la libertad para él, ya que podía moverse libre e independientemente. Él no se ponía limitaciones. Poco a poco, animó a los otros trabajadores a que siguieran su ejemplo.

Lorenza pronto tendría otro hijo, ya estaba embarazada de seis meses. Por el bien de su propia familia, Malaquías no pondría límites a su libertad ni a su derecho de querer vivir mejor de lo que se podría en Simons. Su ética era el trabajo duro, consideraba que el trabajo era un privilegio. No importaba lo difícil que llegara a ser, él había aprendido a ir hacia delante y conforme hacía desaparecer los obstáculos que pudiera encontrar en el camino, comprendía sus miedos, y la vida cobraba otro significado. No era un hombre conversador, y era considerado un hombre pensativo por sus amigos y un calculador por sus enemigos. Nunca pedía un favor, pero todo el mundo sabía que una vez que hubiera dado su palabra, se podía contar con él. Malaquías era un hombre respetado que iba a lo suyo y que hacía un buen trabajo como proveedor de familia, lo cual era la forma de medir si uno era un buen padre en Simons.

Pensando en eso, y no siendo Malaquías del todo de su agrado, Gonzalo se acercó a la casa. Había oído que había estado yendo a Downey porque quería comprarse un tercer caballo, algo que era también inaceptable. Les había dado permiso a los trabajadores de tener puercos, cabras e incluso vacas, cuya leche, queso y mantequilla se vendían en el almacén general. Sin embargo, Malaquías nunca había pedido permiso para comprar sus caballos. Había actuado sin consultar con Gonzalo, quien catalogó esta falta de consideración como una afrenta a su autoridad.

Gonzalo desmontó mientras una niña de cuatro años llegaba a la puerta. Después, llegó Lorenza a la entrada del patio llevando en sus brazos a Leonardo, de dos años. Las flores de los maceteros de Nana se habían convertido en bellas plantas frutales. Las cuidaba con esmero, y la familia respetaba el sitio donde las había colocado seis años atrás.

—Malaquías no está aquí, don Gonzalo —dijo Lorenza colocándose al niño en su cadera derecha.

—Quiero ver cuántos caballos tiene ahí atrás.

—Sólo dos, don Gonzalo —ella y el niño se interpusieron en su camino.

—Muy bien, ¡tengan ahí dos, y nada más que dos! —dijo Gonzalo enojado.

—Eso es imposible, don Gonzalo. Malaquías acaba de comprar un tercer caballo y lo recogerá esta misma tarde. —Cuando acabó la frase, Lorenza se dio cuenta, de repente, de las posibles consecuencias que todo esto tendría.

Gonzalo montó en su caballo enojado y se fue a buscar a Malaquías. Le había asignado la máquina número cinco y lo encontró allí colocando el ladrillo húmedo en los estantes de secado. Malaquías continuó trabajando hasta que lo llamó Gonzalo.

—Buenos días, señor Gonzalo Pedroza —Malaquías siguió trabajando.

—¡Le dije que dos caballos eran suficientes! ¡No puede tener un tercero! —insistió Gonzalo.

Se acercaron dos hombres que trabajaban en ese momento con Malaquías.

Levantó la voz para hacerse oír entre el chirriante ruido de la máquina.

—Mis caballos no le hacen daño a nadie. ¿Quién se ha quejado?

—Le estoy diciendo que no puede tener más caballos, y si insiste, ¡largo de aquí!

—Escuche, señor Gonzalo Pedroza, no le tengo miedo. No me asusta como lo hace con otros trabajadores. Esta noche, traeré mi caballo, y no se preocupe, porque en una semana nos marcharemos de Simons —Malaquías y los demás hombres dejaron solo a Gonzalo.

Una sensación inexplicable, algo más allá de la rabia, hizo que Gonzalo llamara a Malaquías. Éste tenía que decir la última palabra e impondría su poder.

—Oiga, Malaquías. Mañana por la mañana vaya a las cinco en punto al horno número seis. Va a clasificar el ladrillo para la nueva casa del patrón.

Gonzalo espoleó su caballo y se fue a inspeccionar las otras máquinas. Mientras galopaba, se alegró de que Malaquías se hubiera molestado y enojado por haberle negado la compra de otro caballo. Malaquías estaría ahora muy indignado por la onerosa tarea de seleccionar el ladrillo. La cara cuadrada de Gonzalo rompió a reír. Giró de manera brusca el caballo en dirección a casa. Pascuala, que estaba con el niño, había tenido una mañana difícil. El deseo de oler y sentir su cuerpo y sus brazos a su alrededor le llegó al pensamiento. Mientras cabalgaba a galope, el caballo se sintió más fuerte entre sus piernas.

Cuando Malaquías se presentó en la máquina número seis se encontró con Octavio Revueltas y su padre Damián, quienes llevaban viviendo en Simons cuatro semanas. A Octavio le habían asignado construir estantes de secado mientras Damián se ocupaba de cargar el barro en los vagones que lo transportaban hasta las máquinas. La noche anterior, Gonzalo había visitado a los Revueltas y les había pedido que se presentaran en la máquina número seis para que seleccionaran ladrillo azul.

Esa mañana, Gonzalo esperaba a los tres hombres que llegaron puntuales. Les dio instrucciones acerca del color, la textura y la dureza del ladrillo que Walter deseaba. Cuando terminó con esta tarea, regresó al rectángulo tridimensional de ladrillo que se asomaba por encima de su cabeza.

—Este horno tiene dentro mucho ladrillo azul. Encuéntrenlo y póngalo aquí —Gonzalo señaló con las manos el lugar donde debían colocar el ladrillo azul.

Los tres hombres vieron cómo Gonzalo ataba su caballo a un poste y entraba en el almacén general, probablemente para revisar con William las actividades del día. Octavio se apoyó en una escalera. Pensaba en las vías del tren, en las mismas vías por las que él y su padre habían caminado hasta llegar a Simons. En ese momento, abstraído por sus propios pensamientos, oyó que Damián y Malaquías hablaban de solucionar la rotura del monolito de ladrillo.

—De arriba hacia abajo —sugirió Malaquías.

—Octavio, trae la escalera hasta aquí —le dijo Damián a su hijo.

Malaquías escaló hasta arriba del horno y señaló un lugar que estaba a la mitad. Le indicó a Damián que cavara un área lo suficientemente profunda y ancha para él. Cuando terminaron de excavar y reforzar el área con tablones de madera, Malaquías ya había acumulado bastantes ladrillos azules en el borde del horno que abría justo por encima de la cabeza de Damián. Malaquías miró hacia abajo donde Damián estaba colocado dentro, y debajo de él esperaba Octavio.

—Octavio, pon la escalera enfrente de tu padre —le gritó Malaquías—. Damián, coloca un pie en la escalera y el otro en el horno. Ahora mira hacia donde estoy yo.

Damián hizo exactamente lo que le ordenó Malaquías. Vio que estaba encima de él, aguantando lo que parecían un puñado de ladrillos.

—Te los tiraré a ti y se los pasas a Octavio. ¡Octavio, estate preparado, ahí van, Damián!

Empezó la cadena de lanzar y tomar ladrillos. Al principio, a Damián y Octavio se les cayeron muchos al suelo, pero rápidamente aprendieron a controlar el peso, y pronto tomaron el ritmo. Las pilas de ladrillos crecían a la par que lo hacía la confianza de los hombres, hasta el punto de llegar a agarrar nueve ladrillos a la vez y lanzarlos con facilidad. Trabajaron durante toda la mañana, conversaron poco, sólo unas cuantas palabras de ánimo entre ellos. Damián y Malaquías cambiaron de sitio dos veces y a la una de la tarde, decidieron comer un poco y descansar.

—Lo estamos haciendo bien —aseguró Malaquías.

—Sí, pero va a empezar a hacer mucho calor —comentó Octavio mientras desenvolvía unos tacos que le había preparado su tía.

—No estaría mal una buena cerveza fría ahora —sugirió Damián.

—Sí, ¿sabes que pronto dejarán de vender cualquier tipo de bebida alcohólica? —dijo Malaquías.

—¿Aquí, en Simons? —preguntó Damián.

—En todo el país. Hay un movimiento nacional para prohibir la producción y venta de licor —dijo Malaquías con gesto disgustado.

—Quieren prohibir incluso la venta de cerveza.

—¿Por qué? —preguntó Octavio mordiendo otro trozo de su segundo taco.

—No lo sé. Primero por la guerra, después porque quieren parar la tasa de alcoholismo entre los hombres —Malaquías bebió agua de su cantimplora.

—No pararán nada, hay mucha gente que hace su propio licor en casa. Mi papá sabe cómo hacerlo —relató Octavio.

—Eso es verdad. No perderemos nada —dijo Damián.

—La ley está en el congreso y creo que pronto será aprobada —Malaquías sacó una naranja de su bolsa de papel.

—Es una ley estúpida. Traerá más problemas que soluciones —dijo Damián quitándose su gorra.

Malaquías se sentó en los ladrillos azules que Octavio había juntado.

—¿Cuándo llegaste?, no te había visto por aquí —preguntó.

—Hace unas semanas, ¿y tú, Malaquías? —replicó Damián.

—Hace años que vivimos aquí, pero Gonzalo me acaba de despedir. Me ha dado una semana para que me busque otra casa —dijo Malaquías indicando con su cabeza el almacén general—. Así es como funciona —continuó—. Llevo pensando durante algún tiempo en alquilar algo de tierra, soy uno de esos rancheros que tiene que estar muy metido en un asunto para sentirse libre. No me siento libre en Simons.

—Explícame eso, por favor —dijo Octavio.

—Gonzalo lo controla todo. Debemos comprar en la tienda de la compañía. Debemos pedirle permiso para comprar un animal. Aquí trabajas y gastas en el mismo sitio, y tienes que aguantarte, porque si no es así, Gonzalo te despedirá. A mí no me asusta con su cara cuadrada de ladrillo. Me llevo a mi familia de este sitio. Cuando acabe la semana, me pagarán y adiós —Malaquías, enojado, se frotó las manos.

—Nos quedaremos por un tiempo, hasta que México se estabilice, y después regresaremos —dijo Damián en voz baja.

Octavio escuchó a su padre, pero entendió otra cosa. Sintió que su padre relataba una verdad a medias. La casa, la tierra, México... recordó. Las imágenes de lo difícil y peligroso que había sido el viaje le invadieron el pensamiento. Por ahora, Octavio trabajaría y esperaría las oportunidades que Simons le ofreciera en un futuro. Su madre llegaría pronto para hacer un hogar para su familia aquí. Tenía fe en ella.

—Ahora me toca el turno de tirar los ladrillos —dijo Octavio. Subió a la escalera y empezó a trabajar desde lo alto del monolito de ladrillo.

Octavio decidió no esperar a su padre. Le encantaba salir del trabajo cuando salía el sol y correr con el viento sintiendo la fuerza de su cuerpo. No se molestó en mirar atrás para buscar a su padre, ya que estaba seguro de que Damián llegaría al trabajo como siempre lo hacía. No importaba lo que se decía de Damián, si bebía mucho, si perseguía a las mujeres, si maltrataba a su mujer. Era él quien llevaba todo lo necesario para que su familia pudiera vivir.

Octavio vio cómo Simons se despertaba con la actividad de la mañana. Las mujeres preparaban el desayuno y a sus familias para el día. Pronto, la calle se llenó de trabajadores que pasaban al lado de Octavio y se dirigían a sus puestos en la ladrillera.

Llegó el cuarto día de trabajo, y Octavio, Damián y Malaquías habían disminuido la altura del horno lo suficiente para que dos hombres rompieran, seleccionaran y apilaran el resto de ladrillo necesario para la nueva casa del patrón. Octavio había acompañado varias veces la entrega de material a la parcela de la calle Plymouth. El arriero, un hombre portugués tan mayor como Damián, y encargado de controlar las cuatro mulas y el vagón grande, era un jugador del equipo de béisbol Simons. Jimmy, que había sido contratado por William por su golpe y talento como segunda base, hablaba en todos los viajes que hacían hasta el lugar de la construcción. Su conversación se basaba en el béisbol, en cómo manejar los caballos y las mulas, y en los rumores de que Walter había planeado reemplazar las costosas y lentas bestias de carga por unos camiones eficientes y más rápidos.

Jimmy, como muchos otros, se oponía a tal cambio porque creía que las mulas y los caballos eran más seguros que los camiones. Octavio se sentía cómodo con la idea de tener máquinas de motor, pero pensaba que los caballos eran más fáciles de manejar. Los animales entendían y obedecían órdenes, mientras que los camiones y los automóviles, aparatos tecnológicos sin sangre y controlados por métodos mecánicos, carecían de órganos vitales, de cerebro y de poder de decisión.

Octavio se detuvo al principio de la calle donde vivía Malaquías. Le habían ordenado que abandonara Simons para esa fecha. Tal vez no querría dejar la casa que su familia había ocupado durante seis años, pero las consecuencias de haber desobedecido a Gonzalo podrían ser muy duras. Malaquías no era un hombre tonto, pensó Octavio mientras se acercaba a la casa de los León. Abierta, la puerta principal le dio la respuesta. Cajas, colchones, mesas, sillas y demás objetos, estaban colocados en el pequeño patio. La familia León se había preparado para el éxodo.

Malaquías apareció por detrás de la casa. En ese momento, guiaba dos caballos que empujaban un carro grande, y un tercer caballo se encontraba atado detrás. Malaquías, Lorenza y los niños cargaron el carro en quince minutos. Lorenza, en un estado de gestación muy avanzado, ayudó a los niños a montar en el carro, subió al asiento del conductor, agarró las riendas y esperó la orden de Malaquías para empezar a caminar.

Malaquías, orgulloso de su mujer y su familia, espoleó los caballos y nunca miró hacia atrás. Tal vez, solamente Nana, con uno de sus maceteros en la mano, sintió el abandono de la casa y el patio que había decorado de un modo muy bonito. Mientras oía los pasos de los caballos, y a medida que el patio se hacía cada vez más pequeño, Malaquías se prometió inocentemente que algún día tendría un hogar que nunca lo obligarían a abandonar.

—Adiós, Octavio —gritó Malaquías—. Buena suerte.

Nana vio el reflejo de un hombre joven parado en el borde de la calle. Sus ojos se encontraron por un instante, y se giró rápidamente para mirar la carretera que ya aparecía frente a ella.

Octavio les dijo adiós con la mano y, en silencio, vio marcharse de Simons a la familia León. La idea de la supervivencia ocupó su mente. Octavio nunca permitiría que Gonzalo se metiera con él. Al igual que Malaquías, prefería encarar las consecuencias que vivir esclavizado por el miedo. Octavio siguió hasta su lugar de trabajo. Las familias de Simons vivían el día. Pensó en su madre, hermanos y hermanas y quería verlos felices con su padre. Sintió un escalofrío con el sol de la mañana cuando pensó, por un instante, si su padre habría caído de nuevo en los vicios que había dejado en México. La responsabilidad de proteger y apoyar a su familia recaería en él, por ser el primogénito. Si Damián reincidía, Octavio aceptaría con gusto la responsabilidad.

Octavio analizó las relaciones de poder en Simons. El poder de Gonzalo residía en su relación con el patrón, pero había otro elemento que recibía todos sus respetos: el dinero. Malaquías presentaba un peligro para él por el incremento de sus compras. Éste había aumentado su riqueza material con la compra de caballos que le permitían tener libertad para moverse y elegir. Podía comprar y vender en cualquier barrio mexicano que le diera la gana, no dependía de Simons, y nunca se vio a merced de la voluntad de Gonzalo. Malaquías representaba la contraposición de la filosofía que Walter Robey Simons tenía del trabajador mexicano, y por esa razón, no era bienvenido en Simons.

Octavio llegaría al trabajo en pocos minutos y, por primera vez en su vida, la presencia de Damián no le importó. La supervivencia dependía de él, no de su padre. Octavio Mondragón Sandoval se aseguraba su supervivencia personal, pero honraba los métodos de enseñanza tradicional: obediencia, respeto y lealtad al patriarca familiar, sin tener en cuenta sus actos. Sin embargo, por la seguridad de su familia, Octavio justificaba sus valores. Desde hoy, contribuiría con una parte de su sueldo, y se lo entregaría a Damián. Quería ahorrar dinero para el futuro, quizás se construiría o compraría una casa para su madre y hermanos. El trabajo duro le daría una buena parte, pero él estaba interesado en ganar un dinero extra. De vez en cuando, la cara cuadrada de Gonzalo se le aparecía y le golpeaba el cerebro.

Desde que había empezado a jugar, Octavio había ganado en los juegos de azar. No quería que el juego se convirtiera en una fuente de ingresos y, a menudo, le hacía pelearse con los amigos. Sin embargo, poseía un talento, una inteligencia especial, una extraordinaria capacidad para calcular y memorizar el número de veces que las cartas aparecían en la mano. El póquer, cunquillan y malilla eran sus especialidades, y los dados su gran desafío. Se consideraba calificado para jugar y ganar en cualquier juego de naipes que hubiera en Simons. Pero antes de sentarse en el tapete de juego, que podía ser muy peligroso, decidió observar primero a los jugadores que llegaban a Simons para practicar sus habilidades . . . Observar, estudiar, ser el mejor jugador del mundo, no confiar en nadie y trabajar duro para mantener a su familia unida, pensaba Octavio mientras se quitaba el suéter y se preparaba para apilar los ladrillos.

La decisión de ganar un dinero extra con el juego y no ofrecérselo a su padre, se dibujó en la cara de Octavio y en la manera de tratar con el hombre que lo había engendrado. La distancia entre padre e hijo apareció de pronto. A medida que Octavio se hacía cada vez más independiente, Damián veía cómo el control que había ejercido en la vida de su primogénito se debilitaba velozmente. Esa mañana, cuando se despertó y descubrió que su hijo se había marchado, Damián se dio cuenta que debía trabajar más duro para llegar al nivel de Octavio.

Cuando Damián llegó al trabajo, encontró a su hijo preparando el ladrillo para cargarlo en el vagón que lo transportaría a la avenida Plymouth. No le dijo una sola palabra. Se colocó enfrente del vagón, como aviso de que estaba preparado para empezar a cargarlo. En vez de apilar siete ladrillos en su mano y en el antebrazo, Octavio preparó nueve. Miró a su padre y echó nueve. Damián se extrañó por el número tan raro de ladrillos que había tirado su hijo. Éste agarró los ladrillos y albergó la esperanza de que Octavio no tirara tantos la próxima vez pero su deseo no tuvo respuesta.

CAPÍTULO 8

En comparación con la vida en México, los años entre 1910 y 1920, fueron tranquilos para los trabajadores y demás gente de Simons. Alrededor de 1920, Malaquías, Lorenza de León y sus hijos Paquita, Nana, Jesús, Andrea y los dos niños, Leonardo y Juan, hacían sus labores como granjeros en los diez acres de tierra que habían alquilado a los japoneses en la carretera Telegraph en Downey. Aunque Malaquías había abandonado Simons, no había roto todos los lazos de unión con ellos, y su familia estaba lo suficientemente cerca de la ladrillera en caso de que los gringos purgaran a los mexicanos. Por el momento, Malaquías, Lorenza y el resto de la familia cuidaban los unos de los otros.

Damián Revueltas se asentó en la vida que él había elegido vivir. Se convirtió en un ladrillero de primera, dominando todos los pasos del proceso de producción del ladrillo. En tan sólo un año, había conseguido ganar la paga más alta de la finca, la de quemador, que es el que está a cargo del horno, siendo una responsabilidad muy grande, porque el más mínimo cambio de temperatura puede causar la pérdida de cientos de miles de ladrillos. Damián aceptó la responsabilidad con gran respeto, y cuando estaba en el trabajo, Gonzalo era el que se aseguraba de que no cometiera ni un solo error. Además de hacerse uno de los mejores trabajadores de la finca, la comunidad le consideraba un buen proveedor para su familia. Le habían dado una de las casas más bonitas de la calle Southworth, y hasta allí llevó a su esposa Milagros, el día en el que ella llegó.

Damián estaba orgulloso de poder ofrecerle un hogar a Milagros y una vida material mucho mejor que la que había tenido en México. Sin embargo, Damián recuperó los viejos vicios. Bebía, iba detrás de las mujeres, se quedaba a escuchar a los mariachis hasta bien entrada la noche, y, a menudo, desaparecía de casa durante varios días. Milagros no había dejado que Damián la tocara durante varios años. Consciente de que había estado con otras mujeres, de que había explorado y probado la humedad de otros cuerpos. Para Milagros, las manos de Damián siempre estarían sucias. Ni el agua ni la sangre podrían limpiar nunca la violación de su persona, de su cuerpo y de los votos matrimoniales que un día hicieron. Damián se había condenado él mismo para siempre y había manchado las blancas sábanas nupciales. Se apartó de su mujer e hijos, confiado en que su hijo mayor fuera el encargado de proveer a la familia. La actitud de Damián penetró en el corazón y en la mente de Octavio como si de fuego se tratara, invadiéndole el rencor, pero él lo superaría y sobreviviría con ello.

Octavio decidió que Estados Unidos sería el lugar donde construiría una casa para su propia familia. La imagen de México se desvanecía en su recuerdo, y la vida en Simons y Los Ángeles era cada día más excitante. Trabajaba duro durante el día, y por las noches se iba a jugar con su tío Ignacio Sandoval, que era un año mayor que él. Al empezar a jugar solamente observaba, pero pronto comenzó a calcular la suerte de las cartas. Desarrolló la habilidad de saber cuándo se debía entrar o salir del juego, cuándo echar un farol, cuando ir o pasar, de saber las reacciones de sus compañeros de juego cuando ganaban o, lo que era más importante, cuando estos perdían.

Durante varios meses, Octavio tuvo a los hombres apostando si él ganaría o perdería, y la mayoría de las apuestas tenían que ver con la cantidad de dinero que ganaría. Le ofrecieron respaldo económico, pero Octavio lo rechazó porque prefería seguir siendo independiente y no tener que compartir o agravar sus pérdidas. Su talento para el cálculo le permitía tener siempre dinero en el bolsillo, y el respeto de los hombres de Simons. Nunca pedía dinero, pero siempre estaba dispuesto a prestar el suyo a los compañeros de trabajo que él consideraba más responsables. Le tenían por un hombre inteligente dotado de un talento especial.

Octavio jugaba en Los Ángeles, East Los Ángeles, Beldevere, o Whittier. De lunes a jueves, jugaba al póquer, cunquillan o malilla en su mesa de juego en Simons. Cuando su padre entraba en la habitación y estaban todos jugando, se incomodaba y, después de una mano o dos, fuera perdiendo o no, dejaba las cartas y

abandonaba el juego. Damián entonces pasaba a ocupar su lugar y
Octavio siempre obedecía. Por otra parte, el derrotar a Octavio se
había convertido en una obsesión para Gonzalo, que a menudo,
jugaba partidas con ellos. Cuando Octavio se levantaba para
marcharse, Gonzalo tiraba las cartas en la mesa muy enojado.

—¡Quédese, hombre! —le gritaba Gonzalo mientras Octavio
se levantaba de la comida "económica".

—La revancha para otra noche —le replicaba Octavio
diciéndoselo a Damián que, para molestia de Gonzalo, se sentaba
siempre a su lado.

Gonzalo respetaba a los dos hombres, pero sabía que había
pagado un alto precio por la gran admiración que tenía por
Octavio . . . Algún día su suerte se acabará y le ganaré, pensó
Gonzalo mientras la puerta se cerraba tras su contrincante.

Aunque la Ley de Prohibición había sido impuesta, Octavio e
Ignacio, su siempre amigo y acompañante de viaje, encontraban
fácilmente buen whisky mexicano en la calle de los Negros, situada
en la plaza de Los Ángeles, en la sección mexicana del mismo
nombre. Los bares cerrados se convirtieron en restaurantes,
sólamente fachadas para las infames tabernas clandestinas donde
el whisky, el vino y la cerveza se bebían como antes de su
implementación legal.

Tanto para Octavio como para los hombres de Simons y la
población en general, la compra de licor no era una tarea difícil.
Hubo escasez al principio de instaurarse la ley, pero, poco después,
los contrabandistas produjeron suficiente whisky, vino y cerveza
como para abastecer a casi toda la ciudad de Los Ángeles. Ciertas
partes de la ciudad empezaron a ser conocidas por hacer la mejor
clase de licor. La producción de bebidas alcohólicas empezó a ser
clandestina, convirtiéndose en un negocio mucho más próspero
que antes de la llegada de la Ley Seca. Para algunos productores de
vino, la clandestinidad era el único camino para la supervivencia de
una tradición familiar y para ganarse la vida.

Durante sus aventuras como jugador, Octavio había conocido
a varios productores de alcohol que, de buen agrado, le daban el
licor que necesitaba. Algunas familias empezaron a fermentar vino
o a tener sus propias destilerías de whisky o cerveza. Nunca hubo

escasez de bebidas alcohólicas en Simons porque era un lugar seguro para contrabandistas y jugadores, y para muchos otros viciosos y prostitutas de Los Ángeles. Simons estaba lejos de las fuerzas del orden, de la policía federal y de la policía de Montebello.

—¡Día de paga! —Los sábados era un día de gran actividad en la ciudad. Los vendedores llegaban a las seis de la mañana para montar los puestos de venta con sus vagones llenos de productos listos para ser vendidos. Los contrabandistas ofrecían las botellas de alcohol a los residentes de Simons, y a los que venían de fuera invitados por los hombres del lugar para disfrutar de los excelentes juegos de naipes y dados que se daban cita los sábados por la noche. Un hombre y una mujer, conocidos como los Benicasim, y a quienes Gonzalo les había alquilado dos habitaciones, traían a las prostitutas en cuanto se formara la fila para cobrar. En una de esas habitaciones, los hombres conocían, elegían y llegaban a un acuerdo económico con la mujer que deseaban. La otra habitación estaba compartimentada en tantas alcobas como mujeres hubiera disponibles. Generalmente, trabajaban entre siete a diez hijas del placer, que llevaban consigo unas pantallas portátiles con dibujos de escenas pornográficas. Las mujeres empezaban a ofrecer sus servicios cuando empezaba a oscurecer, ni más tarde ni más temprano y trabajaban hasta el alba.

Cuando llegaba la noche, la zona trasera del almacén general parecía un circo. Los hombres, algunas mujeres y unos pocos niños bebían whisky, vino o cerveza mientras charlaban y jugaban. Los hombres discutían sobre la semana de trabajo, contaban su dinero y evaluaban los diferentes niveles de juego que ofrecía la noche. Siempre mencionaban a Octavio Revueltas cuando se referían al más alto nivel de competencia y las más elevadas apuestas, sin embargo, él nunca tuvo la tentación de entrar en las habitaciones de las prostitutas.

Pequeños grupos de hombres se reunían alrededor de las puertas de los Benicasim esperando su turno para disfrutar del momento de intenso placer en la vagina, el ano o la boca de alguna de las amantes señoritas. Estas actividades empezaron a conocerse en Montebello, un lugar que ya no tenía una imagen positiva de los mexicanos en general, y de los trabajadores de Simons en particular. Sodoma y Gomorra eran patios de recreo comparados con las imágenes que tenían los habitantes de Montebello sobre lo que ocurría en Simons. Lo poco que habían visto de allí eran las calles Date y Maple, desde donde se podía ver la ladrillera. Este lugar de visión, junto con lo que habían oído sobre lo que pasaba dentro de la finca, hizo que los ciudadanos de Montebello lo llamaran "el agujero". Los residentes de Simons lo tradujeron por El hoyo.

El día de paga tenía lugar cuando faltaban diez minutos para las tres. Los hombres que terminaban el día de trabajo temprano empezaban a formar la fila. Exactamente a las tres, William y Gonzalo, armados con pistolas y rifles Winchester, escoltaban a James Simons que llevaba consigo una caja pequeña de metal con la paga de los hombres. Cuando llegaba James, sacaba una pistola de su abrigo y se la colocaba lentamente detrás de la hebilla del cinturón. Temeroso de que le robaran, insistía en llevar seguridad armada durante el momento de entregar la paga. No era capaz de perder el control sobre los trabajadores, y creía que tal cosa sería un síntoma de debilidad psicológica heredada de su padre.

Un sábado en particular, Walter Simons llegó a la ladrillera por la mañana temprano para entregar la caja con la paga bimensual. Entró su sobrino James, e inmediatamente empezó a preparar los sueldos. James estaba en tensión y sus ojos cansados revelaban el profundo odio que sentía por su padre. Tío y sobrino no hablaron durante gran parte de la mañana.

Cuando acabaron la jornada, Walter pensó en su hermano a quién no había visto en algún tiempo. Decidió que iría a verlo durante el fin de semana. Habló con Gonzalo, y William y salió por la puerta.

—James, saluda a tu padre —dijo Walter con semblante serio, expresando la decepción que sentía por culpa de sus constantes peleas. James intentó sonreír.

Cuando salió, Walter vio la iglesia y rezó para llevarse siempre bien con sus hijos. Ese día lo necesitaban en casa porque Sarah podría dar a luz en cualquier momento. Eso es lo que ella le había dicho esa mañana. Sintió que el bebé llegaría pronto. Walter pasó por la máquina número siete y se encaminó hacia la biblioteca que Sarah había insistido en construir. Estaba repleta de revistas de México y de libros para niños escritos en inglés. La clínica estaba junto a la biblioteca, y de lunes a viernes, de ocho de la mañana hasta las dos de la tarde, el médico atendía a los enfermos, los heridos y las embarazadas.

Walter vio cómo dos mujeres embarazadas entraban en la clínica, pensó en esos dos úteros, y vio una metáfora de Sarah . . . Las mujeres se quedan embarazadas de la misma manera, no importa quiénes sean o dónde estén, razonó Walter. Pensó en cómo se hacían los bebés y cómo se construían las casas. Le preocupaba si se podrían vender los paquetes de casas prefabricadas que él mismo había diseñado. Había invertido mucho dinero en una idea que consistía en vender una morada unifamiliar preconstruida, diseñada hasta el último tabique. Los hombres sólo tenían que unir las piezas. Los paquetes prefabricados eran todos iguales: una casa de diez habitaciones con una superficie de 74 pies por 54 pies. El costo total de la casa a la entrega sería de 407 dólares.

El camino a caballo hasta casa fue tranquilo. Durante el trayecto, Walter pensó en los cinco camiones que William había pedido. Tenían que entregárselos a finales de año, y debía aprender a conducir. Los camiones se movían más rápido que el caballo que Walter tenía agarrado por las riendas. Sarah lo esperaba en casa, dando a luz probablemente en ese instante, pensó, y fustigó de nuevo al animal.

Después de una hora, el caballo se cansó de repente. Estaba cerca de casa, pero la distancia se le hacía cada vez más larga porque el tiempo pasaba lentamente. Los momentos oscuros del pasado llegaron a su mente, haciendo que el camino le resultara difícil. La angustia de la muerte de Orin Elmer se avistaba en la carretera. Necesitaba llegar a su casa lo antes posible, pero cuanto más apresuraba al exhausto caballo, más lentamente pasaba el tiempo. Se alisó los mojados cabellos hacia atrás y se enjugó el sudoroso rostro. Sintió que estaba cerca de casa. Al final de la carretera, aparecieron una serie de muros de ladrillo que se acercaban cada vez más a él, y cuando pasó por la reja de entrada, le invadió el miedo y apartó la vista por un momento. Cuando volvió a mirar, vio a Joseph y Laura.

—¡Maldita sea! —murmuró. Naturalmente, habrían venido para ayudar con el bebé, pero Sarah tenía a una enfermera con ella, y el médico había dicho que llegaría también por la mañana.

En la sala, Melissa hablaba de muros interiores, fluidos y sangre. Mientras ella hacía sus descripciones, Walter vio en la profundidad de sus propias pupilas una foto rota que había sido pegada de nuevo. El sistema de doble pared vacía hecho por los Simons, una pared hueca de ladrillo sólido, tenía vetas de sangre, de carne, unos dedos, una mano pequeña, un pie adulto, la pierna de un bebé, el pecho de una mujer goteando leche, la cabeza de un infante, el brazo de una mujer intentando escapar, los testículos y el pene de un bebé, y la bonita cara de Sarah observando desde dentro del diminuto espacio vacío. De repente, Walter lanzó un grito tan fuerte, que nadie lo oyó. Exhausto y empapado, sus ojos enrojecidos se dirigieron hacia la puerta de la alcoba donde Sarah y su hijo yacían.

Cuando llegó la noche, Joseph, Laura, James, Melissa, el médico, la enfermera, unos cuantos vecinos, dos policías y dos ayudantes de ambulancia pudieron oír los profundos sollozos y el dolor que llegaban desde la habitación. Joseph, aliviado porque su hermano por fin había empezado a llorar, fue a acompañarle. A la una de la madrugada, el doctor firmó el certificado de defunción. Walter permitió que los cuerpos de su mujer e hijo fueran llevados al Mortuorio Presbiteriano. Pidió que lo dejaran solo, y cuando todo el mundo se había marchado, se sentó en la habitación del matrimonio y vio cómo millones de insectos, de un cierto color café y forma cuadrada, tomaban la casa.

Poco después de la muerte de Sarah, Walter descubrió que no podía continuar sin la compañía de una mujer. Dejó saber por los alrededores que buscaba una esposa. Hizo esto sabiendo que cierta gente no vería bien del todo el corto periodo de luto que le ofrecía a Sarah. Walter estaba convencido de que el amor que su esposa le había dado tenía que ser expresado, y no encerrado en lágrimas y ropas negras durante el tiempo que la sociedad otorgaba como luto. Lo que había experimentado junto a Sarah tenía que volver a sentirlo, y amaría más profundamente por ella. Walter tenía un círculo de amigos que eran los miembros de los clubes y organizaciones a los que su madre pertenecía. Laura, quien estaba contenta y emocionada por la idea de encontrar una nueva esposa para su cuñado, le animaba para que asistiera a sus actos sociales. Laura era miembro de una asociación que le interesaba especialmente a Walter, las Damas de la Tierra Roja de Pasadena, compuesta por las esposas de los maridos relacionados con la industria de la construcción. Los invitados presentaban temas que tuvieran que ver con la construcción en el suroeste de California. Joseph había hablado en varias ocasiones, y se había embarcado en la tarea de escribir y exponer las contribuciones y los beneficios del ladrillo para la economía californiana del suroeste.

En una tarde tempestuosa de verano, Laura invitó a dos personas muy importantes y de mucho talento. Joseph Simons era el ponente principal y su conferencia titulada "Unas pocas cosas sobre el ladrillo, el mortero, la masonería, la terracota y el desastre del Hotel Bixby visto por un hombre del ladrillo" hacía referencia a una tragedia reciente en Long Beach. Otra de las invitadas era Edit Marian Chalk, una pianista de música clásica que inauguraría las actividades de la velada con composiciones de Mozart, Beethoven y Chopin.

Después de una hora de aperitivos y conversación, el grupo de setenta y cinco personas tomó asiento. Laura sentó a Walter en un rincón de la primera fila, desde donde podía ver perfectamente la hermosa cara y cuerpo de Edit. No hizo caso de la presentación. Cuando Laura pronunció la última palabra, observó cómo su embelesado cuñado no podía quitarle los ojos de encima a Edit. Cuando la pianista terminó su actuación, se puso frente al público y saludó. Los aplausos de Walter parecían más fuertes que los de los demás y le sonrió, dejándole a ella saber que era una de las pianistas más grandes del mundo. Se acercó a él y reconoció su entusiasmo. Walter seguía aplaudiendo y sonriendo. Después, Edit caminó hasta el fondo de la sala y desapareció.

Laura salió al escenario y presentó a Joseph, que elegantemente agradeció los aplausos de la audiencia y se colocó en el podium.

—Déjenme decirles que seré breve porque yo también quiero que la señorita Chalk nos vuelva a deleitar con su bella música —dijo Joseph sonriéndole a la audiencia.

Walter se aflojó la corbata, cruzó los brazos y pensó en Edit. Cuando su hermano estaba a punto de concluir, se dio cuenta de que no le había prestado la más mínima atención. Caminó hacia las puertas francesas blancas que daban paso al salón en busca de Edit. Cuando la encontró, ya había decidido que ella sería su esposa. Cuando estuvo frente a ella, Laura hizo las presentaciones y también ayudó a romper la sensación de incomodidad que reinaba en ese momento entre ellos. Walter no hubiera sabido qué decir si no hubiera sido por su cuñada, que empezó a contarle a Edit acerca de la maravillosa casa que él estaba empezando a construir en Los Ángeles.

—Dígale que se lo cuente. Mejor aún, deberías llevarla a ver tu nueva casa —dijo Laura, y después se marchó.

—Apuesto a que está hecha de ladrillos Simons —sonrió.

—Los mejores del mundo —dijo Walter sintiéndose ya más cómodo.

—Buen ladrillo y buen mortero, como ha dicho su hermano —Edit se ganó en ese instante la confianza de Walter.

—¿Le gustaría conocer la casa? —preguntó y rogó Walter.

—Maravillosa idea —contestó Edit.

Walter la acompañó al jardín donde tocó dos composiciones originales para deleite de los invitados. Al final de la velada, Walter estaba profundamente encantado con ella. No quería decir que estuviera enamorado, pero supo que deseaba compartir el futuro y su fortuna con Edit, la mujer más bella, talentosa e inteligente que había conocido nunca.

En la primavera de 1922, Walter había encontrado una esposa, Edit Marian Chalk, que ocupó inmediatamente la casa que Walter le había llevado a ver el primer día en el que salieron. Había decorado la casa según sus gustos musicales, después de haber estudiado en las mejores escuelas de Canadá y Estados Unidos, un logro del que Walter se sentía muy orgulloso. Edit se incorporó a la Sinfónica de Los Ángeles y a otras organizaciones musicales a las que contribuía con su dinero y su tiempo. Estaba muy feliz porque pensaba en todas las posibilidades que podía ofrecerle a la pequeña ciudad de su esposo. Era una mujer que, junto a su marido, disfrutaba experimentando con las estructuras sociales de la época, y pensaba que tanto Walter como su hermano Joseph debían ser los portavoces de la industria del ladrillo.

Edit continuaba su compromiso con la música en Los Ángeles, y a través de sus afiliaciones, introdujo a Walter en las asociaciones que le llevarían hacia delante en el área de la construcción. El matrimonio se encargó de entretener a muchos fabricantes de ladrillo del Este y el Medio Oeste hasta que, un día, los miembros de la asociación votaron que la convención nacional se celebraría en Los Ángeles. Era la primera vez que el cuerpo industrial a nivel nacional, la Asociación de Fabricantes del Ladrillo Regular, cruzaba el continente para asistir a la convención anual en California, el lugar donde temblaba el paraíso.

Walter y Edit dedicaron muchas horas para que la conferencia tuviera éxito. Dispusieron dos trenes especiales para traer a los delegados del medioeste y del este del país a Los Ángeles hasta el Hotel Biltmore, que era donde las sesiones tuvieron lugar. La asistencia a las reuniones sobrepasó la de las anteriores convenciones, teniendo en cuenta la gran distancia que tuvieron que recorrer la mayoría de los participantes. Los visitantes alabaron la hospitalidad del Oeste, especialmente toda la planificación y disposición de Walter y Edit.

Una de las tardes, los delegados tuvieron la oportunidad de visitar las plantas de ladrillo y disfrutaron de una colaboración especial preparada por los Simons. Estuvo a cargo de los mexicanos de Walter y Edit, así era como los visitantes se referían a los hombres, las mujeres y los niños que tocaban instrumentos, cantaban y bailaban al compás de los acordes de la música tradicional mexicana. Los mexicanos de Simons también prepararon una gran variedad de platos regionales, culminando las atenciones con una barbacoa. Se les había ordenado a los trabajadores de la planta que construyeran un escenario cerrado por tres lados y cubierto por un techo de palmeras. Allí llevaron a cabo una representación teatral de una típica festividad mexicana, el Día de los Muertos, que fascinó a los presentes, entre otras cosas, por los vestidos y la música. Las calaveras de dulce y los esqueletos también tuvieron mucho éxito.

Cuando terminó la comida y la función, Walter expresó su agradecimiento a los hombres del ladrillo. Dijo que era un honor darle la bienvenida a la asociación en la ciudad de Los Ángeles, y que esperaba que volvieran todos los años. Sin embargo, lo que más impactó a los fabricantes del ladrillo, fueron los comentarios que hizo Walter acerca del futuro de este producto en California.

—Los Ángeles tiene el impresionante récord de 200,000,000 dólares gastados en la construcción durante el año 1922. Aunque Los Ángeles sea una ciudad admirable, se deben levantar más edificios que resistan el fuego. Aquí se presenta la gran oportunidad y el desafío para los fabricantes del ladrillo: si somos o no capaces de mantener la demanda constante de nuestro producto. Sabemos que el ladrillo es el único material que puede evitar grandes calamidades, como la que sucedió en San Francisco —Walter miraba a la audiencia, encantado de que todos parecían estar de acuerdo con él.

—Debemos educar a la gente sobre la seguridad que ofrece el ladrillo. Debemos hacer publicidad para atraer al público y estructurar una legislación justa para este material. Tenemos que luchar contra los intereses que intentan confundir y minar la confianza del pueblo. No podemos permitir que se diga una sola mentira. Si ofrecemos al público la verdad sobre el ladrillo, ganaremos el mercado al final. Lo debemos hacer juntos. Hoy es el día de la cooperación. El hombre que vive dentro de sí mismo, no es garantía de éxito y nunca lo logrará él solo.

Los invitados entusiasmados se pusieron de pie como reconocimiento a la visión de futuro que Walter les acababa de revelar. Justo encima del círculo de luz, bajo la que se sentaba la elite de los fabricantes del ladrillo, doscientos setenta y cinco trabajadores mexicanos esperaban ansiosos para ponerse manos a la obra, construir California y hacer realidad el sueño de Walter. Entre los mexicanos, se encontraba Octavio. No aplaudió ni una sola vez, ni se alegró de nada. Observaba impasible, frotando dos monedas de oro de veinte dólares que llevaba en cada uno de los bolsillos de su chaqueta.

CAPÍTULO 9

EN MARZO DE 1922, LA MAYORÍA DE LOS CABALLOS Y LAS MULAS habían desaparecido de la ladrillera. Media docena de caballos y tres mulas fueron llevados a pastar en los campos que se encontraban entre el aeropuerto Vail Field y Simons. Los caballos eran más un recuerdo del pasado y del cambio de los tiempos que animales con una función determinada, excepto los seis mejores que Gonzalo había elegido para su propio goce y disfrute. Los consideraba una recompensa por los muchos años que llevaba al servicio de Walter. William no se opuso a que Gonzalo dispusiera de la propiedad de los animales, como tampoco lo hizo James Simons, que llevaba las cuentas exactas de todo el inventario del equipo y los animales y nunca cuestionó las posesiones de Gonzalo. James creía que era una buena idea que se guardaran unos cuantos caballos en caso de que se descompusieran los camiones de reparto, o para cuando su tío quisiera realizar una inspección cuidadosa de la propiedad.

El transporte de material era realizado, en ese momento, por los camiones propiedad de William Melone e hijos. La flota se guardaba en Simons. Aunque el mantenimiento era responsabilidad de la empresa de William, aprovechaba el equipo y todos los medios técnicos de la Ladrillera Simons. A medida que crecía la flota de camiones, también lo hacía el número de mecánicos. A mediados de 1922, Gonzalo había encontrado y contratado a cuatro mecánicos mexicanos con gran experiencia.

En el cenit de su poder, Gonzalo puso a la venta cuatro de sus mejores caballos. Como estaba a cargo del almacén general de Simons, decidió que sería una idea innovadora convertir una de las habitaciones pequeñas que había cerca del almacén en un restaurante. Dispuso una cocina y unas mesas en tres de las pequeñas habitaciones para solteros. El menú era sencillo, y después de oscurecer, una persona se acercaba para servir cerveza y

144

vino casero desde una ventana que había en la parte trasera. El restaurante empezó a tener éxito y Gonzalo contrató a otra cocinera más.

Una mañana temprano, mientras se servía el desayuno a Gonzalo y a William en el restaurante, las dos cocineras que habían sido contratadas anunciaron que tenían que abandonar el trabajo en el plazo de una semana porque sus maridos regresaban de trabajar en el Norte y requerían su atención. Además, habían descubierto que estaban en estado, y no querían trabajar por miedo a perder lo que en ese momento eran sólo embriones.

—Trabajaríamos hasta el último minuto, pero nuestros maridos ya han regresado. Entiéndalo, don Gonzalo —dijo una de las mujeres.

—No lo abandonamos. Mi hermana Amalia vendrá el viernes. Le enseñaré lo que tiene que hacer, es una buena cocinera, ya verá —añadió la más alta y las dos regresaron a sus puestos de trabajo.

El día que Amalia empezó a trabajar en el restaurante, Gonzalo estaba sentado mirando la parte trasera de la mujer alta que estaba en el mostrador cortando cebollas. Cuando se giró para atender a un cliente, Amalia vio la gran cara cuadrada de ese hombre y reconoció a la persona que tantas veces le había descrito su hermana. Impresionado por su belleza natural, Gonzalo no pudo decir ni una sola palabra.

Desde ese momento, los rumores empezaron a circular por todo el pueblo. Todos hablaban de Amalia y Gonzalo porque éste empezó a pasar la mayor parte del tiempo en el restaurante hablando con ella cuando el negocio no tenía muchos clientes. Cuando estaban a solas, Gonzalo se sentaba en su mesa y discutía con Amalia sobre la necesidad de poner en marcha un restaurante más completo y eficaz. Ella trabajaba rápido y era bien organizada, por lo que hacía fácilmente las tareas que, antes, llevaban a cabo dos mujeres. La admiración inicial de Gonzalo se convirtió después en el deseo de poseerla, y la curiosidad de ella, se transformó en el deseo de cuidar a ese hombre de fea cara cuadrada.

Una noche, Amalia se quedó después de la hora de cierre a limpiar los suelos y preparar las cosas del día siguiente. Esto no era algo anormal, porque solía quedarse después de las horas de trabajo. Sin embargo, en su ardor por acabar lo antes posible, no se dio cuenta de que eran ya las nueve y media. Su trabajo era duro, pero llevaba el restaurante como si fuera su propia casa. A menudo pasaba mucho tiempo soñando cómo le gustaría que fuera su vida.

A las diez de la noche, Amalia ya se marchaba cuando entró Gonzalo. Al ver esa cara cuadrada, comprendió que el restaurante sería su hogar. Se besaron y se abrazaron, y él no pudo ni quiso resistirse a la pasión descontrolada.

Esa noche, Gonzalo y Amalia compartieron la necesidad que tenían el uno del otro. La llevó hasta una habitación de soltero que estaba vacía, y llevó toallas y agua. Amalia le pidió a Gonzalo que pasara la noche con ella. Durmió plácidamente y descubrió una sensación de libertad. Mientras Gonzalo permanecía a su lado con los ojos abiertos; pensaba en Pascuala.

Su deseo de estar con Amalia se convirtió en una necesidad primaria, y pronto dio órdenes para que se ampliara el salón del restaurante que, anteriormente, ya había sido reformado. Ésa sería la habitación de Amalia, algo que ella aceptó después sin mencionar palabra. En ese lugar trabajaba todos los días y esperaba cada noche a Gonzalo, que debía desplazarse desde su primera casa a su segundo hogar. Todo Simons sabía lo que hacían en el restaurante, pero nadie se atrevía a decir una sola palabra ni a él ni a Pascuala, quien, de nuevo, llevaba un niño en su vientre.

Amalia vivió en esa habitación durante seis meses, hasta que un día pidió una casa en algún lugar fuera de Simons, donde pudiera dar a luz a su primer hijo. Gonzalo no dijo nada cuando su amada le anunció el resultado de sus juegos amorosos. En principio, le preocupaba la reacción que su amante pudiera tener, pero, después de contárselo, ese hombre de cara larga y cuadrada la abrazó con ternura. Fue entonces cuando Gonzalo decidió vender cuatro de sus caballos. Mandó llamar a varios hombres, incluyendo a Roberto Lacan, uno de los que estaba en la lista de despidos de la finca, para que anunciaran la venta de los animales.

Le encomendaron a Roberto la tarea especial de visitar a Malaquías de León, quien había expresado su interés por la compra de dos animales. Malaquías había mantenido el contacto con la gente de Simons, y Gonzalo le solía enviar a hombres enfermos de nostalgia, gente con resfriados complicados o con problemas estomacales. La mayoría de la gente del lugar creía que todo esto era producto de algunas perturbadoras fuerzas psicológicas. Malaquías no era un curandero, pero siempre estaba dispuesto a ayudar a cualquiera que necesitara descansar, porque eso era, en definitiva, lo que él ofrecía.

—Si una persona enferma descansa en la casa de Malaquías de León, se cura —decía la gente después de pasar unos días en el rancho de la familia León. Malaquías, hombre austero y aparentemente poco cariñoso con su familia, tenía la reputación de ser generoso, amable y un buen vecino para la comunidad.

Malaquías le agradeció a Roberto que le hubiera dado el mensaje y cabalgó de vuelta con él a Simons. Cuando entraron los dos hombres al almacén, se encontraron con Gonzalo y William, y con alguien más que parecía ser el nuevo empleado. Roberto percibió las miradas de los tres hombres en esa repentina soledad que aparece cuando se dan malas noticias. Roberto estaba consciente de que Gonzalo quería sustituirlo, y comprendió que ésa sería la última vez que vería el interior del almacén general. No hicieron falta las presentaciones, porque Roberto sabía que ese hombre alto iba a ocupar su lugar.

Gonzalo se metió la mano en el bolsillo de su abrigo y sacó una bolsa de paño con monedas de oro.

—Está usted despedido, Lacan —dijo Gonzalo con una ligera sonrisa.

—¿Le hace reír? No esté tan seguro de sí mismo, cabrón, porque a veces las cosas no son como uno las ve —rio Lacan.

Gonzalo fue hacia el joven, —¡Tenga cuidado con lo que dice porque alguien puede partirle la boca!

—Podría ser, pero no será usted, no puede ni romper el vello púbico de su amante —exclamó Roberto.

Gonzalo colocó su mano derecha en su pistola.

—¡Váyase de aquí porque corre peligro!

—¡Déjelo, Roberto, no puedo proteger su vida! —gritó William sacando un rifle.

—¡Ahora sí que tiene una razón para echarme! —respondió Roberto desde fuera del almacén.

—¡El señor Gonzalo Pedroza no es el padre de nadie! Lo juro por lo que cuelga de entre mis piernas —repitió Roberto mientras caminaba por la calle Vail, alejándose de Simons.

Esa tarde, William había impedido que Gonzalo cometiera un crimen. De todos modos, Gonzalo ya había quedado dañado. Desde ese mismo instante, empezó a dudar de la honradez de Amalia. No tenía intención de abandonarla, pero cada vez que pensaba en el creciente estómago de ella, escuchaba las insinuaciones y blasfemias de Roberto Lacan.

Malaquías miró a Jacobo Ramos, el hombre alto y extraño que estaba en el almacén con Gonzalo y William. Jacobo era de Nuevo México y sabía leer, escribir y las matemáticas las llevaba excepcionalmente bien. Lo habían contratado como un trabajador más de la ladrillera, pero poco después le pidieron que ocupara un puesto de mayor responsabilidad. Era capaz de llevar el almacén general mejor, o al menos igual de bien, que Roberto. Eso era todo lo que Gonzalo necesitaba. A veces, lo había visto hablar con Amalia con una cierta intimidad y, a menudo, había interrumpido su conversación en el restaurante. Gonzalo pensaba que ella parecía disfrutar con esas conversaciones. A él le daba igual que Amalia fuera del mismo pueblo que Roberto y le disgustaba la manera relajada que tenía de comportarse con ese hombre. La confianza que reinaba entre ellos amenazaba la dependencia de Amalia con Gonzalo.

—Buenas tardes, Gonzalo —dijo Malaquías, saliendo del rincón desde donde había presenciado cómo había despedido a Roberto.

Gonzalo mandó a Jacobo a que reorganizara las estanterías, miró a Malaquías y se dirigió hasta la puerta. Mientras cabalgaban hasta donde pastaban los caballos, Malaquías preguntó por el estado de los animales y Gonzalo le preguntó por la granja. Asumía que los esfuerzos de Malaquías habían tenido éxito, ya que éste estaba interesado en la compra de dos de sus caballos. De repente, Malaquías paró en seco.

—Quiero comprar algunas propiedades en Maple. Espero que no se oponga a que viva cerca de Simons —dijo Malaquías sorprendiendo a su compañero de travesía.

—No hay ningún problema. Usted no es ningún peligro para mí. Puede hacer lo que demonios le de la gana. Mire, allí están los animales. ¿Cuál de ellos quiere? —replicó Gonzalo.

Este gesto de querer que Malaquías eligiera el que más le gustara, fue entendido por ambos como una oportunidad de volver a ser amigos. Esa misma tarde, Malaquías llegó a su casa guiando dos caballos. Gonzalo contó el dinero de la venta. Vendería los otros animales y pronto acumularía lo suficiente como para alquilar una casa a las afueras de Simons para su querida Amalia.

A nadie le sorprendió que en enero de 1923, la fábrica soñada de Walter Robey Simons, fuera reconocida por la Asociación Americana de Fabricantes de Ladrillo Regular como la ladrillera más grande del mundo. La asociación llegó hasta Simons para tomar algunas fotografías para publicarlas y distribuirlas entre sus miembros, entre los trabajadores y el público en general. En Simons, dos fotografías en concreto se hicieron famosas entre los trabajadores. La primera era de todos los edificios de la ladrillera. A los trabajadores les gustaba esa fotografía porque así podían ver la poderosa fábrica productora de ladrillo, que ellos mismos habían ayudado a construir.

La segunda fotografía, muy especial también para los trabajadores, era una que inmortalizó todo el personal de Simons. Los hombres recibieron copias gratis y algunos compraron algunas más para enviarlas a México. En opinión de los hombres, la fotografía capturaba la vida en Simons, y se notaba que ellos eran parte de la gran familia trabajadora de ese lugar. Sin embargo, hubo dos mujeres que interpretaron la foto de manera diferente.

Milagros Revueltas, vestida de negro, expresó su opinión a su familia y a su marido durante la cena. Cuando Damián le pasó la fotografía, la estudió primero. Ansiosa, toda la familia esperaba su reacción, y finalmente, se la devolvió a su marido.

—¿Te gusta, Damián? —preguntó ella tranquilamente.

—¿Te gusta a ti? —le respondió él, algo sorprendido.

—Bueno, no —empezó Milagros.

—Es una fotografía llena de represión. Los hombres están derechos, tensos, como si estuvieran muertos, todos con sombrero. Las caras serias reflejan miedo u odio. Solamente algunos pocos hombres están sonriendo. Es una fotografía de prisioneros tristes, de esclavos cansados, de hombres enojados por estar donde están, como si estuvieran forzados a hacer lo que tienen que hacer, no lo que quieren hacer.

Le acercó la fotografía a Damián antes de continuar.

—Mírate. ¿Cómo te ves? No me digas que es la cara de un hombre feliz. No me gusta la foto porque es el resultado de una máquina que reduce a los hombres. Los hace más pequeños, los aplasta y los embarra en un trozo de papel. Y así no los podemos abrazar —Milagros se levantó despacio y se dirigió hacia la estufa.

Octavio se dio cuenta de que su madre temblaba, haciendo esfuerzos para controlar el daño que habitaba en su corazón y en su mente. Su cuerpo se agitó. Intentó aguantar los sollozos y continuó con sus tareas. Octavio se reclinó y se giró hacia su padre, quien seguía comiendo sin percibir el estado emocional de su esposa. Damián terminó y levantó la vista para ver que los ojos de sus hijos se posaban en él. De repente, apartó la mesa y se levantó.

—Bien, ¿qué quieren que haga? —le gritó directamente a Octavio.

Todos los de la mesa tenían una respuesta, pero en ese momento no se atrevieron a hablar.

Pascuala Pedroza habló con sus hijos e hijas sobre la fotografía en el salón antes de irse a dormir. Los niños discutían sobre los hombres. Se reían y burlaban de éste o del tío de aquél. Gonzalo hablaba del fotógrafo y cómo les había dicho a los hombres que las fotos tomadas ese día iban a ser entregadas a muchos fabricantes y clientes del ladrillo. Les dijo que él y sus hombres eran la fuerza trabajadora de la ladrillera más grande del mundo. Jesús, Elvira, Francisco y las caras de los demás hijos, se llenaron de orgullo mientras escuchaban cómo su padre les relataba la importancia de las fotografías. Al final, la fotografía llegó a manos de Pascuala. A los niños les urgía que opinara sobre lo que sostenía en sus manos.

—Gonzalo, pareces cansado, completamente agotado. Es porque trabajas día y noche. Eso no está bien, Gonzalo. Los niños te echan de menos en casa. Todos estos hombres están cansados de trabajar. Hay muchos hombres, Gonzalo, y pocas sonrisas. Parecen estar cubiertos de polvo. Aquí tienes tu fotografía, parece otro mundo. Tengo miedo de que alguien, si quisiera, pudiera quemarla, y de que tú también fueras quemado con ella —Pascuala dejó que la fotografía se le cayera de sus manos.

—Pascuala, no hables de ese modo. ¿No has visto que has asustado a los niños? —habló Gonzalo con voz grave.

—Es hora de estar contentos. La ladrillera está produciendo al máximo de su capacidad. Tenemos tantos pedidos que no llegamos a todos. Ahora tenemos más camiones, y el tren que el señor Simons compró, multiplicará la producción. Quería darte una sorpresa. Creo que lo que voy a decirte te hará feliz. Me han subido el sueldo. ¿Y sabes qué vamos a comprar?, apuesto a que no lo aciertas.

Gonzalo miró a sus hijos que estaban sentados al borde de sus asientos completamente gritando sobre qué sería eso que su padre iba a comprar.

—Esperen —Gonzalo alzó las manos para decirles que guardaran silencio—. Vamos a comprar un automóvil para llevarte de vacaciones, Pascuala.

Gonzalo le sonrió a su esposa antes de retirarse como tenía por costumbre. Tres o cinco veces durante la semana después de la cena, Gonzalo se marchaba de casa y regresaba al amanecer, después desayunaba, y se iba a trabajar.

Pascuala toleraba esta vida, sin admitir nunca que su esposo tuviera otra mujer. Aunque era de conocimiento general en todo Simons, nunca reconoció el hecho de que Gonzalo fuera el padre de otros hijos que no fueran los suyos. Cuando contemplaba el orgullo y la satisfacción que sus hijos tenían por su padre, no se atrevía a quejarse. Ahora, a las nueve de la noche, los niños dormían. Gonzalo estaba con otra mujer, y Pascuala estaba sola, sentaba dando sorbos a un vaso de leche caliente, esperando a que le llegara el sueño. Tumbada en la mesa de la cocina, cientos de hombres la miraban desde la fotografía.

Octavio encontró a sus tres hermanos, Federico, Maximiliano y José, discutiendo sobre los méritos de cada uno de los automóviles que aparecían en una revista de coches que Federico había comprado durante una excursión con sus amigos a los diferentes salones de baile y clubes de Los Ángeles.

Un viernes, Octavio había terminado de trabajar, se aseó y se marchó a Maravilla para jugar una partida de póquer que había durado hasta el sábado por la mañana temprano. Acababa de regresar, cansado, pero con una sensación de éxito que solamente quinientos dólares en billetes y monedas de oro pueden darle a un jugador. Saludó a sus hermanos y salió de la casa. Una vez fuera, Federico y Maximiliano, vestidos con trajes oscuros a rayas, pararon de discutir sobre cúal coche era la mejor oferta. Federico se ladeó su gorra blanca y se puso las manos en las caderas.

—Hermano, ¿cómo te ha ido? —preguntó.

Durante los momentos que transcurrieron antes de contestar, Octavio experimentó el peso de la responsabilidad. Pensó que fue él quien los había traído a Simons, y que siempre habría una relación de responsabilidad entre él y sus hermanos. Federico tenía veinte años y parecía inquieto. A veces hablaba de marcharse de casa, tal vez para irse a trabajar a otra finca. Maximiliano, que a sus dieciocho años ya mostraba habilidades para el duro trabajo de ladrillero y una gran pasión por las mujeres, había palidecido recientemente como si estuviera enfermo. José, de dieciséis años, hablaba mucho de objetivos imposibles, era una excelente segunda base y trabajaba duro cuando quería. Rogaciana, su hermana de catorce años, se había pronto convertido en una mujer. No se encontraba muy feliz con sus hermanos, pero Octavio pensaba que eso era algo natural. Felícitas tenía diez años y era la más pequeña, una niña que pedía de todo y que casi siempre hacía lo que quería.

Octavio oyó que su madre discutía con Rogaciana porque, otra vez, no encontraba sus zapatos. Felícitas gritaba que llegarían tarde a la iglesia si no se daban prisa. Octavio los oía a todos, excepto a su padre.

—Me ha ido bien, Federico. Tan bien que puedo decirte que pronto nos compraremos nuestro propio coche —dijo.

Los tres hermanos sacaron inmediatamente la revista de coches y le mostraron a Octavio los diferentes modelos.

—Octavio —Milagros le llamó, bajando los tres escalones de la entrada de la cocina. Rogaciana y Felícitas se unieron a los demás, contentas por la posibilidad de comprar un coche. Milagros se llevó a su hijo a la calle.

—Octavio, tu padre no me ha dado dinero para la casa. Las niñas necesitan zapatos y vestidos para la escuela, y tú y tu hermano también necesitan ropa para el trabajo.

Milagros sabía la respuesta de su hijo. No era la primera vez que había tenido que recurrir a él. Se sentía triste por él. Aunque ella pensara que el hijo mayor estaba obligado a contribuir con el mantenimiento de la casa más que sus otros hijos, maldijo en silencio a Damián por hacerle la carga tan pesada a Octavio.

—Tenga, mamá, tome esto.

—¿Por qué nos hace llevar esta cruz tan pesada? —Milagros le dio las gracias a Octavio y se marchó a la iglesia con sus hijas.

Octavio las observó por un momento. Rogaciana y Felícitas se voltearon para decirle adiós a su hermano mayor. Respiró profundamente. Estaba sin afeitarse, se sentía pegajoso y tenía hambre.

—Ven con nosotros. Vamos a Montebello Park al día de campo de cumpleaños de Cebalos —imploró Federico.

—No, gracias. Me voy a dar un baño y después iré al restaurante de Gonzalo. Quizás encuentre a nuestro padre allí —Octavio entraba en la casa cuando José se acercó a él.

—Octavio, ¿has oído algo sobre la orquesta? —le preguntó.

—¿Qué orquesta? —preguntó Octavio, sin saber qué responder.

—Simons va a tener una gran banda. Han estado practicando durante unos días. Todos los músicos son de Simons —José levantó la voz.

—Bueno, esos chicos han tocado juntos desde hace mucho tiempo. Siempre tocan en las fiestas de Simons —dijo tranquilamente—. Pero van a convertirse en una banda oficial. La señora Simons quiere una orquesta con un director el cual va a enviar hasta aquí. La orquesta será suya. Practicarán esta tarde en el gran salón —exclamó José desde la reja que daba a la calle. Giró de nuevo y saludó a su hermano mayor.

Octavio entró a la casa, se quitó la ropa, excepto sus calzoncillos y se afeitó mientras preparaba el baño. Se metió en el agua caliente, se relajó y se quedó durmiendo a ratos. Se relajó entre sueños interrumpidos. El jabón olía a limpio y a frescura. Se limpió con una manguera que había atada al grifo. No le gustaba utilizar el mismo baño que los demás, y pensó en que uno de estos días se construiría una ducha fuera, cortaría el grifo y lo conectaría en lo alto de la pared del baño. La familia tendría así una ducha adentro, y otra fuera. Le daba risa pensarlo mientras se secaba el cuerpo.

Se ajustó la corbata, se puso la gorra y salió de casa. Ya que le quedaba de paso el salón de baile camino al restaurante, Octavio decidió entrar. Tal vez la banda, o como había dicho José, la orquesta oficial de Simons, estaría allí preparándose para practicar.

Cuando se acercó al salón, no escuchó nada. Los músicos de Simons estaban descargando las bolsas y las cajas del camión. Octavio conocía a la mayoría de los hombres, los saludó y se metió adentro, donde otros hombres desempaquetaban los pantalones rojos y negros, las chaquetas verdes, las camisas blancas con volantes y grandes bufandas de terciopelo negro. Sacaron también de las cajas unos sombreros de bolero negros.

—Octavio, ¿le gustan los uniformes? —le preguntó don Vicente Limón.

—Sí, son bonitos, don Vicente —contestó.

En ese instante, entró en el salón un hombre pequeño, con una batuta en mano y vestido con el uniforme de la Orquesta de la Compañía de Ladrillo Simons.

—Caballeros, pónganse los uniformes y empecemos a trabajar inmediatamente, por favor —dijo el director de la orquesta, llamándoles la atención.

Golpeó la batuta contra una silla y se dirigió hacia el podium. Los hombres se desvestían y vestían y pasaban por delante del director que les entregaba un libro de música.

—Perdónenos, Octavio, pero vamos a empezar a practicar. Quédese y escuche —don Vicente Limón, engalanado con su uniforme, arregló su flauta, la dejó en su sitio y ocupó su lugar en la bancada principal.

La Orquesta de la Compañía de Ladrillo Simons estaba ya vestida con los uniformes, y preparados para practicar una vez transcurrieron diez minutos. Octavio, emocionado y nervioso por la prisa de los músicos, se sentó en la parte trasera. La nota musical de una flauta le cautivó, después llegó la nota de una trompeta, una tuba, un clarinete, una trompa francesa, un trombón, un violín, una viola, unos tambores y un saxofón barítono. Los instrumentos ya estaban afinados. El director golpeó la batuta, levantó las manos y la banda empezó a tocar "Rapsodia en Azul", "Lluvias de Abril", el himno nacional mexicano y el himno nacional estadounidense.

Después, el director empezó a trabajar con cada uno de los músicos por separado. Sonreía todo el tiempo, mientras los hombres sudaban, intentando tocar lo mejor que sabían para impresionar a este hombre enviado por Edit Simons. A veces el señor hablaba con ellos, durante otras los animaba, en otras discutía y en otras sólo repetía el nombre de Edit, porque sabían que ella era su superior. El director les pedía excelencia a la hora de tocar, e insistía en que cada miembro de la banda diera lo mejor de sí mismo, incluso por encima de sus posibilidades. Después de que los músicos hubieran tocado por separado, el director comenzó de nuevo con "Rapsodia en Azul".

La música guió a Octavio hasta el restaurante de Gonzalo. Caminó durante media hora; por algún motivo caminaba despacio, divagando sin rumbo a través de trozos de espacio y momentos de tiempo, observando todos los cambios que se estaban produciendo a su alrededor . . . Todo estaba cambiando muy rápido, pensó Octavio, permaneciendo de pie delante de una hilera de diez camiones . . . Antes allí había mulas y caballos. Si los camiones habían aparecido como por arte de magia, ahora, de repente, ya tenemos una banda oficial. Apuesto a que se los llevarán a tocar para los gringos. Vio como aterrizaba un avión en el aeropuerto Vail, después otro más, y poco después, otro más . . . Las máquinas dominaban el mundo . . . Recordó lo que les había dicho a sus hermanos sobre conducir un coche, pero olvidó una cosa, que no sabía conducir . . . Aprenderé.

Octavio entró en el patio del almacén general y después en el restaurante. Se sentó en una mesa enfrente de Gonzalo, que en ese momento estaba sentado junto a Amalia. Jacobo Ramos bebía una taza de café. Octavio saludó y entró a buscar a su padre, pero Damián no estaba por ninguna parte. Los hombres conversaban sobre el nuevo director y la banda. El equipo de béisbol y la banda traerían la fama a Simons, pero, por el momento, a Octavio le importaba un carajo lo de Simons. Su mayor preocupación era de dónde sacaría el dinero para que su familia pudiera comer. Admiraba a la banda, pero pensaba que Edit pudo haber invertido el dinero de mejor manera para ayudar a los residentes de Simons.

Algunos jóvenes entraron en el restaurante y pidieron dos vasos de cerveza casera.

—Oigan, ¿es esa la banda Simons? —preguntó un hombre a los presentes.

La mayoría movió la cabeza afirmativamente, y sólo unos pocos contestaron que sí.

—Están haciendo muchas copias de la fotografía de la banda. La señora Simons está con el fotógrafo. La he oído decir que los músicos podrán quedarse con una fotografía y que quiere más músicos. Es verdad, este lugar se está modernizando —dijo el joven tomando un trago de cerveza.

A mitad de camino, Octavio siguió la vía férrea por el nuevo sistema de vías que se estaba instanlado en Simons. Pensó de nuevo en las palabras del joven en el restaurante. Una sola palabra, "modernizándose", se repetía constantemente en su cabeza. Esta palabra significaba para él la lectura, la escritura, las matemáticas, las máquinas, el cambio constante. Dejaría que todo esto lo llevara lejos.

La mujer alta llamó al timbre y la música del piano se detuvo. Pasaron dos minutos y la mujer comenzó a impacientarse. Tocó al timbre de nuevo, y la puerta se abrió. Una muy embarazada Edit Simons le dio la mano a Kaila Morisson, la llevó a la biblioteca, y allí comenzaron con todas las formalidades, que consistían en ofrecer y aceptar el té de la tarde, y en dejar claro las reglas de la entrevista.

Kaila, quien se había hecho escritora sin la ayuda de nadie, era socióloga también, y estaba preparando un artículo que iba a ser publicado en una de las revistas sociológicas más prestigiosas de California. Había esperado mucho tiempo para entrevistar a Edit Simons porque había oído de las maravillas que los Simons habían logrado con respecto al alojamiento para los trabajadores mexicanos, que era el tema de estudio de Kaila. Esa semana había entrevistado a Joseph Simons en su casa de Pasadena. La entrevista había sido corta y no muy informativa. Joseph parecía no estar dispuesto a hablar con total libertad, y se incomodó cuando llegó la hora de hablar de la fábrica de su hermano en Simons.

Cuando empezó la entrevista con Edit, Kaila comprendió que no eran necesarias las preguntas, porque la señora Simons comenzó a hablar inmediatamente de los mexicanos que habitaban en la fábrica de ladrillo de su marido.

—Los trabajadores de mi marido son todos mexicanos, con excepción del supervisor y de algunos pocos conductores de camiones. Son maravillosos, honestos y trabajadores. Nuestros mexicanos no son esos de labios grandes, no son esos latinos de ojos soñolientos que se acuestan en el sol, demasiado perezosos para buscar la sombra. No, señorita Morisson, estos hombres, estas mujeres y estos niños son encantadores, son muy trabajadores.

—Sí, estoy consciente de que hay miles de mexicanos que vienen a Los Ángeles cada año buscando trabajo. Debe tener en cuenta que detrás de esos ojos apagados se encuentra la tragedia de una nación. Estoy de acuerdo, el mexicano es básicamente vago. Su holgazanería es provocada por una falta de desarrollo mental como resultado de décadas de violencia y opresión. Como pueblo, se contentan con muy poco, pero creo que esto es debido a la herencia de unas generaciones que se han visto forzadas a adaptarse a la pobreza más absoluta y a la tiranía más horrible —Edit se sirvió más té e hizo una pausa para descansar.

—Señora Simons, ¿qué opina de las viviendas que ustedes les ofrecen? —preguntó Kaila acercándose al borde de su silla y buscando su taza de té. Tomó un sorbo, dejó la taza y se preparó para tomar notas.

—Excelente. El señor Simons y yo estamos conscientes de las condiciones espantosas de las viviendas en las que la gente pobre tiene que vivir. Hemos visto dónde viven los mexicanos, en esas chozas de una o dos habitaciones, donde cocinan con una pobre estufa improvisada, no tienen luz eléctrica, ni tuberías, ni muebles, y sólo tienen un baúl donde guardar las pertenencias más valiosas de la familia.

—No aprobamos el comportamiento de los arrendadores que solamente les ofrecen un aseo para unas cinco familias o más. Es un trato inhumano, no es honesto. El alojamiento en Simons, por otra parte, es excelente. No encontrará ni una sola de estas deplorables condiciones en nuestra fábrica —dijo Edit mientras veía cómo Kaila transcribía sus palabras.

—¿Por qué no se quejan los mexicanos a las autoridades? —preguntó mientras colocaba una nueva hoja de papel encima de su cuaderno.

—Porque en México están acostumbrados a vivir con muy poco —contestó Edit.

—Por lo tanto, aceptan las peores condiciones de vida que le ofrece Los Ángeles. Normalmente, se contentan con muy poco. Les han llevado a vivir a los peores rincones de la ciudad y estoy segura, señorita Morisson, que usted ya conoce los resultados. La ciudad se ha visto obligada a aumentar su personal de salud pública. Las sucias, insalubres y oscuras casas de los mexicanos son una fuente constante de tuberculosis. Y por todas estas razones, las enfermedades sociales se están dispersando entre esta gente. El alcoholismo, la prostitución y el juego cunden en las zonas mexicanas.

—Estos males solamente pueden ser erradicados si se les proporcionan y ofrecen los servicios básicos como los que nosotros damos en Simons. Les ofrecemos un alojamiento excelente, una escuela y una biblioteca, una clínica sanitaria, un equipo de béisbol y hemos organizado incluso una orquesta que tocará en el Rose Parade de este año. Mi marido y yo estamos muy orgullosos de tratar así a nuestros mexicanos, y en compensación, ellos están totalmente dedicados a la fábrica y al señor Simons —dijo Edit, enseñándole a Kaila una fotografía de la orquesta.

Kaila puso en su maleta y tomó su taza de té. Las mujeres se intercambiaron unas miradas y se sonrieron, ambas estaban satisfechas de cómo estaba desarrollándose la entrevista.

—Volviendo a lo que estaba diciendo antes —continuó Edit—. Los mexicanos son como niños y aceptan todo lo que se les da. Casi nunca cuestionan su situación. Si viven en casas sin alcantarillado, con luz y aire insuficientes, con sanitarios pobres, y en pequeñas habitaciones, seguirán siendo vagos y no querrán cambiar nunca. El señor Simons y yo creemos que los mexicanos deben confiar más en sí mismos, ser más independientes y estar orgullosos de su eficiencia. Hemos creado una ciudad en la que los mexicanos pueden llevar a cabo estas metas —Edit levantó la vista hacia el jardín que estaba al lado de su casa. El sonido de las fuentes gorgoteando despistó a las mujeres.

—Tiene una casa muy bonita —comentó Kaila—. ¿Desea añadir algo más?

—Debo confesarle que acabo de tener un pensamiento extraño —contestó Edit—. Los mexicanos, como las cucarachas, se adaptan con facilidad a todo, sobreviven a todo, podrán perecer muchos, pero siempre habrá supervivientes que propaguen la raza. Son como las cucarachas.

Edit se acercó a la ventana y sacó *Leaves of Grass*, el libro que estaba leyendo antes de tocar el piano, justo antes de la llegada de Kaila.

CAPÍTULO 10

ANTES DE QUE EN 1925 LA FAMILIA LEÓN LLEGARA A LA avenida Maple, al sur de Montebello, en la frontera con Simons, Malaquías de León había llevado a su familia hasta Downey. Allí habían rentado treinta acres de tierra que eran propiedad de Eliola García Pardo, una viuda española que vivía recluida en una gran casa cerca de la mansión del gobernador. Los treinta acres rentados por Malaquías estaban rodeados de parcelas, rentadas a su vez, por japoneses. Malaquías prefería vivir con los japoneses antes que en Cantarranas, una parte del campamento mexicano del Ferrocarril Mexicano Santa Fe.

Poco después de trasladarse al rancho de la carretera Telegraph en Downey, Malaquías había comprado tres vacas y un toro que pronto multiplicaron su propiedad por seis. Vendía la leche de sus vacas a los japoneses y a las familias que vivían fuera de la comunidad. Los japoneses contribuyeron a que Malaquías se convirtiera en un granjero exitoso. Matola, Ajimba, Matusaki y Hokohira le enseñaron las técnicas agrícolas que le proporcionaron abundantes cosechas de sus treinta acres cada año. En respuesta, compartía sus herramientas y su tiempo ayudándoles a transportar sus cosechas al mercado.

Los japoneses eran considerados ricos para la gente de fuera. No hacía falta mucho para que salieran a flote, y el dinero que ganaban, lo enviaban a la madre patria. Nana, quien le ayudaba a Malaquías, trabajaba a menudo con los japoneses y hablaba mucho con las mujeres. Les preguntaba si ahorraban el dinero en el banco, y ellas le respondían, —No banco, mandar dinero Nipón, Nipón.

A finales de 1921, algunas de las familias japonesas de más éxito abandonaron de repente sus hogares, dejando abandonadas las herramientas y los campos. Malaquías preguntó a Matola, Ajimba, Matusaki y Hokohira por qué sus vecinos se estaban marchando. Los hombres no podían o no quisieron darle una explicación. Más adelante, en julio de 1922, Matusaki y Hokohira se marcharon sin avisarle a nadie. Dos semanas después, a mediodía, Matola fue hasta el hogar de la familia León y pidió hablar con Malaquías. Desde la ventana de la cocina, Lorenza y sus hijos vieron cómo movía la cabeza expresando desacuerdo a lo que Matola le estaba pidiendo. Lorenza y los niños pensaron entonces que los Matola iban a abandonar el rancho. Después de que Matola se marchara, Lorenzo y los niños se reunieron con Malaquías y vieron cómo su amigo desapareció para siempre.

—Se va, ¿verdad? —preguntó Lorenza.

—Sí, me ha dado sus herramientas y lo que han dejado en la casa. Me ha dicho que esta noche un grupo de hombres vendrá a llevarse lo que quede y quemarán la casa.

Por la noche, unos hombres extraños entraron en el rancho y quemaron todas las casas que los japoneses habían ocupado. La gente gritaba al observar las salvajes llamaradas que iluminaban el cielo, y durante toda la noche y hasta temprano en la mañana, Malaquías protegió a su familia rodeado de afilados instrumentos de labranza y de unos machetes.

El sol jugaba a las escondidas con la naciente palidez que rayaba el cielo temprano por la mañana. En cuestión de horas, de un día para otro, la vida había cambiado radicalmente. Malaquías, Lorenza, Paquita, Nana, Jesús y Andrea olían los rescoldos de la casa de los Matola. Mientras caminaba por las cenizas, Malaquías se preguntaba por qué las fuerzas que habían hecho salir de allí a los japoneses no le habían golpeado todavía a él. Evidentemente, él sería el próximo. Los japoneses habían estado allí durante muchos años haciendo un buen trabajo e, incomprensiblemente, todo lo que quedaba de su existencia era la ceniza negra que el viento se llevaría hasta los campos.

—¡Casi te matas para salir adelante, y mira lo que pasa! —dijo angustiado Malaquías a Lorenza y a Nana mientras iban en el camión camino a casa.

—Es porque son japoneses y nosotros somos mexicanos. Si fuéramos negros, sería aún peor —las palabras de Lorenza sonaron como un rezo. Los ojos de Nana miraban hipnotizados la carretera que se mostraba delante de ella.

Cuando Nana reconoció un automóvil negro que se había estacionado, esperando enfrente de la casa, su corazón se le bajó al estómago. Lorenza tenía pavor de tener que mudarse. Se apoyó en su marido, poniendo la cabeza encima de su hombro.

—La señora García Pardo —le susurró Malaquías a Lorenza mientras echaba el freno del coche.

El chofer abrió la puerta trasera y la señora Eliola García Pardo, vestida completamente de negro, salió del sedán Ford 1924 de cuatro puertas.

—Buenas tardes, Malaquías —dijo la señora García Pardo, sonriente y ofreciéndole su mano—. Malaquías, los japoneses se han marchado. No podemos contar con ellos. La mayor parte de mi tierra está vacía y no hay nadie que cuide de ella. Algún día, esta tierra valdrá mucho dinero. Bien, entonces, debido a que ha sido un excelente trabajador y sabe cómo trabajar la tierra, puede quedarse aquí. También he venido para ofrecerle diez acres de tierra virgen. Quédese, Malaquías, trabaje la tierra y se hará rico.

La señora García Pardo ya había rodeado el camión de Malaquías y había examinado el rancho al terminar de hacerle la oferta.

—No puedo comprar la tierra. Apenas tengo suficiente dinero para alimentar a mi familia —contestó Malaquías cándidamente mientras ella se encaminaba a la puerta de su automóvil.

—Cinco mil dólares no es nada, Malaquías. Piénselo. Intente conseguir el dinero y déjemelo saber en una semana. —La señora García Pardo cerró la puerta y se marchó cuando la tarde caía en el lugar.

Pasó los cuatro días siguientes intentando planear cómo conseguiría los cinco mil dólares. Nadie le podía garantizar el dinero sin un enorme costo. Quería la tierra, pero admitía que era imposible comprarla de forma honrada. Mientras buscaba fondos, Malaquías oyó y vio todo tipo de situaciones como augurios que le decían que tal vez no era muy seguro comprar la tierra.

Uno de los sucesos más extraños fue la misteriosa muerte de Rosendo Guerrero. Su muerte tuvo lugar en las colinas de Pasadena, en una aislada estructura a modo de capilla y construida con adobe por Rosendo y otros conocidos, donde según se decía iban allí a rezar.

El horrible estado del cuerpo de Rosendo fue tal que, el hombre y el niño que lo descubrieron, se volvieron locos. El cuerpo había sido desmembrado y colocado en una olla redonda y grande de boca estrecha que se abría justo lo suficiente para sostener la cabeza de Rosendo mientras el resto de su cuerpo seguía cociéndose. La habitación tenía frescos pintados en tres paredes. En la pared izquierda había pintado un hombre de rasgos indígenas sentado encima de una concha, siendo tal vez una concha nautilo. El hombre estaba desnudo, a excepción de una cuerda que llevaba atada a la cintura. Estaba sentado con sus antebrazos apoyados en sus rodillas y con grandes lágrimas en las mejillas. La pared derecha estaba adornada con un círculo grande, perfecto, y de color amarillento y anaranjado. Según contaron, en la pared de arriba había un hombre cortándose su propio brazo izquierdo y apoyado encima de una piedra redonda. En la pared de abajo, había la imagen de una olla encima del fuego, con la cabeza de un hombre sobresaliendo de la tapadera.

Los rumores decían que Rosendo se había suicidado, que se había sacrificado o que se había querido unir a Dios siguiendo un camino indígena ancestral conocido por poca gente y llamado, de forma misteriosa por todos, El Sendero Luminoso del Sol. Malaquías regresó a casa por la tarde con la imagen del sagrado sacrificio de Rosendo Guerrero.

Al anochecer, un coche se aproximó por la carretera que conducía al hogar de la familia León. Nana, Paquita y Andrea vieron al insecto negro mecánico apagar las luces de sus ojos. Las puertas se abrían y cerraban, y el misterioso bicho negro empezó a arrastrarse hasta la casa. Se salió de la carretera y se estacionó bajo un nogal. Dos hombres desplegaron una manta y se recostaron. Un tercero permanecía dentro del coche, y se colocó una gorra encima de la cara. Los hombres se habían estacionado antes en la carretera Telegraph, pero ahora se habían metido en la propiedad de Malaquías.

Malaquías se había preparado para estas intrusiones con la compra de un rifle que prefería no utilizar nunca. Pero ese día, antes de que la noche robara toda la luz, tendría que decirles a estos hombres que se marcharan, amenazándoles si fuera necesario, y matándoles si fuera preciso para proteger a su familia. Le habían rondado por la cabeza esos días las imágenes de muertes extrañas, desapariciones y asesinatos de niños mexicanos. Nada le detendría con tal de salvar a su familia. Caminó la corta distancia que separaba la casa del coche con el rifle en su espalda. Cuando estuvo cerca como para poder hablar con ellos, se colocó el rifle en la hebilla de su cinturón.

—¿Qué quieren por aquí? —preguntó Malaquías mientras se colocaba para poder ver al hombre de la parte delantera del coche, y a los dos hombres que se habían sentado en la cobija.

—Estamos cansados, y como se está haciendo tarde, nos quedaremos a dormir aquí —dijo uno de los que estaban en la cobija.

—No. Esto es una propiedad privada. ¡Váyanse o les dispararé! —Malaquías levantó y apuntó el rifle a la cabeza del hombre.

El coche arrancó. El hombre que había hablado estaba sentado ahora en el asiento trasero. El otro agarró la cobija y se pasó al asiento delantero. El coche pasó por el lado de Malaquías que seguía apuntando con su rifle a las cabezas de los hombres. El coche corrió hasta alcanzar la carretera Telegraph, girando a la derecha hacia Whittier y después se perdió de la vista de Malaquías. Lorenza estaba ahora a su lado.

—Esos hombres pueden volver. No podemos quedarnos aquí por más tiempo, es demasiado peligroso —dijo Lorenza regresando a la seguridad que le daba su casa.

Malaquías había vendido casi todas sus herramientas y aquéllas que había adquirido de los japoneses durante las dos semanas que siguieron a lo que les había sucedido. Vendió todos los animales, excepto los caballos que le había comprado a Gonzalo. Encontró una casa y una propiedad en la calle Maple, cerca de la Ladrillera Simons. Un viernes por la mañana, cargó las pertenencias de su familia en el camión Ford, sentó a sus hijos en la parte trasera y ató tres caballos en los enganches del camión. Cuando pasó por los diez acres de tierra que podría haber comprado, sintió un nudo de tristeza en la garganta y quiso llorar.

Pero no lo hizo. Le invadió la amargura y un profundo sentimiento de fracaso. Había perdido lo que podría haber sido su mejor premio. En ese momento, paró el camión, miró a los lados y se puso en rumbo hacia la carretera Telegraph, camino a Simons, en dirección opuesta a donde esos tres hombres habían aparecido dos semanas antes. Quizás nunca regresarían, pensó mientras se movía despacio, guiando lentamente los caballos.

Nana había terminado de lavar y colgar la ropa de sus hermanos y hermanas, mientras a sus pies, el bebé de casi un año, jugaba encima de una manta. Unos metros más allá, Leonardo y Juan jugaban con unas piezas de madera y con coches de juguete. Encima de ellos, se escuchaban los árboles de eucalipto cuando el viento agitaba sus ramas; los árboles marcaban los límites de la calle Maple. En el jardín de Nana, las ramas de un sauce barrían la uniforme y dura tierra. Las melodías de una balada mexicana sonaron en su mente.

Nana tomó a Rafael y fue hasta la cocina, donde su madre y Paquita preparaban la cena. Escuchó los sonidos de la casa. Pensó que estaba viva. Todo el mundo, incluso el bebé, estaba ocupado con cosas de la vida. Pero Nana pensaba en lo que ella en ese momento estaba haciendo, simplemente escuchando, a diferencia de lo que los demás consideraban importante. Se sintió sola. A menudo, veía cómo las muchachas jóvenes caminaban cerca de su casa acompañadas de sus prometidos. Se preguntó qué se dirían, cómo se tocarían, qué sentirían al tocarse, cuántas veces se habrían besado. Malditos, se decía a sí misma. ¿Cómo se conocieron? ¿Cómo consiguieron tener esa relación? El amor, el cariño, la ternura expresada en tales acciones íntimas, delicadas y elegantes. La gente enamorada es como los flamencos en vuelo, pensó. Intentó recordar dónde había escuchado esa extraña reflexión entre los humanos y las aves.

—¿Mamá, por qué no compra una fotografía? —le preguntó Nana cuando Malaquías colgaba su abrigo y el sombrero detrás de la puerta de la cocina que daba al jardín trasero.

—¡No, nada de fotografías, ninguna fotografía!, debería comprarte unas botas y ropa de faena para que ayudaras a cargar el estiércol. Necesito que me ayudes hasta que tus hermanos se hagan mayores —Malaquías le habló a su mujer y a su hija. Alcanzó una toalla y se fue a bañar en una bañera grande que había construido al lado de la cochera.

La cara de Lorenza se llenó de vergüenza cuando los ojos de Nana se rebelaron. Todo el mundo sabía la verdad a gritos: Lorenza era incapaz de defender a sus propios hijos de su padre. Generalmente, Nana era el objeto de su rabia, de sus acusaciones, de sus fracasos. Nana había sacrificado la escuela y las prácticas en la consulta de un médico. Tal vez, ése era el origen de la rabia de Malaquías y su constante amargura. Su cara siempre estaba tensa, como si tuviera una lima amarga en la boca.

Nana colocó al bebé en la cuna y se fue hasta el porche donde empezó de nuevo un jardín de maceteros con plantas. Se puso a regarlas y, mientras, estudiaba a la gente que pasaba por allí, caía la tarde y las estrellas empezaban a alumbrar el camino. Celia, la muchacha joven que vivía tres casas más allá de la suya, la saludó cuando pasó por su lado. Caminaba junto a su amigo, Federico Revueltas.

Había sido un camino tranquilo desde la consulta del médico. Nana llevaba a Juan envuelto en unas mantas, en silencio y mirando lo que se pusiera frente a sus ojos. Malaquías condujo el camión hasta la puerta principal de la casa y vio cómo su mujer e hija metían dentro de la casa a Juan. El doctor les había dicho que tendrían que extirparle el intestino que le salía del ano, si no remitía con el tratamiento.

Lorenza calentó el agua hasta que fuera casi insoportable. Juan, de cuatro años, con su intestino colgando, tenía que sentarse en el agua tibia. Todos tenían la esperanza de que sobreviviría a esa cosa negra que le colgaba del cuerpo. Aunque hubo quien rezó por su muerte, y aunque nunca se supo quién fue, Juan lo percibió de igual manera.

Los días pasaban y el tratamiento no surtía efecto. Juan debería someterse a una peligrosa operación. Nana se preparó para el viaje a Whittier junto a su madre y el pobre Juan. Su condición se había deteriorado tanto que casi no podía caminar. Juan avanzaba con las piernas abiertas, la gente lo miraba y decía cosas que él no comprendía, pero las molestias que sentía le hicieron darse cuenta de que estaba muy grave.

El doctor de la clínica en Whittier le había hecho el gesto a Lorenza de cortar con las tijeras. Nana no tuvo que traducir. Lorenza y Juan comprendieron lo que significaba ese gesto. Estaba claro que le tenían que cortar los intestinos. De vuelta a casa, en La Paloma, que era el tranvía blanco y negro que realizaba el trayecto, Lorenza y Nana no se dijeron una sola palabra. Las dos mujeres iban sentadas juntas, y Juan, acurrucado con su madre y sus pies apoyados en el regazo de Nana, durmió durante todo el camino. Cuando bajaron de La Paloma, Juan se negó a caminar. Sentía esa cosa que le colgaba más gruesa y más larga. Lorenza fue a comprobarlo.

—El intestino está más negro e hinchado —dijo Lorenza besando a Juan.

—Le ayudaré, mamá —se ofreció Nana.

—No, déjame a mí. Quiero sentir a mi hijo en mis brazos —Lorenza siguió su camino.

Descansaron para beber. Nana se tiró un poco de agua fría a la cara, y se lavó el polvo del ladrillo rojo. El día no era ni caluroso ni frío, era un día agradable en el que la gente paseaba tranquilamente. Nana bebió y se sentó cerca de la fuente de cemento a mirar el gorgoteo plateado que salía del grifo abierto. A través del cilindro plateado, vio como una figura deformada se acercaba a ella. Apareció un hombre encima de un caballo árabe, sentado en una bonita silla de montar. Llevaba traje negro y una corbata del mismo color. Nana vio cómo se quitó el sombrero, desmontó, juntó las manos y se mojó su largo pelo. Sus orejas tenían unos extraños lóbulos que sobresalían de su pelo gris, que le llegaba hasta los hombros.

—Buenas tardes, doña Lorenza.

Lorenza lo reconoció inmediatamente.

—¿Cómo está, señor Lugo? —sonrió Lorenza, como si este hombre le hubiera aliviado un poco la preocupación y el dolor que sentía por su hijo.

—¿Por qué llevan a este niño a cuestas? Déjenlo caminar. Hace buen día para caminar —el señor Lugo detectó el sufrimiento en la repentina sonrisa forzada de Lorenza. Preguntó—, ¿está enfermo?

Lorenza movió la cabeza afirmativamente.

Fascinada por sus maneras, Nana se acercó a ellos para poder escuchar y ver bien a este hombre, a quien Lorenza se había dirigido como si lo conociera de muchos años.

—Cuénteme que le pasa —Lugo se arrodilló frente a Lorenza y Juan.

—Juan tiene un intestino colgando y los doctores quieren operarle. Es una cosa negra horrible e hinchada que sale de su cuerpo —afirmó Lorenza. Se detuvo y le permitió al señor Lugo ver el intestino que salía de su cuerpecito.

—No les crea a esos científicos. No saben lo que dicen. He tenido varios caballos buenos que han tenido lo mismo que ahora tiene su hijo. Solamente sufren esa enfermedad los caballos buenos. Escúcheme, Lorenza de León, porque le voy a dar la medicina que curará a su hijo —el señor Lugo hablaba sobre una rodilla y, en ese momento, su voz cambió como si estuviera recitando un poema.

—Consiga un ladrillo y caliéntelo en el fuego de su hornillo. Abra un rollo de algodón. Pida hojas de higo, aceite de oliva, alcohol y la orina de uno de sus otros hijos. Ponga estos líquidos en una sartén y llévelos al punto de ebullición. Saque el ladrillo del fuego, envuélvalo en el algodón y viértale esta poción. Enrolle todo en un trapo negro, coloque al niño boca abajo y ponga el ladrillo medicinal cerca del intestino. Después, cubra al niño con mantas pesadas para que atrapen el vapor. Tenga cuidado en no quemarle. Repita este tratamiento durante siete días y sus noches, y verá como su hijo se curará cuando llegue el noveno día. Olvide lo de la operación, y vuelva a casa en paz. Adiós, doña Lorenza, adiós.

El señor Lugo se dirigió al oeste. Nana recordaba todo lo que había dicho. Lo vio montar en su caballo, dirección a la colina de Vail, hacia el almacén general de Simons. Se lo imaginó cruzando las vías del tren y pasando por la Iglesia Mount Carmel. Ahora sabía cuál era la identidad del hombre. Era uno de los Lugo, una familia mexicana rica que había perdido su tierra. Vivían en una casa grande de dos pisos en Garfield. Se rumoraba que uno de sus hermanos estaba loco.

Nueve días más tarde, Nana pensó que si este Lugo estaba loco, su demencia era extrañamente maravillosa. Cuando entró en su jardín de la calle Maple, su hermano ya estaba curado y corría detrás de una gallina extraviada.

Nana miraba cómo en la habitación donde su madre hablaba con Andrea, su hermana de trece años, estaba aterrorizada por la sangre que corría entre sus piernas. Lorenza nunca les había hablado de la menstruación a sus hijas. Siempre lo habían oído de sus amigas. Nana recordó su primera experiencia a los quince años. Había ido a la escuela y se encontraba escuchando las explicaciones de su profesora de quinto grado. De repente, se dio cuenta que tenía los pantalones mojados y pidió permiso para ir al baño. Gritó cuando descubrió que tenía sangre y después se limpió con cuidado. La enfermera le explicó lo que había sucedido, y envió a Nana a su casa donde Lorenza le dio tranquilamente todos los elementos necesarios para su higiene personal.

Si esto era algo natural, se preguntó, mientras veía salir de la habitación a Andrea con Lorenza, por qué las mujeres sentían pavor la primera vez que sangraban. Nana sonrió a su hermana y ella hizo lo mismo.

—Llévala fuera y siéntala en la sombra —dijo Lorenza.

Nana y Andrea se sentaron y empezaron a conversar sobre cosas de mujeres. Andrea paró de temblar y llorar cuando Nana le explicó que era normal tener miedo las primeras veces. Andrea pronto se acostumbraría a su nueva situación. Nana se marchó y fue a cuidar su jardín de macetas. Mientras las estaba regando, vio a Celia pasear con su amigo Federico Revueltas.

—Nana, ¿vas a ir al baile? Es en la casa de los Rodelos. Pasaremos a buscarte. Todos los hermanos de Federico estarán allí —Celia sonrió con malicia sobre algo de lo que Nana no estaba enterada.

Había intentado ir una vez, pero Malaquías no dejó que sus tres hijas mayores fueran a la fiesta. Sin embargo, después de este suceso, Nana habló con don Ángel, quien le explicó a Malaquías que no podía tener a sus hijas encerradas como prisioneras.

Eran ya mujeres, y si querían crecer con normalidad tenía que dejarlas ir al baile y actuar como mujeres ante otras mujeres y ante otros hombres. Nana decidió que le preguntaría a su padre y fue a conversar con Andrea para que le ayudara a cuidar de sus hermanos.

Nana, y sus hermanas Paquita y Jesús, esperaban a que llegara su padre. Cuando entró en casa, supo que sus tres hijas mayores estaban esperando el mejor momento para hacerle la pregunta. Don Ángel le había avisado de modo indirecto, pero todavía no tenía decidido cuál iba a ser su respuesta. Sus hijas habían preparado una cena excelente, y Lorenza no paraba de decirle lo duro que habían trabajado las muchachas para preparársela. Malaquías comía y escuchaba. Incluso le habían preparado como postre sus empanadas de manzana favoritas y una maravillosa taza de chocolate caliente con un toque de canela. Cuando terminó su cena se alejó de la mesa, se reclinó y cruzó las piernas.

—Gracias a Dios —exclamó contento.

Paquita, Jesús y su madre se cruzaron las miradas y se detuvieron en Nana. Leonardo, Miguel, Juan y Rafael jugaban con la comida. La paciencia de Malaquías acabaría en pocos minutos. Nana pensó en el comentario de su padre . . . Gracias a nosotras que hemos preparado la cena, padre, dijo para sí misma.

—Yo cuidaré de ellos —soltó Andrea, respondiendo al escándalo que los chicos estaban haciendo en la mesa.

Los ojos de su madre y sus hermanas le indicaron a Nana que ya era hora de hablar. Malaquías se desabrochó el cinturón y se frotó el estómago. Estaba a punto de reaccionar cuando Nana se acercó al borde de la silla.

—Papá, por favor, Paquita, Jesús y yo queremos ir al baile que hay en la casa de los Rodelos esta noche. Por favor, denos su permiso para que podamos ir. —Nana se sintió aliviada cuando su padre dio su consentimiento.

Las muchachas estaban a punto de marcharse cuando Nana se dio cuenta de que su madre la miraba con curiosidad. Arregló orgullosa el pelo de sus hijas con mucho cuidado y les ajustó el cuello de sus vestidos. Malaquías se acercó a sus hijas, y les recordó que debían sentarse y regresar con don Ángel, que abandonaría el baile sobre la una de la madrugada. Nana notó que sus padres estaban de un humor espléndido.

Nana estaba feliz, y ella y sus hermanas caminaron por la calle Maple hasta la casa de los Rodelos, desde donde ya se oía la música. Las tres jóvenes muchachas encontraron en el camino a Celia que, en ese momento, estaba hablando con dos amigas en el jardín de la entrada. Celia acompañó a las hermanas León hasta la parte trasera, que era donde estaba el baile, y las sentó en una mesa grande cerca de don Ángel y su esposa. Celia se sentó al lado de Nana, y desde allí empezó a coquetear con los hombres que estaban sentados, con los que estaban de pie y con los que estaban cerca de la pista de baile.

—Mira, allí viene Federico Revueltas, ¿conoces a la familia?, tiene hermanos —dijo Celia entusiasmada.

—No —contestó Nana escondiendo su interés, y queriendo escuchar más acerca de los hermanos de Federico.

—El mayor es Octavio. Tiene reputación de ser jugador, pero dicen que es responsable. Después le sigue Maximiliano, es serio, pero también divertido. Detrás de él está mi Federico y José es el más pequeño. Es todavía inmaduro. Deben estar al llegar en cualquier momento —Celia alcanzó el brazo de Federico cuando llegó a la mesa.

—Siéntate, Federico —Celia lo colocó entre ella y Nana. El muchacho se quitó la gorra y se ajustó la corbata.

—Federico, éstas son Nana, Paquita y Jesús de León. Son las hermanas que viven al final de la calle en una de las casas de don Ángel —dijo Celia sonriéndole a las muchachas.

La banda empezó tocando un bolero romántico. Celia, con el baile en sus ojos, se giró para mirar a Federico cuando, en ese momento, se pusieron delante de su vista dos hombres. Maximiliano Revueltas y Cuco López descubrieron a Federico y caminaron en círculo para evitar a los que bailaban. Un tercer hombre avanzaba directamente por la pista. Octavio Revueltas se presentó en la mesa, y sus hermanos permanecieron detrás de él. Se quitó la gorra lentamente mientras observaba con atención la cara de Nana. Una extraña sensación ocupó su corazón, y tuvo que respirar profundamente para que el aire entrara en sus pulmones.

Nana, aunque se incomodó, no apartó sus ojos de los de él, ni siquiera permitió que sus labios esbozaran una ligera sonrisa. Le dieron ganas de reír alocadamente al pensar en todas las posibilidades que pasaban por su cabeza. No dejaba de mirar los almendrados ojos color verde, tirando a cafés, que estaban escondidos detrás de unas largas y rizadas pestañas. Al final, Nana esbozó una sonrisa, y pensó en la unión espiritual que sintió esa noche entre sus padres, antes de marcharse al baile.

Esa noche, Octavio le pidió baile a Nana tres veces. Ni ella ni él sabían cómo bailar los rápidos movimientos del vals, los boleros, los corridos, los tangos y los últimos alocados bailes del Hollywood Palladium y el Bolero Club. Octavio se sentó con Nana mientras Cuco López, Maximiliano y otros caballeros le pedían baile a Paquita y Jesús.

Octavio y Nana eran tímidos, y no hablaron mucho de lo que sucedía en Simons. Durante gran parte de la noche, Octavio se fijaba en la bebida de Nana para cerciorarse de que siempre tuviera el vaso lleno. Le preguntó lo correspondiente sobre su familia, si trabajaba, o cómo ayudaba a su padre y a su madre. Ella le preguntó por su trabajo, por sus hermanos y hermanas. Cuando él terminaba de responderle, ella seguía preguntándole. Aún así, su conversación se veía interrumpida por momentos de silencio.

Algunos hombres que no conocían a Octavio, le pidieron baile a Nana. No rechazó a ninguno. Mientras ella bailaba, Cuco López repetía que Nana era la mujer más bella del baile y que nunca dejaría de amarla. Octavio pensó que los comentarios de Cuco eran producto de haber tomado demasiado alcohol. De hecho, antes de que se volviera detestable e insoportable, se fue hasta la parcela de caña de azúcar desde donde empezó a comparar a Nana con la belleza infinita de la Vía Láctea ... Los locos y los borrachos siempre dicen la verdad, pensó Octavio mientras se despedía de Nana.

CAPÍTULO 11

EL PRIMER HIJO DE WALTER Y EDIT SIMONS NACIÓ EN CASA SIN complicaciones. Los padres le pusieron por nombre Helen Reubena. En un principio, Walter quiso llamarla Sarah en memoria de su primera mujer, pero esa idea fue inmediatamente rechazada al enterarse Edit. No quería que su primera hija llevara el nombre del primer amor de su esposo. Walter decidió ponerle el nombre de su padre por una parte, y Helen, era el nombre de la madre de Edit. Al final, el compromiso fue lo suficientemente aceptable con tal de poner paz entre los esposos. Helen Reubena nació en un tormentoso y lluvioso día 25 de marzo de 1925.

Diez meses más tarde, el 1 de noviembre, Melissa Elledge Simons falleció de un derrame cerebral cuando cenaba en casa de Joseph. La muerte es algo normal, pero no la forma en que murió ni cómo quedó el cuerpo de la difunta. Melissa Simons comenzó a ahogarse por un grano de arroz. Su familia, al darse cuenta de lo que pasaba, comenzó a golpearle en la espalda. De repente, se llevó las manos al cuello y apretó con tan increíble fuerza que se perforó hasta el esófago. Joseph, con Laura a su izquierda y James a su derecha, dieron un paso atrás y se colocaron detrás de su madre que, quizás intentando mirar por última vez a esa parte de su familia que tanto amaba, giró la cabeza ciento ochenta grados sin mover el cuerpo, y murió mirando al espacio que había entre Laura, Joseph y James. Cuando la ambulancia llegó con ayuda, fueron incapaces de girarle la cabeza y decidieron acostarla con la cabeza boca arriba y el cuerpo boca abajo. Después de un gran esfuerzo, la última opción que se presentaba, era cortarle la cabeza. Todos rechazaron esta posibilidad, y, por primera vez en veinticinco años, todos se reunieron ante su madre. Lola Ellen, Mary Francis, Emma Lisa, Joseph y Walter estuvieron de acuerdo en enterrar a su madre de cara en esas extrañas circunstancias.

—Tenemos que aceptar los hechos. Cuanto más avanzados en tecnología nos hacemos, más raros son los acontecimientos —dijo Walter tranquilamente en la recepción del funeral en casa de su hermano.

Ninguno de los hermanos allí congregados quería discutir sobre el estado de su madre. Preferían olvidarse de ello.

Después de la muerte de Melissa, Walter se sintió liberado por el pavor que le causaba herirla de algún modo. En vida, siempre había tenido temor de avergonzar a su madre. Siempre pensaba en ella cuando tenía que tomar alguna decisión que afectara la imagen de la familia. Pero esto ya había acabado. Ahora podría hacer lo que quisiera, y podría mandar al infierno lo que la gente pensara. Walter se creía el Henry Ford de la producción de ladrillo. Sabía que podía hacer el mejor producto con el mejor precio y más rápido que cualquiera de sus competidores. Estaba convencido de que, algún día, su producto se transportaría en camiones y trenes por todo Estados Unidos. Ya había mandado material al extranjero, a México, Panamá, Japón e incluso a Rusia en barco. Pero los barcos eran extremadamente lentos. Imaginó grandes aviones volando, en un día o dos, a través del océano, transportando el ladrillo Simons a cualquier país que quisiera el mejor material de construcción del mundo.

Edit dio a luz a Drusilla Melissa en la misma habitación, el mismo día y la misma hora, un año después del nacimiento de su primera hija. La mañana del 14 de marzo de 1926, con el fin de matar el tiempo de las últimas horas antes del nacimiento del bebé, Walter se dispuso a limpiar los cajones de la mesa de su oficina. Tomó una revista extraviada, y contempló el anuncio de las siete nuevas locomotoras que había comprado para su ladrillera. Cuando oyó el llanto del bebé, se deshizo de la revista y corrió hasta la puerta de la alcoba. Salió una enfermera, y Laura iba detrás. En ese momento, sonrió y se detuvo en medio del salón.

—Felicidades, ¡tienes una preciosa niña! —dijo marchándose de prisa tras la enfermera.

Walter recibió la noticia con una media sonrisa en la cara, que, una vez quedándose a solas, terminó por desaparecer. Estaba completamente seguro de que el bebé sería un niño, un heredero varón para la Ladrillera Simons, un hijo que él mismo quería educar como lo había hecho con James todos estos años. Walter quería su propio hijo, y tendrían que volverlo a intentar una y otra vez.

—¿Cómo está ella? —Walter se acercó a la alcoba acompañado por Laura.

—Cansada, pero bien. Podrás verla a ella y al bebé tan pronto como acabemos de arreglar y limpiar todo un poco. Espera en la biblioteca, Joseph no tardará —dijo Laura.

Recordó que en el nacimiento de Helen había más gente esperando que cuando nació James, cuando toda la familia se reunió para el feliz acontecimiento. Ahora, Walter se encontraba solo esperando en su bonita biblioteca mirando el jardín desde la casa de ladrillo de la avenida Plymouth en Los Ángeles. Se sentó tranquilo, escuchando y esperando a que alguien lo rescatara de la soledad en la que él mismo se había envuelto. Pensó en lo que se necesitaría para embarazar a su esposa con un varón. Pensó en las posturas normales que habían hecho para que su esposa concibiera únicamente niñas. Tendría que probar otras posturas más acrobáticas, más exóticas y, sobre todo, tendría que educar a Edit para que aceptara su pene en su boca. Ella siempre lo había rechazado, pero ya no lo permitiría más, ya que estaba convencido de que si se tragaba su esperma, podrían tener un varón. Llevado por un sentimiento de rabia y decepción, Walter se preparó para penetrar a su adorada esposa por todos aquellos túneles a los que su imaginación le llevara. Nunca había pensado en esto de un modo tan firme como aquel día. Se dirigió a la ventana, incómodo.

—¿Qué ha sido, Walter? ¿Niño o niña? —Joseph entró para rescatar a su hermano de sus pensamientos.

—Una niña —respondió poniéndose en guardia, dando a entender felicidad y entusiasmo.

—Felicidades, hermano —Joseph le extendió la mano.

—Por cierto, recibirás un cheque en pocos días. Abre una cuenta para tu nueva hija.

Joseph se abrió el abrigo, se metió las manos en los bolsillos del pantalón y se meció.

—Walter, he vendido la casa de nuestra madre. Recibirás tu parte, que no es mucho, pero dáselo a tus hijos —continuó hablando Joseph.

Se dirigió hacia la ventana.

—Este jardín es verdaderamente hermoso. Otro asunto que tienes que tratar pronto es el de tu casa. Hoy están pasando muchas cosas, ¿verdad? Lo que quiero decir, es que James quiere comprar tu casa de Pasadena —Joseph contemplaba el verde intenso del jardín. Parecía en otro mundo. En ese instante, el tiempo se detuvo, y las palabras y los pensamientos descansaron.

—Bien, se la venderé. Estoy planeando construir una casa en la playa —respondió Walter, dándose cuenta de que Joseph inclinaba la cabeza de modo inquisitorio.

—He comprado una parcela en la península de Newport.

Walter se apoyó en la pared, y dejó que la vista del jardín le invadiera su pensamiento.

—Cómo nos hemos peleado por esa casa de Pasadena —dijo suavemente.

—Y tú has gastado mucho dinero en ella —dijo Joseph riendo entre dientes.

—¿Y al final quién va a quedarse con ella? —Walter se despidió del jardín en silencio aunque su imagen todavía permanecía consigo.

—James quiere mudarse en diciembre —Joseph sonrió a Laura quien acababa de entrar.

—Está bien.

Walter salió primero, y Joseph y su esposa lo siguieron, entrando todos a visitar a la recién nacida y a la madre.

En el momento en que el fotógrafo apretó el botón de su cámara el 29 de diciembre de 1926, el brillo de los ojos de los contrayentes traspasó el tiempo y el espacio. Octavio y Nana miraron al objetivo por encima del padrino, la dama de honor, el fotógrafo, su mujer y su ayudante. El brillo de sus ojos reflejaba el deseo de tener futuros hijos, nietos y bisnietos. El fotógrafo aplaudió, y su mujer y el ayudante lanzaron arroz cuando la pareja subió al asiento trasero del sedán de cuatro puertas Plymouth 1925, conducido por el padrino, Ignacio Sandoval, y acompañados por Tati Sandoval, la dama de honor. Se dirigieron directamente a la casa de Ignacio, donde Federico, Maximiliano, José Revueltas y Paquita León habían organizado una pequeña celebración.

Octavio estaba sentado en una silla de mimbre, tomando sorbos de coñac. Nana, también en una silla de mimbre, sostenía la mano de su esposo, y observaba cómo sus amigos celebraban su recién estrenado matrimonio. Sin embargo, su felicidad se interrumpía al recordar la cara de su padre. Malaquías había rechazado dos veces la petición de mano de Octavio. La tensión y los malentendidos debido a la afición por el juego y las amistades del novio, provocaron el malestar del padre de la novia. Octavio mandó llamar a un sacerdote de la Iglesia Católica San Benedicto para que le explicara a Malaquías sus honorables intenciones. Sin embargo, él todavía seguía renuente al matrimonio.

Llegó la Nochebuena, y Octavio hizo un brindis por la celebración con Ignacio Sandoval, y le ofreció un sorbo a Nana. Ella probó el coñac, y tomando del brazo a su esposo lo llevó hasta donde Tati había arreglado las ventanas con motivos navideños en blanco y dorado. Un abeto decorado con elementos de paja caseros esperaba el nuevo año. Tati había comprado muchas cosas en Tijuana, y el árbol se lo habían dado Gonzalo Pedroza y Jacobo Ramos, que eran los encargados de distribuir los abetos entre las familias una semana antes de la Navidad. A lo lejos, se oían los ensayos de la banda con motivo de su segunda actuación en el Desfile de las Rosas.

Walter y Edit también escuchaban la música cuando acompañaban a cincuenta colegas de negocios y sus mujeres hacia donde se habían dispuesto los regalos navideños. Esa noche, Simons se convirtió en un pueblo de muestras, en el ejemplo del éxito de la explotación benevolente y el control de Walter de sus trabajadores mexicanos. Muchos de los integrantes del grupo consideraban la unidad social de Simons un logro totalmente utópico. Todos los habitantes de Simons parecían felices y contentos. Los reporteros de los periódicos y los observadores llegados del este del país estaban sorprendidos de lo bien que estaban servidos los trabajadores. Los invitados pasaron una Navidad maravillosa, llena de la gran generosidad de Walter y Edit.

Esa noche, a los ochocientos pequeños mexicanos y a sus madres, se les enseñó la costumbre americana de decorar el árbol navideño en honor al Niño Dios, y en el reparto de regalos en conmemoración de los Tres Reyes Magos de Oriente. De modo irónico, la mayoría de los juguetes y la ropa donada para los niños procedían de los hombres de negocios del este. Walter, Edit y sus invitados, vieron cómo los felices niños recibían sus juguetes, bufandas, vestidos, zapatos, sombreros, gorras y otros regalos más, mientras las madres se regocijaban al recibir chales, zapatos, cosas domésticas y tejidos vistosos para confeccionar vestidos nuevos.

El corpulento Walter Simons, observaba con gran satisfacción y sonreía con genuino placer. Sus invitados fueron testigos de cómo un individuo parecía estar excesivamente contento haciendo felices a tantos niños y tantas madres todos los años durante la última década. Sus actos daban fe de la sinceridad con la que llevaba a cabo sus propósitos y la satisfacción de la tarea bien hecha cuando cumplía esta costumbre. Verdaderamente, los invitados sintieron reconocer una nueva luz en la mezcla de razas y culturas de América, viendo a esos niños, de caras felices y piel morena, llevar sus tesoros hasta el bonito árbol después de haberse divertido durante dos horas.

La gran mayoría de los niños había nacido en Simons, y se habían educado en la escuela de ladrillo rojo. La había construido Walter, y era el punto más importante de la excursión de los invitados por los alrededores de este modelo de pequeña comunidad. En esta escuela, los profesores impartían costumbres inglesas y norteamericanas a los cuatrocientos niños morenos, con edades comprendidas entre los cinco y los dieciséis años. Otro lugar importante era el hospital. En él, una enfermera se encargaba de hacer rondas por las instalaciones sanitarias, y de proporcionar las instrucciones de primeros auxilios a las madres y a los trabajadores. Por supuesto, también era su tarea atender a los enfermos y heridos. Había hasta una sala especial con oxígeno para aquellos trabajadores que, después de pasar años trabajando con el polvo del ladrillo rojo, habían desarrollado problemas respiratorios. El médico de la compañía, Emil Strayhorn, dispensaba ayuda médica cuatro días a la semana.

Con toda certeza, los visitantes pensaron de inmediato en los pequeños duendes de Santo Clos cuando entraron en el modelo de choza de madera de Simons, en donde los niños mayores de la escuela construían muebles. Los pequeños duendes mexicanos desplegaron su ingeniosa colección de útiles artículos, hechos de cajas de madera con artículos secos, cajas de zapatos y maderas de buen acabado, guardadas por el encargado del almacén general, Gonzalo Pedroza. Muchos invitados compraron los artículos hechos a mano por los mexicanos, como recuerdo del paseo inspirador. Compraron pequeños escritorios cubiertos de cretona, bancos pulidos, mesas de cocina, cabeceros, una cuna, mesillas con cajones y toda una serie de artículos misceláneos para el hogar, creados para aligerar las tareas de casa y mantener el confort general de la familia. Esta exposición de productos creados con materiales que normalmente se hubieran tirado, ponía de manifiesto las virtudes de ahorro y economía de Simons.

La comunidad de cuatro mil mexicanos de Simons, parecía estar contenta y feliz. La renta por una cabaña de tres o cuatro dormitorios era de 1.25 dólares al mes por cuarto, y esta tarifa, incluía el agua para el jardín y la casa. Muchas familias se hacían cargo de un pequeño jardín donde cultivaban las verduras que le gustaban al agricultor tosco y con cara brillante. Las mujeres compraban durante la semana en la tienda de la compañía.

Esa noche de gloria religiosa nacional, Octavio y Nana se confesaron su amor. Se besaron y abrazaron, y por primera vez, Nana permitió que las manos de Octavio tocaran su bien construida figura. Cuando salieron de la oscuridad y del banco que había debajo de un nogal cerca del salón de baile, oyeron el discurso del patrón, Walter, y los aplausos de los niños. Octavio sonreía al mundo por el maravilloso regalo que había descubierto en Nana, y la pareja fue a ver cómo los niños recibían sus regalos.

Cerca de ellos, un grupo de distinguidos visitantes hablaba con Walter sobre la fundación Simons. Les explicó que, cuando se produjo el establecimiento de la ciudad de la compañía, recordando lo que él había visto en México, se dio cuenta de que las paupérrimas condiciones de vida de los trabajadores era algo tan detestable para los mexicanos como para todos los demás. Con esto en mente, empezó la construcción, paso a paso, dólar a dólar, dando rienda suelta a los trabajadores en todas las materias que no tuvieran que ver con el negocio en sí. Se tuvieron en cuenta las preferencias de los mexicanos para construir las casas y para abrir la tienda de la compañía. La pusieron en marcha gente que comprendía y respetaba los gustos nacionales de los mexicanos.

—Señoras y señores —dijo Walter a los visitantes—, de este modo ha sido cómo he intentado solventar el problema de satisfacer a la mano de obra y evitar, así, cualquier intromisión de los sindicatos. Sabía que, si tenía éxito con este proyecto, la producción y la calidad aumentarían, los costos se reducirían y los beneficios serían más que satisfactorios. Ya han visto los resultados y la prueba de esta inteligente trayectoria.

Walter siempre había estado interesado en las preocupaciones individuales de sus trabajadores de piel morena. Los mexicanos eran como la tierra, los mexicanos eran la tierra, se decía a menudo cuando estaba a solas. Manteniendo el contacto con sus empleados, y cuidando a estos hombres y a sus familias, aunque había sido una tarea onerosa, el patrón había sido bien retribuido. Cuando reveló que las nóminas anuales de los trabajadores en la planta era menor que las de sus competidores directos, que la compañía había tenido una producción ininterrumpida de ladrillo de alta calidad y que había ganado a sus competidores más grandes, arrancó los aplausos de sus especiales invitados y las alabanzas más destacadas por su política humanitaria.

Durante todo el proceso de crecimiento de la compañía, Walter se esforzó por establecer una escala de sueldos equitativa y acordada por todas las partes. Además, había sido capaz de inculcar un espíritu de lealtad entre sus empleados mexicanos, que fue la envidia de todos los hombres de negocios del este que tomaron el paseo. Todos llegaron a la conclusión de que la Compañía de Ladrillos Simons había conseguido uno de los registros industriales más sobresalientes del país.

Octavio se sintió orgulloso cuando oyó al hombre decir "... en el país ...." Durante la Primera Guerra Mundial, los empleados mexicanos alcanzaron el exitoso récord más numeroso de subscripciones para los "Bonos de Libertad" y los timbres de guerra que en cualquier otra planta de similares características de Estados Unidos. Aunque pocos eran ciudadanos estadounidenses, los mexicanos equiparon su patriotismo y lealtad con el dinero ganado con la vida y el sacrificio. Un ejemplo de ello fue cuando Walter y Edit sugirieron a sus hombres que escribieran cartas a sus parientes en México, para contarles acerca de las maravillosas condiciones de vida en la ciudad de la compañía Simons, así como la buena voluntad que tenían los americanos con el pueblo mexicano. Estas cartas, que circulaban libremente y por todo el territorio mexicano, fueron de gran utilidad para contrarrestar la propaganda alemana que dañaba los intereses de Estados Unidos.

En Simons, no había ninguna sirena que anunciara el comienzo o el final de la jornada de trabajo. Walter se opuso a cualquier método de trabajo que tuviera reminiscencias de la esclavitud. Esta actitud le reportó grandes dividendos, tanto en un aumento de la producción, como en la moral de los hombres. Cuando se doblaban los turnos, la producción ascendía de unos setecientos mil ladrillos diarios, a un millón fácilmente.

Octavio y Walter se intercambiaron miradas. El grupo de visitantes avanzó y se acercó hasta el centro de la finca. Walter seguía explicando su éxito. Los cerebros de Simons eran el propio Walter y Rosendo Guerrero, cuya mándala direccional había evolucionado de tal manera que ni ellos mismos se lo podían creer.

Después del programa modelo de Nochebuena que Walter había diseñado, Octavio y Nana planearon su fuga. Malaquías no lo había aceptado, y Nana estaba segura de que su padre nunca daría por buena la petición de mano de su novio. Así que esperaron el mejor momento para que Nana saliera de su casa y empezara una nueva vida junto a Octavio.

Días antes de la fuga de Nana, Octavio se había convertido en un fastidio, insistiéndole a Malaquías de que su hija tenía un pretendiente serio. Octavio solía pasar por la casa de Nana, y hablaba con alguno de sus hermanos para que le entregaran las cartas a su amada. Se habrían intercambiado unas diez cartas de amor. La última que Nana le envió a su novio se la entregó Ignacio Sandoval la mañana del 27 diciembre. Le daba instrucciones de que fuera por ella ese día a las seis de la tarde.

Alrededor de las cinco de una tarde no demasiado fría, Ignacio y Guadalupe Sandoval condujeron hasta la casa de la familia León. Nana y Paquita los saludaron desde la ventana, y oyeron como Guadalupe decía "a las seis en punto". Las dos hermanas regresaron a la cocina para ayudarle a su madre. Lorenza sabía que su hija mayor estaba planeando algo. Tenía el presentimiento de que Nana ya no estaría en casa la mañana siguiente. Tristeza, felicidad, nerviosismo y preocupación, es lo que sintió cuando vio que su hija miraba sin parar el reloj y la puerta que daba a la calle. Malaquías reunió a su familia alrededor de la mesa, y Lorenza empezó a servir la cena.

—¿Dónde está Nana? —preguntó volviéndose hacia su esposa que continuaba sirviendo la comida en ese momento.

—No se encuentra bien, papá. Está descansando en la cama —respondió la hermana mayor.

El reloj marcaba tres minutos para la seis. Habían empezado a cenar temprano. La puerta principal estaba entreabierta, y desde su asiento, Malaquías podía ver el comedor y la calle. Lorenza calentaba las tortillas. Los chicos no sabían lo que pasaba, y hablaban y comían contentos mientras Paquita miraba a la habitación donde estaba Nana. Cuando llegara Octavio, Nana tendría que atravesar el comedor que estaba frente de su padre. Paquita bebió un vaso de leche sin respirar.

—Mira que hambre tienes —le dijo a su hija mayor.

—Sí, papá, tengo mucha hambre —respondió ella. En ese momento, vio aparecer un coche azul que pasaba por la puerta.

El coche de Ignacio era negro, y Paquita se relajó por un momento. Entonces, llegó un coche negro y paró enfrente, justo delante de los ojos de Malaquías. El corazón de Paquita empezó a palpitar. Nana tenía que salir ahora. Malaquías vio el coche, pero siguió comiendo. Nana llevaba en la mano sus zapatos y una pequeña maleta cuando se dirigía a la puerta. Se giró, y antes de empujar la puerta entreabierta, miró por última vez a su familia. Su madre le sonrió, y Nana corrió hacia el coche donde la esperaba Octavio. Se abrazaron, se pusieron en el asiento de atrás, y tomaron rumbo alejándose de la calle Maple. En ese momento, oyeron el grito de Malaquías.

—¡Nana! —Malaquías, en medio de la calle, vio a su hija cómo miraba hacia atrás y se hacía cada vez más pequeña.

Esa noche, Nana la pasó con Ignacio y Tati. Octavio fue a su casa y terminó la habitación extra que había añadido al lado de la casa de la familia Mondragón. Ésa sería la habitación que le daría a su novia. Por la mañana temprano, el viernes 28 de diciembre, Octavio y Nana se casaron en el juzgado de lo civil de Los Ángeles. Al día siguiente, se casaron por la iglesia y lo celebraron en la casa de Ignacio y Tati.

Octavio y Nana se besaron. Estaban solos por primera vez desde que se habían conocido. Ella estaba preocupada porque desconocía lo que su novio esperaba de ella, y él andaba preocupado porque tampoco sabía cómo tratarla esa noche. Era una noche despejada y clara, y las estrellas de diciembre deslumbraban con fuerza. El mes de diciembre se había convertido en un mes especial para ellos. Octavio había nacido el día veinticuatro, y se habían casado en diciembre también. Quizá tendrían un hijo para diciembre del próximo año. Nana apartó suavemente a Octavio de su lado.

—Octavio, tenemos que regresar a tu casa —Nana le indicó que se detuviera.

Se aproximaron a la cocina de la casa de los Revueltas, y se sorprendieron al encontrar allí al padre, a la madre y a todos los hermanos de Octavio, que les tenían algunos regalos para los recién casados.

—Octavio, eres el hijo mayor. Para Milagros y para mí, tu matrimonio es muy especial. Hemos venido para felicitarte y dar la bienvenida a tu esposa, Nana —dijo Damián lenta y cuidadosamente.

Milagros hizo un gesto de aceptación también. Octavio esperó durante unos segundos, y abrazó a sus padres. Milagros fue hasta Nana, y le dio la bienvenida con un abrazo de madre, sentándose a su lado toda la noche. Desde ese momento, Nana fue aceptada por la familia y conocida por todos los demás como un miembro más de la familia Revueltas.

La celebración continuó hasta la mañana siguiente, pero Octavio y Nana se marcharon a las once para caminar bajo el cielo de la fría noche. Octavio llevó a su esposa a la habitación que había construido a lado de la casa de sus padres. Nana, en un principio, aceptó esa habitación y el resto de la casa, pero quería tener la suya propia. Octavio encendió un candil y observó las sombras en la pared. Nana se desvistió. Su marido no dejaba de estudiar su cuerpo mientras se desnudaba. Esa noche hicieron el amor una sola vez y se quedaron dormidos satisfechos el uno con el otro.

Después de Año Nuevo, Nana ya se había instalado en casa de los Revueltas y trataba de encontrarse cómoda viviendo con sus concuños. Aunque hacía grandes esfuerzos, eso no es lo que ella esperaba de la vida de casada. Se llevaba bien con Milagros, y le ayudaba a lavar, cocinar y limpiar. A medida que pasaba el tiempo, sucedieron algunos pequeños roces con sus cuñadas, y sus cuñados le empezaron a pedir que les planchara y lavara su ropa, como si ella fuera más una sirvienta que la esposa de su hermano mayor. A veces, Nana se refugiaba en su habitación para escapar de las órdenes o los gritos de Damián, que se convirtió en un suegro egoísta y acaparador. Había momentos en los que se sentía como una puta cuando Octavio llegaba de trabajar, se bañaba, comía, le hacía el amor y se marchaba a jugar. Mientras esperaba preocupada la vuelta de su esposo a casa, se prometía a sí misma que un día tendría una casa para ella sola. Fue a finales de febrero cuando le anunció a su marido que estaba embarazada, y que quería una casa para sus hijos.

—¿No te gusta esta? —le preguntó Octavio decepcionado.

—Piensa en tu hijo, Octavio, necesitamos una casa para nuestra propia familia —le respondió Nana con tono enojado.

—No te enojes. Estoy muy contento de que vayamos a tener un hijo —le dijo Octavio tomando su abrigo.

—¿Adónde vas? —le preguntó ella molesta.

—A ganar dinero para nuestra familia —Octavio pronunció la última palabra cuando salía por la puerta.

Nana oyó el portazo de su esposo y escuchó que hablaba con Ignacio y se marchaban en el coche. Se tumbó en la cama y empezó a llorar. Después de un rato, se dio cuenta de que llorar no ayudaba en nada. Paró de gimotear y se dijo a sí misma que nunca más lloraría cuando su marido se marchara a jugar por ahí.

Los meses pasaban, y Nana le mostraba al mundo una cara feliz. Su hermana Jesús la visitó varias veces para comprobar cómo iba el embarazo. Jesús, Paquita y Andrea eran el único contacto que Nana tenía con su familia. Su hermana mayor le contó que Malaquías tuvo depresión cuando ella se fugó con su novio, y que la vida en casa ya no era igual. Los hermanos tenían miedo del padre y se apartaban de su camino cuando podían. Malaquías trabajaba de sol a sol echando las culpas a Nana de todo lo que le pasaba. Estaba furioso porque su hija hubiera abandonado su casa cuando más la necesitaba. Nana no podía acercarse a visitar ni a su madre ni al resto de la familia y sus hermanos tenían prohibido verla.

—Dile a mamá que espera un nieto para primeros de noviembre —le dijo Nana con orgullo a su hermana Paquita.

—Sé que la hará muy feliz, y dale un fuerte abrazo de mi parte, por favor.

En ese momento, Nana se sintió la mujer más miserable del mundo por no poder ver a su madre.

Era un domingo de finales de junio cuando Octavio decidió quedarse en casa, y le pidió a su esposa que se pusiera el vestido más elegante que tuviera. Le dijo que iban a ver a uno de los hombres más grandes del mundo, y que irían a conocer su máquina milagrosa. Nana pensó inmediatamente que se trataba del circo, pero él le explicó que iban a ver un avión. El día era precioso, la niebla de la mañana había desaparecido por el calor, y el cielo estaba tan claro como el agua azul. Octavio le dijo a su esposa que se diera prisa porque el avión iba a aterrizar a las once, se quedaría hasta la una y después pondría rumbo a Los Ángeles. Probablemente, sería la única vez que tendrían la oportunidad de presenciar este acontecimiento, y Octavio no quería perdérselo por nada del mundo.

Caminaron por la calle Vail, atravesaron el camino de barro hasta llegar al campo de béisbol y cruzaron el arroyo que separaba la propiedad de Simons y el aeropuerto Vail. Una vez pasaron por el arroyo embarrancado, se sorprendieron por la multitud de coches alineados que había delante de ellos. Habría cientos de personas congregadas allí, y la mayoría, como Octavio, llevaban traje, corbata y sus mejores galas.

Nana se dio cuenta de que, tanto ella como su esposo, eran las dos únicas caras morenas en medio de esa gran multitud que corría alrededor del avión con la esperanza de poder ver el milagro de ese pájaro que había atravesado el océano Atlántico. El valeroso hombre que había realizado tal hazaña se encontraba bajo las hélices contestando a todas las preguntas que le hacían. Nana comprobó que, a medida que se acercaban a este hombre y su máquina, las caras de la gente se volvían cada vez más blancas, casi de porcelana y enfermizas. Era el pensamiento de alguien que nunca había visto una concentración tan numerosa de raza aria. Octavio y ella siguieron atravesando la multitud y pasaron al lado de muchos automóviles modernos hasta que al final vieron el hangar que se encontraba detrás de la cerca.

—¿Es un avión, Octavio? —le preguntó Nana con ironía.

—Es el Espíritu de San Luis de Lindbergh y ha cruzado el Atlántico —Octavio la empujó contra la cerca.

—¿Cómo puede ser tan pequeño y frágil y haber volado desde la otra parte del mundo?

Los ojos de Nana se posaron en la cerca y empezó a mirar a toda la gente que no quitaba ojo del avión. Nadie sabía que ella estaba allí. Levantó las manos, tocando la parte superior de la cerca. Se sintió tan fuerte como los demás que estaban allí y notó que su bebé estaba cómodo, como si estuviera estirando su cuerpecito de felicidad dentro del vientre de su madre. Bajó las manos y caminó alejándose de la cerca. Octavio la seguía por detrás. Se ajustó la gorra y la detuvo.

—¡Nos quitarán el sitio!

—No quiero que me aprieten contra la cerca —dijo Nana mientras caminaba por la pista del Aeropuerto Vail.

—¿No quieres oír lo que Charles Lindbergh tiene que decir?
—Octavio caminaba a su lado, alejándose de la multitud.

—No —replicó Nana.

Avanzaron por la pista del aeropuerto, mientras, las voces se desvanecían, el sol calentaba demasiado y después se quedaron a solas en medio del silencio.

—Vamos a tomar una soda a la tienda de Acacio Delgado —sugirió Octavio.

—Buena idea, vamos.

Nana tomó de la mano a su esposo y se dirigieron en dirección a la calle Maple, cerca de donde vivía su familia. Pasaron de nuevo por la multitud de gente que seguía allí, admirando el gran avión piloteado por Charles Lindbergh.

—¡Mira, Octavio, es el señor Simons! —señaló Nana. Octavio, nervioso, le bajó la mano de forma inmediata.

Vieron cómo el señor Simons estrechaba la mano del piloto y lo abrazaba dos veces. Estaban con un grupo de hombres que los escoltaban hasta el hangar. Cuando Nana y Octavio se acercaron, la gente celebraba la hazaña de Charles Lindberg y el logro de Walter por haber hecho que el famoso piloto tomara tierra en Vail Field.

Los Revueltas cruzaron hasta la otra parte del arroyo, después se encaminaron hacia el siguiente barranco, que era el lugar donde las pistas de locomoción de Simons conectaban la cantera de arcilla por arriba de Washington con las máquinas de la finca principal. Disfrutaron del sol y de la compañía del otro. Cuando llegaron a la escuela primaria Vail, Nana se sentó en uno de los bancos de las oficinas del edificio. Se tocó la barriga, y acarició a su bebé. Octavio puso su mano encima, sintiendo la vida. Se cruzaron una sonrisa, y en ese lugar reinaba paz e intimidad cuando de repente oyeron algo.

—¡Ayúdennos, ayuda! —gritaba una mujer.

Octavio y Nana giraron la vista hacia Washington desde donde venía una mujer corriendo.

—¡Por favor, que alguien nos ayude!

La mujer ya había llegado hasta donde estaban ellos. Detrás de ella salía una gran nube de humo negro. La mujer intentó agarrarse de Nana y cayó al suelo. Octavio pasó por encima de ella y se dirigió hacia el lugar de dónde procedían los gritos de unos niños atrapados en una cabaña de madera que iba atada a un viejo camión Ford. Encontró a un hombre en la parte de atrás dando golpes al portón e intentando salir. Octavio le agarró de las piernas y tiró de él. De repente, salió el hombre con un niño entre sus brazos. El hombre se cayó de espaldas con el niño en su pecho, y el camión empezó a arder. Octavio arrastró al hombre y al niño y los puso a salvo. En ese momento, la mujer vio al hombre tumbado en el suelo con el niño sin parar de llorar.

—¿Dónde están mis otros dos bebés? —preguntó la mujer mientras llegaba al camión.

Nana la detuvo. En ese momento, la mujer se dio cuenta de que sus hijos habían perecido en las llamas. Un grito desgarrador sacudió el aire de Simons.

Acudieron otros trabajadores del lugar, y Gonzalo Pedroza ordenó que alguien fuera hasta Montebello y llamara a la policía y a los bomberos. Llegaron hasta el camión en una hora, y empezaron a investigar la carcasa. Los bomberos se encargaron del hombre, de la mujer y del niño, mientras los demás intentaban enfriar las partes de metal y los restos de madera del camión. Mientras los bomberos apartaban toda la chatarra, la gente que había llegado hasta allí se quedó esperando que sacaran los cadáveres. Cuando llegó el momento de realizar esta operación, la policía apartó a la gente y Nana pudo ver la cama que había dentro del camión. Los niños, de dos y tres años, no estaban quemados, sino que habían fallecido por asfixia debido a la inhalación de humo tóxico. Parecía como si se hubieran protegido el uno al otro porque murieron abrazados. El hombre y la mujer se sentaron y vieron cómo los bomberos cargaban los dos cadáveres en un gran camión rojo. Uno de los bomberos llamó a los padres para que recogieran a su niño vivo que lloraba y para que montaran al camión con el resto de su familia.

A la policía no le interesó hacer preguntas sobre el accidente. Después de llevarse a la familia, los bomberos y la policía desaparecieron. La multitud se dispersó y Octavio y Nana se quedaron a solas, tal y como habían empezado el día. Nana tocó de nuevo a su hijo acariciándose la barriga como si quisiera protegerle de la vida exterior. La familia que había sufrido la tragedia pertenecía a la clase de gente que solía aparecer por los alrededores de Simons con frecuencia. Eran familias que buscaban trabajo, pero Gonzalo o William los echaban de allí. Esta gente llevaba a cuestas sus pertenencias buscando un sitio para dormir, comer o descansar. La familia que había tenido la desgracia de perder a sus dos hijos, vivía en un camión. Aunque a Octavio no le gustara mucho la idea, tendría una casa para sus hijos y su propia familia, pensó Nana.

En ese instante, miró a su esposo y no le gustó lo que vio.

Él creía firmemente que su esposa tenía que vivir con su suegra. De ese modo, siempre estaría protegida cuando él no estuviera. Pero Nana no quería ser protegida, ni mucho menos seguir el ejemplo de Milagros, que siempre había tenido problemas importantes con Damián, y todavía tenía a la mayoría de sus hijos en casa. Nana no podía comprender cómo Octavio podía seguir siendo feliz viviendo en esa pequeña habitación pegada a la casa de su familia. Nana caminaba deprisa, y Octavio seguía sus pasos como podía. Al final, la pudo alcanzar.

—¡Octavio, quiero mi propia casa! —le pidió Nana segura de sí misma, y sin ningún temor.

Él siguió caminando.

Octavio estaba rodeado por un estallido de color. Llevaba botas de trabajo cafés y altas, unos pantalones azules, una camisa blanca de manga larga, un suéter grueso sin mangas color café y un sombrero café también. Su brazo derecho iba suelto, mientras que el brazo izquierdo lo llevaba cruzado por encima de su estómago. Las piernas daban grandes zancadas, y su cara morena de ojos oscuros y limpios brillaba bajo la sombra del ala de su sombrero. Caminaba feliz, solo, lleno de emoción. Jugueteaba por un lecho de follaje de color lapislázuli, gris, amarillo verdoso, café y negro, y las vainas de caña de azúcar que su padre había plantado en una ocasión habían desaparecido en la tierra. Tiró unas cuantas migas de pan dulce, y tres cuervos se abalanzaron para picotear los restos.

Paseaba por los extensos campos de caña de azúcar bañados por los rayos dorados del sol. El cielo pintado de amarillo trazaba una neblina, que era como una vibración que sentía cada vez que caminaba a solas por la tierra. Respiró profundamente. No tenía palabras para describir ese momento porque la exaltación o el éxtasis no se encontraban en su vocabulario. Atrás, hacia su derecha, lejos en el horizonte, se veía una casa azul, un tejado rojo y dos exiguos árboles clavados en el campo y arrebatados por el reflejo del sol sobre ellos. A su izquierda, unos cuantos árboles, algunas torres y unos pocos edificios, se hallaban repelidos silenciosamente por la poderosa luz del sol.

Octavio anduvo por este mar de colores que tanto le gustaba. Dio un respiro para contemplar mejor la belleza del paisaje, una belleza que le hicieron pensar en su bella esposa. No tenía dudas, era un hombre afortunado. Nana pronto le daría su primer hijo, y su amor constante había demostrado ser placentero y fructífero.

En esos días, a Octavio e Ignacio los asignaron al personal de hombres que iban a construir la quinta de la familia Simons en la Península Balboa, en Newport Beach, en California. La casa contaba con cuatro dormitorios, una gran cocina y un salón-comedor para las horas de ocio de Walter y Edit. El patrón había estado planeando la construcción de esta segunda casa durante algún tiempo, y cuando llegó a un acuerdo con su sobrino James, decidió hacerla. Buscó una parcela cerca de la playa, en una zona en desarrollo. Newport Beach era un lugar tranquilo de retiro que prometía ser un buen lugar en años venideros.

Octavio había trabajado en la construcción de esa casa desde que pusieron los cimientos. Aprendió todo lo que pudo, y se dio cuenta de que, aunque podría ser eternamente feliz viviendo con sus padres, algún día tendría que construirse la suya propia. Un día, a medida que se acercaba a la casa de sus progenitores, se vio a sí mismo y a sus hijos en la casa de la familia Revueltas. Abrió la casa y pensó en Nana . . . Sería esta noche o ya habría dado a luz . . . Con este feliz pensamiento, se encontró a Tati en la puerta con una sonrisa que ocultaba casi la mitad de su bonita cara. Era una sonrisa llena de felicidad. Lo abrazó y le susurró el sexo del bebé al oído. Octavio se marchó a la habitación precipitadamente y escuchó el llanto del bebé . . . ¡Vaya manera de llorar!, pensó. Sonrió de felicidad cuando vio a Nana, cansada y pálida, pero orgullosa con la bebé entre sus brazos.

—¡Es preciosa! —dijo Octavio sin recordar si prefería niño o niña.

—¡Octavio! —Nana lloró amargamente con la decepción en su cara.

Octavio movió la cabeza para decirle que no llorara. No podía hablar. Las lágrimas inundaban su cara. Se sentó al lado de su esposa, abrazó a la mamá y a su hija. Siguió sin poder hablar mientras Nana lloraba de felicidad, pero también de frustración por no haberle presentado un varón a su esposo. Él sabía por qué lloraba ella, y pensó que era divertido, mas no se atrevió a reír pues sólo habría emitido un gemido ya que estaba maravillado. Tati les había estado observando durante un rato. Cómo envidiaba a Nana.

—Te traeré un poco de té caliente con miel —dijo Tati esperando una respuesta.

Los dos dieron su aprobación con un ligero movimiento de cabeza. Cuando Tati se fue de la habitación, miró una vez más a la bella pareja y a su hija Micaela. Cuando entró en la cocina, su esposo Ignacio entraba en casa. Milagros preparaba algo de té, Damián terminaba su cena y Maximiliano, José, Rogaciana y Felícitas se acomodaban en el calor y la felicidad del hogar.

◼︎◢◤◼︎◢◤◼︎ CAPÍTULO 12 ◼︎◢◤◼︎◢◤◼︎

DICIEMBRE DE 1927 PROMETÍA DAR UNAS NAVIDADES frías y secas. La temperatura había descendido hasta helar durante la primera semana del mes. El tiempo frío y seco llenó de esperanza a la población por el hecho de que pudiera nevar en Los Ángeles. La posibilidad de una nevada apaciguó el estado real de los asuntos económicos del sur de California y, en general, de todo el país. La miseria y la pobreza rondaban por todos sitios. Los pobres se hacían cada vez más pobres, y los ricos cada vez más ricos. Sin embargo, la población estadounidense disfrutaba del mejor nivel de vida conseguido hasta entonces en cualquier lugar del mundo.

Los mexicanos de Walter vivían bien, comparados con otros pobres del país y con sus compatriotas en México, ellos vivían en la abundancia. Los mexicanos de Simons seguían trabajando para Walter hasta el límite de sus fuerzas. No se les había entrenado para bajar el ritmo de trabajo. Su trabajo eficaz y diligente era tan productivo que la producción de ladrillo había superado la capacidad de consumo. La ladrillera había bajado el ritmo, pero no despidieron trabajadores. Seguían trabajando muy duro, y disfrutaban de una comodidad relativa, aunque algunos trabajadores tenían una mejor situación financiera que otros y, por lo tanto, no disfrutaban de igual manera de estos tiempos de prosperidad de la empresa. Estos niveles económicos eran la consecuencia de una mala distribución de los beneficios. Los dividendos y beneficios de Walter se habían elevado mucho más rápidamente que las nóminas que él pagaba a sus trabajadores. La era de las grandes ganancias se estaba convirtiendo en la era de la desilusión y el desespero para la inmensa mayoría de la población que vivía a las afueras de Simons. La gente se impacientó por el miedo de perder todos sus ahorros. Temían la posibilidad de que no hubiera ningún mañana.

Con la llegada de la Navidad, empezaron a suceder cosas horribles y ciertamente extrañas. La gente joven que miraba expectante al futuro fue la más afectada por este espíritu de inestabilidad e incertidumbre. El tiempo cambió y llegó un inesperado calor que elevó aún más esta sensación de inseguridad. Con ese calor de diciembre, apareció en Simons una mujer que aparentaba unos cincuenta y cinco años, pero que en realidad tenía alrededor de unos treinta y cinco.

Como salida de un resquicio del lienzo de la realidad, la mujer caminaba por la calle Vail. Llevaba un sombrero negro con triángulos blancos invertidos, un vestido negro, medias y zapatos negros y un abrigo de piel negro. En su mano derecha, llevaba apretado contra su pecho un pequeño bolso negro. Con su mano izquierda, sostenía el asa de piel negra que tenía una cadena brillante y plateada que iba atada a un collar dorado, sujeto alrededor del cuello de su hijo de diecisiete años, William Edward Hickman. El joven iba impecablemente vestido con un traje negro, camisa de seda blanca y corbata negra el cual era todo improbable que fuera el atuendo de un turbado chico pobre. El joven caminaba llevándose la mano a la cara cuando la gente se paraba a mirarle. Se tapaba la cara como si quisiera esconder las miles de pecas que le daban un aire angelical a su apariencia. La inocencia había esculpido su cara, pero caminaba temeroso de las miradas de la gente.

Madre e hijo iban en dirección a la casa de doña Marcelina Trujillo Benidorm que en ese momento estaba esperándoles en la entrada. La madre de Hickman le había pedido a doña Marcelina que curara a su hijo de las horribles visiones que acudían a él por las noches. La locura era el vaso sanguíneo unificador que corría en la familia de William Edward Hickman. Se sabía que su abuela estaba loca, y que dos de sus tíos manifestaron haber tenido una llamada religiosa para hacer el bien y destruir el mal. Una prima y un primo eran dos tontos que se habían marchado con un circo extranjero. Su madre también había sido una perturbada durante toda su vida. Como si de una "viuda negra" se tratara, la acusaron de haber devorado a su padre tras haberle asesinado, triturado y comérselo durante todo un año en que amamantó a Hickman.

Acusada de homicidio, pero sin llegar a ser condenada, la recluyeron en un asilo para observarla durante un año hasta que un psiquiatra declaró que estaba en plenas facultades. Después regresó a casa para criar a Hickman.

La señora Hickman llevó a su hijo a doña Marcelina para que borrara una imagen que el chico había descrito repetidamente a los encargados de su escuela. La visión era que su madre, creyendo que su hijo estaba dormido, se ponía delante de su cama con un cuchillo de carnicero en la mano, rezando a Dios para que le dijera si tenía que acabar con su vida o con la de él. Por las mañanas, le lamía la cara a su hijo para colocarle unas manchas de Cristo que, según ella, Dios le había puesto en su lengua durante la noche. Era normal que el muchacho sufriera ataques epilépticos cuando iba a la escuela. Cuando sucedía, lo rodeaban niños y mayores observándole hasta que los ataques remitían. Si el ataque se producía en casa, su madre se encargaba de quitarle la ropa y lamerle el cuerpo hasta que se quedaba dormido exhausto por el cansancio.

Doña Marcelina pasó la mañana analizando al chico. Descansaba a ratos para tomar energía porque el estado del joven era severo. Dedicó toda la tarde a experimentar con varias cosas, pero ninguna de ellas funcionó. Cuando el sol ya quería marcharse, se dirigió a la señora Hickman, y declaró que el muchacho había ganado la partida, que ella, doña Marcelina Trujillo Benidorm, no podía hacer nada más, que sus energías habían visto el destino del chico y que era irreversible.

—Es uno de los elegidos, solamente puedo rezar por usted —dijo doña Marcelina a la madre y al chico mientras se preparaban para marcharse.

—Ha sido elegido para hacer el trabajo de Dios —la madre de Hickman reía mientras ayudaba orgullosa a ponerse el abrigo a su hijo y cerraba el collar dorado de alrededor de su cuello. Tanto la madre como el hijo sabían que era imposible curar su destino. Ella era la madre de Judas y él llevaría a cabo su traición magníficamente bien.

Doña Marcelina acompañó a los Hickman hasta el final de su propiedad, y señaló la carretera Telegraph en dirección a Los

Ángeles esperando que, allí, Hickman y su madre encontraran en el valle de la realidad una rasgadura dónde meterse. Doña Marcelina los vio desaparecer. Esa noche, la gran curandera lloró por las víctimas de esta gente miserable, víctimas a quien, aunque pudiera verlas, nunca podría avisarles.

El quince de diciembre, en un jueves caluroso, Octavio regresó temprano del trabajo y le dijo a Nana que preparara al bebé para llevarlo de excursión a Los Ángeles. Nana preparó el almuerzo, cambió el pañal de Micaela, y la envolvió en una ligera manta blanca. Colocó la comida, unos cuantos pañales y más mantas en la parte trasera del sedán de 1923 azul brillante y de cuatro puertas Rekenbakerm que Maximiliano y Octavio habían comprado recientemente. Maximiliano llegó con Ignacio y Tati, que llevaba consigo una cesta con comida. Tati se acercó inmediatamente al bebé.

—¿Cómo está mi precioso bebé, comadre? —dijo Tati mientras sostenía a Micaela en sus brazos.

Nana se sorprendió de que Tati le hubiera dicho "comadre" porque entendió entonces que eso significaba que quería bautizar a su pequeña Micaela. Nana había pensado en ella porque fue quien había estado a su lado mientras daba a luz. Nana se acercó y la abrazó.

—Está segura en tus brazos, comadre —sonrió Nana.

—Bien, ¿qué estamos esperando? —preguntó Tati satisfecha. Se fue con Micaela hasta el coche donde estaban esperando los hombres. Nana buscó su bolso y se unió a los demás.

—¿Y Octavio? —preguntó Ignacio.

—Aquí llega. Estaba en el cuarto de servicio —respondió Maximiliano de broma pero con hechos, ya que donde esperaban podían ver el escusado afuera.

—Bueno, ¿cuánto le confesaste a las arañas, Octavio? —Ignacio hizo reír a la familia y abrió la puerta y le entregó las llaves a Maximilano.

Maximiliano se dirigió al almacén general. Cuando pasaron por la casa de Guadalupe Sandoval, vieron a Milagros sentada en el jardín bajo el alcanfor gigante que había al lado de la casa. Hablaba con su hermano y su esposa cuando Maximiliano detuvo el coche.

—Mamá, vamos a Los Ángeles para ver el encendido de las luces navideñas —dijo él, diciéndole adiós con la mano.

Milagros hizo un gesto de aprobación y, santiguándose, les dijo adiós.

Tati y Nana ya habían recibido indirectamente la agenda del día cuando llegaron a los límites de la ciudad de Los Ángeles. Antes de emprender el viaje, todo lo que Nana sabía era que irían a Los Ángeles. Después escuchó que irían a ver las luces de Navidad y que comerían en la plaza donde habría una presentación de villancicos. Le hubiera gustado que Octavio le hubiera dicho sobre los planes con un día de anticipación. En ese momento se acordó que Tati la había llamado "comadre". ¿Se había tomado la decisión de los padrinos de su bebé sin preguntarle? Tati todavía llevaba en brazos a Micaela. Nana pensó que a Tati le gustaría tener su propio hijo. Su enojo disminuyó con tal pensamiento. Sin embargo, siguió pensando que Octavio tenía que consultar con ella cualquier plan que concerniera a su familia. Los dos hombres iban conversando sin parar, y rara vez hablaban con sus esposas. Maximiliano conducía despacio, fascinado por el rápido crecimiento de la ciudad.

—Los Ángeles tiene ahora más de un millón de personas —pensó Maximiliano en voz alta.

—Sí, un millón de gringos, y quizás, un millón de mexicanos que los gringos no quieren ver —añadió Ignacio.

—Creen que todos trabajan en Simons —murmuró Octavio.

—¿Sabes que han echado del trabajo a cinco hombres hoy? —afirmó Maximiliano.

—A esos que acaban de llegar y a sus familias. Es porque ahora hay menos demanda, y la producción se está reduciendo por todas partes —dijo Octavio.

—Entonces, es por eso por lo que Federico se marcha —dijo Maximiliano.

—Cree que el trabajo es más seguro en la otra planta del hermano Simons.

—Sucede lo mismo que aquí. Federico se marcha porque Celia dice que allí hay mejores escuelas, que se puede comprar una casa y también porque ella tiene familia allí. No hay ninguna seguridad en ninguna de las ladrilleras —respondió Ignacio, algo molesto por lo que acababa de decir Maximiliano.

Nana pensó entonces en tener su casa propia.

—Es por ello por lo que necesitamos un sindicato de trabajadores, para proteger a los empleados y a sus trabajos —dijo Octavio elevando el tono de voz.

—Si empiezas con el tema del sindicato, te despedirán —replicó Maximiliano . El viejo Simons está en contra de cualquier tipo de sindicato. Ha dicho que solamente son buenos para crear insatisfacción entre los trabajadores.

Maximiliano bajó el parasol del coche y se paró de repente. Miró por la ventana hacia las colinas de Montebello, las atravesó en tiempo y espacio, y vio a lo lejos, atravesando la inmensa blancura que había delante de sus ojos, un insecto café que se acercaba hasta él. Con gran tranquilidad y un tanto pálido, Maximiliano se puso a contemplar el trabajo arduo del insecto. Sin temer que la enorme bestia se acercara, esperó conteniendo la respiración.

—El viejo cree que tratándonos como niños domesticados nos impide ver lo que hay fuera de Simons —dijo Octavio interrumpiendo la visión de su hermano.

—No, Maximiliano, los tiempos andan revueltos. Mucha gente está sin trabajo, ¿qué o quién va a detener a Simons si él decide echarnos a todos a la calle para darles nuestros trabajos a los gringos? —dijo Octavio con rabia.

—Miren los pequeños ángeles, las luces, Santa Clos, la bonita decoración de las calles —Maximiliano se detuvo en un semáforo en rojo, y después siguió conduciendo por las principales calles de la ciudad. Paró el coche antes de llegar a la estación de ferrocarril y lo estacionó.

—Desde aquí la plaza no queda lejos —dijo saliendo del coche.

Caminaron todos hacia la plaza, y Nana se dio cuenta de que la gente, las familias, las parejas, eran todos mexicanos y que había muy pocos anglos. Los caminantes pasaban al lado de Octavio y ella, y los dos caminaban uno al lado del otro, seguros de sí mismos, algo que nada tenía que ver con lo que Nana había vivido desde que se había casado. La vida matrimonial fue un descubrimiento constante para ella; a veces descubría las cosas estando a solas, y otras veces con Octavio a su lado. Con frecuencia, su esposo regresaba a casa solamente para cambiarse de ropa, comer algo y marcharse a trabajar. La supervivencia era el pan de cada día y cada noche.

En ese momento, caminando al lado de su esposo, Nana lo sentía cercano mientras buscaban un sitio donde hacer su picnic. Encontraron un gran espacio en la parte derecha del escenario que el Departamento de Festejos de la ciudad había construido para las festividades navideñas. Maximiliano extendió una manta encima de la tierra, todos se sentaron, y Nana y Tati empezaron a distribuir la comida. Octavio e Ignacio bebían vino, mientras que las dos mujeres permanecían sentadas junto a Micaela, que se durmió cuando los trescientos voluntarios de villancicos del Departamento de Parques y Recreo empezaron a cantar la letra de "Hark the Herald Angels Sing". Nana estaba sorprendida por lo grande que era el coro, por la belleza de las voces que parecían estar cantándole a ella. Puso a su bebé cerca de su corazón y la meció suavemente, canturreando esos villancicos que oía por primera vez en su vida.

Las melodías continuaban en la cabeza de Nana en uno de los intermedios de la actuación, cuando una mujer que Octavio, Ignacio, Tati, Maximiliano y ella misma debían conocer, subió al escenario. Un sacerdote dijo que se trataba de una amiga de la comunidad.

—¿Y por qué no decirlo? Es una amiga de la comunidad mexicana de Los Ángeles. Les presento a Edit Marin Chalk Simons, la organizadora del concierto de Villancicos Navideños de este año —dijo el sacerdote.

—¿Es la mujer del viejo Simons? —preguntó Ignacio.

—Sí, es ella, y aquí llega también el señor Simons —Octavio señaló a un hombre corpulento que caminaba hacia el escenario para ponerse al lado de Edit. No se dirigieron al público, sólo se inclinaron para saludar, estrechar las manos de algunos cantantes, y desaparecieron en la cálida noche de diciembre.

Un poco antes, hacia las dos de la tarde, un hombre joven apareció en la escuela secundaria Mount Vernon para hablar con el secretario. Dio un nombre falso y se identificó como un empleado del señor Perry Parker, el director de una oficina bancaria local. El joven muchacho, con la cara llena de pecas y el pelo negro y rizado, comunicó que el señor Parker había sufrido un grave accidente de coche y que la familia le había autorizado a él para que recogiera a Marion, su hija de doce años. El muchacho se sentó debidamente y esperó. Su tranquilidad hizo que el personal de la escuela actuara de forma inmediata, porque las palabras y el tono utilizado por el joven anunciaban que Parker estaba en serio peligro, y que la muerte estaba acechando sigilosamente. Sin dudarlo un momento, le entregaron a la muchacha.

Parker había salido de una reunión cuando un mensajero de Western Union le entregó un telegrama. Pensó en sus padres o en sus concuños, que ya tenían una edad avanzada. La primera muerte de su familia, y es Navidad, pensó mientras entraba en su oficina y abría el sobre en privado. Cuando se hubo marchado el mensajero, los trabajadores de la oficina ya estaban alertados de que alguien de la familia del director había muerto. Se empezaron a preocupar cuando, después de media hora, Parker no salía de su oficina. Entró su secretaria y lo encontró llorando como un niño. Pasados unos minutos, llegó la policía. El banco cerró sus puertas cuando se presentó la policía, y poco después, se empezó a hablar de un secuestro.

Parker todavía tenía el telegrama en sus manos cuando su esposa, Jasper, entró en la oficina. El telegrama informaba que su hija estaba bien, y que no debían hacer nada hasta que volvieran a recibir otra carta. Jasper dejó caer el telegrama al suelo, se sentó y empezó a llorar amargamente durante unos minutos. Después decidió que traería a su hija de vuelta a casa, se levantó y tomó a su esposo de la mano.

—Perry, debemos ir a casa —dijo con tranquilidad. Hasta ese momento todo el mundo a su alrededor tenía una actitud negativa y muy pesimista. Jasper le dijo al oficial encargado de la investigación que esperarían la carta y el regreso de su hija en su casa, puesto que ese era el lugar donde, con toda probabilidad, regresaría Marion.

A las diez de la noche, la policía empezó a interrogar a los vecinos y a conocidos de la familia, mientras los Parker esperaban noticias en la puerta principal de la casa. En ese momento, sintieron que su casa había sido violada, y que el corazón de su familia había sido desgarrado por algún poder desconocido que, con toda seguridad, estaría viendo su agonía desde algún lugar.

A la mañana del día siguiente, los Parker oyeron que alguien tocaba la puerta. El cartero quería obviar los trámites de la entrega de la carta, pero, al final, cumplió con sus obligaciones y procedió como de costumbre. El señor Parker escribía sus iniciales mientras Jasper tomó en sus manos un sobre más grande de lo normal, y se marchó al salón donde esperaban los investigadores de la policía. Le entregó el sobre a su marido, lo abrió y sacó tres folios de papel de diferente tamaño. El más grande de los tres contenía las instrucciones del secuestrador.

Utilicen el buen juicio, no se asusten y mantengan esto en secreto. Consigan 1,500 dólares en billetes de veinte. Después llegarán las instrucciones para el intercambio del dinero por su hija. Si necesitan ayuda, pídanla a Dios, no al hombre.

Jasper tomó los otros folios. Uno era una nota de Marion.

Papá, mamá, estoy bien. Ayúdenme, por favor. Marion.

El tercer folio contenía la declaración de William Edward Hickman, el secuestrador.

Recuerden, no se pongan nerviosos, pero consigan el dinero. Los estoy vigilando. El zorro es muy astuto, ya saben.

Parker se marchó al banco inmediatamente. Discutió la situación con el propietario del banco, que había sido informado del secuestro por la policía y a quien le habían pedido colaboración. El propietario no dudó en darle a Parker mil quinientos dólares. El banquero estaba acompañado por un detective de la policía que había estado junto a él toda la mañana, y fue él quien puso el dinero en una bolsa de piel. Después, entristecido, vio a Parker salir y recorrer las modernas calles de Los Ángeles. A las siete cuarenta de la tarde, Hickman llamó a Parker, y con voz monstruosa y cavernosa, le dijo que esperara cerca del teléfono para seguir sus instrucciones. Le repitió que el hombre rico no debía intentar trucos con él. El señor Parker colgó el teléfono y esperó.

La policía se encontraba afuera, a un radio de una milla, vigilando el teléfono de Parker. Los investigadores rastrearon la llamada para ver si Hickman había llamado desde una cabina fuera del área vigilada. A las ocho cuarenta y cinco, las agujas de un antiguo reloj marcaban el tercer cuarto de hora cuando sonó el teléfono. De nuevo, con una horrible voz, el secuestrador le indicó a Parker que condujera hasta la esquina de la calle Diez con Gramercy, que se estacionara allí y que esperara. No mencionó el dinero, pero Parker se lo llevó consigo.

Hickman quería asegurarse de que sus víctimas habían respetado su petición de mantener todo esto en secreto. Sabía que habían informado a la policía, pero quería tratar solamente con Parker, y que no lo molestaran los agentes de seguridad. Hickman había realizado su última llamada fuera de la oficina de policía de Wilshire, donde colgó el teléfono después de la llamada y vio cómo los policías iban por sus coches para ir hasta el lugar de la cita. Se rió en voz alta, conteniéndose mientras arrancaba el coche. Con la sonrisa de una muñeca de porcelana, colocó el coche entre la hilera de coches de policía, se rió de nuevo y le puso la mano a Marion en su rodilla izquierda.

Mientras conducía hacia su apartamento de la avenida Bellevue, el enojo de Hickman aumentó porque Parker no había mantenido lo del secuestro de Marion como un asunto privado. Se sentó y empezó a pensar en lo que haría por esta traición de Parker. Escribió una nota airada que les llegaría por la mañana, pensó mientras cerraba el sobre. Si quería que Parker recibiera la nota al día siguiente, tendría que enviarla a las dos de la tarde.

Marion se estaba empezando a cansar del juego. Al principio, creyó que su secuestrador estaba bromeando, pero ahora quería marcharse a casa con sus padres. Hasta le contó a Hickman que había soñado que ella había sido separada de sus padres por un extraño poder. El sueño de Marion reforzaba su creencia de que él era el elegido para reencarnar a Judas y que todos los pecados del mundo caerían sobre él. Estaba convencido de que no cedería ante Marion, y que ella debía acompañarle hasta que Parker le entregara las mil quinientas piezas doradas.

Hickman vio que Marion estaba cada vez más inquieta y descontrolada. No se quería arriesgar a viajar por las calles de Los Ángeles con ella en el coche. Decidió que la decoraría y la dejaría en el apartamento. Cortó una sábana en tiras para atar a la aterrada muchacha. Le dijo que no gritara, porque, si lo hacía, apretaría aún más el nudo de la sábana. La puso bajo la cama y ató sus piernas, brazos, pies y manos a las cuatro patas de la cama. Le advirtió de que no podía gritar porque llamaría la atención de los vecinos y, sobre todo, porque haría que los nudos que la ataban se estrecharan un poco más. La muchacha no podía hablar por el dolor y el miedo que sentía de pensar en lo que podría sucederle después. Hickman sonrió pensando en lo que había debajo de su cama, cerró la puerta despacio y se fue a acostar.

Los golpes y los gemidos apagados se arrastraban por debajo de la puerta de Hickman. Los escuchó y se enojó por el poco entendimiento y cooperación de su secuestrada. Abrió la puerta lentamente, y se encontró a Marion dando patadas al suelo en un intento desesperado de llamar la atención de alguien. Bajó hasta el suelo donde estaba ella, y la saludó.

Marion, en un ataque de pánico, intentó librarse de él, y su cuerpo se movía sin control aterrada por el miedo. Golpeó el suelo con los pies, las nalgas y la espalda sin cesar, y casi exhausta, se golpeó la frente contra los barrotes de hierro de la cabecera de la cama. Lo miraba fijamente, con la mirada llena de terror, clavando sus ojos en esa bestia que la estaba torturando a ella y a los que la amaban. Los pensamientos de Marion se concentraron en sus padres. ¿Por qué todavía no habían ido a por ella?

Hickman le hizo una señal a Marion para que se comportara. Se sentó y estudió la habitación. Un extraño olor invadió el espacio, y una niebla azulada entraba por las ranuras de las paredes, las puertas y las ventanas. En medio de ese vapor azulado, apareció un personaje bíblico, una persona cuyos ojos pedían obediencia. Un ser vestido con traje blanco, camisa y zapatos inmaculadamente blancos, se puso delante de Hickman y le habló al oído.

—Estrangúlala —dijo la aparición tranquilamente, sonriendo.

Hickman se sintió bendecido, elegido y privilegiado por ser ordenado por este bello poder que él pensó que existía nada más que para él. La neblina azulada se había metido dentro de su cerebro, por donde, antes, corría sangre. Ahora, era un fluido azul lo que circulaba rápidamente por sus arterias, venas y capilares. Algo químico, de procedencia desconocida, se espesó dentro del cuerpo del chico americano de cara dulce, a quién alguna vez su madre llevó atado a un collar de cadena. Tomó una toalla roja grande, se la arrolló al cuello y se dirigió hacia la horrorizada Marion para desatarla. Su cuerpo estaba debilitado de tanto luchar, y tenía la frente amoratada y ensangrentada. La sacó de debajo de la cama. En ese momento, la niebla azulada rodeaba a los dos, y la sombra blanca todavía se deslizaba en las pupilas de Hickman, diciéndole que cumpliera la misión de Judas, y que él sabía que esto lo llevaría al paraíso.

La muchacha descansó un momento, preparándose para luchar de nuevo por su vida. Sintió la mano de su raptor encima de su frente, con gotas de sangre cayendo encima de su cabello, cuando vio que cogía la toalla roja que llevaba atada alrededor del cuello. Le puso la cabeza entre sus rodillas y ató la toalla al frágil cuello de Marion. Estaba húmeda cuando la deslizó por la garganta. Ella gritaba y luchaba con todas sus fuerzas para zafarse del demente, cuando el chico americano separó las manos tirando más fuerte de la toalla. Estaba sentado de cuclillas, con la cabeza apoyada ligeramente en sus rodillas, cuando bajó la vista hacia ella y vio cómo sus ojos lo miraban fijamente. En ese instante, le torció el cuello. Sus manos siguieron tirando con fuerza de los extremos de la toalla hasta que el cuerpo de Marion dejó de moverse. Después, soltó la toalla, y dejó caer sus brazos, como si un gran peso tirara de ellos. Hickman fijó la vista en esa presencia blanca que parecía desvanecerse, cerró los ojos, se tumbó encima del cuerpo de la muchacha y se quedó durmiendo plácidamente.

Horas más tarde, se despertó con la sensación de haber descansado. Se arregló el pelo, se frotó los ojos y vio a Marion muerta a su lado. En ese momento, abominó su asesinato. Sin embargo, el mundo moderno empezaba a despertarse afuera. Hickman se retiró su negro pelo rizado de la cara, ella había muerto, y ahora nunca podría recoger el dinero, se dijo a sí mismo, mientras pensaba rápidamente en otra solución para la historia. Después encontró la respuesta a su dilema, y decidió colocar el cuerpo de Marion encima de la cama, contempló su belleza de nácar, fue a una farmacia y compró algunos cosméticos.

Cuando regresó a su apartamento, y después de saludar a sus vecinos, entró a la habitación donde yacía el cuerpo de la muchacha. Al entrar, sus manos buscaron el cuerpo de Marion Parker, la desnudó, y se la llevó al baño; después la colocó en el suelo, y empezó a diseccionar el cadáver. Era enormemente bella en su quietud e inmovilidad, era como un ángel, pensó Hickman. Muy delicadamente, empezó a poner los restos del cuerpo en la bañera, y con mucho cuidado y ternura, le cortó el cuello para que la sangre drenara. La experiencia de haber trabajado en un matadero de pollos hizo que supiera lo suficiente de anatomía como para poder diseccionar un cuerpo humano. Los brazos estaban muy rígidos, y le fue difícil cortarlos por los codos y sacar los antebrazos. El cuerpo se movió cuando separó meticulosamente el torso por la cintura y empezó a destriparlo con cuidado; Hickman abrió el agua para limpiar todas las partes del cuerpo, el torso y la cara de la callada y obediente Marion.

Después de la meticulosa operación que había llevado a cabo, acercó el maquillaje que había comprado y, sosteniendo la cabeza con su mano derecha, pintó una macabra aproximación de una Marion feliz. Por un momento, se dio cuenta de que su creación estaba dormida, y que habría que abrirle los ojos para que pareciera que estaba viva. Buscó por todo el apartamento, hasta que el marco de un cuadro que colgaba de la pared le dio la solución. Agarró el cable delgado y brillante, y lo utilizó a modo de hilo plateado para coserle sus ojos abiertos.

Después colocó hojas de papel de periódico al lado de la bañera, y con las manos desnudas, colocó las entrañas del cadáver descuartizado en las hojas de papel y las empezó a empaquetar. Los despojos dieron para hacer tres gruesos paquetes. Condujo hasta Elysean Park y arrojó los tres paquetes al arroyo, después dio vueltas por todos Los Ángeles con los restos de Marion en el asiento de al lado. Le había puesto un vestido encima de su torso, y la había colocado en el asiento de al lado, encima de unos cuantos libros de economía. Las piernas, los antebrazos y las manos permanecían a la derecha de Hickman.

Sobre las siete y media del sábado 17 de diciembre, cuando la noche ya se había llevado consigo el día de Los Ángeles, Hickman fue hasta una cabina de teléfono y llamó al aterrorizado señor Parker.

—Soy El Zorro. Venga inmediatamente al 493 de South Manhattan Place. Asegúrese de que viene usted solo y con el dinero —le ordenó.

Parker, a pesar de que la policía le había aconsejado que no fuera solo, insistió en que solamente acudiría él para enfrentarse con esa bestia que tenía secuestrada a su hija. Buscó despacio el número que le había dado, y cuando llegó hasta la entrada de la casa, sintió cómo le arrebataban la esperanza de su corazón. Estacionó el coche, apagó las luces y salió a explorar el lugar donde se encontraba, esperando con el corazón golpeándole fuertemente, y con pensamientos agonizantes, deseando, suplicando y prometiéndose a sí mismo, que daría todo lo que había acumulado hasta entonces porque le devolvieran a su hija. Mientras, Hickman, con una Marion sonriente y maquillada a su derecha, miraba a su desesperado padre.

Tan pronto como se hubo asegurado de que Parker estaba solo, arrancó el coche y lo colocó al lado del suyo para tomarle por sorpresa. Parker se encontraba pensando en los maravillosos viajes que él y Jasper harían con Marion, cuando se dio cuenta de lo que estaba pasando. Con la lánguida luz que ofrecían las farolas de la calle, Parker giró la vista hacia la figura que había sentada en el asiento delantero del coche del diablo. Marion estaba allí, ése era su vestido, pero su cara estaba cubierta de una extraña atmósfera, un nimbo de vapor azul.

Hickman aceleró el motor, Parker levantó las manos
implorándole que se detuviera, y lanzó el paquete con mil
quinientos dólares por la ventana abierta del coche de la bestia. En
ese instante, apareció una grotesca máscara de payaso que era la
cara de Marion. Parker salió de su coche, y corrió tras el odioso
secuestrador. Dio diez zancadas y se detuvo, dándose cuenta de que
tenía que regresar al coche y salvar a Marion. Intentó encender el
motor sin tener suerte, cuando vio que Hickman paraba y abría la
puerta, tirando a la calle los restos de Marion, es decir, el torso y la
cara decorada de la muchacha. Marion quedó esparcida en el
césped que había entre la acera y la calle. Su cabeza y su sonrisa
colgaban de su torso. Parker corrió desesperadamente y encontró a
su hija. Fue cuando rompió a llorar, y un miedo eterno y terrible se
apoderó de la ciudad de Los Ángeles.

Don Vicente Limón leía el periódico a medida que se alejaba con
paso lento de la Iglesia Católica Mount Carmel, donde había
asistido a la misa de las ocho de la mañana. El padre Rafael de
Fives había pedido por el alma de una niña que había sufrido un
destino terrible e inimaginable hasta esa mañana, para la gente del
sur de California. En Simons, los trabajadores repitieron las
palabras de condena al asesino de Marion Parker que pronunció el
sacerdote, y después le agradecieron la misa conforme se despedían
de él. Los padres llevaban de la mano a sus hijos, y les decían a
todos que no anduvieran solos por las calles. Tampoco perdían de
vista a sus hijas.

—Ese monstruo merece ser colgado inmediatamente —dijo
una madre a su esposo.

El miedo y la angustia se reflejaban en las miradas, los gestos y
las palabras de la gente. Una multitud se congregó en el almacén
general alrededor de don Vicente. Muchos compraron *La Opinión*,
y uno de ellos le pidió a don Vicente que leyera en voz alta la
historia de William Edward Hickman y Marion Parker. Al leer los
detalles del secuestro y cómo quedó el cuerpo de la muchacha, la
gente empezó a rezar y a gemir por el horror del suceso.

—¿Qué podemos hacer? —gritó una mujer.

—Debemos sacar a nuestros hijos de la escuela —dijo otra mujer.

—Bien, voy a ir hasta Los Ángeles por ese animal. ¿Cuántos de ustedes vienen conmigo? —gritó un joven al que se unieron muchos otros.

—Debemos vigilar siempre a nuestros hijos, y cerrar las puertas y las ventanas día y noche —sugirió un anciano. Todos estuvieron de acuerdo.

Don Vicente plegó el periódico y escuchó.

—¿Hay algo más, don Vicente? —exclamó un hombre desde el fondo.

—Nada —dijo despacio don Vicente.

En ese momento, se hizo un gran silencio, tal vez pensaron por un instante, que Marion seguía viva. Allí estaba ella, al lado de sus hijas. La gente de Simons, preocupada por la posibilidad de que el tipo William Edward Hickman llegara a su ciudad, llamó a Jacobo Ramos, el encargado del almacén general, para pedirle que hablara con Gonzalo Pedroza.

—Cálmense. Don Gonzalo ya sabe lo que sucede. Les aseguro que aquí estamos a salvo. La inseguridad está allí afuera —Jacobo dio media vuelta y entró en sus dominios.

Los trabajadores no se quedaron muy convencidos y regresaron a sus hogares con los niños de la mano. Muchos de los mexicanos de Simons se sentían corrompidos, afectados y tocados por el mundo del patrón. Hickman era producto de la sociedad que vivía fuera de Simons; era una sociedad que los rechazaba, y que ahora había engendrado una bestia entre los gringos que se infiltraba e interactuaba psicológicamente con ellos. En el fondo, todos temían que la bestia de los gringos pudiera entrar en su mundo, o que Walter Simons permitiera que la policía entrara en la Ciudad de Simons e invadiera sus hogares en busca de la bestia. Los rumores se multiplicaron rápidamente.

Don Vicente se detuvo en casa de Octavio Revueltas para saludar a Octavio y Federico que, en ese momento, charlaban con Ignacio. Federico leía el titular "¡Ese asesino no debe escapar!" de *Los Ángeles Times*. Dos mil agentes de policía se habían movilizado para dar caza a Hickman. El departamento de policía pidió la colaboración de los ciudadanos más destacados de Los Ángeles y de otros departamentos de policía de los alrededores de la ciudad. Una histeria volátil e impredecible se instaló por todos sitios; la gente se reunía y circulaba por las calles sin rumbo, esperando tener más noticias de la búsqueda. Los temerosos ciudadanos donaron fondos como recompensa para obtener esa información que llevara al arresto del asesino. El domingo por la mañana, las autoridades ya habían reunido veinticinco mil dólares para capturar al diablo.

—Como he dicho, don Vicente, es peligroso para los mexicanos. Los periódicos dicen que El Zorro tiene cabello negro rizado. Pararán a todo aquél que tenga ese mismo color y forma. Verá cómo la policía acosará a los mexicanos —dijo Federico apresuradamente.

—Y ahora que han ofrecido una recompensa, nos pararán a muchos más —añadió Ignacio.

—¿Pero, creen que vendrán a Simons? Los gringos no entran aquí, ni tampoco lo harán los criminales como El Zorro —dijo Octavio, mientras le puso la mano encima del hombro a su hermano Federico.

—Tendrás que tener más cuidado porque te estás mudando cerca de ellos.

—¿Cuándo te mudas, Federico? —le preguntó don Vicente Limón.

—Después de Año Nuevo —respondió Federico cuando abría la puerta a Milagros, que regresaba de misa con Nana y Micaela.

Se saludaron, y las dos mujeres entraron en casa. Nana se volvió hacia Federico.

—Celia me ha dicho que dejarán la casa después de Año Nuevo. ¿Te lo ha pedido alguien? —preguntó Nana arreglando la manta de Micaela y mirando a Octavio mientras Federico respondía.

—No, no que yo sepa, Nana —Federico se despidió y se marchó.

Ignacio y don Vicente se fueron hasta los alojamientos de solteros donde iban a ver el desarrollo de una partida de cartas. Octavio había regresado hacía tan sólo una hora de allí. Se metió la mano en el bolsillo y notó un rollo de veinte, cincuenta y cien dólares.

—Octavio, ven y toma el desayuno —le dijo Nana.

Octavio se ajustó la gorra y abrió la puerta para ir hacia donde estaba su esposa. Mientras desayunaba, cómodo y seguro en el hogar de sus padres, merodeaba fuera de las fronteras de Simons un asesino, William Edward Hickman, que, con sus abominables actos, había abierto la caja de Pandora y había dejado salir una imagen moderna de miedo que se alimentaba y crecía cada vez más.

La última posada culminó en Mount Carmel, donde todos los habitantes se habían reunido para cantar el himno tradicional que hablaba del cobijo. Un chico vestido de San José y una chica de Virgen María, montados en un burro, iban por las casas antes de que les invitaran a refugiarse en un establo en la Iglesia Mount Carmel. Durante nueve noches, habían buscado un lugar dónde quedarse, sin encontrar alguno. El veinticuatro de diciembre, la pareja encontró cobijo en una posada. Muchos de los habitantes de Simons participaron en la ceremonia de esa noche llevando velas encendidas por el camino. Cuando el sacerdote declaró que la sagrada pareja ya había encontrado refugio, dio comienzo la celebración con toda formalidad. Los sacerdotes se sintieron decepcionados cuando, en esa Nochebuena en particular, los trabajadores y las familias de Simons regresaron temprano a sus hogares. El fantasma de William Edward Hickman, esperando en la noche detrás de unos matorrales, hizo que las familias celebraran el nacimiento de Cristo en la seguridad de sus casas.

La familia Revueltas hablaba, discutía, comía y reía. Estaban todos reunidos cerca de Damián y Milagros para celebrar la Navidad y el nacimiento del primer bebé de la familia, un acontecimiento especial, aunque Octavio y Nana habían traído una niña al mundo. Octavio se encontraba feliz disfrutando de su familia en la pequeña casa de la compañía cuando pensó en el futuro de Nana y Micaela. Su esposa había soñado con tener su propio hogar para las próximas Navidades. El deseo de tener su propia morada creció aún más cuando Federico y Celia empezaron a hablar de su marcha inminente a Gardena.

El día de Año Nuevo se repitió la misma imagen de siempre. Milagros preparó docenas de tamales, y una gran olla de menudo se cocía a fuego lento ya por la noche, esperando a que los solteros de la familia, Maximiliano y José, regresaran de las fiestas a las que habían acudido. Federico y Celia anunciaron que pronto serían bendecidos con la llegada de un niño. Por un momento, Milagros se sentó quieta, descansando de tanta energía y movimiento. Sonrió y fue de nuevo a revolver el menudo.

Han pasado casi dos años, y parece que hubieran transcurrido horas desde que la trajeron a vivir con Milagros, pensó Nana mientras cambiaba a su bebé. No viviría más siendo la criada de todo el mundo. Tendría un hogar para sus hijos y se liberaría del dominio, de tener que considerar primero a los otros miembros de la familia, sin herir nunca a Milagros. Octavio no le había comunicado su opinión a Federico en cuanto a su marcha. La posibilidad de alquilar la casa de su hermano, situada al lado de la de sus padres, nunca le había pasado por la cabeza. ¿Por qué ignoraba Octavio sus deseos?, se preguntó Nana en silencio.

Durante la semana entre Navidad y Año Nuevo, la fricción entre Nana y Octavio había aumentado. Él no le había dicho que Federico se marcharía el tres de enero. Se reservaba la información, Octavio quería decírselo a Nana, pero siempre lo olvidaba. El juego lo había retenido por las noches durante toda esa semana. Aunque ganaba grandes sumas de dinero, y siempre le daba a Nana más que suficiente, ella no estaba feliz con sus largas ausencias nocturnas. Si pudiera tener el privilegio de jugar todas las horas del día, ella tendría el derecho de tener una casa para ella y su familia.

Con motivo del Año Nuevo, los hombres de Simons dispararon a las estrellas con sus rifles y pistolas, como si intentaran hacer pequeños agujeros en el firmamento para buscar el lugar por dónde había desaparecido ese último año.

En Pendleton, California, William Edward Hickman, sorprendido por los disparos, conducía sin rumbo fijo un Hudson verde robado que pasó frente dos policías locales. Los periódicos de Los Ángeles pusieron en sus titulares la detención de El Zorro a la mañana siguiente. El fiscal del distrito judicial y la mitad de los peces gordos del Departamento de la Policía de Los Ángeles, tomaron el primer tren en dirección al norte. Allí encontraron a Hickman encerrado en una jaula en medio de la cárcel local y a la gente circulando libremente alrededor de él. Con grandes medidas de seguridad, Hickman fue conducido en tren inmediatamente de vuelta a Los Ángeles. La multitud de gente preocupada que la policía esperaba no llegó a materializarse, y, curiosamente, cuando el juicio se inició, el fervor del público desapareció debido a la petición de inocencia de Hickman que se declaró loco, algo bastante novedoso en los juicios de aquel entonces. La actitud mayoritaria del público era que se asegurara de que tendría un juicio justo y que después se le llevara a la horca. El juicio concluyó en pocos días, y el jurado llegó a un veredicto en menos de una hora. William Edward Hickman fue juzgado bueno y sano de salud mental y culpable del secuestro y asesinato de Marion Parker. Hickman se encontraba en plenas facultades, y el juez James Trubucco le sentenció con premura al pabellón de los condenados a muerte, en la prisión de San Quintín, y allí lo colgaron hasta que encontró la muerte.

En otoño, el nombre de Hickman, ya se había olvidado. Por ese motivo, el día de su ejecución, los periódicos de Los Ángeles publicaron varios artículos recordando el horrible crimen cometido por El Zorro. Ese día, Hickman se sentó en su pequeña celda consolado por un gramófono que tocaba "En el jardín de un monasterio". Comió por última vez huevos con jamón, uvas, papas y un panecito de postre. Era algo tan ordinario como lo había sido cualquier cosa en su vida, a excepción del crimen que había cometido y su propia muerte.

Tres hombres estaban de pie con cuchillos afilados, suspendidos en los cabos de una cuerda. Una de las cuerdas estaba conectada a la trampilla de los pies de Hickman. Segundos después, los hombres sacaron los cuchillos y cortaron la cuerda. Cuando se abrió la trampilla, Hickman pareció desplomarse más que caerse. Su cuerpo golpeó uno de los postes y tuvo que ser enderezado por uno de los guardias. Durante diez largos minutos, mientras el cuerpo se hallaba suspendido en el aire, los sonidos de la muerte agonizante llenaron la habitación. Cuando finalmente se hizo el silencio en el lugar, subió un médico que, después de escuchar con el estetoscopio, anunció que William Edward Hickman había muerto. Sin embargo, y curiosamente, no se había roto el cuello. Él, al igual que Marion Parker, encontró la muerte estrangulándose hasta morir.

CAPÍTULO 13

FEDERICO Y CELIA YA SE HABÍAN MARCHADO HACÍA DOS semanas, y la casa seguía vacía. Celia había dejado las habitaciones limpias, y el suelo y el techo estaban en perfectas condiciones. Nana lo había comprobado todo. Había regado tres pequeños maceteros de hortensias y los había colocado en el estrecho porche principal, tal y como siempre lo había hecho allí donde había vivido. En un escalón más abajo, Nana regaba y le hablaba a cada uno de los cinco rosales podados. Quería que sus plantas brotaran en el jardín de su casa ese frío día de enero. Había visitado en numerosas ocasiones la casa de Federico y Celia, y ahora que estaba vacía se le hacía insoportable. Nana echaba de menos su cocina, sus habitaciones, su comedor y el pequeño porche el cual, desde que Federico anunció su marcha, ella había decorado y vuelto a decorar varias veces. El cubo estaba vacío. Fue hasta la parte trasera de la casa para sacar agua cuando alguien la llamó.

—Buenos días, señora Revueltas —le dijo Jacobo Ramos mientras se acercaba a la puerta de la cerca. Llevaba consigo una bolsa con comida y una carpeta llena de papeles. Nana sonrió y dio los buenos días con la cabeza.

—La casa lleva vacía unas cuantas semanas —Jacobo señaló la casa de Federico—. Octavio no me ha dicho si la quiere. La cosa es que ha llegado un nuevo trabajador con su familia y está interesado . . .

—La quiero —interrumpió Nana—. Sí, señor, nos mudaremos el sábado —dijo ella segura de sí misma.

—Bueno, está bien. ¿Cómo quiere pagar la renta? —le preguntó Jacobo, un tanto desconcertado.

—Réstelo de la paga de Octavio —le ordenó Nana.

—Señora Revueltas, ¿ha hablado de eso con su esposo? —dijo Jacobo confundido.

—No se preocupe, ya hemos hablado. Pero quiero decirle algo —Nana se detuvo, poniendo su mano izquierda encima de su mano derecha que sostenía el cubo vacío y más firme que nunca—. Por favor, no le diga de nuestra conversación a Octavio, quiero sorprenderlo haciendo la mudanza yo sola.

—Está bien, señora Revueltas, está hecho —Jacobo se marchó hacia el almacén general.

Nana llenó el cubo con agua clara y limpia y regresó para humedecer la tierra de las plantas que pronto colocaría delante de su propio porche. Cuanto antes, mejor, pensó cuando oyó que Milagros la llamaba desde la cocina. Nana no quería hacerle daño a su suegra de ningún modo porque, por encima de cualquier otro miembro de la casa, ella era la más amable y comprensiva de todas las suegras. Sentía admiración por ella, por ser la madre que invisible y constantemente guardaba la casa, por su simplicidad, fuerza y amor.

En ese lugar, mientras echaba agua en los rosales que recorrían la cerca principal de la casa, pensó en su padre. No la reconocía, ni siquiera había vuelto a hablar con ella. Malaquías, después de varios años, no la volvería a ver ni conocería a su primer nieto. Era cabezona, y seguiría siendo cabezona, y yo también, pensó mientras veía los círculos de sus lágrimas que caían en los pequeños charcos de agua alrededor de los espinosos troncos de los rosales desnudos. Enojada, se limpió las lágrimas con el vestido, y fue adentro a ver a Milagros que la volvía a llamar. Antes de entrar, Nana se detuvo y miró el lugar que había reclamado para ella y los suyos.

El sábado en el que Nana se mudó a su nueva casa, Octavio se había marchado al trabajo más tarde de lo habitual. Este pequeño retraso en sus planes hizo que estuviera inquieta e irritable. Transcurridos unos minutos después de que su esposo se marchara, salió para asegurarse de que él no se hubiera parado a hablar con algún vecino, y arruinara su plan sin saberlo. No, Octavio se había adentrado ya en las carreteras y en las máquinas de la ladrillera, la cual había crecido tanto, hasta el punto de llegar a ser un gigante comparada con el resto de las de su clase. Nana regresó a casa, fue hasta la habitación de Rogaciana y Felícitas, y les recordó que habían prometido ayudarle con la mudanza. Las muchachas se escondieron bajo la cubierta de la cama, balbucearon un sí y siguieron durmiendo. Nana se marchó entonces a su habitación donde encontró a Milagros recogiendo unas cajas que había traído del almacén general. Las dos mujeres se pararon a contemplar al bebé que dormía en la cuna.

—Nana, éstas son las llaves que el señor Ramos nos acaba de entregar. Si necesitas más cajas, pídemelas, tengo muchas más —Milagros sonrió, y salió de la alcoba de Nana.

—Gracias, mamá Milagros —le dijo Nana cuando ella salía por la puerta.

—Voy a levantar a las muchachas para que te ayuden.

En pocas horas se encontraría en su propia casa y no tendría que preocuparse de intentar satisfacer a todo el mundo con las tareas domésticas. Octavio y ella no habían acumulado muchas cosas. Él no se quería ir de allí, estaba feliz viviendo con sus padres, y por eso no había comprado muchas cosas para un futuro hogar. Sin embargo, Nana había recogido mantas, manteles, platos, ollas, sartenes, utensilios de cocina, dos sillas, una pequeña lámpara de mesa, una cama, colchas, sábanas, tres almohadas y cuatro lámparas. Empezó a empaquetar todas las cosas y las fue poniendo en cajas cerca de la puerta para que Rogaciana y Felícitas pudieran hacer su trabajo más cómodamente. Nana quitó las sábanas de la cama y las tiró a un rincón. Tardó un poco en levantar el colchón y colocarlo a la orilla del marco de la cama. De repente, sintió que el colchón se caía hasta que se quedó tumbado contra la pared. Se sentó allí, con el colchón casi entre las piernas y, todavía sentada, comprobó que Micaela estaba plácidamente dormida.

—Mamá nos ha enviado para que te ayudemos —dijo Felícitas cuando entró en la alcoba.

—¿Cuánto tiempo nos va a llevar? —protestó Rogaciana.

—No tengo muchas cosas, sólo esas cajas, la cama y todo lo que está aquí, eso es todo —les explicó Nana a las muchachas, enojadas porque habían tenido que levantarse tan temprano un sábado.

—Empezaremos con las cajas —sugirió Felícitas.

—Abriré la puerta. Pongan todo en el comedor, quiero limpiar las habitaciones primero.

—No hace falta. Mi madre ha estado limpiando desde muy temprano. Gracias a Dios que sólo se mudan a la puerta de al lado —Rogaciana estaba molesta por la atención que Milagros le había dado a la mudanza de Nana.

Milagros quería que su nuera se mudara a una casa limpia, porque consideraba que era la casa nupcial de Nana y debía estar tan limpia como las sábanas blancas de la cama de su luna de miel. Milagros había estado limpiando las habitaciones desde primera hora de la mañana. Le pidió a Damián que almacenara leña afuera, en la puerta trasera, y lo hizo con la alegría clandestina de saber que su hijo mayor por fin tendría su propio hogar para colgar allí su gorra y su abrigo. Damián continuó almacenando leña y limpiando el jardín de la parte delantera y trasera de la casa. Los vecinos se acercaron para preguntar y saber si era Damián el que se trasladaba de lugar. Mientras él tomó su tiempo para explicar que era Octavio el que se quedaba con esa casa, se unieron a ellos otros amigos. Milagros dirigía a las muchachas para que pusieran las cajas donde las quería Nana, y también se unió a la charla. Después de un rato, Rogaciana y Felícitas pararon de trabajar y se sentaron al lado del grupo de chismosas que hablaban de todo y, en especial, de aquellas cosas que deben mantenerse en secreto en las parejas casadas.

Nana estaba ocupada colocando papel en los muebles de cocina cuando se dio cuenta de que estaba sola. Se dirigió a la puerta de la entrada y observó a las nueve personas que se habían reunido allí espontáneamente. Habían olvidado lo que estaban haciendo y disfrutaban del descanso, compartiendo noticias que tenían que ver con la familia, el trabajo, Simons, Montebello y el mundo. Rogaciana y Felícitas se sentaron en el suelo cerca de una caja que contenía la ropa de Micaela. Las dos revolvían la ropa y reían, y Nana se colocó detrás del marco de la puerta, casi escondiéndose. En medio de la gente que se había congregado allí, había dos personas que parecían haber olvidado el pasado que los había separado espiritual y físicamente. Damián, con su brazo alrededor de Milagros, hablaba con ella y con los demás. Ella, enroscada entre sus brazos, disfrutaba de su conversación. En ese instante, parecían ser una pareja feliz y parecían haber olvidado los asuntos del pasado.

Tan rápido como se habían agrupado, el grupo se disolvió y regresó a las tareas del día. Las sonrisas de Milagros y Damián se marchitaron, y sus caras volvieron a la normalidad. Milagros se alejó fríamente de su esposo y entró en casa. Damián miró alrededor y se dio cuenta de que sus hijas estaban jugando con la ropa del bebé en el suelo. Rogaciana y Felícitas tiraron la ropa dentro de la caja, la levantaron y fueron hacia donde estaba Nana. Damián miraba a las tres mujeres desde la puerta y sintió un vaivén en su corazón que no pudo compartir. Se despidió de las tres y se adentró en la ladrillera.

Cuando Damián ya se había marchado, Nana pudo ver que bajo su sombrero no había ninguna cabeza, ningún cuello. Bajo los puños de su camisa no había manos. Mientras ella trazaba la figura de ropa, Rogaciana y Felícitas regresaron a casa con más muebles, aquéllos que Nana había recogido en el pasado. El llanto de Micaela interrumpió los pensamientos de su madre, que se esforzaba en comprender el fantasma de ropa que envolvía a su suegro. Nana tomó a su bebé en brazos y lo alimentó . . . Damián, ni tu mujer, ni tus hijos, ni tus hijas te conocen, pensó.

Nana seguía mirando en dirección hacia donde Damián se había perdido de su vista, cuando Milagros apareció arrastrando una silla grande. La puso bien, y se sentó en ella a descansar un poco. Se levantó cargando la silla en su espalda y le pidió a Nana que le abriera la puerta para ver si encontraba un lugar dónde colocar la silla. La silla encontró un espacio cerca de la estufa de leña de la cocina, el sitio era perfecto. Encontró cuatro desperfectos en el suelo, como si una silla hubiera estado allí encima antes. Milagros se convirtió en la silla que le comunicaba a Nana que desde allí, en ese lugar, siempre estaría a su lado, y que si necesitaba un consejo algún día, solamente tendría que sentarse en ella. La sencilla silla de roble ahora significaba tanto para ella y Milagros. Nana colocó la mano en el respaldo y Milagros, transformada en ella misma, abrazó a su nuera y a su nieta. Nana se había convertido ahora en el verdadero centro de su familia. Ella representaba la síntesis, la estabilidad y la unidad. A través de

Milagros convertida en la silla, había aprendido estos valores, y en el abrazo compartido, habían jurado en silencio actuar según los conceptos de ayuda, equilibrio y seguridad. Las dos mujeres se abrazaron de nuevo.

Los resultados del trabajo de Nana dieron sus frutos a las tres de la tarde. Aún así, no estaba satisfecha, y empezó a hacer planes sobre los muebles que compraría para que su nueva casa fuera más práctica y cómoda. Le cambió los pañales a la bebé y le dio de comer, y cuando ésta dormía, Nana decidió tomarse unos minutos para descansar y disfrutar de una taza de té en silencio, a solas en su propia casa. Entonces, esperó a que llegara Octavio.

Pronunció su nombre alto y claro. Nunca había hecho nada malo, y nunca le había hecho daño a nadie. Tenía la conciencia limpia, era el mejor jugador de cartas de Simons.

—Octavio Revueltas —repitió Jacobo Ramos a James Simons, que en ese momento contaba la paga de los trabajadores. Gonzalo Pedroza y William Melone permanecían en guardia, tal y como lo llevaban haciendo durante años.

—Octavio Revueltas, trescientos cincuenta —exclamó James mientras ponía el dinero encima de la mesa, enfrente de un Octavio inmóvil.

—Gracias, Octavio. Siguiente, por favor —James le hizo una señal a Octavio para que se apartara. Éste no se movió.

—No está completo —dijo Octavio, miró a Jacobo y se volvió hacia sus compañeros, pidiéndoles con la mirada que tuvieran paciencia.

Jacobo le recordó a Octavio que su sueldo estaba incompleto por motivo de que Nana había rentado una casa. Levantó las manos para calmarlo y los hombres se empezaron a impacientar. Le explicó la situación a James y, con su permiso, se giró con una sonrisa en la cara, puso las manos encima de la mesa y se inclinó para hablar tranquilamente con Octavio.

—Los doscientos cincuenta que restan es por la casa que su esposa ha rentado —dijo Jacobo pausadamente.

—¿Qué casa? —Octavio levantó la voz sorprendido y consternado—. ¿Y, quién lo ha autorizado? —gritó, acercándose a la mesa con la cara pegada a la de Jacobo. Gonzalo tomó a Octavio por el brazo izquierdo.

—Márchese y discútalo con su esposa —respondió con dureza Jacobo. James bajó la mano y la puso debajo de la mesa para asegurarse de que allí seguía esperando un rifle cargado. No dudaría en volarle la cabeza a Octavio.

—Tome su dinero y muévase, Revueltas —William apartó a Octavio de la fila con su rifle.

La tensión fue desapareciendo a medida que Octavio se alejaba de la mesa. Los hombres que estaban más cerca habían sido testigos del altercado. Unos sólo vieron la manera violenta de William cuando apartó de la fila a Octavio. Los hombres se habían puesto tensos y ninguno sabía hasta dónde llegaría la paliza a uno de los trabajadores. Sus ojos siguieron a Octavio, esperando para ver su reacción. Jacobo Ramos, James Simons, Gonzalo Pedroza y William Melone temían la energía de todos los trabajadores unidos. Podían sentir su poder y su furia. Se había vivido un momento de peligro y solamente los hombres a cargo del mando se habían dado cuenta de ello. Los trabajadores simplemente lo vivieron.

Octavio caminó tan rápido como pudo, casi corriendo. Nadie y nada podía detenerlo. Abrió la puerta de la cerca y llegó hasta la puerta principal de la casa de sus padres. Cuando la puerta se cerraba detrás de él, su madre se dio cuenta de la presencia de su hijo mayor. Octavio fue hasta la habitación de la parte trasera de la casa donde él y Nana habían pasado unos meses maravillosos juntos, y donde habían concebido a su primer hijo. La alcoba estaba vacía, había sido devastada, violada sin su permiso. Ella no había dejado nada más que tres horquillas en el suelo donde antes había una cómoda con cajones . . . No me dijo nada, pensaba.

—¿Por qué no me dijiste, nada? —Octavio entró en la cocina donde comía su padre. Milagros volteaba las tortillas en el comal sin responder.

—¿Dónde está Nana? —preguntó con un cierto temor. Solamente por un instante le pasó por la cabeza que ella se hubiera marchado.

—En su casa, Octavio —pronunció Milagros con una cierta sensación de triunfo y orgullo por lo que Nana había hecho. Señaló la puerta.

—¡Donde vivía Federico! —gritó Damián molesto por la estupefacción que mostraba su hijo—. ¡Vete! —le indicó mientras seguía comiendo.

Milagros puso una tortilla al lado del plato de Damián. Levantó la vista, y vio a su hijo desaparecer.

Nana había oído la voz enojada de Damián, y supo que le hablaba a Octavio, que en ese momento entró por la puerta violentamente. Vio cómo se acercaba y cómo el estrecho marco de la puerta enmarcaba su cuerpo. El bebé jugueteaba tranquilamente en una de las alcobas, mientras Nana se encontraba esperando en la silla de la cocina que Milagros le había entregado esa mañana. No importaba lo mucho que se enojara, ella estaba preparada y segura de sí misma. Desde donde estaba sentada vio cómo Octavio entraba velozmente en el comedor. A medida que seguía entrando en la casa, la ausencia de muebles y la pulcritud que allí reinaba fruto del trabajo de Nana, la mujer que amaba, aplacó su irritación.

—¿Por qué no me dijiste nada? —insistió Octavio.

—Porque tú no has hecho nada y no quería ser olvidada en ese cuartito. Querías tenerme allí como un pájaro en una jaula. Te guste o no, ya tenemos nuestra propia casa —dijo Nana con calma.

—Claro, y casi tengo una pelea con Jacobo Ramos porque ha tomado de mi sueldo el dinero de la renta. Le pregunté quién lo había autorizado y me dijo que lo había hecho mi esposa. Si no es por Gonzalo, le hubiera partido la boca. Debes decirme lo que vas a hacer, porque si no, haces que parezca un tonto y me pones en peligro —Octavio se acercó a la estufa, cerca de Nana.

—Si te hubiera pedido dinero para el alquiler de la casa, hubieras dicho que no. Jacobo iba a dársela a otro. No tuve otra opción, Octavio, no quería perder esta casa —dijo ella sabiendo que había ganado la partida—. Además, vamos a necesitar más habitaciones para el nuevo bebé que llevo en mis entrañas —Nana alcanzó su mano.

—Nana, no tenemos nada de comida aquí, iré a buscar algo por ahí —dijo Octavio.

—Prepararé algo de café y cuando vuelvas cenaremos, gracias a tu madre —Nana acompañó a Octavio hasta la puerta.

—Haz el café fuerte, lo necesitaré para esta noche —dijo mientras salió rumbo al almacén general.

Cuando su esposo regresó con dos bolsas de alimentos, Milagros tenía la cena lista y se acababa de terminar un té con Nana. Colocó las bolsas en los armarios, y se sentó en una de las sillas que Milagros había llevado junto con una mesa.

—Gracias, mamá. Hablé con Jacobo y me explicó todo. Mañana me mandará algunos muebles —dijo Octavio cuando empezó a comer, sintiéndose cómodo con su madre y Nana en el nuevo hogar que habían adquirido.

Milagros se marchó a las seis. Octavio tomó una segunda taza de café fuerte a las seis quince. Se lavó, se vistió y se sentó en el borde de la cama. Nana, vestida con un camisón, jugaba con Micaela y estudiaba los nervios de Octavio. Sabía que pronto se iría a jugar a las habitaciones proporcionadas por Gonzalo. Odiaba que la dejara sola, algunas veces durante días y noches. Cómo se preocupaba por él, pero nunca podría arrebatarle la felicidad que sentía su esposo al barajar aquellas cartas que siempre llevaba en el bolsillo de su abrigo. Bajo la solapa izquierda, cerca del corazón, no llevaba una foto de su bella esposa, sino una treinta y ocho con empuñadura de perla. Solamente pensar que su esposo tuviera que utilizarla asustaba a Nana más que cualquier otra cosa.

Le llegaron unas voces mientras estaba tumbada en la cama viendo cómo su esposo se marchaba después de besarla a ella y a su hija. La imagen borrosa de un jugador gringo importante, arrastrando sus rodillas golpeadas por la gravilla, pasó por su mente. El arma de empuñadura de perla humeaba. Nana no pudo identificar al hombre que sostenía el arma. En la oscura noche, alguien gritó "¡Octavio!", y la imagen desapareció. Octavio dio la espalda a la cómoda con cajones donde guardaba el dinero. Nana se puso una bata encima del camisón y le arrebató a la bebé.

—Ten cuidado —su voz se convirtió en un susurro.

Octavio sonrió y, en sólo unos segundos, estaba fuera de la casa, sentado en el asiento delantero del coche de Guadalupe Sandoval. Lo que siguió después de que Octavio dejara a Nana fue únicamente el sonido de esa máquina que lo transportaba hacia la noche de Los Ángeles.

Desde arriba, se veían los jugadores navegar por las olas de la vida moviéndose por los lugares más misteriosos de Los Ángeles. La gente solamente entraba allí para mejorar sus talentos, sus dones y sus poderes. El enclave estaba situado en la parte superior de Los Ángeles, en Chavez Ravine. Desde la cuenca de la ciudad, el Barrio Margarito siempre lucía con un encanto especial. Lustroso, siempre estaba preparado para ofrecer sus placeres. Unos centinelas vigilaban a la gente que se acercaba hasta allí, y a los vehículos que se aproximaban al lugar. A algunos se les permitía el paso, y a otros se les hacía retroceder hasta su lugar de origen.

Cuando Guadalupe e Ignacio Sandoval, Maximiliano y Octavio Revueltas, se acercaban despacio hasta ese lugar, unos hombres les hicieron el alto. Vestidos con ropas árabes, los hombres señalaron hacia abajo en la carretera. No hicieron preguntas. Miraron dentro del coche y parecieron reconocer a los visitantes, permitiéndoles el paso. Los tres guardias se apartaron riéndose. Octavio pudo observar que, bajo la ropa, llevaban todo tipo de rifles y pistolas. Estos hombres, cuyo lenguaje era exótico e irreconocible para ellos, eran el preámbulo del maravilloso mundo de Barrio Margarito.

Aunque era conocido como un barrio mexicano, un sabor interracial e internacional se dejaba sentir en ese barrio. Era una olla hirviente de razas que se respetaban mutuamente y que vivían dignamente. Había mexicanos, negros, árabes, judíos, indios, asiáticos, indios americanos y gitanos en ese mágico lugar de la parte alta de Los Ángeles. La vestimenta de cada uno de ellos se sumaba a la atmósfera cosmopolita del lugar, y era acertado asumir que allí se instalaba mucha gente procedente de insólitos rincones del mundo, gente que tenía un talento especial, o algún don o poder especial. Barrio Margarito era la Andorra del Sur de California, con toda clase de productos sintéticos o naturales: alcohol, narcóticos exóticos, oro, plata, joyas, libros, prostitución femenina y masculina de todas las edades y todos los paraísos del cosmos. La arquitectura del lugar era una mezcla de edificios mexicanos, orientales y árabes, así como numerosas tiendas de diferentes colores. Incluso por la noche, cuando llegó Octavio, los distintos colores brillantes de la ciudad irrumpieron delante de sus ojos.

Octavio bajó del coche y se encontró delante de una multitud que caminaba hacia un edificio semejante a una mezquita. Las mujeres vestían de negro, o llevaban puesto unas sedas verdes con patrones multicolores. Algunas mujeres, ligeramente vestidas, se movían con más soltura que otras. Los hombres, las mujeres y los niños caminaban deprisa, llevando objetos de mucho valor para ellos. Barrio Margarito era un circo que nunca dejaba de sorprender, que nunca paraba para descansar.

Los cuatro hombres estaban ahora fuera del coche, fascinados, mirando en todas direcciones. La música de ese ambiente multicultural llegó hasta ellos para después marcharse. Deliciosos aromas flotaban en el aire mientras esperaban a Pierre Menard, el hombre que había invitado a Octavio a participar en la partida de póquer con más dinero y más fascinante de todo Los Ángeles. Había conocido a Pierre en el Banco Italiano de la ciudad, que era el lugar donde él tenía sus ahorros. No fue hasta que Pierre le hizo llegar la tercera invitación, cuando Octavio decidió jugar en Barrio Margarito.

—Hola, Octavio. Hola, chicos —Pierre Menard les llamó para que entraran en la mezquita.

—Les agradezco que todos hayan venido.

Octavio lo reconoció, se encaminó hacia la casa y detrás de él iban Guadalupe, Ignacio y Maximiliano. Pierre les estrechó la mano y después escoltó a Octavio hasta una habitación grande, subiendo escaleras arriba. En el centro, había una lámpara que colgaba encima de una mesa redonda con cinco sillas, donde tres de las cuales ya estaban ocupadas. Pierre les presentó a los caballeros sentados a la derecha de Octavio, y dijo que se llamaban Humberto Peñaloza, Federico Robles y Steward Josia Teaze. Las sillas que había a la izquierda de Octavio, pertenecían a Pierre y a él mismo, que en ese momento tomaba asiento.

Cuando los cinco hombres ya se habían sentado, empezó a entrar el público que iba a apostar en la habitación de los jugadores. Entre ellos se encontraban de pie Guadalupe e Ignacio, y Maximiliano se encontraba sentado tan cerca de su hermano como se lo permitieron los guardias. Una vez que diera comienzo el juego, podía durar incluso varios días, pero Octavio solamente tenía hasta el lunes por la mañana temprano y entonces pararía, ganara o perdiera, para regresar al trabajo. Los cuatro jugadores restantes estuvieron de acuerdo con las bases que había puesto Octavio. Tres hombres japoneses entraron con una baraja nueva. Pierre echó la primera mano. A medida que iban jugando, Octavio se dio cuenta de que sus compañeros de juego eran los mejores jugadores de naipes con los que se había enfrentado hasta el momento. Supo que estos hombres estaban más preocupados con el arte del juego que con ganar la partida. Ellos, al igual que Octavio, tenían un don especial. Los juegos de cartas se consideraban un arte en Barrio Margarito, y aquellos que poseían un mayor entendimiento y podían comunicarse a través de las cartas eran considerados como hombres con un sexto sentido. Octavio disfrutó con el reto, y a las dos de la mañana cuando anunció su marcha, había ganado una gran cantidad de dinero. Federico Robles y Pierre Menard habían perdido mucho contra Octavio. Los dos hombres lo animaron a que regresara cuando pudiera.

Maximiliano se había quedado esperando a su hermano mientras sus tíos, Guadalupe e Ignacio, se fueron a casa y después regresaron por ellos. Los cuatro volvieron por la noche. Octavio se relajó y se reclinó en el asiento trasero del coche. Pronto llegaría hasta la puerta que le conduciría de nuevo hasta su esposa y su familia. Cuando llegó a casa, Nana lo dejó entrar en silencio y volvió de nuevo a la cama. Octavio puso encima de la cómoda los billetes de veinte, cincuenta y cien dólares y cerró los ojos hasta las seis de la mañana. Cuando se levantó, tomó el desayuno y se marchó a trabajar.

CAPÍTULO 14

A PRINCIPIOS DE MARZO DE 1929, LOS MACETEROS DE NANA sufrieron una sobrepoblación. No había sitio para colocar más flores, tal y como era su deseo. La crisis de los maceteros hizo que Octavio tuviera que expandir el porche hasta casi la entrada de la casa. Cuando Nana vio terminado el porche nuevo, experimentó una sensación física de felicidad difícil de explicar. Caminaba lentamente por la zona nueva, con la excitación que su embarazo le proporcionaba, al contemplar el espacio grande y limpio para sus nuevas plantas. Nana, exultante de felicidad por la construcción del porche, estaba ya embarazada de nueve meses y a punto de dar a luz su segundo hijo. Octavio la abrazó.

—No llores, cálmate y descansa —le dijo cariñosamente, llevándola dentro de casa. Le ayudó a subir los escalones uno a uno cuando, de repente, se dio cuenta de la valentía de su esposa. Nana se sentó en el sofá nuevo que había recogido de Montebello Furniture. Su esposo la recostó, levantó sus piernas para ponerlas encima del sofá y se tumbó a sus pies encima de la alfombra trenzada. Ella dejó de llorar y reír, y Octavio le sonrió.

—¿Qué ha pasado? —le dijo tomándola de la mano.

—No puedo explicarlo. He sentido que me ahogaba en una extraña felicidad, y que el único modo de salvarme era riéndome y llorando a la misma vez —dijo Nana despacio, mirando por la ventana.

—Me asustaste —concluyó Octavio mientras oían el piar de los pájaros en algún lugar del jardín.

—Octavio, ya estoy bien, no te preocupes por mí. Tu madre está ahí al lado, y me está cuidando. Vete a trabajar ahora que estoy bien —Nana besó su mano.

Octavio se cambió de ropa; se puso la que siempre llevaba para ir a trabajar, fue hasta la cocina, y se sirvió un poco de café.

—Octavio, ¿por qué te vas tan tarde? —le preguntó Nana desde el sofá.

—Gonzalo y William están recortando horas y parece que van a prescindir de algunos hombres —Octavio se sentó en el pequeño sofá removiendo su café.

—¿Qué está pasando?, veo a los trabajadores muy inquietos —Nana hizo esfuerzos por poder sentarse.

—Es porque no sabemos a quién de nosotros van a despedir. Puede ser cualquiera de nosotros, no importa los años que llevemos trabajando aquí como esclavos. Las cosas están mal por todas partes, y nos piden que reduzcamos la producción todos los días —dijo con soberbia Octavio.

—Y el señor Simons siempre con sus viajes, ¿por qué no hace algo? —añadió ella enojada.

—Lo que a él le interesa es su propio beneficio, y si decide que es necesario despedir a los trabajadores se lo comunica a Gonzalo y a William, y ellos deciden a quién eliminar —empujó la puerta y, una vez afuera, le dijo adiós con la mano.

Nana puso sus manos encima de la barriga y respiró profundamente, relajada y mirándose los pies pensaba . . . ¿qué traería todo esto? Volvió a respirar profundamente.

Octavio se detuvo, se colocó la gorra para atrás, se frotó los ojos y observó los estantes de secado de la ladrillera. Encima de ellos, las máquinas gigantes rumiaban. Se volvió a ajustar la gorra y caminó hacia ellas.

Nubes grisáceas se deslizaban por el cielo tomando dirección sureste. El viento las había dado forma, dibujando estructuras extrañas, bellas. Bajo las nubes, bailaban unos papalotes intentando mantenerse firmes. Tres chicos los manejaban evitando que cayeran. Cuando vieron a Damián y a Octavio apresurados, los chicos empezaron a recoger las cuerdas a medida que el sol caía y sus estómagos daban avisos de hambre. Se empezó a levantar viento, y la atmósfera se volvió un poco más fría. Octavio se detuvo para levantarse el cuello del abrigo, y Damián encendió un cigarrillo ofreciéndole uno.

—No, gracias, papá, ¿estás seguro de que ya es la hora? —le preguntó algo preocupado.

—Sí, el doctor Cushner ha visto a Nana y le ha pedido a Milagros que fuera a buscarte —Damián le dio una calada al cigarrillo de olor dulce.

—No hay nada que podamos hacer. Han despedido a cincuenta hombres más —Octavio mostró los cinco dedos de la mano.

—Esperemos que no nos toque la reducción —dijo el padre.

—Muchos se van, y otros vienen a pedir trabajo diariamente. Muchos trabajarían a cambio de comida nada más. Incluso cuando no consiguen trabajo, acampan cerca de los rieles del tren, muchos vagos viven ahí. Vivimos en tiempos revueltos, algunos trabajadores ya hablan de regresar a México y dicen que abrirán allá cualquier negocio. También dicen que ahora es buena época para regresar porque el gobierno de Estados Unidos paga el viaje de vuelta —sentenció Octavio.

—Lo que quieren es darles una patada a todos los mexicanos del país y no dejarlos regresar nunca más. Han dicho públicamente que los mexicanos son la causa de los problemas económicos del país —replicó Damián.

El sol caía encima de los verdes cipreses que habían crecido allí, sin que nadie los molestara durante décadas, rodeados de cactus a los pies del barranco de la calle Español. Octavio y Damián atravesaron la suciedad. La gente de Simons arrojaba con facilidad la basura a los pies de este barranco, y a menudo, los residentes del norte de Montebello, depositaban también camiones llenos de desechos y escombros de toda clase. La suciedad atraía la curiosidad de los niños, y se rumoraba que un niño había sido devorado una vez en ese lugar y que nunca lo habían vuelto a ver. Hacía poco que, no sólo los niños, sino también muchas familias, escarbaban en las bolsas y cajas esperando encontrar comida o algo de valor para después venderlo.

Cuando padre e hijo atravesaban por en medio de los escombros, vieron que un hombre se acercaba rápidamente. Llevaba una bolsa café. Cuando se percató de la presencia de Damián y Octavio, miró hacia abajo y echó a correr. La trayectoria del hombre era como el camino que hace una cometa, girándose, volviéndose y cayéndose. Un olor agradable salía de entre los escombros, y los esqueletos de camiones y coches abandonados yacían en silencio en esa tierra baldía.

Damián tomó a Octavio por el brazo para detenerlo y señaló uno de los camiones que había en el camino. De entre los amasijos de hierro del camión que estaba montado encima de otros dos, salía tímidamente un brazo negro, después otro brazo más, una grotesca cabeza y un torso. También había dos piernas que emergían de la misma cavidad, y momentos después, aparecieron otros restos, y otros, y otros. Mientras los dos hombres miraban estupefactos, intentando averiguar si estos restos eran humanos, aparecieron otras seis figuras negras más por debajo de la estructura del camión. Las figuras formaban un círculo y parecían comunicar alguna especie de plan oculto porque, inmediatamente después, fueron viniendo en parejas. Dos de ellas se dirigieron hacia Octavio, y otras dos fueron en dirección a Damián. Se acercaron hasta donde se encontraban estas figuras, y la negritud de sus cuerpos brillaba por la rojiza luz del sol poniente. De ciertas partes de los cuerpos, colgaban nervios de varios tamaños, danzando a merced del viento frío. Octavio y Damián se prepararon para lo que estaba a punto de suceder, y ahora, padre e hijo, miraban fijamente a los ojos de las dos bestias que iban hacia una pila de escombros de madera.

—Buenas tardes —dijo una de las bestias.

Octavio y Damián, sorprendidos por lo que acababan de escuchar, no respondieron nada.

—Vamos a hacer una hoguera, con este viento hará una noche fría —añadió la bestia.

Finalmente, Octavio comprobó que el material de lo que parecía ser la piel de la bestia era goma, restos de ruedas de automóviles y camiones cortadas en pedazos y, de algún modo, cosidas para hacer zapatos, pantalones, chalecos, puños, guantes, máscaras y gorras. Los dos hombres de goma empezaron a hacer el fuego cuando uno de ellos se paró y se volvió hacia Octavio y Damián.

—¡Vengan con nosotros, chicos! —exclamó el hombre de goma.

Octavio levantó el brazo y se despidió de ellos. La luz del fuego era cada vez más fuerte, y sólo un ligero matiz rojo quedaba ya en el cielo. Los dos hombres se giraron para observar a los hombres de goma que bailaban como primates alrededor del fuego, en el centro del jardín de desechos. Octavio sonrió mientras se alejaba de esa ingeniosa gente que sobrevivía en los escombros de la ciudad.

Damián entró en la casa de Octavio y encontró a Ignacio Sandoval echándose un trago de whisky escocés. Tati y Milagros cocinaban en la estufa. Maximiliano, José, Rogaciana y Felícitas, con Micaela en el regazo, estaban sentados en la mesa de la cocina comiendo y hablando animadamente del nuevo bebé. Ignacio levantó su vaso y sonrió a su cuñado. Las manos de Tati y Milagros daban forma a las tortillas, cuando vieron que Octavio permanecía de pie en la entrada de la cocina. Maximiliano se levantó y se dirigió hasta la estufa para servirse una taza de café. José continuó comiendo. Afuera, Octavio se lavaba la cara, el cuello y las manos quitándose los restos de polvo rojo y sacudiendo la ropa sucia. El agua dejó de correr, y la familia le vio al otro lado del marco de la puerta.

—¡Octavio! —exclamó Tati alegremente mientras abría la puerta para que Octavio entrara.

Esperaba que alguien le hiciera una señal para saber si Nana había dado ya a luz.

—¡Tienes un hijo! —dijo Milagros llorando de felicidad.

—¡Ya está aquí!

—Gracias, mamá. ¿Cómo está Nana? —preguntó Octavio tranquilamente.

—Descansando. Entra —lo animó Tati.

—¡Bien hecho, hermano! —le gritó Maximiliano.

Ignacio se acercó a Octavio, lo abrazó y lo besó.

—Eres un hombre bendecido. El Feliz Octavio Revueltas —le susurró.

Octavio llegó hasta la puerta donde Nana y su hijo lo esperaban. Cerró la puerta tras de sí y fijó la vista en la poderosa mujer que había delante de él. Nana estaba sentada al borde de la cama, con la punta de los pies apoyados en la estructura de la cama y sus rodillas y piernas desnudas brillaban con la tenue luz de la habitación. Tenía al recién nacido apoyado en su pecho. Cuando Octavio se acercó a ella, se colocó con una mejor postura.

—¿Cómo te encuentras? —preguntó su esposo sin encontrar las palabras que describieran la enorme emoción que despertaba en él su esposa y el bebé que ella le acababa de dar.

Nana movió la cabeza y sonrió. Se apoyó en su pecho, mientras él la abrazaba y le quitaba el bebé.

—Estás cansada. Duerme un rato, tu hijo y yo estaremos aquí a tu lado. Te cuidaremos mientras duermes.

Nana cerró los ojos y, en pocos minutos, se quedó dormida. Tati llegó a la media hora con Micaela ya dormida.

—Pon al bebé en la cuna, y dale a tu hija un beso de buenas noches porque ya se va a la cama —ordenó Tati.

Octavio se quedó velando el sueño de Nana y de su primer hijo varón, Arturo, durante toda la noche.

Los hombres de goma se multiplicaban. Las hogueras crecían, y cada vez más hombres y mujeres que buscaban trabajo, o escapaban del aburrimiento y la desesperanza, empezaron a acampar en los alrededores de Simons. A medida que esta población desesperada llegaba a las puertas de los residentes de Simons pidiendo comida para ellos o sus familias, los vecinos de esta ciudad se dieron cuenta de repente que, de un día para otro, el país más rico del mundo, el mundo fuera de Simons, se había metido en una espiral de miseria económica y destrucción humana. La situación económica del país sucumbía a medida que los meses pasaban. La gran confianza que los americanos habían tenido la década anterior con respecto al desarrollo de la economía fue sustituida por la desilusión, la desesperación, el desempleo, el hambre, la desocupación y la inutilidad más absoluta.

Los mexicanos que vivían en el área de Los Ángeles también padecieron las consecuencias de la Gran Depresión. Se convirtieron en el objetivo de la violencia racial por parte de la población angloamericana, que consideraba a la población mexicana, como la causa principal de la Depresión. El mexicano se convirtió en el chivo expiatorio. Ellos eran el problema: quitaban puestos de trabajo a la clase trabajadora americana, eran los parásitos de la beneficencia social que chupaban los fondos de ayuda, eran inmigrantes ilegales que no debían recibir ningún servicio público porque debían reservarse sólo para los ciudadanos americanos y, además, no querían aprender inglés.

En octubre de 1929, los negocios quebraban a diario y la bolsa empezó a bajar hasta que, a finales de ese mismo mes, los edificios de Wall Street temblaron, y la seguridad económica del país se vino abajo con la consecuente ruina de cientos de inversores, tanto grandes como pequeños. Por la noche, se contaban el número de fallecidos tanto por autolesiones como por colapsos de corazón. Miles de personas caminaban sin rumbo por las calles de las ciudades, estaban psicológicamente devastados, confusos, sabiendo que jamás volverían a recuperarse de aquéllo. El país se había arruinado, y se perdieron muchos puestos de trabajo. Los bancos fracasaron, y las familias perdieron todos sus ahorros y sus hogares.

Durante los primeros meses de 1930, los desempleados, las mujeres, los niños y las familias que vivían en la calle, empezaron a congregarse en las afueras de las ciudades instalando lo que vendrían a ser las *hoovervilles*, es decir, colonias de cajas de cartón. Esta gente pedía limosna y rebuscaba entre los cubos de basura y los escombros de las ciudades para encontrar algo de comida, algo de ropa, o cualquier otra cosa que les fuera de alguna utilidad. Creían que su desgracia era producto de la numerosa población mexicana que había en el país.

El gobierno acordó una política de repatriación para todos lo mexicanos. Los mandos gubernamentales declararon que los mexicanos serían deportados, y las autoridades locales empezaron a distribuir panfletos en los barrios de Los Ángeles que decían que habría una campaña global para devolver a los mexicanos a su lugar de origen. *Los Ángeles Times* publicó una serie de artículos que crearon un miedo atroz entre la comunidad mexicana al afirmar que serían arrestados, en cualquier lugar y a cualquier hora del día o la noche, por los agentes de inmigración, y que entrarían en sus casas, sacarían a toda la familia, los echarían en un camión, los llevarían a los corrales de ganado y los cargarían en un tren rumbo a México.

Los mexicanos de Simons se abrieron paso durante estos malos tiempos. Su ingenuidad y tenacidad para evitar la hambruna y la malnutrición, algo muy común en estos duros años, se convirtieron en una inspiración para la gente que se asoció a ellos y también para su patrón, Walter Robey Simons.

A menudo, se podía ver a Walter caminar solo por la calle Vail hacia el almacén general. Llegaba a las cinco de la mañana e inspeccionaba el estado de la ladrillera: la maquinaria, los estantes, las casas, la escuela, la clínica, la biblioteca, los mecánicos, los garajes y camiones, los trenes, el alojamiento de los solteros, las habitaciones donde las prostitutas divertían a los hombres el día de la paga, las habitaciones donde se daba cita el juego y las apuestas, la iglesia, los tanques de agua y los hombres que trabajaban para él. Hacía años que no recorría la ladrillera abiertamente. Todas sus órdenes y decisiones se hacían a través de James Simons o William Melone y Gonzalo Pedroza. Estos hombres tenían por costumbre encontrarse con Walter en su casa de Los Ángeles o en Newport, en la Península Balboa. En aquellos años, Walter, Edit y sus dos hijas, Helen Reubena y Drusilla Melissa, pasaban los cálidos veranos y los húmedos inviernos en su hogar de ladrillo de la Península Balboa.

Aunque Walter había estado ausente de la ladrillera de algún modo, todavía controlaba todos los recovecos del negocio. Era él quien decidía la cantidad de ladrillos que debían producirse, cuántos recortar y cuántos hombres debían ser despedidos de la finca. También decidió que los hombres que habían perdido su trabajo y sus familias, podían quedarse en Simons y seguir comprando en tienda de la empresa. Estaba consciente de la enorme dificultad que tendrían la mayoría de las familias si los echaba de Simons. Sin embargo, su objetivo principal era tener disponible a los trabajadores endeudados para empezar a producir a un ritmo frenético una vez acabada la crisis.

Mientras caminaba por la ladrillera, recordó cuando las diecisiete máquinas operaban a toda velocidad. En ese momento, solamente tres de ellas trabajaban a ritmo lento y, probablemente, tendría que parar una. Sabiendo la dedicación de sus mexicanos y su disposición para el trabajo duro, estaba convencido de que habría una mejora en la economía y, al contrario que su hermano Joseph, él todavía conservaba la esperanza, y sabía cuáles eran las medidas que debía adoptar para salvar el negocio de ese desastre total que su hermano predecía.

Walter entró en el almacén general, y examinó las estanterías con mucha atención. Jacobo Ramos había hecho recortes en los pedidos de los productos que no eran de primera necesidad. Solamente había a la venta alimentos y ropa básica. Walter fue a su oficina, donde Jacobo, Gonzalo y William lo esperaban.

El canto de los pájaros interrumpió el silencio del espacio donde los hombres permanecían sentados. William estaba en su mesa, Gonzalo estaba sentado en una silla frente a ella y Jacobo estaba de pie al lado de la puerta del almacén. Los tres hombres miraban por la ventana, pensando en tiempos mejores. Walter pudo ver el cansancio y el miedo en sus caras. Jacobo estaba nervioso y torpe en sus movimientos porque llevaba en la mano la lista de los hombres que los tres habían acordado despedir. William miró por la ventana, y vio uno de los camiones de su familia; solamente uno de ellos transportaba material ahora y, dentro de la finca, no había ningún proyecto de construcción. El recuerdo de su flota era inútil. Gonzalo, por su parte, pensaba en Pascuala y Amalia.

En la primavera de 1931, Gonzalo y Pascuala tenían ya siete hijos, y el más pequeño se llamaba Walter en honor a Walter Robey Simons. Como muchos de los hombres que tenían familia, su mayor preocupación era poder alimentar a su mujer e hijos, pero Gonzalo tenía una doble preocupación porque Amalia también exigía atención económica para ella y sus tres hijos que él le había engendrado en las noches de pasión. Supuestamente, ni Pascuala ni sus hijos sabían de la existencia de la otra familia de Gonzalo, pero, con toda seguridad, su esposa lo sabría por los rumores de la gente. Gonzalo nunca reconoció a Amalia como su amante públicamente, aunque ella trabajó en su restaurante hasta principios de 1931 que fue cuando se cerró.

Amalia vivía a las afueras de Simons, en una pequeña zona trabajadora conocida como Montebello Gardens. Allí, sus tres hijos iban a la escuela, y allí era donde Gonzalo la visitaba en los últimos años. A veces, oía los lloros de su Amalia preguntándole cómo iban a vivir, cómo comprarían comida y cómo podría ayudarle para mantener a su familia. Pascuala nunca la criticó, todo lo contrario, le ofreció su ayuda. Amalia siempre lloraba de rabia, y solamente se oían sus amenazas de hacer pública su situación. Pedía dinero para alimentar y vestir a su familia, y si no tenía su parte de atención, amenazaba con ir a ver a Pascuala y revelarle el secreto hipócrita que todo el mundo sabía en Simons, excepto la familia legítima de su amante. La cara de Gonzalo había adelgazado, se había afeado y se mostraba cansada. Su cara cuadrada se había cubicado aún más, y su cuello había adelgazado y estaba arrugado. Donde quiera que fuera, la gente observaba este extraño fenómeno. Cargaba con la responsabilidad de mantener a dos familias, con la culpabilidad de la una y la vergüenza de la otra. Walter conocía las circunstancias de Gonzalo, y creía que era un hombre a punto de romperse por el resultado de sus propias decisiones, algo que estaba mermando su estado físico y mental.

Walter también se sentía cansado. A veces, respiraba profundamente, y, otras, no le llegaba el aire a los pulmones. Ese día respiraba lentamente a medida que llegaba al centro de la sala. Cuando estudió la cara cuadrada de Gonzalo, le vinieron imágenes de su hermano Joseph. La luz del día golpeaba en la ventana, llenando de calidez la habitación. Fuera, los perros ladraban y jugaban, los pájaros cantaban y volaban desde los árboles al suelo, y de allí regresaban de nuevo a los árboles.

—Dejaremos de pagar el sueldo a cien hombres de allí afuera. Mantendremos en nómina a setenta y cinco, y solamente estará en funcionamiento una única máquina. Los hombres que viven aquí pueden quedarse —Walter miró a cada uno de los hombres.

—¿Lo entienden? —preguntó con delicadeza, como si les estuviera diciendo que no tenía otra solución para salvar a la empresa.

William puso los codos encima de la mesa, e inclinándose hacia delante dijo —¿Qué es lo que vamos a hacer con respecto a las charlas del sindicato que hay por aquí? No queremos sindicatos aquí. Podemos resolver nuestros propios problemas. Avísenles una sóla vez, y a los que insistan, díganles que se marchen. No toleraré las charlas de los sindicatos aquí —dijo Walter levantando la voz.

—Quiero que opere solamente una máquina al día —continuó diciendo.

—Quería construir una casa en la propiedad de la calle Poplar, y ahora es el momento de hacerlo. Esta crisis terminará, y quiero estar listo para volver a construir —se volvió hacia Jacobo.

—¿Ésa es la lista?

Jacobo le entregó los nombres al patrón.

—No, ustedes tres pueden hacerlo. Yo lo apruebo. —Walter señaló la lista—. Gonzalo, quiero que mantenga el control de este lugar, y no quiero ningún problema en la finca —se dirigió hacia la puerta, y salió.

William, Jacobo y Gonzalo se marcharon en silencio, y desaparecieron lentamente entre las imágenes de la Ladrillera Simons, entre los juegos malabares de las finanzas y las propiedades, entre las escenas de un pasado poderoso, de un peligroso presente y de un futuro esperanzador.

Walter sabía que podía salvar la empresa. Estaba seguro de que la Depresión no destruiría su creación, no cerraría, no entraría en bancarrota como muchos otros. No abandonaría, no se suicidaría, no desesperaría, no enloquecería. Cada edificio de ladrillo que manejara le renovaría el ánimo y la confianza en un futuro mejor. El ladrillo sería de nuevo el material principal de construcción, y cuando la economía resurgiera y saliera a flote, él estaría listo con su producto. Había inventado un proceso para mejorar la construcción que consistía en combinar el cemento reforzado con piedra y ladrillo. Había solicitado la patente, y estaba seguro de que la Oficina de Patentes de Estados Unidos premiaría su idea. Rodeado por la desesperación de la Depresión, Walter estaba eufórico con las posibilidades del futuro.

Ahora, frente a la casa de Joseph Simons, recordaba los buenos tiempos y las batallas con su hermano. Algunas las ganó, otras las perdió. El césped estaba seco en la parte delantera de la finca, y los arbustos se esforzaban por empujar los brotes de la raíz. El jardín parecía totalmente desatendido. Era como si el tiempo mismo hubiera dejado de hacer lo que tenía que hacer, y como si a la gente, tan deprimida, no le importara nada el futuro. Walter entró en la casa y recordó lo limpia que solía estar cuando él vivía al otro lado de la calle. La casa estaba ahora llena de polvo y revuelta, y era el reflejo de un hombre que había dejado de funcionar en este mundo. A los cincuenta y siete años, Walter se encontraba esperando en el salón preguntándose por el estado de su hermano demente.

—¿Estás aquí, Walter? —preguntó Laura mientras iba hacia el sofá y se sentaba mirando por la ventana, en silencio.

La cara de su cuñada había envejecido, su pelo se había vuelto completamente plateado y su cuerpo parecía endeble. Había dedicado todo su amor y su tiempo a cuidar de su esposo. Desde 1929, cuando Joseph dijo haber visto millones de insectos cafés salir de una cantera en un campo cerca de su casa y devorar a una familia callejera, su mente se había cerrado lentamente, hasta que sus palabras y acciones desaparecieron, y se volvieron absurdas. Había perdido la capacidad de administrar el negocio, y cuando llegó el gran desastre al país, entró en pánico y liquidó la mayoría de sus inversiones, con la excepción de las ladrilleras de Los Ángeles y Santa Mónica, que estaban ahora al borde del cierre, y a punto de ser tomadas por los trabajadores mexicanos.

Joseph había perdido todo lo que había creado, y su locura era autodestructiva. No comía carne, prefería insectos. No se bañaba, ni atendía a los movimientos de su intestino, y vivía en su propia suciedad. Los médicos de todo el sur de California lo habían atendido, pero todos habían fracasado, y Joseph se debilitaba en su enfermedad con alegría. Un día que Walter fue a visitarlo, supo que Joseph no había dormido en cinco días. Cuando le dijo a su hermano que tenía que dormir, le contestó que no entendía lo que significaba dormir, y que si antes lo había hecho, ahora había olvidado ese concepto, y que moriría de permanecer despierto para siempre.

—¿Dónde está? —preguntó Walter.

Laura miró hacia el jardín. Walter se acercó a la ventana que enmarcaba un roble. Un macetero de ladrillo rodeaba el tronco, y a su lado, en un charco de sangre, yacía Joseph con su cráneo abierto. Walter corrió hacia él. Su hermano se había caído de espaldas y se había roto la cabeza en el macetero. Tenía los ojos abiertos, abiertos para siempre. Cuando Walter sacó a su hermano del charco de sangre, cientos de insectos cafés salieron por debajo de su espalda. Otros miles más corrían por todo el cuerpo. Walter, enojado con las bestias, aplastó cuantas pudo, pero los insectos seguían apareciendo de algún lugar de debajo del cuerpo de su hermano. Walter le gritó a Laura, que continuaba sentada con su cabello plateado y su cara de anciana observando los millones de insectos cafés que trepaban y cubrían el cadáver de su esposo.

Los amigos de Joseph se sorprendieron cuando supieron que el funeral se celebraría en privado. A todos les hubiera gustado decirle ese último adiós al pilar de la industria del ladrillo, al hombre que había llevado a los fabricantes del ladrillo a conseguir su gran poder e importancia. Se recibieron cientos y cientos de crisantemos, ramos y coronas el día en que se anunció la muerte de Joseph. Mandaron tantas flores, que Laura se vio forzada a apilarlas, llegando casi hasta el techo de la biblioteca, que era el lugar donde el cuerpo yacía dentro de un sencillo ataúd. El perfume picante de las flores invadía toda la casa de Joseph Simons. Las flores seguían llegando, y Laura ordenó a los mensajeros que se acercaban hasta la casa, que las dejaran en el jardín.

El día en que Walter, Edit, Helen, Drusilla, Laura y James Simons transportaron el cuerpo de Joseph hasta el cementerio de Pasadena, y lo enterraron al lado de sus padres, Walter ordenó que tres camiones de la Ladrillera Simons llevaran las toneladas de flores que se habían recibido hasta el cementerio. Cuando el coche fúnebre, las dos limusinas y los tres camiones llenos de flores iniciaron el recorrido que había desde el hogar de la familia Simons hasta el lugar donde descansaría para siempre el cuerpo de Joseph, la gente se paraba para mirar la procesión colorida y perfumada. Los sobrecargados camiones dejaron un manto de flores en las calles por las que pasaron. La fragancia detenía a la gente y les invitaba a tomar alguna de las que había en el suelo. El apacible aroma penetraba en los edificios y en las casas por donde pasaba la ruta de la procesión que transportaba a Joseph hasta su lecho en la tierra. La gente salió de sus lugares de trabajo, de las tiendas y de las casas, para tomar alguna que otra flor; tomaban una, y otra más, y otra, recorriendo la alfombra de color que llevaba a la ceremonia privada, celebrada en memoria de Joseph.

Walter se dio cuenta de que no había modo de impedir que la gente se acercara hasta allí. La multitud iba creciendo, y al final se vio obligado a ordenar que bajaran el ataúd, y que los conductores de los camiones echaran las flores encima de la tumba. El ataúd se colocó en su sitio, y los camiones depositaron las toneladas de luto al lado de la tumba, pero una gran multitud se congregó en el área y, al final, estuvo presente en el entierro de Joseph Simons. Los niños saltaban por las montañas de flores, y la gente tiraba los ramos encima de los montones de color y aroma. Walter observó la multitud, y le indicó a James que la familia debía abandonar el lugar. El encargado de oficiar el funeral asintió, y escoltó a la familia Simons a las limusinas. Walter miró atrás a dónde su hermano yacía, y niños y adultos no paraban de saltar encima de las flores que cubrían el ataúd. Cuando la limusina salió por la verja del camposanto, la multitud cerró la carretera por detrás, de modo que si Walter hubiera querido volver y desenterrar a su hermano para volverlo a mirar por última vez, la multitud allí congregada lo hubiera impedido.

Esa noche, en la biblioteca de su casa en Los Ángeles, y después de escribir unas cartas para sus hermanas Lola Ellen, Mary Frances y Emma Lisa, que habían enviado unas enormes coronas, pero que por motivos de salud y por la distancia, no pudieron ir al funeral de su hermano, Walter revisaba los documentos y libros de Joseph. James le había entregado todos los documentos que pertenecían al negocio de su padre. Había estudiado todo el material y expresó su deseo de colaborar con su tío Walter. Después de una hora, Walter dejó el libro que llevaba en la mano. Sus ojos se posaron en las tres cartas escritas para sus hermanas, que eran unas extrañas para él y para el resto de la familia. El tiempo y el espacio eran el enemigo entre hermanos, pensó. Las había dejado morir lentamente en su mente y en su corazón. Ahora, en ese mismo momento, Walter no podía decir que las quisiera o que las echaría de menos si murieran. Y también sabía que no iría a sus funerales, aunque sí que enviaría un pequeño y sencillo ramo de flores. No podía ni siquiera imaginar sus caras. Se habían borrado para él.

Tomó otro de los libros y se puso a mirarlo con atención. A las tres de la madrugada, había terminado de estudiarlo todo y decidió que le sugeriría a James que liquidara todas las propiedades y que se fuera a trabajar con él administrando las dos ladrilleras más grandes, es decir, la de Santa Mónica y la de Simons. Habiendo conseguido la patente de su invento, Walter estaba seguro de que la finca de Santa Mónica, y especialmente la de Simons, serían otra vez las más productivas de todo el país y de todo el mundo.

Su invento sin nombre, era un método rápido de construcción de paredes de ladrillo más fuertes y más baratas. Creía que su invento resolvería el problema de expansión y contracción de las barras reforzadas de acero que se utilizaban en las paredes de ladrillo. Su método proporcionaba una estructura firme a bajo costo y que, además, se montaba de un modo rápido y eficaz. El original y único modo por el que las barras reforzadas de metal estaban conectadas, era la clave de su invento. Había invertido miles de dólares en la contratación de arquitectos, ingenieros y abogados para preparar todo lo necesario ante la oficina de patentes. Walter, convencido de la eficacia de su invento, afirmó que una estructura, no importaba lo grande que fuera, hecha por este método, resistiría el temblor más grande que pudiera haber sin derrumbarse por completo. El invento incluía no sólo el método de construcción general de las paredes, sino también los ladrillos específicos e individuales diseñados especialmente por el método Simons. Walter declaró que su invento no se limitaba solamente a la construcción, e ilustró en la petición de la patente, algunas variaciones que también se podrían hacer para la adaptación de cualquier otro tipo de estructura.

Walter había decidido que sus mexicanos de la Ladrillera Simons, no sólo producirían el material para su invento, sino que también servirían como constructores de los proyectos que ya había contratado. A finales de enero de 1933, William, Gonzalo y

Jacobo les explicaron a los cincuenta y cinco trabajadores presentes en aquel momento el nuevo trato que Walter había perfilado y les comunicaron la nueva dirección que iba a tomar la ladrillera. Los hombres escuchaban, mirándose unos a otros mientras William detallaba las nuevas paredes de ladrillo que se producirían a partir de ese momento. Jacobo dio un paso al frente y explicó los sueldos que los trabajadores cobrarían desde ese día. No habría subidas de sueldo, ni ninguna mejora en nada. Durante los tres últimos años, la mayoría de los trabajadores habían pedido prestado muchas cosas del almacén de la empresa y habían acumulado una deuda considerable. El patrón les había ayudado en los años de crisis, y ahora esperaba que sus mexicanos le ayudaran a lanzar la nueva dirección de la Ladrillera Simons.

Octavio, que permanecía de pie en medio de los hombres, recibió las noticias con enojo. Por qué debían trabajar sin un aumento de sueldo o mejoras para sus familias. Octavio no le debía a la compañía ni un solo centavo. Había pagado sus deudas, y él y su familia estaban económicamente libres de todo. Solamente quince hombres más se encontraban en la misma envidiable situación que él, y la mayoría eran de la familia Revueltas y de la familia Sandoval. Ni Gonzalo, el hombre de la eterna cara cuadrada, podía reclamar la independencia económica de Walter Robey Simons. Gonzalo, Jacobo y William debían todo lo que poseían, todo lo que habían conseguido y todo lo que Walter había deseado, y por eso, debían llevar a cabo sus órdenes.

Octavio no estaba de acuerdo con la oferta de trabajo que les había hecho Walter para reconstruir la economía y el país y recordó lo que había escuchado en el Congreso de Hispano-hablantes acerca de que los patrones o bien intentarían pagar sueldos más bajos a causa de la Depresión, o bien mantendrían la misma escala salarial de antes de la crisis. Octavio se enfadó con la sugerencia de que los trabajadores mexicanos, que habían trabajado más duro todo este tiempo, deberían trabajar más duro sin recibir ninguna compensación, con el único fin de mantener un rayo de esperanza para construir una sociedad mejor en el futuro. Le disgustaba la palabra "esperanza". La esperanza era un concepto de la opresión utilizado por la sociedad dominante con el fin de doblegar a la gran masa de ciudadanos. La esperanza representaba el no-movimiento, el nunca avanzar hacia delante, el nunca mejorar la situación económica de los trabajadores. La esperanza era un espacio, una propiedad utilizada para el control. Octavio no sería controlado, rechazaba la esperanza y decidió buscar un plan de actuación contra Walter.

Octavio se desvinculó del grupo y le dijo a sus hermanos que abandonaba la reunión de los sindicatos. Los organizadores del Sindicato de Trabajadores de la Agricultura, así como los tres hombres de la recién inaugurada Confederación de Sindicatos de Campesinos y Obreros, habían visitado anteriormente la Ladrillera Simons. Octavio había asistido a todas las reuniones . . . Quien sobreviviría sería Octavio Revueltas, se dijo a sí mismo mientras se marchaba de allí.

José caminaba ahora a su lado. Octavio se detuvo algunos minutos porque sabía que Maximiliano lo seguía por detrás, pero que nunca alcanzaría a sus hermanos. Intuyó que una energía negativa bullía en el cuerpo de su hermano Maximiliano. Durante seis años, esta quemazón había alimentado su voluntad de vivir. La mayor parte del tiempo se encontraba bien, pero a veces, una gran debilidad se apoderaba de su cuerpo y casi le incapacitaba del todo. Hacía poco, justo después de Año Nuevo, la fatiga se hizo más intensa y recurrente. Maximiliano había pedido ayuda médica, pero los médicos dijeron, después de haberlo examinado de tuberculosis, que lo que le sucedía era producto de trabajar demasiado o quizás por malnutrición. Recortó las horas de trabajo en la ladrillera, y esto enojó a Gonzalo que lo acusó de ser un huevón, un vago. Milagros tomó lo que los médicos habían dicho de la malnutrición como un insulto, y lo entendió como una orden y un desafío para alimentar y salvar a su hijo. Empezó a preparar comidas copiosas y, prácticamente, lo forzó a comer. Sin embargo, estos esfuerzos no hicieron efecto en el estado de Maximiliano. Se deterioraba sin cesar, y nadie sabía ni por qué, ni cómo parar este proceso.

—¡Date prisa, hombre! —le gritó José, sin darse cuenta del esfuerzo de Maximiliano por caminar más deprisa, por alcanzar a sus hermanos, y no detener su ritmo o sus vidas.

Octavio solamente tuvo que mirar a los ojos a su hermano José para decirle que se había pasado de la raya. Octavio esperó a Maximiliano, lo tomó del brazo y siguió apoyado en su hermano mayor todo el trayecto hasta llegar a casa. Maximiliano no podía casi caminar, y Octavio se esforzaba por cargar todo el peso de su hermano, diciéndole que su casa ya no quedaba muy lejos. José corrió hasta la casa para decirle a su madre que Maximiliano había sufrido otro ataque. Esa tarde, mientras Maximiliano dormía, Octavio discutió con Milagros y Damián acerca del estado en el que se encontraba su hermano. Evidentemente, algo terriblemente poderoso intentaba adueñarse de su cuerpo; tenían que destruir esa energía, equilibrarla y neutralizarla. Milagros decidió llevar a Maximiliano hasta donde se encontraba doña Marcelina Trujillo Benidorm para que hiciera su propio análisis de la situación.

Por la mañana temprano, Octavio se despertó con la preocupación de Maximiliano en su cabeza. No le discutió a su madre la opción de llevarlo a ver a doña Marcelina, pero pensaba que su hermano necesitaba un análisis físico completo que requería la estancia en un hospital. Maximiliano batallaba por su vida, y este inesperado acontecimiento en la vida de su hermano, lo convenció para creer firmemente que se necesitaban mejores salarios y beneficios y también una mejora en las condiciones laborales de los trabajadores. Los trabajadores de Simons habían inhalado polvo rojo durante décadas y nadie se había quejado nunca cuando uno de ellos tosía y escupía trozos de sangre de sus pulmones.

Octavio y Nana caminaban por la calle Southworth hacia el enorme roble que había en lo alto de la colina y que dominaba el arroyo de la parte trasera de la escuela Vail. Se pararon y miraron hacia la pradera. Las vacas pastaban, y sus grandes ubres se balanceaban mientras iban hacia la cuadra. Los dos se echaron a reír al ver el movimiento de las pesadas vacas. Nana estaba feliz y agradecida de haber salido un rato de casa. Todo el día con los niños, hablando únicamente con ellos y limpiando la casa hacía que el día fuera demasiado largo. Se segundo hijo varón, Javier, le exigía mucho. Javier había nacido el 23 de abril de 1932, y era totalmente insaciable. Hablaron de él, y de que tal vez deberían tener otro hijo más. Mientras conversaba con su esposo, Nana revivió el día que nació su hijo. Recordó que el acontecimiento había sido exactamente igual que las dos veces anteriores. Estaba con ella la misma gente para ayudarla, estaba tumbada en la misma cama, el agua hervía en la misma tetera blanca de porcelana y Tati, que todavía no había concebido su primer hijo, utilizó las mismas toallas y sábanas blancas. Pero, algo fue diferente ese día.

—Maximiliano estaba muy preocupado, ¿te acuerdas, Octavio? —le dijo Nana a su esposo.

Octavio miró la escuela Vail.

—Le preguntaba a Tati por mi estado constantemente, ¿ha dado ya a luz? —preguntaba sin cesar—. Recuerdo su voz grave fuera de mi recámara, pero ahora su voz es muy débil. Maximiliano debe seguir viviendo —Nana juntó las manos y las agitó como si estuviera implorando al cielo.

—Se recuperará, se recuperará —Octavio abrazó a Nana y besó su cuello.

—¿Qué habrá dicho doña Marcelina?

—Ese día regresó muy asustada. No dijo ni una sola palabra del miedo que sentía, pero era tan grande que se le notaba en la expresión de la cara, en sus movimientos y en su voz. Le dije que me contara cómo había salido el examen de Maximiliano. Tu madre estaba tranquila, pero con una mirada de acero me dijo que doña Marcelina había descubierto a miles de arañas negras que circulaban por su sangre, y que estas arañas negras estaban quemando el interior de su cuerpo. Dijo que Maximiliano sería devorado por el fuego de su propia vida. Eso es lo que me dijo tu madre —Nana sonrió cuando vio a su hija.

Los niños jugaban en el patio de recreo de la guardería de la escuela Vail. Entre ellos se encontraba Micaela, y Nana caminó colina abajo hasta el arroyo para ayudar a su hija a cruzarlo. Octavio se quedó esperando debajo del roble gigante que había en lo alto de la colina. Mientras Nana y Micaela cruzaban el arroyo despacio y se dirigían hacia la colina, pensó en lo fácilmente que se olvidan los hechos y las personas. Nana había descrito la muerte de

Maximiliano hacía un momento, y su existencia había desparecido por la repentina presencia de su bonita primogénita. Mientras observaba cómo se acercaban las dos, Octavio pensó en lo mucho que amaba a sus hijos y en cómo les daría lo mejor del mundo, si su trabajo se lo permitiera.

Y Maximiliano tendría el mejor tratamiento médico que fuera posible. A sus hijos todavía les quedaba mucha vida por recorrer, pero su hermano solamente tenía una opción: ir al Hospital Presbiteriano Whittier para hacerse todos los tratamientos médicos necesarios, y saber si el camino hacia la muerte descrito por doña Marcelina era verdad.

Nana tomó a Micaela y se la entregó a Octavio.

—¿Cómo te fue hoy? —Octavio besó a su hija y puso su brazo alrededor del cuello de su esposa.

Fijó su vista en la Ladrillera Simons. El viejo y loco Simons sabe que necesitamos un sindicato aquí, en este lugar. Tenemos que cambiar las cosas. Cruzó por el lugar en silencio, un lugar del que nunca podría marcharse ni alejarse. Se vio como el viejo roble bajo el que había estado esperando de pie unos minutos antes. El roble se esforzaba por seguir creciendo, rompiendo la tierra debajo de él con sus enormes raíces. El viejo roble nunca se movería de allí, y moriría donde había nacido.

ᛘᛘᛘᛘᛘᛘ CAPÍTULO 15 ᛘᛘᛘᛘᛘᛘ

LAS ESTRELLAS EMPEZARON A DESLUMBRAR EN EL CIELO AZUL oscuro de esa noche. Desde lo alto de las colinas de Los Ángeles, desde Barrio Margarito, Octavio percibió que el tono anaranjado del sol seguía allí desde hacía tiempo. Caminaba escaleras abajo desde la habitación donde acababa de ganarle mil dólares a un hombre que no sabía cómo retirarse de la partida. Octavio había dejado a ese hombre llorando amargamente con los bolsillos vacíos. El hombre dijo que sus hijos no tendrían para comer por culpa de Octavio.

Ignacio y Guadalupe Sandoval y don Vicente Limón encontraron a Octavio en el último peldaño de las escaleras. Los tres hombres se dirigieron hacia la gran plaza que tenía una fuente y que estaba en el centro de Barrio Margarito. Fueron hasta una tienda de segunda mano que vendía libros, estatuas, lámparas, muebles y cuadros. En una sala en la parte trasera de la tienda, había cientos o quizás miles de cuadros orientales. Octavio oyó decir que alguien hablaba de grabados de madera japoneses. Ignacio, Guadalupe y Vicente siguieron a Octavio hasta una terraza. En el centro de la parte más elevada de la habitación, había una mesa grande, y más allá de esas ventanas, el cielo de la noche desplegaba las bailarinas estrellas. Cuando Octavio y su grupo caminaban hacia la mesa, vio a un hombre que antes había visto en las mesas de póquer de Barrio Margarito, y que llevaba uno de los grabados japoneses. Se reconocieron y siguieron cada uno a lo suyo. El anfitrión de la noche era Armando Takahashi Subia, y poco después, pronunció el nombre de Steward Josia Teaza, un paciente jugador y un gran admirador del arte de los grabados de madera japoneses. Regresaba a Tokio, que era su lugar de residencia. Armando hablaba de este hombre con un gran respeto mientras guiaba a los invitados de la Ladrillera Simons hasta la mesa del comedor.

Esa noche, los cuatro hombres de Simons, escucharon la explicación de Armando acerca de la necesidad que tenían los trabajadores de organizarse. Les contó la historia del Sindicato Industrial de los Trabajadores de la Agricultura, y también el proceso histórico de la organización de los trabajadores. En el momento de servir la cena, entró una joven. La joven miró hacia donde cenaban los hombres. El cielo y las estrellas de la noche penetraban por las ventanas creando la sensación de que ella cenaría entre las estrellas, y que las estrellas no eran tan grandes ni tan lejanas como pensaba la humanidad. Armando la saludó.

—Es Caroline Decker. Lleva con nosotros desde que empezamos con la organización —Armando presentó a la mujer dejando a un lado las formalidades masculinas y femeninas porque pensaba que eran un obstáculo para el progreso social. Trataba a Caroline Decker con respeto y confianza. Explicó que su tarea para esa noche era hablar sobre los organizadores que ofrecían ayuda a los hombres, las mujeres y los niños de Simons.

—En la actualidad, la mayoría de la gente joven de CAWIU . . . —Carolina hizo una pausa y observó las caras de los hombres que la estaban escuchando.

—Lo siento, ¿entienden inglés? —preguntó y miró a Octavio para obtener la respuesta de los hombres que lo acompañaban.

Ignacio sonrió. Guadalupe y Vicente se recostaron en sus asientos, y asintieron con un movimiento vertical de sus cabezas. No querían dar la impresión de estar aburridos, y pidieron otra cerveza al mesero que estaba junto a ellos.

—Bien, estoy contenta —continuó Caroline.

—Somos un grupo de gente dedicada a cumplir la misión de salvar a los trabajadores explotados de este país. Estamos mal pagados y sobrecargados de trabajo. Si alguien me pregunta si tenemos una afiliación con los comunistas, les tendría que contestar afirmativamente. Somos ideológicamente comunistas, somos americanos progresistas con una conciencia social y creemos que con la organización de los trabajadores podemos alcanzar la igualdad. La gente no padecerá hambre, no le faltará ayuda médica, no carecerá de una vivienda decente, ni de una educación, ni de ropa para vestir. La igualdad significa liberarse de la falta de las necesidades humanas básicas que el capitalismo niega al ochenta por ciento de la gente que vive bajo su sistema económico de explotación —Caroline se paró a pensar en sus bellas y poderosas palabras. En ese momento, se frotó la nariz.

—Podemos ayudarles. Podemos organizarlos en un sindicato fuerte que les garantice la igualdad y la libertad de no ser capaces de conseguir sus propias necesidades más básicas. —Buscó los ojos de Armando, tal vez para obtener su aprobación o para saber si él quería tomar la palabra.

—No será fácil, y podrá ser peligroso. Depende de cómo su jefe reaccione ante sus peticiones —añadió Armando.

—¿Qué dicen?, ¿podemos ayudarles? —Caroline les dirigió la pregunta a todos ellos.

Octavio y el resto de la brigada de Simons se consultaron con las miradas.

—Sí, necesitamos su ayuda —dijo finalmente Octavio.

—Bien, empiecen a hablar con los trabajadores de la finca. Díganles que nos esperen en unas tres semanas. Para entonces, el dueño habrá hecho un primer intento por detenerlos —terminó de decir Caroline.

Mientras Armando acompañaba al grupo de Simons hasta la puerta, Caroline se despidió de ellos desde el piso más alto de la habitación. En ese momento, Octavio se preguntó qué había hecho y qué consecuencias tendría.

Cuando llegaron a la fuente del centro de Barrio Margarito, Octavio vio al hombre al que le había ganado los mil dólares. El hombre parecía estar borracho. Octavio se detuvo para estudiarlo un poco mejor. Su ligera complexión, su traje, la corbata y los zapatos eran los de un gringo inteligente. El hombre abrió los ojos, y buscó los de Octavio.

—Ignacio, dale la botella —sugirió Octavio, sonriendo. Ignacio sacó una botella de bourbon del bolsillo de su abrigo. El hombre tomó la botella y dio un trago al whisky.

—Ahógate, imbécil —susurró Octavio.

El hombre dejó la botella medio vacía. Ignacio miró a Octavio disgustado por haberle dejado desperdiciar la botella entera de buen whisky a un borracho. Guadalupe y Vicente se marcharon, riéndose del enojo de Ignacio. Octavio volvió a mirar al borracho.

—Gracias, caballero. ¡Eres mi amigo! ¡Eres mi amigo! —el hombre no paraba de gritar.

Desde Barrio Margarito, en dirección al mar, Octavio vio un destello rojo un tanto extraño que salía de la tierra. Entonces, apenas podía oír las palabras de ese pobre hombre.

Micaela, Arturo y Javier, vestidos con ropa cómoda y limpia, esperaban la hora de la cena. Nana había decidido que cenarían algo ligero porque estaba enojada ya que Octavio se había marchado a jugar a Los Ángeles, o a cualquier cosa del sindicato. Se sintió vulnerable porque Octavio persistía en su compromiso con esta gente extraña. Los japoneses-americanos y esa mujer, Caroline Decker, habían visitado la ladrillera en varias ocasiones. Habían estado hablando con los hombres, y les habían causado una impresión muy grande por la manera que tenían de hablar acerca de la clase obrera de todo el mundo. Estas reuniones se habían mantenido en secreto, pero ahora los trabajadores planeaban reunirse en la entrada del salón de juegos de la empresa, y Nana temía que su esposo se metiera en problemas y que el capataz de Simons tomara represalias contra él. De algún modo, Gonzalo Pedroza se había enterado de las reuniones secretas, y se lo había comunicado a William Melone y a Jacobo Ramos. Ellos le habían hecho saber a Walter Simons lo que pasaba en la empresa, pero él y su esposa se encontraban de vacaciones por Europa en aquellos momentos. William recibió noticias del patrón informándole que Walter regresaría en dos semanas y que, para entonces, debía encontrar a los líderes de las actividades del sindicato.

Nana removió la sopa de albóndigas y empezó a preocuparse por Octavio. Fue hasta el pequeño porche de la entrada de su casa y se puso a cuidar de los maceteros. En la puerta de al lado, en la habitación que Octavio había construido para ellos, se encontraba el debilitado Maximiliano, descansando para acumular la energía suficiente como para poder trabajar al día siguiente. Nana se sintió culpable al preocuparse por su esposo y por la relación con su padre en comparación con lo que Maximiliano debía estar sufriendo por sus problemas de salud. Sin embargo, no podía controlar estos pensamientos.

Amaba a sus padres y, en ocasiones, había podido ver a su madre en casa de Paquita. Había perdonado a su madre por no haber sido lo suficientemente fuerte como para defender los derechos de sus hijas. Nana admitía, por otra parte, que no había podido encontrar el lugar en donde se escondía el perdón a su padre. Necesitaba perdonar a Malaquías por su actitud frente a su matrimonio, por su fuga, que él había calificado como el abandono de Nana a sus hermanos y a sus padres cuando ellos más necesitaban de su ayuda para mantener a la familia. Era como si Malaquías no le hubiera permitido nunca a Nana tener una vida propia.

Con gran amargura, Nana se dio cuenta de que nunca perdonaría la actuación de Malaquías cuando un día fue a hablar con él a casa de su tío para pedirle perdón. Dijo que no había hecho nada malo al intentar llevar la paz y la unidad de la familia León por el bien de su madre. Nana, de rodillas, le pidió perdón a su padre, y él ignoró totalmente la presencia de su hija. Sin mirar a la niña a los ojos, sostuvo a su nieta Micaela en sus brazos por un momento, y después se la entregó a su cuñada rápidamente. Humilló a Nana y la dejó llorando en el suelo. En ese instante, todo el respeto y el cariño de Nana por su padre se convirtió en odio, y así lo llevó consigo desde entonces como si se tratara de un horrible recuerdo.

Nana se limpió los ojos y miró de nuevo hacia dónde dormía Maximiliano. Le llevaría un poco de sopa más tarde. Respiró profundamente y se preguntó cuándo se trasladaría Malaquías a Norwalk. Octavio le había dicho que había visto a uno de sus hermanos pequeños y que le había dicho que se marcharían en julio.

De repente, aparecieron unas luces raras por donde vivían sus padres. Nana sintió un escalofrío al observar esas extrañas luces. Le invadió una sensación de miedo, y a las cinco y media, se metió rápidamente en casa con sus hijos.

Javier lloraba, Micaela llamaba a su madre y Arturo gritaba.

—¡Ahí voy! —gritó Nana, corriendo hacia la cuna donde estaba Arturo. Tomó a su bebé, y cuando salía de la habitación se quedó inmóvil al ver cómo unos extraños colores bailaban al caer la noche. Cuando fue a cerrar la puerta, miró hacia la calle. No había nadie en medio del sepulcral silencio. Los pájaros, los coches, toda la gente parecía haber dejado de funcionar.

Nana entró en la cocina velozmente, y colocó a Javier en un cesto encima de la mesa, donde estaban también Micaela y Arturo. Rodeada de un profundo silencio, les sonrió a los niños, tomó unos cuantos platos y puso la mesa. Nana sacó una cuchara y la metió en la sopa. Tomó la olla con la mano derecha, y la llevó cuidadosamente hasta la mesa. En ese momento, sintió cómo algo la empujaba y la tiraba al suelo, y cómo un chorro de sangre corría por su barbilla. Se había golpeado la boca con sus rodillas. Nana, tumbada en el suelo, buscó la olla de sopa caliente. La olla permanecía en el suelo, a una distancia de unos cinco pies, y sin haberse derramado una sola gota. Nana intentó levantarse. Micaela y Arturo seguían sentados, y Javier todavía permanecía dentro del cesto encima pero ahora se había desplazado hasta el otro extremo de la cocina. La casa se había movido completamente como si el mar la hubiera balanceado con sus olas. Nana tomó a los niños, y se fue hasta la puerta trasera de la casa. Un profundo zumbido invadió el silencio que tanto la había molestado momentos antes. Cuando buscó con su mirada la ladrillera, vio unas olas que se movían por la superficie de la tierra.

—¡Un terremoto! —Nana estaba impresionada por la energía que movía todo lo que se encontraba a su alrededor.

—¿Mamá? —Micaela cuestionó el tono temeroso de su madre.

Nana no quería asustar a sus hijos, pero el ruido de las profundidades de la tierra se hizo aún más fuerte. Miraba a las paredes para ver si se resquebrajaban y evitar que cayeran encima de sus hijos. No podía salir afuera porque la tierra se ondulaba y se abría ante sus ojos. Nana y los suyos sobrevivirían si se quedaba adentro, en el centro de la cocina y alrededor de la vigorosa mesa.

Colocó a Javier debajo de la mesa, y se sentó para contemplar las paredes y el techo. Las lámparas del comedor cayeron al suelo, y se movieron de sitio todos los muebles. Las fotos de las habitaciones también se cayeron al suelo, y estallaron todas las ventanas. La estufa bailaba, pero se mantenía firme. Nana se encontró con sus hijos bajo la mesa, mirando la olla caliente de sopa de albóndigas que, milagrosamente, seguía sin moverse del sitio, mientras todos los objetos de al lado bailaban al son de unas tremendas fuerzas telúricas. Tomó en sus brazos a Javier mientras Micaela y Arturo se abrazaban a ella con fuerza.

—Creo que dentro de un rato podremos comer las albóndigas —sonrió Nana. Un fuerte ruido y una enorme sacudida golpearon la casa, pero la olla de sopa seguía sin moverse.

La gran sacudida del terremoto en Long Beach, hizo que hombres, mujeres y niños tuvieran unos comportamientos físicos y psíquicos extraños. Algunas personas se desmayaron de golpe a unas cincuenta millas de Long Beach. Otros dijeron que habían sentido cómo se acercaba el terremoto y como si una enorme ola de tierra se hubiera levantado por encima de sus cabezas. De repente, se vieron encima de la cresta de la ola, y tan pronto como había llegado, desapareció, y los dejó tirados a unas cuantas millas más lejos de donde estaban. Un hombre dijo que estaba en el comedor de su casa cuando sintió la sacudida del terremoto, pero que después se encontró en la cocina, en la parte opuesta de la casa. Sus vecinos se reunieron para contemplar el extraño fenómeno. Para sorpresa de este hombre, su casa se había movido unos ciento ochenta grados. En otros lugares, aparecieron toda clase de luces extrañas, y la gente vio rayos de luz, furiosas tormentas, explosiones borrosas y estrellas que iban y venían como si se tratara de los destellos de las festividades del cuatro de julio.

La tierra se movió alrededor de la mesa del comedor, y la reacción de muchas personas fue correr hacia la calle donde los cables de electricidad eran tan amenazantes como los del interior de las casas. Los edificios de ladrillo se movieron y cayeron al suelo. Las chimeneas de ladrillo se rompieron en la parte superior, los postes se tumbaron, los cables eléctricos y de teléfono se doblaron, y cayeron también. El rugir de la tierra revuelta e incómoda era incesante, como el ladrido insoportable de los perros.

Nana salió de debajo de la mesa, y puso la olla de sopa de nuevo en el fuego. Sentó a los niños en la mesa y acarició a Javier que dormía en su cesto. En ese momento, pensó en Milagros y en

Maximiliano. Deseaba también que Octavio llegara a casa lo más pronto posible para que le ayudara a colocar los muebles, y a comprobar el estado de las puertas, las ventanas, las paredes y el techo. Nana necesitaba tener todas las garantías de que su casa era lo suficientemente segura para sus hijos. Fue a buscar algunos platos hondos para la sopa, y encontró uno. El plato estaba rajado. La quietud y el silencio incómodo que Nana había experimentado antes había dado paso a la agitación de la tierra, y también, a una cocina rota. Sirvió las albóndigas en dos tazas grandes, y Micaela y Arturo se quedaron satisfechos. Comían despacio, parándose con cada ruido y esperando a ver lo que sucedía. Afuera, el viento volvía a jugar con los árboles. Después, una pegajosa y silenciosa noche cubrió Simons.

Durante algunas horas, ciertas partes del sur de California se quedaron aisladas. Para algunas personas, el sur de California había desaparecido, y los periódicos locales de todo el país lo reflejaron con el titular: "California se hunde en el Pacífico". El terremoto de Long Beach fue de 6.3 grados. La posibilidad de que hubiera otro de más magnitud se desvaneció porque el epicentro estaba lejos de la orilla de la playa. Sin embargo, el puerto de Los Ángeles sufrió un daño terrible. Muchas propiedades quedaron destruidas y se perdieron millones de dólares. En total, murieron cincuenta y tres personas en el terremoto.

En 1906, el terremoto de San Francisco había expuesto claramente la necesidad de contar con unos buenos equipos que lucharan contra el fuego. El temblor de Long Beach supuso una lección en cuanto a cómo no construir en un país que padece las sacudidas de los terremotos. Nana recordó haber oído hablar del terremoto de San Francisco, y cómo los trabajadores de Simons habían producido el material necesario como para reconstruir la ciudad entera. También recordó el gran temblor de Tokio en 1923, y cómo los hombres doblaron los turnos para poder fabricar los ladrillos necesarios para que los japoneses pudieran reconstruir su ciudad. La Ladrillera Simons y sus trabajadores eran importantes para el mundo, pensó Nana.

Se puso a Javier en su cadera derecha y tomó a Arturo de la mano. Micaela estaba sentada en el porche. Fue entonces, cuando los vecinos empezaron a salir de sus casas. Milagros abrió la puerta y saludó con la mano.

—¿Están todos bien? ¿Y los niños? ¡Qué miedo! —Milagros hizo una señal a Nana de que regresaría un poco más tarde para seguir hablando.

Nana pensó que todas las máquinas de la ladrillera se pondrían en marcha muy pronto. Los pedidos de ladrillo para reparar los daños causados por el terremoto serían enormes. Teniendo en cuenta, el alcance del temblor, Nana llegó a la conclusión de que los daños también habrían sido de gran consideración. Se movió en silencio, y pensó en la importancia que Octavio le había dado al establecimiento del sindicato de los trabajadores.

Milagros se abanicaba con un pañuelo blanco que contrastaba con su vestido negro. Había ido a ver cómo se encontraba Maximiliano.

—No entiendo cómo ha podido dormir con el terremoto —dijo, santiguándose.

El temblor hizo que los sacerdotes de la Iglesia Católica Mount Carmel salieran a ofrecer su ayuda. La mayoría de las otras iglesias de ladrillo del área de Los Ángeles habían quedado totalmente devastadas. Las paredes exteriores se habían derrumbado y tan sólo quedaban los techos encima del vacío. En muchas ciudades, los edificios de dos y tres plantas quedaron completamente destruidos, y solamente las paredes interiores resistieron, mientras que los muros exteriores se habían derrumbado completamente. El enchapado de ladrillo de miles de construcciones había fallado irremediablemente. Sin embargo, Simons no había sufrido tantos daños; solamente, hubo algunas fisuras y desperfectos, pero Simons permaneció firme como si se tratara de una gran fortaleza.

La tierra había intentado romperse de un modo violento y atroz, y todavía continuaba esta vehemente fuerza en las profundidades, haciendo temblar la superficie y aterrorizando a los ciudadanos durante toda la noche y hasta el amanecer. A las ocho de la mañana, los niños salieron a jugar a la calle, y algunas familias, temerosas de que sus casas se derrumbaran, habían dormido esa noche en la calle. Otros vecinos adoptaron una actitud heroica, y al igual que Nana y sus hijos, durmieron esa noche en sus camas. Cuando Octavio llegó a las tres de la mañana, Nana no le dirigió la palabra.

—No hemos podido llegar antes, las carreteras estaban bloqueadas —le explicó Octavio cuando llegó, y después de comprobar que los cuatro miembros de su familia seguían juntos en la cama de Nana. Esa noche, él durmió en el sofá.

El periódico del día siguiente al terremoto llegó tarde al almacén general. Los trabajadores de Simons habían estado yendo y viniendo habían comprado comida enlatada extra, ropa de abrigo, mantas, y toda clase de objetos de supervivencia por si la tierra volvía a temblar. Octavio leía *La Opinión* tranquilamente mientras daba sorbos a su primer café de la mañana. Nana se detuvo en un artículo que describía los enormes daños que habían sufrido los edificios de las escuelas.

—Imagínate, Octavio, ¿qué habría pasado si la escuela hubiera estado llena de niños a esa hora? —le preguntó a su esposo mientras continuaba leyendo a su lado.

El periódico informaba que el terremoto se había producido a las cinco y cuarenta y cuatro minutos de la tarde. Si se hubiera producido a las horas de escuela, habrían muerto miles de niños. Las escuelas primaria y secundaria habían sufrido grandes daños, y la mayoría habían quedado completamente destruidas. Los geólogos y los arquitectos explicaron que los edificios escolares habían sido particularmente vulnerables debido a su construcción y por los materiales empleados. Las autoridades académicas habían ordenado que se construyeran de ladrillo porque era el material más barato y más duradero. Hasta el 10 de marzo de 1933, las autoridades de todo el sur de California consideraron que la construcción de ladrillo era la más segura de todas. Ahora, después de ver cómo el ladrillo también había sucumbido con el terremoto, los ciudadanos empezaron a creer que este material no era el más adecuado para construir edificios que almacenaran en su interior documentación importante, o que fueran edificios de servicios importantes, y, sobre todo, que fueran edificios que tuvieran a niños adentro.

Después de la catástrofe, el miedo de que se volviera a repetir un desastre natural de esa magnitud, empezó a diluirse entre los ciudadanos. El terremoto no arrastró consigo a los trece millones de hombres y mujeres sin trabajo. De hecho, se cerraron más negocios y se quedó más gente en la calle sin ningún medio para subsistir. La ruina, el hambre y la enfermedad seguía siendo el pan de todos los días en las chozas de los trabajadores y para los granjeros sin techo. En los ojos de los niños que jugaban en la parte trasera de las calles de las grandes ciudades o en las polvorientas áreas rurales, se reflejaba la ruina del país.

En Simons, siempre había comida, y nadie pasaba hambre. Si Walter no le daba crédito a alguien, algo que normalmente no sucedía, los vecinos o la propia iglesia le ofrecían un cesto con comida. Octavio se aseguró de que nunca faltara comida, ropa, medicinas, mantas o cobijo para su familia. Lo único que no podía garantizar era que los suyos tuvieran buena salud.

Habían pasado meses desde el terremoto, y la urgencia de ladrillo que Walter había anunciado, no había llegado todavía a la ladrillera. Parecía como si el patrón se preocupara poco por la falta de trabajo. Él y su esposa habían hecho un viaje por toda Europa en una gira musical que había organizado Edit para los miembros de la Asociación Musical de Los Ángeles.

A mediados de junio, Octavio y Nana fueron a visitar a Milagros y a Damián, y los encontraron sentados en el jardín trasero de su casa pensando en el sufrimiento de Maximiliano. El cálido viento acariciaba sus caras cuando los cuatro llegaron a la misma conclusión.

—Debemos llevarlo a un hospital. Allí le podrán dar la sangre que necesita. Su cuerpo necesita oxígeno —dijo Octavio.

—El hospital general está muy lejos —comentó Damián.

—José nos llevará hasta allá —le dijo Octavio a su madre.

Milagros movió la cabeza lentamente, y sus ojos brillaron con el sol de la tarde. Sabía que otra transfusión podría prolongar la vida de su hijo, pero que no le salvaría la vida. Maximiliano se había convertido en una persona muy importante para ella, para su familia y para la gente de Simons. Milagros se levantó de la silla y se dirigió hacia la habitación donde Maximiliano reposaba. Lo aseó con una esponja y lo vistió. La cabeza de Maximiliano se balanceaba de lado a lado como si su cuello no pudiera aguantar el peso de su bella cabeza. Milagros sollozaba en silencio. Su hijo no podía oírla; su hijo no podía verla. Siempre tenía los ojos cerrados, y le costaba respirar. Milagros no podía comprender cómo su hijo había caído víctima de una enfermedad de la que nunca había oído hablar anteriormente. Hacía seis, siete u ocho meses, él era un hombre completamente sano. Lo tomó en sus brazos y puso su boca cerca de la de él.

—Dame esos animales que están comiéndose la sangre de mi hijo. Déjame que me los coma, Dios mío. Deja que me coman a mí, ¡Dios mío!

—Mamá, debemos marcharnos ahora. Lo esperan a las cinco —dijo Octavio desde la calle.

—Maximiliano está preparado, ven por tu hermano —replicó Milagros.

Maximiliano pasó las dos últimas semanas de junio en el hospital. La familia, con su consentimiento, permitió que le hicieran unas trasfusiones experimentales. Respondió bien a ellas, pero el efecto sólo duró alrededor de un día nada más. Los médicos experimentaron con Maximiliano con tratamientos que no habían sido probados en humanos con anterioridad. El primero resultó ser muy doloroso, y el segundo lo llevó a un coma durante tres días. Cuando se despertó, había vuelto a recobrar sus fuerzas de un modo milagroso. Se sentía curado, y pidió que lo llevaran de nuevo a casa. Los médicos le informaron de que ese estado de euforia era temporal, y que la recaída podría ser fatal si no permanecía en el hospital. Después de informarle todo esto, Maximiliano tomó una decisión. El 1 de julio, temprano en la mañana, firmó todos los papeles, y salió del Hospital General del Condado de Los Ángeles para regresar a su casa. Pensaba que estaba totalmente curado, y quería regresar a su hogar junto a sus hermanos y sus padres.

Cuando el día ya empezaba a agonizar, Maximiliano sintió frío. Era como si sus dedos, sus pies, su nariz, sus orejas y su pene estuvieran sepultados bajo el hielo; sin embargo, recordó que era julio en California, y que ese era un mes caluroso. Dejaré esta vida, no sé para qué la he vivido, no sé qué es lo que pasará ahora . . .

Maximiliano se sentó en la mesa del comedor que había en la parte trasera del jardín de la casa. Comió como si le quedaran cien años más de vida. Encontró en el jardín de su madre una bonita rosa roja . . . también desaparecería. Mientras sus hermanos, tíos, tías y otros parientes hablaban sobre la milagrosa recuperación de Maximiliano, y bebían a su salud y por su futuro, él decidió marcharse a su habitación. Se metió en la cama y se quedó plácidamente dormido.

Por la mañana, la luz había llegado a Simons. Hacía seis meses que habían traído a la finca varios postes y cables, y ese día instalaron la luz eléctrica en las casas. Con sólo una conexión, las estructuras de madera tenían suficiente cobertura. Los cables eléctricos recorrían las paredes y los techos de las viviendas. No era extraño ver los cables negros con tapaderas de medicamentos cubriendo los empalmes. Octavio había clavado el cable blanco al enchufe y la cuerda caía en el centro de la mesa de la cocina. Había estado toda la mañana instalando los cables que ahora recorrían toda la casa de sus padres y la suya propia. Octavio se puso de pie en una silla, y les enseño a todos la bombilla.

—¿De esa cosa pequeña sale luz suficiente para iluminar la cocina? —preguntó Rogaciana un tanto escéptica.

—¡Qué bonita! —exclamó Felícitas.

—Colócala, Octavio —le ordenó Damián impaciente.

Octavio sonrió, y colocó la bombilla en el enchufe. En ese momento, se le resbaló la bombilla de las manos, y cayó al suelo. Todos los presentes siguieron el recorrido de la bombilla en el suelo, pero la familia se tapó los ojos por temor de que el fino cristal de la bombilla llegara a sus ojos. Las risas llenaron la cocina . . . Malditos científicos, ¿por qué no hacen las cosas bien? pensó Octavio mientras le indicaba a José que fuera por el paquete de bombillas que había en el fregadero. José le dio a Octavio otra bombilla, y la conectó sin problemas. Se aseguró de que todos miraran de nuevo la bombilla antes de tirar de la cadena dorada. Cuando tiró de la cadena, la luz llenó toda la habitación.

—Son muy caras —exclamó Milagros mientras barría el suelo.

—Ya era hora de que Simons trajera luz eléctrica a las casas —dijo Octavio, satisfecho con su trabajo de electricista.

Alrededor de las siete y media de la tarde, Octavio llegó a su casa. Nana tenía preparado el desayuno, los niños ya se habían despertado y jugaban en el comedor.

—¿Cómo amaneció, Maximiliano? —Nana preguntó.

—Todavía está durmiendo. Mamá dijo que ha estado durmiendo toda la noche sin despertarse.

—¿Octavio, crees que los médicos lo curaron? La gente está diciendo que se trata de un milagro —dijo Nana.

—No pienso nada, el tiempo lo dirá —Octavio se sentó en la mesa para terminar su desayuno.

A la una de la tarde, Maximiliano, Federico, José y Octavio se dirigieron a la tienda de comestibles de Acacio Newman Delgado en la calle Date. Maximiliano se había levantado a las nueve y estaba encantado de que su madre tuviera por fin electricidad en casa. Comió bien, y a las diez y media lo visitaron varios vecinos preguntando por su recuperación. Algunos parecían despedirse de él, más que desearle una pronta mejoría. Maximiliano esperaba esta reacción, y lo comprendía perfectamente porque, después de todo, casi había muerto de leucemia. Conversó con todos los vecinos durante una hora, hasta que sus hermanos lo sacaron de allí para irse a escuchar la radio de Acacio. Era la primera radio en Simons y la gente iba hasta allí para escuchar las noticias en español. La tienda de Acacio se llenaba en casi una hora, y casi nadie le compraba nada porque la mayoría solamente iba para escuchar su radio.

Cuando Acacio vio que Maximiliano entraba en la tienda, le acercó una silla que había cerca de la radio—. ¿Cómo te encuentras, Maximiliano? —Acacio le sirvió una taza de café.

—Bien. He vuelto a casa a quedarme para siempre —Maximiliano se detuvo un momento y tomó un sorbo de café. Algunos se acercaron a la radio un poco más.

—Qué radio más bonita —dijo un hombre, pegando la oreja al aparato.

—Es muy cara —comentó otro hombre desde atrás.

Maximiliano les hizo una señal a Octavio, Federico y José para que permanecieran vigilando y observando con cuidado por si sucedía algo.

—Eso es lo que la electricidad ha traído a Simons. Más negocios y más dinero para los ricos —gritó un hombre desde el fondo de la tienda.

—Ya verán cómo ahora nuestras mujeres querrán comprar toda clase de aparatos eléctricos. Ahora tendremos a una pandilla de vendedores que venderán la basura esa para hacerles la vida más fácil a nuestras mujeres. No señor, la electricidad es una plaga de los gringos que nos infectará a todos y que nos pondrá enfermos. Seremos como las miles de estúpidas polillas atrapadas en esa bonita luz hasta que nos quememos por completo. Miren cómo pululan alrededor de esa tonta caja eléctrica —el hombre continuaba cerca de la puerta.

—Oiga, amigo, pare de decir estupideces, y márchese. Queremos oír las noticias —dijo amenazante Linacero Guerra, que era uno de los tres hombres más robustos del lugar.

El hombre salió por la puerta esa tarde del 3 de julio, y Linacero subió el volumen de la radio. Le dio una palmada en la espalda a Maximiliano, asegurándose de que nadie más lo interrumpiera de poder escuchar la radio nueva en la tienda de Acacio Newman Delgado.

La voz en español que salía del aparato eléctrico empezó a contar unos sucesos terribles de todo el mundo, y también, de Estados Unidos. La voz hablaba de Adolf Hitler y de los nazis en Alemania, del partido fascista de Mussolini, del emperador Hirohito, de la deportación de los mexicanos, del levantamiento de la Ley Seca que desencadenó los aplausos de los allí presentes, de "La Igualdad de Oportunidades para todos" de Franklin Delano Roosevelt y del final de la Depresión. Sin embargo, lo que más afectó a Maximiliano, fue la descripción de la hoguera que se había hecho con los libros escritos por los anti-nazis y por los escritores judíos en Alemania. En ese instante, Maximiliano se empezó a encontrar cansado. Cuando regresaba a casa, una sensación de quemazón empezó a recorrer sus venas, y se quedó ciego durante unos segundos. Cerró los ojos una sóla vez, pero enseguida se dio cuenta de que si los cerraba otra vez, perdería a sus hermanos para siempre. No le importaba lo mucho que le costara, quería tener los ojos abiertos toda la eternidad.

Milagros y Damián se encontraba juntos en el jardín esperando a su hijo, y cuando llegó los abrazó. Estuvieron abrazados por un momento, sin querer separarse, y con el temor de saber que podrían ser los últimos abrazos. Octavio y Federico los separaron. Milagros gemía, y no era capaz de ocultar su miedo por más tiempo. Una brisa oscura se posó en los ojos de Maximiliano. Federico y José, sin saber qué hacer, miraron a Octavio que les devolvió una sonrisa, y se llevó a Maximiliano hasta la habitación que había al fondo de la casa.

—Quiero que descanses. En una hora, llegará la familia y los amigos para saludarte. Querrás estar fuerte para estar con ellos y tomarte unos tragos con los amigos —dijo Octavio.

—Sabes que no puedo dormir. Tengo que mantener los ojos abiertos para siempre. No los cerraré nunca, hermano —Maximiliano se apoyó en la puerta—. Espera hasta que me haya ido para llamar a la ambulancia. Por favor, hermano, te pido esto a ti porque te quiero mucho.

La cara de Octavio se retorció de rabia y de pena.

Los parientes y familiares conversaban felizmente porque la comida y la bebida que había en la casa se prestaba a ello. Tíos, primos y demás familiares llevaron comida, y las comadres y los compadres se aseguraron de que Damián tuviera suficiente bebida para los adultos y los niños. El verano en Simons era la mejor estación del año para que los niños jugaran con total libertad. El calor invitaba a que pudieran correr descalzos por los campos de los alrededores de la ladrillera. Explorar el lugar era el pasatiempo preferido de los niños, y los campos de caña de azúcar y maíz servían para jugar a las escondidas. Los gritos y las risas de los niños llenaban la casa de la familia Revueltas esa tarde de verano. La orden del día para todos era la celebración de la vida.

Maximiliano recobró fuerzas al recibir el amor sincero de todos lo que habían llegado hasta su casa para estar con él. El cariño que le estaban dando era una responsabilidad para él, y pensó que no debía enfermarse. Tenía una sonrisa y un apretón de manos para todo el mundo. Una vez todos allí, Maximiliano se acercó al sofá del comedor, y comenzó a frotarse los ojos constantemente. La nebulosa que había visto antes se hacía cada vez mayor y más oscura. Sus labios empezaron a amoratarse, y su sonrisa se debilitaba cada vez más. Los hombres le llevaban bebida, y él levantaba el vaso como señal de que estaba tomando todas las bebidas que le acercaban sus parientes y amigos.

La comida se acabó alrededor de las seis y media. Aunque Milagros y Damián habían preparado bastantes platos, la gente se lo había comido todo y, poco a poco, empezaban a marcharse. Algunos se acercaron a Maximiliano para agradecerle la feliz velada y para animarle a seguir luchando. Otros, viendo que su estado empezaba a empeorar cada vez más deprisa, fueron a darles las gracias a Damián y a Milagros. Miraban a Maximiliano cuando se iban despidiendo de los anfitriones de la casa, y sus miradas y sus palabras reflejaban la pena que se había instalado en la casa de los Revueltas. Ni ellos mismos se creían lo que decían y, con tal de no crear falsas esperanzas a los progenitores de Maximiliano, se despedían con un "está en manos de Dios". A las siete de la tarde, la casa se había quedado completamente vacía.

El cálido silencio de esa plácida tarde de verano, interrumpido de vez en cuando por el ruido de los juegos artificiales en la calle, hizo que Maximiliano creyera y deseara que ese momento no terminara nunca. Se sentó acurrucado en el sofá, a salvo para la eternidad. No quería moverse de allí; quería permanecer en ese espacio y en ese tiempo, sin tener que moverse ni hacia atrás ni hacia delante, sin tener que cambiar de postura nunca. La nebulosa en sus ojos ya casi le impedía ver. Las explosiones de los juegos artificiales se multiplicaron, y con cada detonación del mundo exterior, las células de Maximiliano se apagaban una a una. No dejaría de luchar. Se reclinó en el sofá para descansar un poco, y abrió la boca para poder respirar y tomar aire.

A las ocho, su respiración era cada vez más fuerte. Tenía frío, pero estaba completamente empapado en sudor. Octavio y Federico se llevaron a su hermano a la recámara de sus padres. Maximiliano señaló la puerta de la cocina que daba a la calle. Quería aire, el viento y el espacio abierto del jardín para respirar, para que le llegara algo de oxígeno a sus pulmones. Sus dos hermanos le ayudaron y lo sacaron a pasear por el jardín. Nana se acercó a él para limpiarle el sudor de la frente. Sus piernas empezaron a debilitarse, y solamente podía mantenerse en pie si se apoyaba en sus hermanos. Maximiliano se debilitaba cada vez más, y ya casi no podía mantener la cabeza erguida. Milagros lloraba a los pies de su cama mientras Damián se iba hasta un rincón de la habitación. Octavio vio cómo Nana limpiaba la cara, el cuello y los brazos de su cuñado. Afuera, Federico, José, Rogaciana y Felícitas, escuchaban las miles y miles de explosiones que invadían la cálida noche.

Octavio recordó que Maximiliano le había pedido que no llamara a una ambulancia hasta que hubiera agonizado. El reposo y la paz se reflejaban en el semblante del moribundo, mientras las risas inocentes de los niños recorrían las calles afuera de su casa. Su respiración se hizo entrecortada, y Milagros le dio algún que otro medicamento para que recuperara las fuerzas hasta que llegara al hospital. Los medicamentos no hacían efecto y parecía como si Maximiliano no estuviera sufriendo. Octavio le ordenó a José que llamara una ambulancia, pero cuando llegó, Maximiliano había casi dejado de respirar. Los encargados de la ambulancia preguntaron varias veces si el hombre vivía mientras lo preparaban para realizar el viaje hasta el Hospital General de Los Ángeles. Milagros pensó que estas preguntas eran crueles y poco sensibles, y que eran una falta de respeto para los familiares. La madre se puso al lado de su hijo. Nana se apartó para que pudiera tomarlo en sus brazos y mirarlo como una madre solamente puede hacerlo. Le sonrió, y él le respondió con otra sonrisa.

—¡Mamá! —gritó Maximiliano con voz clara.

—¿Qué quieres, hijo? —Milagros hacía esfuerzos por no llorar delante de él. Maximiliano, con su cabeza apoyada en su regazo, alcanzó esa distancia desde la que ningún ser vivo ha podido comunicarse jamás.

Damián se apoyó en la pared. Las lágrimas corrían por su cara húmeda, y su nariz tenía la sal de la rabia. No quería lamentarse con rabia por la pérdida de su bello hijo. Damián subió a la ambulancia. Acompañaría a su hijo hasta el hospital. Octavio observó cómo el ayudante de la ambulancia cerraba la puerta lentamente. Damián se sentó recto, con las manos en el regazo y los ojos fijos en la cara amoratada de Maximiliano. Octavio, Federico, José e Ignacio Sandoval iban detrás de él.

Octavio aceptó la inevitable muerte de su hermano esa misma tarde. Le estaba agradecido a Maximiliano por haberle dicho cómo quería morir y dónde quería pasar sus últimos momentos. Octavio observaba cómo José conducía y lloraba en silencio. No podía quitarse de la cabeza la imagen de su padre sentado, sin poder hacer nada, al lado de su hijo moribundo. La sirena y las luces rojas y amarillas girando con los destellos de luz rompieron el mundo y aminoraron la pena, el dolor y la rabia. Octavio entró en el hospital con cien dólares enrollados en el bolsillo. A las diez de la noche, pagó un depósito de cincuenta dólares, que era un requisito obligatorio para que atendieran debidamente a su hermano en ese hospital. Octavio, Federico, José e Ignacio se unieron a Damián en la sala de emergencias y esperaron. A las once y media, se acercó un médico a los familiares y les explicó que el estado de Maximiliano era terminal. Moriría en cualquier momento.

—No hay nada que podamos hacer ahora. Lo siento. Se pueden ir a casa —el médico se marchó rápidamente.

Los hermanos de Maximiliano, su padre y su tío hablaban con él mientras le tomaban la mano. No estaban seguros de que los pudiera oír, pero si podía, querían que supiera que no estaba solo. Mientras Octavio hablaba, entró en la habitación con paredes de ladrillo, un chico cuya cara casi había olvidado, un chico que había muerto en 1918. Julio les sonrió a sus hermanos, caminó por alrededor de la cama y susurró unas palabras en el oído azulado de Maximiliano. Octavio se frotó los ojos y los cerró durante un instante. Julio ya había desaparecido. El cuerpo de Maximiliano yacía en la cama sin energía alguna. José sollozaba sin parar. Los otros cuatro hombres permanecían de pie en silencio, sintiendo el peso de la muerte de Maximiliano en sus adentros. Julio había entrado en la habitación a la una y dos minutos, y se había ido con Maximiliano a la una y tres minutos, en la mañana del cinco de julio de 1933.

A las seis de la mañana, Federico seguía el coche fúnebre Moritz. Octavio e Ignacio esperaban a que el cuerpo de Maximiliano estuviera listo, mientras que Damián, Federico y José regresaban a casa para preparar a la familia y organizar el velorio. Milagros, vestida con un nuevo vestido negro, recibió a la familia y no preguntó por qué Octavio e Ignacio no iban con ellos. Ya había arreglado un lugar especial en el comedor y, con la ayuda de Tati, Nana, Rogaciana, Felícitas y algunos vecinos, había empezado a preparar la comida para los que llegaran a velar el cuerpo de su hijo Maximiliano Revueltas.

A mediodía, ya había llegado de nuevo a su casa. Maximiliano se encontraba de nuevo allí para recibir a sus familiares, amigos y vecinos. Casi todo Simons fue hasta allá para expresar sus condolencias a los familiares. William Melone, Jacobo Ramos y Gonzalo Pedroza fueron de los primeros en llegar. Gonzalo Pedroza abrazó a los apenados padres, y se marchó poco después. No hizo falta medir la tensión que hubo entre Octavio y los capataces.

Un sacerdote de la Iglesia Católica San Benedicto de Montebello rezó el rosario una sóla vez, y después se marchó. Dos mujeres se turnaron después para seguir rezando el rosario. Mientras las mujeres del pueblo acompañaban y rezaban por el alma de Maximiliano, los hombres bebían y recordaban los buenos tiempos al lado del difunto. A las once de la noche, la gente empezó a marcharse a sus casas, y alrededor de las doce, Damián y Milagros se fueron a dormir.

—Octavio, voy a descansar un poco —dijo Nana.

—Quiero estar con él un poco más —contestó Octavio, dándole un beso de buenas noches a su esposa.

Octavio se encontró a solas con el cuerpo frío de su hermano frente a él. Contemplaba una de las fotografías que había encima de una mesa de los cuatro hermanos, que había sido tomada ocho años antes. Tomó la fotografía en sus manos y se sintió orgulloso de sus hermanos Federico, Maximiliano y José. Los cuatro iban vestidos con sus mejores ropas. Esa foto era la preferida de su madre. Los ojos de Octavio se posaron en ese instante en el sofá, en el mismo lugar donde Maximiliano había estado sentado la noche anterior pensando en el más allá. Octavio se acercó a la fotografía para poder observarla mejor. Maximiliano, con sus manos puestas encima de los hombros de Federico, tenía un cierto aire de superioridad detrás de su hermano. José sonreía como un niño. Octavio, firme y serio, parecía estarse acercando a su hermano José con el brazo izquierdo. Federico estaba a su izquierda y tenía una sonrisa un tanto picarona. Los labios de Octavio y Maximiliano se parecían a los de la Mona Lisa, y no tenían expresión alguna. ¿Cómo había sido ese momento de tanta felicidad entre los cuatro hermanos? Los hermanos Revueltas estaban unidos por la carne y la sangre en esa foto para siempre. Octavio se quedó dormido en el sofá, enfrente del ataúd de Maximiliano. Tenía la foto entre sus manos, y encima de su pecho.

La luz de la mañana templó sus párpados. La oscuridad de la noche se había marchado ya de ellos. Octavio abrió los ojos, y todavía conservaba la misma posición en la que se había quedado dormido. Miró a la derecha y a la izquierda. Una casa extraña, pensó, y la luz iluminó el espacio . . . Hoy es el día que entierro a mi hermano . . . Sintió la fotografía en su pecho. Era él quien tenía que cargar con la responsabilidad económica del entierro de Maximiliano, era él quien se había hecho cargo del costo de los médicos, quien tenía que pagar el funeral, quien había llevado a su hermano a visitar a varios médicos y quien no había podido poner a salvo la salud de Maximiliano, era él quien había visto a Julio entrar en la habitación del hospital, en quien confiaban sus padres para tomar las decisiones correctas. Siempre era él. " . . . Lo que diga Octavio . . . Quizás Octavio te pueda dar algo. Ve a ver si Octavio te da su permiso . . . Octavio tiene dinero . . . " En ese momento, Octavio sintió el peso de su familia. Sabía que era difícil salir adelante, pero tenía que hacerlo. Amaba a los suyos, y eso era más que suficiente. Milagros, Damián, Ignacio y Tati estaban esperando a que se despertara.

—Octavio, ven conmigo. Nana ha preparado un delicioso desayuno —Tati se llevó a su compadre a su casa. Los demás vieron llegar el coche fúnebre Moritz que llevaría los restos de Maximiliano hasta Mount Carmel para que se oficiara una misa en su nombre.

La iglesia estaba llena. Los amigos estaban apoyados en las paredes del jardín. Los coches se amontonaban en el estacionamiento polvoriento de la iglesia, a ambos lados de la carretera

Rivera. Maximiliano le caía bien a la gente. Se había convertido en una especie de héroe, en un hombre digno e inteligente que tomaba las decisiones acertadas, y que había vivido la vida intensamente. Era un hombre valiente, decía la gente sin cesar.

La larga fila de coches hizo el trayecto por el búlevar Whittier hasta el cementerio El Calvario donde, después de rezarse una oración por el alma de Maximiliano, se procedió a bajar el ataúd. Uno a uno, los parientes y amigos del difunto, pusieron una flor encima de su ataúd. Doña Marcelina Trujillo Benidorm empezó a cantar:

De colores, de colores se visten
los campos en la primavera,
de colores, de colores son los
pajaritos que vienen de afuera,
de colores, de colores es el arco
iris que vemos lucir,
y por eso los grandes amores
de muchos colores me gustan a mí
y por eso los grandes amores
de muchos colores me gustan a mí.

Octavio se sorprendió de que la mayoría de los allí presentes acompañaran el canto de la mujer. Observó que Milagros, Damián, Nana y el sacerdote también cantaban. La canción era bella y hablaba de la felicidad y también le hubiera gustado mucho a su hermano. Octavio tomó a Arturo y se fue al lado de Nana que llevaba en sus brazos a su hijo Javier. Micaela estaba abrazada a su madre. Después, los cinco se alejaron de la multitud.

CAPÍTULO 16

CON LA MUERTE DE MAXIMILIANO, EL MUNDO EMPEZÓ A romperse. La estación de radio de Acacio Newman Delgado (nunca la movió de sitio porque no quería remover las entrañas de su radio) hablaba de asesinato tras asesinato, de atrocidad tras atrocidad, de baño de sangre tras baño de sangre: el Ku Klux Klan rondaba por Washington, los asiáticos asesinaban a otros asiáticos, empezó la Guerra Civil Española, Franklin Delano Roosevelt fue reelegido presidente de los Estados Unidos con una victoria electoral arrolladora, Chiang Kai-Shek le declaró la guerra a Japón y Trotsky se exilió en México. A medida que las casas empezaron a tener luz eléctrica, las voces se multiplicaron. Aparecieron cada vez más radios en los salones de las casas, en las cocinas o en los dormitorios. Los espacios se hacían cada vez más pequeños, y las voces saltaban unas encima de las otras. Gonzalo Pedroza tuvo que amenazar a la gente que si no bajaban el volumen de las radios, se vería obligado a retirarlas. Sin embargo, las voces continuaron dando noticias en Simons.

El mundo nunca había escuchado las pequeñas tragedias locales que sucedían en las ciudades. Los reporteros de radio nunca habían dado la noticia de que Jesús Romo se había dado a la fuga con su camioneta por Vail. Había alcanzado mucha velocidad en el puente, volcado el vehículo y acabo con la vida de sus dos hijas gemelas de seis años. Los vecinos se reunieron en la pequeña empresa de maderas de Jesús Romo durante el velorio para ver a las dos pequeñas bonitas, y para observar cómo el padre respondía a la tragedia de sus dos hijas muertas. La noche avanzaba y la gente seguía en el comedor viendo cómo el padre se retorcía y se golpeaba el cuerpo sin cesar. Unas veces gritaba, y otras intentaba escapar o chocaba con la multitud implorándoles que le pegaran, lo ahorcaran o lo mataran para acabar con su dolor y remordimiento. Al otro lado de la cocina, dentro de un ataúd, yacían sus pequeñas.

El rosario, ese murmullo constante, no se detuvo un sólo momento. De repente, un gran estruendo se hizo en el comedor, y el mundo se vino abajo. El peso de la gente que se reunía en el centro de la sala y que estaba enfrente de los ataúdes hizo que el suelo de madera se partiera por la mitad. Todas las personas que allí estaban se hundieron en un agujero que se había hecho en la tierra, tal vez durante la construcción de la casa, pero del que nadie conocía su existencia hasta entonces. El suelo se partió en dos, y el centro se hundió mientras que los lados se levantaron y provocó que la gente se deslizara hacia el agujero y se amontonaran encima de los vecinos que ya habían caído en el foso. El pánico se adueño del lugar donde las dos gemelas angelicales permanecían dormidas para siempre vestidas con sus bonitos camisones blancos.

—¡Jesús, María y José! —gritó una mujer mientras se hundía.

—¡Dios nos está castigando! —exclamó la gente que velaba los cuerpos de las niñas.

—¡Es porque somos pecadores! —gritaban los que seguían enganchados del borde del suelo para no caerse.

—¡Jesucristo, perdónanos! —gritó un hombre gordo mientras caía en el pozo.

—¡No me toques, canalla! —dijo una mujer de mediana edad.

—¡Entiérrame, castígame con los cuerpos de los pecadores, Jesús! —suplicó Jesús Romo desde el fondo del húmedo pozo.

Se oían los gritos desesperados mientras la gente se arrastraba por el agujero y por debajo de la casa. La gran mayoría estaba cubierta por el barro y la humedad a medida que intentaban salir de allí maldiciendo a Walter Simons y sus secuaces. Los insectos cafés empezaron a trepar sobre las víctimas que se encontraban bajo la tierra. Una mujer tenía el brazo roto, y no paraba de gritar. Un anciano jorobado salió de allí implorando enterrar a las pequeñas. Algunos hombres salieron del agujero escupiendo el polvo rojo que se había almacenado en sus pulmones después de tantas décadas de trabajo en la Ladrillera Simons. Hombres y mujeres maldijeron a Walter, mientras se deslizaban por el pozo, por haber permitido que el mundo se hundiera en los adentros del abismo de Gólgota.

Octavio y Nana estaban a punto de entrar en la casa cuando la tierra se tragó a los dolientes.

Con la llegada de la electricidad, el cableado y los enchufes hembras se convirtieron en un foco constante de incendios. Panfilita Cora vivía con muchas gallinas y gallos en su casa. Estaba ciega y a los noventa y cinco años no podía distinguir nada. Para ella, todo daba igual; nada le detenía de estar donde quisiera estar, ni en la hora que quisiera estar. Las mujeres de Simons se preocupaban de la anciana Panfilita; corrían detrás de las gallinas para echarlas fuera de la casa, y también le limpiaban y se aseguraban de que no le faltara nada de comida. Las mujeres les pidieron a los hombres que le instalaran la luz eléctrica a la anciana. Esto permitiría que pudieran visitarla por la noche y asegurarse que terminara su cena, plancharan su ropa con la plancha eléctrica comunitaria, e hicieran que la vida fuera un poco más cómoda para esta mujer. Las mujeres que se acercaban a su casa por la noche, dejaban la luz de la cocina siempre encendida.

Una noche, después de que los amigos de Panfilita abandonaran la casa, abrió la puerta trasera del patio para que sus animales pudieran entrar y salir libremente. Por la mañana temprano, se dirigió hasta la cocina para preparar el desayuno. Había cinco gallos encima de la mesa y la anciana los espantó para que se marcharan de allí. En ese momento, tres de ellos volaron hasta el cable que conectaba la bombilla que alumbraba la mesa, y los animales cayeron encima del cable e, instantes después, Panfilita empezó a oler a quemado. Se fue la luz y el cable ardiendo se cayó encima de una pila de pañuelos de papel que Panfilita había empezado a coleccionar para encender la estufa de la cocina. Antes de que los vecinos llegaran hasta el lugar, la casa ya estaba ardiendo de arriba abajo. De manera milagrosa, la anciana se había quedado al lado de la estufa echando carbón a la lumbre para calentar las tortillas. Luchó contra el incendio, y cuando la gente la encontró al lado de la estufa preparando algunas tortillas gruesas con sus manos, no tenía ninguna quemada en el cuerpo.

Estos alarmantes y extraños sucesos eran el resultado de unas poderosas energías que maniobraban entonces con el fin de adoptar una posición ventajosa en la primera línea de salida de una raza primitiva y violenta que iniciaba la carrera de alcanzar el poder y la fuerza necesaria para ser dueños de sus propias vidas. El mundo laboral no estaba exento de esta violencia. En El Monte, los granjeros mexicanos y filipinos se unieron e hicieron huelgas para reclamar un aumento de sus sueldos, para una mejora en las viviendas y por conseguir unas mejores condiciones laborales. Aproximadamente, unos siete mil hombres y sus familias participaron en esta violenta huelga. Las noticias de esta huelga y del aumento de sueldo que se había conseguido, se corrió como la pólvora por todo el sur de California. La victoria hizo que los trabajadores mexicanos del área tuvieran más confianza para seguir luchando.

Octavio, Armando Takahashi Subia y Caroline Decker empezaron a discutir sobre la actitud positiva y agresiva de los trabajadores de Simons que habían acudido al tercer encuentro de CAWIU en Barrio Margarito. Carlo Lanzetti, un organizador de la oficina de CAWIU en Long Beach, habló de las posibilidades de organizar una huelga contra Walter Simons, y en particular, contra la ladrillera Simons situada en las calles Rivera y Vail. Lanzetti habló sobre lo que los trabajadores podían esperar de la huelga. Les dijo lo difícil que podría llegar a ser y que se prepararan tanto ellos como sus familias. Este hombre propuso un encuentro en la Ladrillera Simons para invitar oficialmente a todos los trabajadores que no habían podido asistir ese día al Barrio Margarito. Las discusiones en la reunión de Simons perfilarían todos los detalles del estado de las negociaciones con el patrón.

Los cuarenta y cinco hombres que allí había congregados empezaron a dar voces y gritos de victoria cuando escucharon la posibilidad de una huelga, y como consecuencia, el aumento de su salario, un beneficio médico mucho más ventajoso y una seguridad laboral permanente. El espíritu de los hombres estaba fuerte y confiado, y los preparó psicológicamente para la lucha que estaba por venir. Octavio estaba consciente de que los hombres lucharían. Éstos temían más las consecuencias de otra posible caída económica que las amenazas silenciosas de William Melone, Jacobo Ramos y Gonzalo Pedroza, quienes tenían el poder de echarlos a la calle, pero que no ejercerían las amenazas por miedo a la huelga.

Si el superintendente y los capataces perdían el control de los trabajadores, ellos perderían sus puestos de trabajo. Esto es lo que les dijo Walter cuando regresó de su viaje por Europa. Sus esfuerzos por impulsar la producción de ladrillo habían fracasado, y el terremoto había detenido todos los grandes pedidos que lo habían hecho tan famoso hasta entonces. Parecía como si ahora los contratistas hubieran abandonado el ladrillo como el material principal de la construcción y lo utilizaban solamente en las fachadas para decorar. Walter tenía ahora que enfrentarse a sus mexicanos militantes a los que les había dado todo lo que necesitaban para poder vivir, y que, en esos momentos, amenazaban con parar la producción completamente, declarándose en huelga.

Octavio pensaba que Simons les debía a los trabajadores algún tipo de compensación por el servicio leal, e insistía en que los salarios debían aumentar si se quería conseguir un trabajo más complejo y técnico. Recordó la frase "trabajo complicado y técnico" cuando pagó una vez al entrar en una partida de póquer de alto nivel en Barrio Margarito. Lo acompañaban ese día José Revueltas, Guadalupe Sandoval, Juan Juárez e Isidro Olague.

Octavio jugó hasta las seis de la mañana. En la mesa se encontraba un hombre que había perdido hasta el último centavo, que había tenido que pedir prestados cientos de dólares a la casa, y que había puesto en peligro su más preciado bien, una pistola con empuñadura de perla, porque creía que Octavio se estaba echando un farol. Cuando se levantaron todas las cartas, el hombre no podía creerse que lo hubiera perdido todo. Se quedó sentado totalmente perplejo de ver lo que había sucedido. Armando, que también se había unido al grupo, aconsejó a Octavio que se marchara inmediatamente porque el hombre al que había humillado era miembro de una banda de ladrones muy conocida que siempre acudían en la ayuda de su amigo cuando había acumulado muchas pérdidas. Los hombres de Simons secundaron la propuesta de

Armando, y a las siete y media de la mañana ya estaba de vuelta por el búlevar Washington hacia la calle Vail.

Octavio jugaba y ganaba de forma obsesiva. Era un modo de vengarse del mundo miserable, decadente y obsceno que había infectado y matado a su hermano Maximiliano. Era ese mundo creado por el gringo que infectaba a todos con sus valores orientados al placer lo que le causaba "un daño en el cerebro".

Arturo hablaba de un modo raro con su padre cuando éste entró a su casa por la cocina. Buscaba a Nana que, en ese momento, había ido en busca de Javier.

Nana regresó con Javier, y encontró a Octavio bebiendo una taza de café y mirando a un Arturo feliz mientras tomaba el desayuno. Cuando vio a Octavio sentado allí, Nana experimentó una mezcla de sentimientos encontrados. Estaba tranquila por saber que su esposo había regresado bien a casa, pero estaba enojada por su dedicación a la juerga, al juego, a la bebida y a las reuniones sindicales. Le prepararía el desayuno y, después lo enviaría a Maravilla por algo de comida. Nana notó la fatiga de su esposo.

—Es su culpa . . . —le puso el desayuno delante, y se lo terminó junto a Micaela y Arturo. Nana se fue a la habitación a doblar ropa.

—No quiero que salgan a la calle —les gritó Nana a los niños que querían salir afuera. Rara vez, y solamente cuando ella estaba delante, les permitía salir afuera de su patio y jugar con los otros niños del barrio.

Octavio alcanzó una camisa limpia que estaba encima de la cama. Metió la mano en el bolsillo del pantalón y sacó un fajo de billetes que había ganado esa mañana.

—Sabes que no quiero ese dinero —dijo Nana colocando sus cosas en el armario.

—Setecientos dólares —contestó Octavio.

—No lo quiero —dijo Nana con tono muy serio y mirándolo fijamente.

—Pues guárdalo para mí, por favor —le suplicó su esposo.

—Déjalo donde siempre lo haces —Nana abrió el cajón de su vestidor donde guardaba su ropa íntima.

Octavio sacó una bolsa donde metió el dinero, y después cubrió la bolsa con la suave ropa de su esposa. Mientras cerraba el cajón, olió el aroma a madera de cedro y el perfume a naranja en flor de la propia Nana. Acarició la manija de cobre del cajón. Cuando hacían el amor ya no era de la misma forma que antes. Incluso antes de la enfermedad de Maximiliano, había empezado a surgir una distancia entre ellos. Las ausencias de Octavio por las noches y sus obligaciones con el juego y el sindicato habían hecho que Nana actuara de manera fría con su esposo. Era obvio que para él era más importante dedicar su tiempo de ocio con el los organizadores sindicales y el juego que estar con su propia familia.

"Déjame en paz" y "no me toques" eran las dos frases más comunes utilizadas por Nana hacia Octavio. Sus sueños hacia el futuro, su matrimonio y su comunicación se había reducido a un nivel básico. Octavio casi nunca se quedaba en casa más de las cinco horas que necesitaba para dormir, y Nana dedicaba todas sus energías a la casa y a su familia, y también a Milagros que mucho tiempo antes ya había sufrido lo mismo que ahora sufría ella. Durante todos estos años, Nana se había convertido en una mujer solitaria, en una mujer en busca de energía, inspiración y la voluntad para aguantar por dentro.

Aproximadamente a las nueve de la mañana de un día desapacible de junio de 1937, el personal de ochenta y cinco hombres se encontraba reunido en lo que había sido el restaurante de Gonzalo Pedroza. Armando Takahashi Subia, Caroline Decker y Carlo Lanzetti recibieron a los trabajadores de Simons con café y pan dulce hecho por las mujeres de los trabajadores. Los hombres, con gran espíritu militante, hacían bromas mientras bebían café. También circulaban tres botellas de whisky que ponían "piquete" en la mayoría de las tazas de café.

Esa mañana, los mexicanos leales de Walter habían empezado a trabajar a su hora de siempre. Pusieron en marcha las siete máquinas, encendieron una nueva hornada de ladrillos, aceleraron la marcha de las cinco locomotoras Plymouth, encendieron una docena de camiones y comenzaron a producir el mismo ladrillo de siempre. A las nueve en punto, los trabajadores pararon y se reunieron en el viejo restaurante de Gonzalo. Peregrinación Juárez, Domitila Olague, Mirasol Leco y sus hijas llevaron una docena de empanadas de manzana. Los hombres no esperaron a que Lanzetti hablara, sino que se fueron directamente por las empanadas.

—Están calientes. No podemos esperar —comentó uno de los hombres.

—No sean marranos, y dejen algunas para los hombres del fondo —gritó un hombre mientras se abría paso por entre las bandejas.

A la vez que tomaban café y comían sus empanadas, los hombres se acomodaron para escuchar a Lanzetti que había levantado las manos y los brazos para pedir silencio. Empezó hablando de la historia de la lucha de la clase trabajadora que estaba en marcha, y describió a Walter como un explotador paternalista que vivía en un mundo extravagante y lujurioso, conocido por los trabajadores como el mundo de "los ricos". Era un mundo del que ellos no habían visto nada, ni tan siquiera imaginado. Lanzetti les dijo a los trabajadores de Simons que ellos tenían derechos humanos básicos.

—Se lo merecen, se lo han ganado, tienen el derecho de exigir salarios más elevados por su trabajo profesional, deben pedir mejores servicios médicos para ustedes, para sus esposas y sus hijos, deben pedir una pensión, seguro social para ustedes y sus familias. ¡Todos han trabajado duro para tener estos beneficios y Simons debe cooperar, debe hacer frente a sus exigencias! —Lanzetti gritó para que escucharan todos los que estaban allí reunidos. Tomó un sorbo de café.

—Todos saben que Walter Simons está hoy aquí. Ha venido a ver si tienen los huevos de cerrar la planta. Bien, le han enseñado que les importa este negocio, ¿verdad? —exclamó Lanzetti elevando su pulgar derecho.

Armando y Carolina, que estaban de pie en la esquina de la sala, aplaudían y celebraban al ponente. Los trabajadores, que en su mayoría entendía el discurso de Lanzetti, aplaudieron con fuerzas al oír sus palabras. Los hombres que no entendían lo que allí se decía, aplaudían de igual forma. Entendieron, como grupo, lo que hasta ahora habían hecho por la empresa y lo que tendrían que hacer a partir de entonces para lograr sus metas. Como el lugar de reunión estaba cerca de las oficinas de Walter, los hombres decidieron formar un piquete e ir hacia allí para encontrarse con el patrón. Gonzalo y Jacobo estaban esperando afuera con sus armas preparadas. Ninguno de los hombres se atrevía a acercarse a la entrada. Habían rodeado el edificio y caminaban a su alrededor como las agujas de un reloj. Lanzetti, Armando y Caroline se pusieron enfrente de la puerta de entrada. Con ellos estaba también José Ceballos, Juan Juárez, León Martínez, Isidro Olague y Octavio. Después de unos veinte minutos aproximadamente, la marcha silenciosa y lenta del grupo se encontró con William Melone que llevaba una tablilla en una mano, y la mano derecha en la empuñadura de un Smith & Wesson del calibre treinta y ocho.

—¿Por qué no vuelven a sus puestos de trabajo? Están haciendo que se pierda tiempo y dinero —gritó William cuando bajaba hasta donde se encontraban los cinco hombres.

—José, León, Isidro, Juan, ¿por qué han parado de trabajar? El señor Simons siempre los ha tratado muy bien a ustedes y sus familias. Les ha dado cuanto les ha hecho falta. ¿Alguno de ustedes ha sufrido con la Gran Depresión? No, porque el señor Simons les dio el crédito que les hizo falta para subsistir. Ahora son ustedes los que le deben un favor, así que, ¡vuelvan a sus trabajos! —William se acercó a Octavio que escuchaba al lado de Guadalupe e Ignacio Sandoval, justo enfrente de los tres organizadores sindicales.

—Octavio, ¿por qué ha traído a estos hombres aquí? Es gente conflictiva. El señor Simons dice que son comunistas y que quieren apropiarse de sus bienes y propiedades.

Los trabajadores se detuvieron y se agolparon alrededor de sus tres hombres que lentamente retrocedían al jardín.

—Queremos hablar con el señor Simons —exclamó Juan Juárez.

—Oye, Gonzalo, llámalo. Dile que lo estamos aquí esperando —dijo León Martínez.

—Queremos hablar sobre nuestras peticiones —insistió Isidro Ceballos.

—El patrón no hablará con ustedes hoy. No aprecian lo que él ha hecho por todos. Están actuando de malos modos. Vuelvan a sus trabajos, y repito, que el patrón no hablará con ninguno de ustedes hoy —dijo Jacobo muy enojado y con el arma apuntando directamente a la multitud. En ese momento, les hizo una señal a Gonzalo y a William para que entraran en la oficina.

Los trabajadores siguieron con su marcha, y para entonces, las mujeres y los niños se habían unido al grupo. La huelga se había convertido en una lucha de toda la familia, y todos tuvieron la sensación de haber conseguido la unidad completa. Las familias mexicanas siguieron caminando todos juntos hasta el atardecer cuando William salió para comunicarles otra cosa.

—El señor Simons ha accedido a escuchar sus demandas —empezó a decir cuando le interrumpieron con aplausos y gritos de júbilo.

—Pero hoy no, y no con todos ustedes, y sobre todo, no lo hará con esos comunistas —William terminó la frase precipitadamente y esperó la respuesta que llegó antes de que hubiera terminado.

Los trabajadores insistían en querer ver a Walter de forma inmediata. William volvió a pedir silencio.

—Está dispuesto a hablar sobre lo que quieren, pero necesita estudiarlo primero. ¿Tienen una lista detallada de quejas y peticiones? —William se quedó esperando.

Los hombres se miraron entre sí, preguntándose si alguien había preparado una lista. Lanzetti le pasó algunos papeles a José Ceballos que, a su vez, se los pasó a William.

—Bien, ahora el señor Simons necesita revisar estos documentos. Llamará a sus representantes en pocos días, pero también exige que vuelvan al trabajo mientras tanto. ¿Qué dicen? —William miraba cómo los hombres balbuceaban algo.

—De acuerdo, le damos cinco días para que nos diga dónde quiere reunirse con nosotros —contestó José Ceballos en nombre del resto de los trabajadores.

—¿Quién los representa? —preguntó William asombrado de lo bien que estaban organizados. José Ceballos dio un paso al frente.

—León Martínez, Isidro Olague, Octavio Revueltas, Juan Juárez y yo —en ese instante, José Ceballos odió a William Melone. Tuvo que ser Octavio el que rompiera el momento peligroso que los dos hombres habían provocado. Le puso la mano encima del hombro a José para que apartara la vista de William y no se encarara a él más de lo necesario.

—Trabajaremos hasta que se ponga el sol. De ese modo, el señor Simons no podrá decir que le hemos robado horas de trabajo —dijo Octavio.

Octavio se llevó de allí a un José enfurecido. Le puso su chaqueta encima de los hombros para calmarlo. En ese momento, se dio cuenta de que el sol había limpiado la niebla y había despejado el día.

La mesa que estaba puesta a las tres de la tarde del sábado, día de paga, en la entrada del almacén general, era la misma que James Simons había utilizado durante años. Antes de sentarse, siempre se quitaba primero el abrigo y lo colgaba del respaldo de la silla, y después se ajustaba la funda de su pistola para asegurarse de que su arma del calibre treinta y ocho se deslizara rápidamente sin problemas. Detrás de él, se colocaba William con su arma y Gonzalo se ponía a la derecha del primer trabajador que estuviera en la fila. Jacobo se situaba a la derecha de James Simons y llamaba a los hombres para que se acercaran a la mesa.

Antes de que llegaran allí, muchos de ellos comprobaban que llevaban sus pistolas en sus cinturones. Algunos tenían rifles enfundados en el hombro o en la cadera, y otros llevaban algún arma o rifle de distinto calibre. Cada uno de los hombres se acercaba a la mesa, confiados en que cobrarían su paga sin problemas. Octavio no iba armado cuando tomó el sobre color café y se acercó a su padre que, en ese momento, contaba su dinero. Octavio imitó a Damián sin sacar los billetes del sobre. José Ceballos se acercó a Octavio y se puso a contar el dinero también.

—Está todo bien —dijo José.

—Todavía nos siguen robando dinero. ¡No se atreverán a bajar los miserables sueldos que pagan! —dijo Damián en voz alta para que todo el mundo lo oyera. Octavio sonrió y se alegró del sarcasmo de su padre.

—Octavio, el señor Simons quiere una reunión —gritó José Ceballos.

—¿Cuándo? —preguntó Octavio.

—Los representantes han recibido una invitación para el lunes, a las doce, en su casa de Los Ángeles. Nos ha invitado a comer —dijo José Ceballos lleno de excitación y con un ligero orgullo por haber sido invitado a la mansión de Walter en la exclusiva avenida Plymouth de Los Ángeles.

—Tienes que vestirte formal —añadió José.

Damián tomó la invitación de su hijo. Octavio se la quitó y la leyó.

—¡Iremos con ropa de trabajo! —dijo convencido.

—Buena idea, Octavio. Nos encontraremos aquí a las nueve, e iremos en mi camioneta. Díselo a los demás —José Ceballos se puso la chaqueta sobre los hombros, y se marchó a casa.

Los ojos de Octavio perseguían el brillo azul y plateado que giraba alrededor de los miles de cristales con forma de diamante del candil. Parecía como si se hubieran detenido en su caída del bello techo blanco por los pequeños diamantes que formaban una pirámide invertida. Los destellos apuntaron a un platón plateado lleno de verduras al vapor servidas por una mujer de tez oscura. Octavio miró a José Ceballos, León Martínez e Isidro Olague que estaban sentados enfrente de él en una elegante mesa, tocando los cubiertos de plata y esperando a que Edit Simons empezara a comer. Juan Juárez estaba sentado al lado de Octavio. La mesa la presidía un sonriente Walter que, en ese momento, levantó su copa de vino tinto. Edit observó a Juan Juárez que masticaba haciendo un gran ruido, y golpeaba su cuchillo y el tenedor en la vajilla de porcelana. Fijó la vista en su esposo bastante contrariada mientras éste tomaba otro trago de vino y llenaba aún más su copa con el líquido encarnado.

—Creo que sería inapropiado hacer un brindis ahora —le dijo Walter a Juan, que continuaba disfrutando de su comida.

—Un brindis, Juan.

José sonrió levemente y se alegró de que Juan estuviera tan cómodo. Juan se limpió los labios con la servilleta de seda que había en la mesa, después levantó su copa, miró muy educado a Edit y se giró para brindar con el patrón.

—La señora Simons y yo estamos . . . contentos que compartan nuestra mesa hoy para repasar los documentos que han preparado junto con esos organizadores sindicales —Walter bebió de su copa.

Octavio y el resto de los hombres se miraron unos a otros, se humedecieron los labios y dejaron sus copas de nuevo en la mesa.

—Ustedes han trabajado para mí durante muchos años. Algunos, creo, vienen de la finca de Pasadena. He repasado los documentos con mucho cuidado.

—Walter, me gustaría hablar con los hombres antes de que anuncies tus propuestas —dijo Edit con mucho tacto.

—Estoy muy contenta de que hayan dado voz a sus necesidades de una forma tan diplomática. Pueden estar seguros de que el señor Simons y yo estamos muy preocupados por su bienestar social y que les ayudaremos tanto a ustedes, como a sus familias. Después de todo, el señor Simons siempre ha sido muy amable con su gente todos estos años. Les ha dado un trabajo, un hogar, una escuela, una clínica, una banda. El señor Simons les ha proporcionado muchas otras cosas con buena voluntad . . .

Las palabras de Edit sonaban distantes para Octavio que, en ese momento, miraba por la ventana del comedor los dos lujosos coches que estaban estacionados en la entrada de la mansión. El viejo Modelo A de camioneta de José Ceballos representaba con orgullo a todos los trabajadores de Simons de este mundo incierto. Instantes después, pasaron tres glamorosos automóviles por delante de él. Los conductores se pusieron a mirar la vieja reliquia de los trabajadores. Qué miran, cabrones pensó Octavio. Los labios de Edit todavía seguían moviéndose, mientras Octavio se comunicaba con sus compañeros con señas y con las miradas para decirles que no se creyeran una sola palabra.

—Las sugerencias del señor Simons se han hecho especialmente para ustedes y sus familias —Edit terminó satisfecha de su discurso.

Walter bebió un poco de vino y se aclaró la garganta. Sacó unos cuantos papeles y revisó uno de ellos.

—Ahora, con lo que ya se ha dicho, me gustaría responder a sus observaciones y preocupaciones haciendo, como ya ha adelantado la señora Simons, una serie de sugerencias. La mejor forma de ayudar al personal y sus familias es teniendo un liderazgo excelente. Esto no quiere decir que no haya estado contento con la supervisión actual en la planta. No, de hecho, quiero poner más hombres en este personal leal. Creo que ustedes cinco son capaces de hacer ese trabajo. Por lo tanto, les ofrezco el cargo de capataces con todos los beneficios del puesto de trabajo. De esta manera, ustedes ayudarán a que los hombres cooperen y produzcan más, y yo podré cumplir con lo que ellos me piden en un futuro —Walter se dio cuenta de que Octavio rechazaba sus palabras moviendo su mano derecha.

—No hemos venido hasta aquí para aceptar promociones individuales, sino que sean para todos los trabajadores. Haga a todos capataces, reconozca nuestras demandas y llegaremos a un acuerdo —contestó Octavio sin dudar un instante.

—No intente comprarnos, señor Simons. Responda a nuestras peticiones, no le costará mucho. Saldrá adelante, ya lo verá —dijo José mirando al resto de sus compañeros.

Los cinco rechazaron la oferta del patrón, y Octavio se retiró de la mesa. Esperaba una respuesta.

—No sean irrazonables. Un sindicato arruinará la compañía y es ahora cuando empezamos a levantar cabeza. En tres años podremos cumplir lo que piden, sin la presión del sindicato, ¿qué dicen? —Walter buscó a Octavio para obtener una respuesta.

—Gracias por la comida, señora Simons —Juan tomó su sombrero que estaba al lado de Edit.

—Perdonen, tengo cosas que atender —Edit se marchó aturdida.

—Vámonos. ¿Qué estamos esperando? —dijo León desde la puerta. Los demás siguieron sus pasos.

—Esperen. Lo único que puedo hacer es darles un aumento de dos centavos y ampliar el crédito en el almacén general. No puedo hacer nada más —dijo Walter mientras se marchaban sus mexicanos.

—Gracias por la invitación —contestó Octavio desde el camino de ladrillo que conducía hasta la camioneta de José.

—Está siendo extremadamente insensato, Octavio —gritó Walter desde detrás de la gran puerta de su mansión.

José Ceballos arrancó el vehículo. Juan Juárez iba sentado en medio de los hombres, León Martínez e Isidro Olague iban en la parte trasera. Desde algún lugar de la casa, alguien tocaba el piano con una tranquila melodía que se vio interrumpida por un instante cuando Walter dio un portazo a la puerta.

CAPÍTULO 17

LA SOMBRA DEL GRAN TANQUE DE AGUA DE LA EMPRESA SIMONS en la calle Vail dio un respiro a unos cuantos hombres de los treinta que formaban el piquete en la entrada principal de la Ladrillera Simons. El mes de julio había traído consigo una ola de calor, y las temperaturas alcanzaron los noventa grados en la cuarta semana de huelga iniciada por los trabajadores mexicanos de la ladrillera. La paciencia escaseaba en el almacén general porque era evidente que no se había hecho ningún progreso hasta ese día.

Julio se había convertido en un mes de infortunios. Los hombres se habían quedado sin sueldo, no tenían crédito para comprar en el almacén y se habían cancelado todos los servicios proporcionados por Simons. La huelga era peor que los tiempos de la Depresión. Naturalmente, se había polemizado mucho sobre si merecía la pena poner en riesgo el trabajo de los hombres con la huelga. Algunos trabajadores estaban dispuestos a aceptar la oferta de Walter de un incremento de dos centavos y de ampliar el crédito; otros pensaban en aceptar la subida salarial y montar su propia tienda. Al final, los trabajadores decidieron arriesgarse y hacer la huelga con la esperanza de que el patrón capitulara a sus demandas.

Carlo Lanzetti, Armando Takahashi Subia y Caroline Decker fueron los encargados de la organización de los piquetes y del grupo de hombres. Algunos hombres iban en el piquete y otros conseguían trabajar en otras cosas para llevar algo de dinero y depositarlo en un fondo general para mantener a los huelguistas. Cualquier alimento que se recogía era distribuido a partes iguales entre los hombres. Octavio empezó a trabajar en el campo y en los muelles, y donaba el dinero al fondo destinado para la huelga. De todos modos, se seguía quedando con el dinero que ganaba del juego y eso permitía obtener ciertos ahorros. Nana tenía que sobrevivir con un presupuesto muy ajustado, asegurándose que las necesidades básicas de los niños estuvieran cubiertas. Siempre había comida suficiente para compartir con sus suegros y sus respectivos hijos.

Los huelguistas habían hecho unas barricadas en las dos entradas principales de Simons, y habían bloqueado las vías ferroviarias con camiones de la compañía. William Melone protestó vehementemente por la ocupación de su propiedad, pero sus amenazas no consiguieron aplacar la determinación de los trabajadores. Entre los capataces de Walter se rumoraba que el jefe pretendía romper la huelga con la contratación de esquiroles. Transcurridos dos días, Gonzalo confirmó los rumores, y unos camiones cargados con hombres procedentes de Watts llegaron hasta allí y se apropiaron de sus puestos de trabajo. Se produjo una discusión acalorada entre los huelguistas y, finalmente, llegaron al consenso: —No luchemos contra los negros, no harán bien el trabajo. Permanezcamos firmes, y si se meten en esto, vamos a ver si saben cómo trabajar.

Las mujeres y los hijos llevaron comida y bebidas. Algunas familias se sentaron debajo del tanque de agua, otros se fueron a la sombra de los camiones y los demás descubrieron un lugar fresco en el centro del mándala direccional. De modo irónico, había paz y tranquilidad mientras los trabajadores comían. Una suave brisa acariciaba el pelo negro de Nana mientras le servía otro vaso de limonada a Octavio. Se habían podido sentar en el lugar más fresco de la zona, que era bajo el tanque donde el agua refrescaba la tierra de alrededor llena de flores. Un colibrí azul con alas color púrpura volaba por encima de las flores. Nana y Octavio, encantados con la belleza del pájaro milenario y sagrado, compartían un momento íntimo cuando oyeron el escandaloso camión que alertó de la llegada de los esquiroles. El vigía que estaba situado en las calles Washington y Vail, derrapó el camión, y en medio de una nube de polvo rojo, se encontró con sus compañeros.

—¡Ya están aquí, hay tres camiones de negros, y están en Washington! —mientras hablaba el vigía, llegó otro hombre del almacén general atravesando el polvo que había dejado su compañero.

—¡Han venido tres camiones de negros con Jacobo Ramos! —gritó el hombre.

Ya no quedaban más lugares para cobijarse del calor. A primera hora de la tarde la temperatura había subido hasta los ciento y tres grados, y en ese momento, Armando Takahashi Subia llegó del almacén general donde Caroline Decker se preparaba para el enfrentamiento.

—Hay tres camiones con Melone y Ramos. Los de Washington llegarán pronto, y es Gonzalo Pedroza el que va con ellos —Armando pronunció el nombre de Pedroza con un tono un tanto burlesco.

—Sabemos lo que tenemos que hacer, y por el bien de sus familias, no disparen.

Octavio se volvió hacia Nana que observaba la escena desde el fértil lugar que había debajo del tanque. Después, José Ceballos condujo a los hombres al frente de la barricada, y se quedaron esperando allí.

A lo lejos, un perro ladraba y el canto de un pájaro se dejaba sentir en el profundo silencio donde el único sonido humano, era la respiración profunda de los hombres que oxigenaban sus pulmones llenos de polvo rojo caliente. Octavio oyó los potentes motores de los camiones que se acercaban. Con el zumbido de los pistones, los ventiladores y las ruedas que avanzaban como una bestia aletargada de metal, madera, goma y líquido, apareció el primero de los camiones por la cima de la colina de la calle Vail, seguido de un segundo y tercer camión que transportaban hombres taciturnos y desarmados de caras negras, apoyados en las barras de madera de los camiones y buscando a alguno de los de su clase entre los mexicanos armados. Cuando los camiones giraron hacia el centro de la barricada, los hombres negros se dieron cuenta de que allí no eran bien recibidos. Empezaron a murmurar algo y a pedirles a los conductores que detuvieran los camiones. De repente, se encontraron frente a la línea del retén armado. Se levantó polvo y se pegó como si fuera una pasta en las caras húmedas, cuellos y brazos de los hombres.

—¡Calma, no va a pasar nada! —gritó el contratista negro que iba a la cabeza del primer camión, y con la cabeza fuera de la cabina.

Gonzalo Pedroza se encontró delante de Armando, José Ceballos y Octavio que estaban en el centro de la cortina humana que impedía el paso para avanzar dentro de la finca. Gonzalo se puso de puntillas y empezó a hacer un baile grotesco, mirando el bloqueo por encima del hombro derecho de Octavio.

—Mueve tus camiones —ordenó Gonzalo.

—Muévelos tú —dijo Octavio con un gesto que invitaba educadamente a Gonzalo a que se hiciera cargo él mismo de los camiones que bloqueaban el paso.

Gonzalo se adelantó unos cuantos pasos, y sintió cómo su corazón empezaba a latir más deprisa y cómo unos ojos desafiantes lo miraban como si quisieran devorarlo. Cuanto más tiempo vacilaba, más grotesca se hacía su cara cuadrada. Bajo la intensidad del ardiente sol y con la ubicuidad del polvo rojo, la carne de Gonzalo se agitó y se desfiguró; parecía como si su cara se estuviera derritiendo. La camisa y los pantalones estaban completamente inundados de sudor. La fealdad de Gonzalo equivalía al odio que los hombres sentían por él. Se limpió el sudor de los ojos, parpadeando y mirando directamente a los tres camiones que le impedían el paso.

—¡Esos tres hombres! ¡Que muevan los camiones! —gritó Gonzalo sin apartar la vista de los huelguistas mexicanos.

Los hombres negros se colaron por los huecos del piquete. Los motores de los tres camiones arrancaron a la vez, parándose en seco, y levantando una enorme nube de polvo.

—¡Háganse del camino, vamos a pasar! —dijo Gonzalo, comprometiéndose a sí mismo y a los esquiroles negros.

En ese momento, cerró la puerta del camión con un portazo, el conductor puso la primera y, con un arranque brusco, se dirigió hacia la barricada de madera. Los dos camiones que seguían al primero, pasaron por la barricada sin problemas, y los mexicanos apostaban que las duras condiciones de trabajo, el difícil proceso de aprendizaje y el calor extremo, harían que los trabajadores negros pagaran un alto peaje. Apostaron que los esquiroles no serían capaces de hacer su trabajo, pero poco después, los huelguistas perdieron la apuesta.

Exactamente dos semanas después de que llegaran los esquiroles a Simons, los trabajadores mexicanos se reunieron en la iglesia de Long Beach. Octavio llegó con Ignacio Sandoval. La reunión había sido convocada para discutir acerca de lo que se había conseguido con la huelga. La deslumbrante luz de la tarde iluminaba las blancas paredes de la plaza de la iglesia, y se podían ver las caras de todo el mundo. Allí no había ningún rincón oscuro. A la cabeza de la mesa estaban sentados Lanzetti, Armando y Caroline Decker, los tres que habían liderado a los hombres desde el inicio de la huelga. Armando y Caroline los habían acompañado en los momentos más duros, y Lanzetti había estado presente en la primera línea de la huelga unas cuantas veces, y la mayor parte del tiempo se había ausentado por motivos de trabajo administrativo, como así lo había explicado él mismo.

Unos cuantos bebés lloraban en el pasillo de la iglesia. Algunos trabajadores habían acudido solos, y otros lo hicieron en compañía de sus familias. Varios hombres saludaron a Octavio, y éste les devolvió el saludo con una sonrisa. Se hacía paso entre la multitud, estrechando manos que querían saludarle, hasta que llegó al quinto banco de la iglesia donde había cuatro sillas reservadas para José Ceballos. Se sentó en silencio, escuchando el enorme ruido que llegaba de la entrada del recinto. Le dominaba la furia, la frustración y la desesperanza porque no se había resuelto nada. William Melone les había dicho a los hombres que la huelga no terminaría hasta que no volvieran a sus puestos de trabajo, y que Walter Simons les había declarado también la huelga y había amenazado con cerrar la ladrillera para siempre. Para demostrarles que iba completamente en serio y que no dependía de los beneficios de la planta, Walter anunció que él y su esposa se marchaban un mes de vacaciones por Europa. El diálogo se había endurecido, y los trabajadores no tenían con quién negociar, a excepción del superintendente de Walter y los capataces.

Los organizadores sindicales se pusieron de pie y ordenaron silencio. Caroline informó del estado de la huelga de Simons y de otras acciones que se estaban produciendo en el área del sur de California.

—No queremos oír sobre lo bien que lo están haciendo otros —gritó un hombre muy enojado.

—¿Qué vamos a hacer? ¡Tengo que alimentar a mi familia, tengo nueve hijos, y tienen hambre! ¡Todavía no hemos llegado a un acuerdo!

—Estoy cansado de esperar y estar hambriento. Tenemos que aceptar la miserable oferta de unos pocos centavos y de crédito en la tienda de la empresa —dijo un hombre que estaba detrás de Octavio.

—El viejo Simons se va de vacaciones. La huelga ha fracasado y nos han aplastado de nuevo. Miren, creo que debemos volver a nuestros puestos de trabajo —exclamó otro hombre que estaba sentado a la izquierda de Octavio.

—Bien, ¿qué dicen? —José Ceballos preguntó a los organizadores.

—Sabemos que es difícil, debemos ser pacientes y, con el tiempo, conseguiremos nuestros objetivos —contestó Armando a las voces de los decepcionados hombres.

—Ya hemos aguantado bastante. Mi mujer y mis hijos no pueden sufrir más. Tienen derecho a comer, y ese viejo hijo de puta de Simons no quiere tratar con nosotros ya —dijo uno de los hombres detrás de Octavio.

—El señor Lanzetti tiene otra propuesta para el señor Simons cuando vuelva de sus vacaciones —empezó a explicar Armando.

—¡No queremos más planes! —gritó una mujer desde el fondo.

—¡Se ha acabado la espera! Queremos un contrato y estamos dispuestos a regresar al trabajo sin él —dijo otra mujer con un niño apoyado en su cadera.

—Si el sindicato puede darnos más ayuda para que continuemos la huelga, al menos hasta que regrese Simons, podemos aguantar un poco más. Yo no puedo continuar sin dinero para comprar comida —le habló un hombre mayor a Lanzetti.

—No podemos hacer eso. Hemos gastado todos los beneficios y las contribuciones —contestó Lanzetti, provocando una respuesta caótica y escandalosa.

Los trabajadores mexicanos ya habían oído bastante, y sacaron su rabia con insultos. Lanzetti miró a sus colegas que estaban al lado de él. Armando llamó al orden.

—¿Qué quiere decir con eso de que no tenemos más beneficios?, ¿dónde están nuestros derechos? —preguntó Octavio disimulando su frustración con gran esfuerzo.

—Hemos tenido que utilizar algunos de sus fondos para ayudar a otros huelguistas. Sus pagas fueron a parar a un fondo general para todos aquellos huelguistas del área —replicó Lanzetti.

—¡Y ahora lo necesitamos y no tenemos ayuda! Queremos nuestro dinero ahora. ¡No me creo que se haya gastado todo! —gritó Octavio.

—Nos dijo que fuéramos a la huelga con la garantía de ayudarnos cuando lo necesitáramos —José Ceballos amenazó con el puño a Lanzetti.

—No han entendido lo de los beneficios de la huelga —volvió a gritar Lanzetti.

—Lo entendemos todo perfectamente. ¡Queremos nuestro dinero, nuestra parte, ahora mismo! —dijo Octavio gritando a Lanzetti. Armando, Caroline y Lanzetti recogieron sus papeles y se dispusieron a salir de allí.

—Cállate, Revueltas. No podemos devolverte nada. Cállate ahora y escucha —le gritó Lanzetti.

—¡No, escucha tú! Son una pandilla de hijos de puta, son como el viejo Simons, su único interés son las ganancias. ¡Son unos ladrones y unos explotadores! —Octavio soltó toda la rabia que llevaba dentro.

—Revueltas, podría desterrarte de cualquier ladrillera y de todos los campos del estado. ¡Nunca conseguirías otro trabajo, nunca trabajarías en ninguna parte! —lo amenazó Lanzetti lleno de ira.

—¡En ninguna parte del mundo, hijo de puta! —Octavio fue por Lanzetti, pero fue detenido por Ignacio Sandoval, José

Ceballos y otros compañeros que, como si se tratara de una gran pelota humana, contuvieron a Octavio.

—¡En ninguna parte del mundo! —les gritó otra vez a los tres que salían por la parte trasera de la iglesia Four Square de Long Beach.

La calidez de la brisa nocturna hizo que Octavio apartara de su mente los lamentos del otro lado del océano, la desesperación reinante en el país en que él había elegido vivir y el mundo que parecía estar devorándose a sí mismo. Nunca se apartaría de su esposa y de sus hijos. Los llevaría siempre en su corazón y en su mente. Si tenía que marcharse, la energía empleada para cuidar de ellos se convertiría en odio y estallaría en un fatal desenfreno en contra del opresor, en contra de ese enemigo que poseía todo lo que él tenía. Los objetos materiales que le rodeaban eran temporales   y podría traspasarlos a cualquiera . . . Nuestra situación es terrible . . . Octavio se tumbó en el sofá que había en el comedor, y observó a sus hijos en silencio . . . Ellos no son el problema, pero el mundo en el que viven está desahuciado . . . Si fuera rico, no sufrirían y tendrían el futuro garantizado. Si pudiera ser rico, tendría que ser como ellos, un lame culos como Gonzalo Pedroza, Jacobo Ramos y William Melone. Se han vendido, y yo nunca seré como ellos, nunca . . .

Con el rabillo de su ojo derecho, vio que entraba una mancha azul, y que conforme avanzaba, se convertía en vida. Nana, vestida de azul, traía una taza de té, y la colocó en la mesita. Se agarró del cuello de Octavio y se apretó contra él. Al igual que su esposo, también disfrutaba viendo a los niños jugar en el comedor. Todo olía tan limpio como el aire renovado de la primavera.

—Bebe el té. Estás cansado. Duerme y verás cómo todo será diferente mañana —dijo Nana un tanto segura y sin temor al futuro.

Octavio se bebió el té y se relajó. Sus párpados pesados se cerraron. Nana llevó a los niños a la cama, y se fue a buscar a su esposo para llevarlo también a descansar. Esa noche le dijo a Octavio que estaba embarazada de dos meses. Octavio sonrió, y los dos cuerpos se dejaron llevar por la pasión.

Las voces de la casa entraban y salían de la cabeza de Octavio a medida que pensaba en la fundación de una cooperativa. Esas voces eran las mismas que le habían rodeado desde hacía años; eran voces que a veces le molestaban, pero que adoraba más que a su propia vida. Los niños esperaban con impaciencia para ver cómo sería el nuevo bebé. Octavio los había tranquilizado un poco mientras seguían jugando en las habitaciones. Tati trajo un poco de té para que entrara en calor y para ahuyentar la humedad del aire. Había estado lloviendo durante dos días, Simons se había inundado, y las calles se habían convertido en ríos de barro que iban a parar a las calles donde vivían los mexicanos del lugar. Ignacio Sandoval se encendió un cigarrillo. La llama del cerillo le parecía a Octavio estar pegada a la blanca pared del comedor. Octavio había contemplado el ritual del cigarrillo de su compadre cientos de veces, o tal vez miles. En ese instante, se dio cuenta de que Ignacio había estado con él en los momentos más difíciles de su vida.

Después de que hubieran pasado dos semanas desde que Octavio mandó al infierno a los organizadores sindicales, Ignacio estaba presente el día en que Octavio, José Ceballos y Vicente Limón hablaron sobre la puesta en marcha de una cooperativa. Octavio recordó entonces el día después de la huelga. Por la mañana temprano, se habían limpiado las barricadas, y los hombres volvieron a sus trabajos; ya por la tarde, la ladrillera estaba produciendo setenta y cinco mil ladrillos. Los hombres habían regresado a sus puestos en silencio, sin pronunciar ni una palabra cuando volvieron a ocupar su trabajo en la empresa. En todos ellos, dominaba una gran decepción. Octavio, deprimido, seguía trabajando duro. A la hora del almuerzo, entró en la conversación sobre la tienda de la cooperativa de los trabajadores. Él, José Ceballos y Vicente Limón eran los tres hombres designados para tomar decisiones y, probablemente, para ser los administradores de la tienda. El plan era que cada familia contribuyera con cinco dólares para el fondo general de la tienda, y con ese dinero se podría comprar productos de primera necesidad con descuento. Los trabajadores desarrollaron un plan de compra, de crédito y de pago que pronto se implementaría una vez que estuviera establecida la tienda. Se decidió en una reunión del pueblo que los tres organizadores designados se acercarían a Gonzalo Pedroza, Jacobo Ramos y William Melone.

Los representantes de los trabajadores se reunieron con los tres capataces en el almacén general, que había dejado de vender durante la huelga. Jacobo había aprovechado el paro de trabajo para hacer un inventario preciso del almacén. Tenía varias libretas que le había preparado a Walter y que recogían el estado exacto de las cuentas, tanto del almacén, como de la oficina de correos. Jacobo estaba orgulloso de sus esfuerzos para llevar a cabo la contabilidad y albergaba la esperanza de que con esos excelentes informes, Walter le permitiera expandir la tienda una vez que la ladrillera volviera a la normalidad. Jacobo discutía estos temas con Gonzalo y William a primera hora de la mañana cuando los organizadores de la cooperativa se acercaron al almacén general.

—Miren quién viene —dijo Gonzalo con sarcasmo. William se fue a la ventana, y Jacobo se esforzaba por ver la situación desde su silla.

—¿Qué es lo que quieren ahora? ¿Otra huelga? —dijeron Gonzalo y William riéndose.

Jacobo siguió revisando sus libros de contabilidad. La transición de la huelga a la puesta en marcha de la producción se hizo de manera tranquila y sin incidentes. Los tres administradores de Simons habían escuchado rumores de que los trabajadores seguirían con sus demandas, pero no esperaban otra cosa que no fuera el diligente trabajo de los derrotados mexicanos. La tensión del momento hizo que Octavio empezara a rascarse la nuca. Se creó una pausa con el sonido de los pájaros. Gonzalo ofreció una sonrisa forzada con su grotesca cara cuadrada, y mientras, William miraba por la ventana a la calle donde había un gran árbol de alcanfor. Jacobo husmeaba entre sus libros sin prestar la menor atención de quién había entrado por la puerta. Nadie de la habitación suponía una amenaza para él.

—¿Qué puedo hacer por ustedes? —dijo William estudiando los árboles.

—Bien, hablen de una vez. ¿Qué quieren? —dijo Gonzalo muy agresivo.

José Ceballos, Vicente Limón y Octavio seguían callados y disfrutando de la incomodidad que su presencia provocaba en el superintendente y el capataz. Octavio se acercó a la mesa de Jacobo, y José y Vicente se situaron en las paredes de la habitación. Esta posición de los tres hombres confundió a Gonzalo. Siguió los movimientos de los intrusos detenidamente. William continuaba mirando por la ventana, y evitaba hablar directamente con ellos.

—Los trabajadores hemos decidido tener una cooperativa porque la necesitamos —le dijo José a Gonzalo.

—No creo que al señor Simons le guste la idea —contestó Gonzalo señalando a William que seguía en la ventana.

—Señor Melone, los hombres quieren pedirle al patrón un sitio para abrir una cooperativa —dijo José mientras Jacobo pasaba las páginas de uno de sus libros con gran enojo.

—Hablen con Jacobo. Es el que está a cargo del almacén general y deben tratar este asunto con él. Díganle que hable con el señor Simons —William abandonó el almacén sin mirar a los trabajadores directamente a la cara.

Los cinco hombres se dieron cuenta del nerviosismo de todos cuando Jacobo llegó al final del libro que estaba hojeando.

—¿Por qué quieren una tienda? Deben utilizar esta —dijo.

—Queremos tener nuestra propia cooperativa. Queremos tener una tienda que nos ayude, no que nos endeude para el resto de nuestras vidas —dijo Octavio desafiando al hombre que presionaba a los trabajadores coleccionando números en sus cuadernos rojos, blancos y azules con encuadernación de piel.

—Tal y como ha dicho Gonzalo, al señor Simons no le gustará la idea, pero si insisten, se lo preguntaré mañana —terminó diciendo Jacobo.

—Vaya, entonces no se va de vacaciones. Queremos una respuesta antes de una semana. Si no es así, lo iremos a buscar a su casa —dijo José mientras se iba hacia la puerta con Vicente y Octavio.

Los recuerdos de ese enfrentamiento enturbiaron el pensamiento de Octavio mientras ponía un cazo en el fuego. Cuando Nana dio a luz, Tati había pedido cubos de agua caliente. Esta vez parecía que eran necesarios más cubos de agua de lo normal.

Octavio miraba el fuego y oía cómo pujaba Nana. El viento apagó la llama del fuego y enfrió sus manos. Sólo unos pasos más allá de donde estaba él, el cuerpo de Nana estaba sintiendo muy intensamente el nacimiento de su bebé.

Un sentimiento de felicidad y tristeza se agolparon en su cabeza cuando recordó lo que había dicho Jacobo de comunicarle a Walter la decisión de abrir una cooperativa. El patrón decidió al final que los trabajadores podían tener su propia tienda, y les demostró su apoyo ofreciéndoles un espacio en el almacén general de Simons. Jacobo confesó que había intentado convencer a Walter para que les negara un sitio a los trabajadores. A pesar de sus argumentos, Walter quería darles el almacén a los mexicanos como una muestra de solidaridad, y como recompensa por haber vuelto al trabajo. Los planes y el trabajo de Jacobo habían sido saboteados por los trabajadores derrotados en la huelga.

Las tareas de Jacobo consistían a partir de entonces en ser el rayador, en ser un cronometrista en el almacén. Mantenía el mismo sueldo y los mismos privilegios que antes, pero sus responsabilidades disminuyeron hasta el punto de que él mismo se preguntaba si era merecedor de ese sueldo. Empezó a considerar la posibilidad de dejar la empresa, y se negó a colaborar en la transición del cambio de administración del almacén general, y no volvió a entrar nunca más en él.

Se eligió a Guadalupe Sandoval como el nuevo gerente de la tienda, Vicente Limón pasó a ser el tesorero y el administrativo, y León y Edit Sandoval se encargarían de la compra de género. La estructura de la cooperativa era sencilla: cinco dólares de entrada, y los miembros tenían que pagar la mitad de la deuda del crédito cada mes. Si alguien no cumplía estas reglas, se le retenía el sueldo o se le expulsaba de la cooperativa.

De este modo, se redujo el abuso de los créditos. Los trabajadores llevaban mucho tiempo en el negocio de la producción y habían sido explotados durante mucho tiempo, y ahora, por propia elección, se habían lanzado al negocio de compraventa gracias a la facilidad del plan de crédito. Esto eliminaría el miedo al endeudamiento de los mexicanos. Sin embargo, fue precisamente la instalación de este plan lo que supuso un problema para la cooperativa. Lo más triste del desorden que se creó con esto fue que terminaron peleándose sobre la cantidad que se robaba y quién se quedaba con el dinero.

Una semana después del nacimiento de Flor Revueltas, el cuarto hijo de Octavio y Nana, Guadalupe Sandoval hizo una señal para que diera comienzo la reunión de la Cooperativa de los Trabajadores Simons, pero nadie le prestó atención. Guadalupe levantó su botella de cerveza y dio un golpe en la mesa. Cuando golpeó la botella por quinta vez, empezó a derramarse la cerveza encima de él. En ese momento, se levantó y lanzó el cristal vació contra el suelo. La botella se rompió a los pies de los hombres que había sentados en el primer banco.

—¿Qué demonios sucede? —gritó uno de los hombres.

Cuando se estrelló la botella, quedó claro el tono de la reunión. Los miembros de la cooperativa hablaban y reían hasta que decidieron cuestionar a los administradores. Octavio observaba desde atrás de la tienda. Las botellas rotas y la cerveza derramada simbolizaban para él la actitud que los trabajadores tenían sobre el sistema de crédito de la cooperativa. La cerveza se había convertido en la comodidad más grande del sistema de crédito. Arrebatados por el nuevo poder que habían conseguido, los hombres entraban en la tienda, tomaban seis cajas de cerveza y salían de la tienda diciendo —Cárgalo a mi cuenta.

Octavio siempre había estado ahorrando dinero, y casi nunca compraba nada a crédito. Sin embargo, para la demás gente que abarrotaba la tienda, el crédito era, sencillamente, una maravilla. El mal uso de este sistema destruyó poco a poco lo que había sido, en principio, una excelente idea. A medida que la reunión se alargaba, se hizo de noche y el administrador tuvo que soportar las acusaciones de haber realizado una mala gestión.

—Los administradores han arrancado una de las páginas del libro de la contabilidad —un hombre señaló a Antonio Revueltas, el tío de Octavio que había sido uno de los que había abusado del sistema de crédito.

—¿Dónde se supone que has ido guardando tus cuentas, Antonio? —gritó otro hombre.

—No creo que hayas pagado ni la mitad de lo que debes. Debes mucho más de lo hay en ese libro —dijo un hombre que estaba al lado de Octavio.

—Parece ser que ninguno de los administradores ha apuntado con cuidado lo que se ha ido tomando de la tienda. He entrado muchas veces aquí y he visto cómo alguno de nosotros se ha marchado con cervezas o con una bolsa de alimentos, y cómo Vicente, Guadalupe o León han dicho que lo apuntarían más tarde. Nadie ha apuntado nada —dijo otro trabajador.

—Hemos ido a decírselo a Octavio para que él se lo comunicara a Gonzalo o a William —le indicó a Octavio uno de los hombres que estaba en medio de la asamblea.

—¡Se ha registrado todo en el libro! —insistió Guadalupe.

—No estamos de acuerdo. Tenemos que tratar el caso de Antonio. No ha pagado nada de su cuenta, y las reglas dicen que debemos echarlo —dijo el primer hombre que había hablado.

—No pagaré nada más de lo que haya apuntado en el libro, y pagaré la mitad de la deuda. Si eso no es suficiente, me marcharé —Antonio se levantó y se fue hasta la puerta.

—Antonio, por favor, no te marches —respondió Guadalupe.

—¡Échalo si no paga lo que hay en el libro! —gritó una mujer.

—¡Dile que pague, Octavio! —exigió León Martínez.

Octavio se puso enfrente de la tienda sin dudarlo. Se dirigió directamente a Guadalupe, tomó el libro donde se recogían las deudas del crédito y se marchó.

—¿Adónde vas, Octavio? —le dijo Vicente Limón.

Octavio se detuvo a mitad de camino y levantó el libro de la contabilidad.

—¡Voy a quemar este maldito libro!

Sus compañeros le contestaron y le pidieron que no se llevara el libro. Los miembros de la cooperativa devolvieron el libro a su sitio, al administrador, que lo puso a disposición de todos. Octavio se sentó en un banco de atrás y las palabras resonaban violentamente en su cabeza. Se sintió muy cansado cuando su nombre fue propuesto para el cargo de tesorero.

—No gracias, no acepto. ¿Tesorero? Bien, ¿qué es lo que voy a atesorar? ¿Las deudas? Dicen que hay mil dólares en el banco. ¿Dónde están? No quiero tener nada que ver con esto. Pueden quedarse con la tienda.

Octavio se marchó en la noche, y por primera vez desde que llegó a Estados Unidos, se sintió solo. Sentía que le habían apartado de los grupos y de las organizaciones que él debía apoyar o que le debían apoyar a él. Se dirigió a casa sabiendo que en un futuro nadie le ayudaría y que solamente contaba con Nana, Micaela, Arturo, Javier, Flor y consigo mismo.

CAPÍTULO 18

ARTURO REVUELTAS ERA CAPAZ DE DISTINGUIR CON claridad cualquier palabra en español. El inglés se había convertido en un desafío; a veces, las palabras le sonaban demasiado largas, y otras veces, podía identificar cada uno de los vocablos. Solamente conocía bien dos palabras porque las había utilizado repetidamente para describir su comportamiento en la escuela y en la iglesia. Cuando el padre Charles, el sacerdote local, utilizaba esas dos palabras delante de los otros niños y de las dos monjas que le habían enseñado el catecismo en Mount Carmel, Arturo identificaba las dos palabras con su nombre.

—¡Niño malo, Arturo! ¡Eres un niño malo! —gritaba el padre Charles mientras recogía del suelo a Mickey Rodelo a quien Arturo había derribado después de que Mickey le pegara con un palo.

—¡Niño malo! —repetía el padre Charles mientras Mickey hacía como que lloraba.

El sacerdote, a quien todo el mundo respetaba y que incluso le gustaba a Arturo, lo había identificado como un niño malo. Era malo para defenderse y porque no aprendía lo que le enseñaban sus profesores. Él lo intentaba, pero cuando repetía, escribía o resolvía los problemas de matemáticas, sus profesores siempre le decían que lo había hecho mal. Arturo nunca respondía o escribía las cosas incorrectamente. Aunque para él, las letras y los números parecían estar bien, para los profesores, para sus padres, sus hermanas, su hermano y sus amigos, parecían distorsionadas.

Arturo tenía entonces doce años e iba de la mano de su madre camino a casa después de una conferencia para padres en la que le habían informado a Nana de que su hijo mayor era un chico malo. Nana y Arturo caminaban por la calle Vail cuando el padre Charles apareció conduciendo un camión. Arturo lo saludó enseguida. Nana se detuvo, y vio que el sacerdote la saludó tocándose el sombrero y después siguió su marcha.

El padre Charles tenía los ojos puestos en la tienda de la cooperativa cuando se puso a pensar en los problemas de los niños mexicanos, y en cómo él había sido enviado allí para resolverlos. Estaba de acuerdo con el concepto de Walter Simons de cubrir las necesidades básicas de los mexicanos y de encerrarlos en una especie de campamento como lo era el pueblo de Simons. Eran niños inocentes de Dios que requerían la presencia de hombres como Walter y él mismo para cuidarlos y guiarlos contra las tentaciones de la vida. Los mexicanos vivían en unas condiciones terribles por toda la ciudad. El área este de Los Ángeles, y algunas casas de los ricos angloamericanos, habían sido tomadas por las instituciones de la caridad. Las casas más pequeñas se habían convertido en el hogar de la segunda y tercera generación de mexicanos.

El padre Charles había ayudado en muchas ocasiones a reparar los retretes, los baños y las duchas de las casas; sin embargo, todos estos elementos de la vida cotidiana no se correspondían con el número de usuarios de los hogares de Simons. Aunque pareciera que estas "comodidades" eran una mejora para la vida que habían dejado atrás los mexicanos, las diez familias que solían habitar una sola casa no era exactamente un progreso para ellos. Hiciera lo que hiciera el padre Charles para ayudar a esta gente, seguía creyendo que los mexicanos, con el tiempo, destrozarían las casas hasta convertirlas en cuarteles inhumanos tan proliferantes en aquella época por los distritos industriales de las grandes ciudades.

El padre Charles se estacionó en la tienda de la cooperativa y fue hasta la parte trasera del coche. Las casas de Simons situadas en la calle Vail eran el ejemplo perfecto para una profunda reflexión sobre las viviendas de los mexicanos. Existían ciertas zonas en el área del este de Los Ángeles que estaban peor que los distritos industriales. El padre Charles pensó entonces en el distrito Flats de la zona de Pecan Playground, en la zona este de la calle Soto y el sur del búlevar Whittier; este último barrio había crecido mucho debido a las apariciones de la Virgen de Guadalupe y a los milagros que la gente del lugar habían dicho presenciar. Las viviendas y las condiciones de vida de ese barrio eran más que deplorables. Con todo, la gente se agolpaba para vivir cerca de los árboles bendecidos, de las chozas y de los canalones de agua donde la Virgen había aparecido. La mayoría de las familias mexicanas no tenían las casas en propiedad, y por lo tanto, no hacían grandes esfuerzos por mejorarlas. Los propietarios pertenecían a las grandes corporaciones que necesitaban mano de obra barata, y no veían qué provecho podían sacar si mejoraban las residencias ya que, pronto, serían barridas por el desarrollo industrial de esas zonas. También era mucho más fácil encontrar inquilinos para estas chozas por diez o quince dólares al mes que percibir unos cuantos dólares más después de los costos de arreglarlas debidamente. Comparados con otros mexicanos en Los Ángeles, los de Walter Simons vivían en el paraíso. El padre Charles supo que en las áreas industriales los niños malos mexicanos eran más difíciles e imposibles de controlar; y en Simons era bastante más fácil controlar a la juventud. Pero para controlar a este segmento de la población, tenía que vigilar a niños malos como Arturo Revueltas con sumo cuidado.

Los niños de la familia Revueltas estaban afuera sentados en el jardín trasero del hogar de Nana. Micaela, Javier y Flor jugaban juntos, y Arturo miraba algo por encima del marco de la puerta de la cocina. Nana sirvió más té en la taza de Octavio, se sentó y removió el azúcar de su té caliente. Habían estado discutiendo sobre el informe de la escuela de Arturo. Su profesora lo había identificado como a un niño al que le daba igual aprender. Sugería que si no mejoraba, deberían sacarlo de la escuela porque estaba haciendo perder el tiempo de los profesores y el suyo propio. Estaría mejor trabajando o haciendo las labores de aprendiz. Sin embargo, Nana no aceptaba la evaluación de la profesora ni sus recomendaciones. Ni ella ni Octavio sabían qué hacer o a quién acudir para que les ayudara. Querían que a Arturo le fuera bien en la escuela, pero por alguna razón que desconocían, no aprendía nada de lo que allí le enseñaban. La construcción de sus frases y su pronunciación no eran correctas; a veces, hablaba bien y lo entendían, pero otras veces, parecía bloquearse y sus estructuras verbales eran ininteligibles. A pesar de todo, Nana se negó a darse por vencida con su hijo mayor.

—No, Octavio, esos profesores tienen que hacer algo por él —dijo Nana desafiante.

—¿Qué? —preguntó Octavio suavemente.

—Nunca permitiré que lo saquen de la escuela. Es todavía un niño y debe seguir ahí aunque no aprenda nada. Arturo tiene que estar en la escuela y no trabajando en la ladrillera —Nana tomó un sorbo de su té mientras su esposo observaba cómo salía el vapor de la taza caliente.

Los niños seguían jugando en el jardín, y Arturo se había unido a ellos. Jugaba y reía, y hacía lo mismo que los demás niños de su edad. Octavio tomó a Nana de la mano y la sostuvo por un rato. Estaba contento de que Arturo no tuviera todavía la edad para que lo enviaran a cualquier guerra en el extranjero. Al otro lado del Atlántico, los nazis seguían expandiéndose por Europa, y en el Pacífico, la maquinaria de guerra japonesa estaba preparada para luchar contra China y miraba ya al Pacífico Sur. Octavio observaba a sus hijos y se sintió con el deber de protegerlos si el enemigo se atrevía a atacar Estados Unidos. Si su hijo tenía que luchar, él querría que lo hiciera. Los Niños Héroes le llegaron a la mente, pero él, como muchos otros, pensaban que ningún país tenía la capacidad de atacar a Estados Unidos. La distancia y la extensión del país hacían que fuera imposible que se produjera un ataque. Él y su esposa estaban de acuerdo con el plan de Roosevelt de enviar armas, munición, comida y otras cosas necesarias a los países amigos y que, además, eran importantes para la protección de Estados Unidos. Solamente como último recurso, Nana y Octavio querían que los jóvenes americanos murieran en Europa. Octavio tomó otro sorbo de su taza de té.

La posibilidad de una contienda para salvar a Europa de los nazis y los fascistas hizo que los corazones de la juventud americana desearan marcharse al extranjero. Por supuesto que la juventud de Simons no era ninguna excepción. Los mexicanos estaban preparados para tirar chingazos junto a los niños malos de Europa.

Cuando ocurrió, sacudió con fuerza, y no se dio ningún cuartel. El domingo 7 de diciembre de 1941, todos los ciudadanos americanos, los que no eran ciudadanos, los residentes documentados e indocumentados, fueron sorprendidos con la noticia del ataque calculado sobre la flota del Pacífico de los Estados Unidos en Pearl Harbor. Las noticias del ataque imprevisto japonés se dieron en inglés y en español desde cualquier estación de radio del país. Era una información emotiva y los reporteros de habla hispana en Los Ángeles comunicaron la noticia con gran excitación e intensidad. Ningún ciudadano estadounidense tenía ninguna duda de que el país debía declarar la guerra a Japón. Días después, los otros componentes del eje japonés, Alemania e Italia, le declararon la guerra a Estados Unidos. El mundo entero seguía con atención los últimos movimientos y el desarrollo en los escenarios europeos, y ahora también en el Pacífico.

Los estadounidenses se empezaron a preocupar por cómo cada uno de ellos podía colaborar para ganar la guerra, y muchos de los barrios mexicanos de todo el país se hicieron voluntarios. Los latinos de América del Sur, del Norte, y de América Central se alistaron en las fuerzas armadas. Estaban animados porque el primer recluta que el Presidente Roosevelt eligió en Los Ángeles fue un latino. Los jóvenes mexicanos ni siquiera preguntaron nada, solamente gritaron a los cuatro vientos cuál iba a ser su papel. Querían luchar contra el enemigo, y así fue cómo los fueron a buscar por todos los barrios: North Platte, Cheyenne, Maravilla, La Loma, Austin, Limonera, Hollywood, Lorain, Los Dos Laredos, Del Río, Saint Louis, Rose Hill, Sespe, West Side San Anto, San Marcos, El Hoyo, Barrio Margarito, Quinto de Houston, San Benito, Mathis, Varelas, Ogden, Los Batos, Jackson, Cantarinas, Barelas Verde, Westside Denver, Calle Ancha, Karrimer, La Smelter, El Piquete, Fernando, Corpos, Fresno, Reclas, Las Cruces, La Daisy, La Chicago, El Dorado, La Palomilla, El Jardin, Trinidad, Conejos, El Globo, La Milwaukee, Verdugo, El Ranchito, El Pachuco, Juariles, Garidy, Flats, Magnolia, Jimtown, Chiques, The Camp, Chavez Ravine, Los Marcos, Calle Guadalupe, Buena Vista, La Seis, El Sur y Simons.

Desde todos los barrios mexicanos, los jóvenes estaban listos para defender y morir por su territorio, los Estados Unidos.

Octavio y Nana entraron en la casi inexistente tienda de la cooperativa. Sólo los últimos encargados de la tienda vendían alimentos de primera necesidad. Como los miembros de la cooperativa habían dejado de participar en ella, poco a poco se convirtió en un negocio privado a cargo de Francisco y Ernestina Pedroza, que eran los hijos de Gonzalo Pedroza, y a quienes se les había agarrado robando comida y ropa para venderlo con descuento a otros compradores necesitados. Cuando Walter fue informado de esta reprobable conducta de su fiel servidor, rompió a llorar. Ordenó que le quitaran todas las competencias como policía y capataz, y lo rebajaron a la categoría de aprendiz.

La maloliente cabeza y cara cuadrada de Gonzalo presentaba ahora una serie incontable de puntos y formas que sobresalían de tal manera que, solamente la gente que lo conocía, era capaz de reconocerle. Su familia, al igual que sus dos mujeres, seguía queriéndole, y para sorpresa de Nana y Octavio, las dos mujeres estaban en la tienda de la cooperativa comprando café, azúcar y comida envasada ese día. Amalia tomó las bolsas de encima del mostrador, y saludó a Octavio y Nana mientras se apresuraba para salir por la puerta. Nana llegó hasta la puerta y vio que Amalia se metía dentro de un coche conducido por dos jóvenes vestidos de uniforme . . .

—¡Qué bonitos muchachos! —exclamó Nana para sí misma. Octavio se alejó de la sección del café y el té, y colocó dos latas encima del mostrador. Pascuala Pedroza miró a su hijo que estaba detrás del mostrador y señaló el estante que estaba a su espalda.

—Francisco, dame dos botes de azúcar. ¿Cuándo se racionará la comida? —Pascuala les sonrió a Octavio y a Nana.

—Ya está todo, mamá —Francisco colocó la compra de Pascuala en una bolsa grande.

—Buenos días, señora Pedroza —dijo Nana, saludando también a Francisco.

—Buenos días, Nanita, Octavio —Pascuala abrió su bolso, sacó un pequeño libro azul y se lo dio a su hijo.

—¿Cómo está el señor Pedroza? —preguntó Octavio con cautela. En ese momento, Francisco dejó de escribir.

—El señor Simons le ha dado un trabajo administrativo. Gracias a Dios que no lo ha puesto en la finca con los trabajadores. Ya no puede hacer un trabajo pesado, ya no puede más —Pascuala le tomó el libro a Francisco y se lo volvió a meter en su bolso.

—¿Cómo les va con esta guerra? —preguntó Pascuala. Su voz se volvió triste y parecía no poder terminar cada una de sus frases—. Han capturado a mi Wally. Wally es el más pequeño.

Francisco sumó el precio de los productos que se llevaban Nana y Octavio.

La juventud de Simons estaba en lo más reñido de la batalla del Pacífico y Europa. Muchas veces llegaban noticias tristes a Simons: "Ha perdido una pierna, pero está vivo; le han disparado en el estómago, pero vuelve a casa; ha perdido el oído; está en el hospital; está ciego, pero sigue en Hawaii".

Llegaron unas terribles noticias a Simons cuando un capitán de la armada informó a Amalia que sus dos hijos habían desaparecido en el mar. Pascuala y Gonzalo Pedroza nunca dijeron ni una sola palabra cuando les dijeron también que su Wally había desaparecido en Sicilia.

El 2 de junio de 1943, Wally Pedroza, después de ser testigo de la muerte del comandante de su compañía y de otros nueve hombres más, y después de darse cuenta de que su compañía estaba acorralada por el fuego enemigo alemán, decidió tomar un BAR y convertirse en un escuadrón de destrucción compuesto de un solo hombre. Se acercó al enemigo y destruyó dos puestos con ametralladoras. Wally recibió dos disparos en el estómago, pero siguió avanzando . . .

—¡Ya estuvo cabrones! ¡Ya me agüitaron! —Wally se acercó a otra ametralladora. Las granadas explotaban a su alrededor mientras seguía avanzando. Wally lanzó una granada y voló el nido donde estaban las ametralladoras. Avanzó y mató a siete hombres del enemigo. Unos pasos más adelante fue cuando se enfrentó a una cuarta y quinta ametralladora. Le dispararon rápidamente y sintió como si le clavaran punzantes alfileres en el cuerpo. Cargó su BAR para un último disparo. El silencio y la oscuridad cayeron sobre él en un pequeño e inocente pueblo italiano. Wally Pedroza se sentía muy orgulloso de la sangre azteca que corría por sus venas. Y una vez lo arrinconó el enemigo, fue acribillado a balazos y usado para salvar la vida de los de abajo. Cuando lo utilizaron para luchar contra peligros inimaginables, y después de demostrar que tenía muchos huevos, Wally solamente encontró una razón, y fue a emprenderla a chingazos. No iba a estar esperando a que le patearan el culo . . . El Wally Pedroza no se iba a rajar . . . él les rompería el culo. Lo haría por Los Estados Unidos de América, por su raza, por su barrio de Simons, por sus muchachos y muchachas, por sus hermanos y hermanas, por su padre y por su madre. Wally no iba a estar esperando para que alguien hiciera su trabajo porque antes de marcharse, vio que todo el mundo que le rodeaba estaba muerto de miedo.

—¡Yo no me rajo! —Wally Pedroza corrió persiguiendo millones de mariposas.

La familia y los vecinos se miraban unos a otros en medio del silencio que se produjo después de que Gonzalo golpeara a la puerta del baño donde Pascuala llevaba encerrada llorando media hora. Los militares que habían traído el sobre café que contenía las palabras que narraban el heroísmo, la muerte y el entierro de Wally, hablaron con los hermanos del fallecido. Octavio y Nana esperaban detrás de Gonzalo a que saliera Pascuala. Se abrió la puerta, y Nana tomó del brazo a Pascuala y se la llevó hasta la cocina. Octavio las siguió y sirvió un poco de sidra caliente. Los vecinos hablaban en voz baja mientras Pascuala solicitaba la atención de los presentes.

—Le rogué que no se fuera. Le ofrecí dinero para que regresara a México, pero no quiso. Decidió marcharse para que los gringos entendieran que los mexicanos se sienten tan americanos como ellos. No quería que se marchara. Los japoneses están por todo el mundo, y ellos lo han matado —Pascuala alzaba sus manos al aire como si implorara al cielo.

Octavio y el padre Charles se acercaron a la sollozante Pascuala. La extraña cara de Gonzalo y sus ojos saltones se fijaban en la gente que se había acercado hasta allí para mostrar sus condolencias a la familia y demostrar el gran orgullo que sentían por haber sacrificado a uno de sus hijos. Los mexicanos de Simons se sentían tan americanos como cualquier otro del país. Las últimas noticias que llegaban de la contienda no habían sido muy alentadoras, y esperaban que fueran a empeorar. Sin embargo, los trabajadores de Simons habían cobrado confianza tras la muerte de Wally Pedroza.

—¡Los japoneses han matado a mi Wally! —gritaba Pascuala.

El padre Charles le puso la mano encima del hombro a Pascuala para intentar calmarla.

—No han sido los japoneses —le dijo Octavio a Nana. Ella asintió, y se fue al lado de la madre doliente para consolarla.

Octavio vio cómo su esposa humedecía la cara de Pascuala con una toalla mojada. Recordó ver, casi un año antes, a una mujer japonesa humedecer la cara de su madre enloquecida porque no quería que le forzaran a irse de su hogar de más de cuarenta años. Con un inglés entrecortado, la mujer japonesa gritaba que ella era la dueña de esa tierra y que tenían las escrituras que lo confirmaban. Pearl Harbor intensificó la xenofobia hacia los japoneses en California. En el sur de California, como si se tratara de una ola gigante inesperada, el ejército había echado a los japoneses de sus tierras y sus hogares, y se los habían llevado a campos de concentración. Octavio, Nana y los niños habían sido testigos de todos estos sucesos. Durante un sábado del mes de marzo, la policía de Montebello, los agentes federales y las tropas armadas llegaron a las calles Vail, Date, Washington, Greenwood, y Maple, cercando todo el área donde se encontraba la escuela japonesa. Encontraron a muchas familias japonesas escondidas en el sótano. Hubo también rumores de que habían encontrado a los espías japoneses con equipos de radio de larga distancia y con grandes cantidades de dinero. Uno de los hombres japoneses más ancianos se negó a marcharse y empezó a reclamar sus derechos como ciudadano estadounidense. La policía lo agarró y lo tumbó contra el suelo. Después, montaron a todos los japoneses en los camiones.

—¡Mi esposo ha luchado por América! —gritaba una mujer japonesa con dos niños agarrados de sus piernas al policía que la montaba en el camión.

Por la tarde, Nana y Arturo fueron a comprar algo de verdura a las granjas de los japoneses en la calle Telegraph, y descubrieron que las familias habían abandonado sus hogares. No se habían llevado nada consigo, e incluso habían dejado la comida en el fuego. Los japoneses habían desaparecido y aquellos que se quedaron eran soldados que vigilaban las propiedades hasta que el gobierno decidiera qué hacer con ellos. Se contaron historias acerca de que los japoneses habían organizado una quinta columna interna para sabotear la lucha de los americanos en la guerra. Para los japoneses, se habían suspendido las libertades civiles y todos los derechos. Se les consideraba una población peligrosa, y creían que tenían al enemigo dentro.

—Fuera de aquí, señora. Los japoneses se han marchado y no volverán. Piérdase y no vuelva por aquí nunca más —le gritó un soldado a Nana y Arturo mientras otros soldados inspeccionaban la casa.

Arturo alejó su vista de la casa y miró hacia los campos donde había estado trabajando durante ese verano y en primavera. Sintió que el mundo se había vuelto horripilante, extraño e irreconocible sin la presencia de las familias japonesas. Los campos ya no pertenecían a nadie. La cosecha estaba sin recoger, y ya no habría trabajo para Arturo. Octavio se encontraba regando las plantas de Nana cuando su hijo regresó a casa y habló de la injusticia que él y su madre habían presenciado en la granja de los japoneses.

En casa de los Pedroza, Arturo llevó otra toalla mojada para que su madre enfriara la cara de Pascuala Pedroza que estaba gritando que los japoneses estaban planeando asesinar a toda la gente de Simons.

—¡Los mexicanos están en peligro! —Pascuala lloraba angustiada cuando vio a Arturo y a otros muchachos de Simons.

Poco después de que los japoneses hubieran sido llevados en manada a los campos de concentración de California y Arizona, la población angloamericana descubrió que eso no había resuelto los problemas políticos y económicos de antes. El miedo al espionaje todavía no había desaparecido. Fuera de Simons, en un mundo donde la fantasía era un modo de vida, la mentalidad dominante había decidido que el chivo expiatorio que reemplazaría a los japoneses, serían los mexicanos. Los periódicos de Hearst lanzaron los primeros rumores en contra de los mexicanos, provocando el miedo entre los ciudadanos: "Aumento de la delincuencia juvenil mexicana y del crimen mexicano". En seis meses, los periódicos habían abierto fuego contra los mexicanos, y habían expandido un sentimiento anti-mexicano que rozaba el borde de una violenta venganza contra ellos. La policía de Los Ángeles y de las ciudades de alrededor utilizaba cualquier excusa para arrestar y golpear a los mexicanos. La ciudadanía angloamericana siguió el ejemplo, y comenzó a atacar a los varones que fueran lo suficientemente mayores como para ser un peligro. Mientras los hombres morían en Europa, África y el Pacífico, la prensa quitaba las noticias de la guerra de la primera página de los periódicos, adoquinando las aceras con sangre mexicana.

Incluso los marineros que tenían que partir de su base en Los Ángeles tenían que pasar por una de las peores zonas de la ciudad. Esta parte era predominantemente mexicana. Los marineros estaban en un sitio donde pocos angloamericanos se buscaban la vida. Los marineros estaban a punto de explotar porque estaban mucho tiempo esperando a que los embarcaran para ir a algún lugar de la contienda en el extranjero, y porque también estaban aburridos de la disciplina y la vida militar. Como después informaron, el ataque se produjo por sorpresa. Entre cuarenta y cincuenta mexicanos, una banda de *zoot suiters*, se abalanzaron sobre ellos y los golpearon. Por la noche, un escuadrón con sed de venganza, compuesto por policías fuera de servicio, fue hasta el lugar para agarrar a los mexicanos. El escuadrón entró en el barrio donde supuestamente se había producido el ataque, pero no encontraron a nadie allí. Completamente frustrados, fueron de casa en casa en busca de cualquier mexicano que llevara puesto un *zoot suit*.

La noche después de la redada policial, doscientos marineros decidieron cobrar justicia a mano propia, y organizaron la búsqueda de los grasientos *zoot suits*. Alquilaron cuarenta taxis cerca de Chinatown y empezaron a circular por las calles del centro. Encontraron a su primera víctima unos minutos después. El chico quedó medio desnudo, lo habían golpeado mucho, sangraba abundantemente y lo dejaron tirado en el suelo. La fuerza militar siguió la búsqueda de más maleantes mexicanos. Los chicos no tenían mucho que hacer para defenderse de los doscientos marineros borrachos que conducían como locos en busca de los *zooters* mexicanos. La policía fue testigo del enfrentamiento, y se dedicó a recoger los cuerpos destrozados de los jóvenes, arrestándolos por desorden público, por ir borrachos y por delinquir. Los periódicos informaron de estos sucesos refiriéndose a los marineros en términos heróicos, y alabando los esfuerzos de los militares, ya que la propia policía había fracasado. Los periódicos no citaron la resistencia que pusieron los mexicanos, sino que los describieron como unos cobardes que corrían en busca de refugio. La población angloamericana estaba convencida de que sus jóvenes militares podían con el enemigo.

La prensa de Los Ángeles publicó una serie de avisos en los que se decía que los mexicanos estaban preparando un ataque masivo contra los oficiales angloamericanos, y contra la población en general. Con el fin de que se formara un gran revuelo en la ciudad, los periódicos publicaron la hora y el lugar exactos en el que los mexicanos desplegarían su ataque. En todas las comunidades mexicanas, los padres no permitían salir a sus hijos a la calle por miedo a que fueran apaleados o brutalmente asesinados.

El tiempo y la historia se encargaron de escribir los sucesos que ocurrieron después del día 7 de junio de 1943 cuando los jóvenes militares invadieron los cines y sacaron a rastras a cualquier *zoot suit* que encontraban a su paso para golpearlos sin razón alguna; cuando atacaron sin piedad a los alzados; cuando arrebataron a los niños de sus padres para desnudarlos y golpearlos con una locura y un goce sádicos; cuando en los barrios mexicanos reinaba una constante confusión; cuando miles de madres mexicanas buscaron a sus hijos perdidos; cuando los militares terroristas angloamericanos golpearon y humillaron a un millar de gente inocente; cuando la población angloamericana, los representantes gubernamentales y la propia prensa aplaudió estas acciones neonazis.

—Los militares han tenido que cancelar sus actuaciones antes de terminar el trabajo —decía un periodista.

—Eso es exactamente lo que necesitamos para terminar con la violencia: más acciones como las que llevan acabo los militares. Todos los ciudadanos honrados deberían seguir su ejemplo —declaró un supervisor del condado de Los Ángeles.

—Los *zoot suits* son un ejemplo del carácter subversivo. Los grasientos harán lo que sea para hacerse del suroeste otra vez —afirmó el ayudante del fiscal general del distrito.

— . . . Llevar un *zoot suit* es un delito —fue una resolución planteada, adoptada, e impuesta por el ayuntamiento de Los Ángeles.

—Hablar mexicano es anti-americano, es un acto subversivo y debería considerarse como un delito grave e inconstitucional. ¿Es que no saben estos grasientos que la lengua oficial de Estados Unidos es el inglés? —exigía la ciudadanía angloamericana,

— . . . Ha llegado la hora de informar que el ayuntamiento de Los Ángeles no será nunca más aterrorizado por un grupo relativamente pequeño de imbéciles que hacen de matones en *zoot suits*. No hacer nada ahora contra ellos, será un desastre luego —editó McAnhester Boddy en el *Daily News*.

La juventud mexicana reaccionó desplegando su orgullo, y desafiando a la población con sus *zoot suits* puestos. Los chicos vestían con sus pantalones de pinzas con vuelta a la altura de los tobillos, con hombreras anchas, abrigos con caída, zapatos con suela grande y de brillo, largas cadenas doradas que añadían más brillo al elegante atuendo y cortes de pelo limpios y protegidos por un elegantísimo sombrero o tondito. Estos chicos no iban a ser detenidos por lo que debían llevar puesto, o por la lengua que hablaran.

—A mí nadie me va decir lo que pueda vestir. Tengo el derecho de llevar lo que me de la gana —afirmaba un joven de Simons.

—Mis tres carnales están luchando en Europa, ese, y nadie me va a decir cómo debo vestir —decía otra muchacha de catorce años.

—A mí no me importa si me echan en la cárcel pero no me quito el *zoot suit* y no les hablo inglés —declaraba un muchacho de trece años.

Arturo llevaba el *zoot suit* perfectamente doblado dentro de una bolsa café. Lo colocó bajo la cama cuando llegó a su casa. Se lo pondría el sábado, y lo enseñaría a todo el mundo junto a sus primos Albert y Luis Pino, que se lo habían vendido. Arturo se había comprado el traje dos semanas después de haber abandonado la secundaria Montebello porque se había peleado con un chico anglo que lo había insultado.

—Los grasientos mexicanos no merecen caminar al lado de los chicos blancos patriotas —le dijo a Arturo mientras lo empujaba a la calle.

Arturo se vio obligado a defenderse con sus puños, y le hizo una gran herida en el ojo. El chico también sufrió profundos cortes en la mejilla izquierda, en el tabique de la nariz y en la mejilla derecha cuando se golpeó con el borde de la acera.

Los cinco testigos de la pelea apoyaron el testimonio de Arturo, pero el comité de la escuela lo expulsó para después pedirle de nuevo que volviera. Arturo, de catorce años, declaró que no tenía ningún interés en regresar a una escuela en donde no se le quería.

Octavio y Nana querían que Arturo continuara sus estudios, pero su hijo ya había tomado una firme decisión. Unas cuantas semanas después, Octavio le dio a su hijo un ultimátum, y le dijo que si no volvía a la escuela tenía que encontrar un trabajo.

—Por Dios, Arturo, quítate esa ropa —exclamó Nana cuando vio a su hijo entrar en el comedor vestido con el *zoot suit.*

—Mamá, esto sí que está de aquéllas —Arturo chuleó con el nuevo lenguaje utilizado por los *zoot suits.* Estaba orgulloso de portar el traje el sábado por la noche.

—Que Dios le impida a tu padre verte así. ¡Quítate ese traje de payaso inmediatamente! —le ordenó Nana con una expresión que indicaba que la discusión había terminado—. A tu padre no le gustan esos trajes de pachuco, y sabes que es muy peligroso ponérselos.

Arturo se acercó al espejo del armario portátil de la habitación de sus padres. Nana lo siguió.

—Devuelve el traje. Si tu padre te ve, te dará una paliza. Te dio dinero para que te compres ropa para trabajar —Nana esperó junto a Arturo que no paraba de admirar sus pantalones de pinzas.

—Me he gastado casi todo el dinero en este traje, mamá —le dijo a su madre para que lo entendiera. Nana se fue hasta su mesilla de cajones.

—Toma este dinero. Cómprate ropa y zapatos, y enséñaselo todo a tu padre. Arturo, hijo, haz lo que te digo. Quítate ese ridículo traje porque tu padre volverá pronto a casa —Nana le entregó el dinero a su hijo.

Esa noche, después de cenar, Arturo fue a la casa de Luis Pino con la bolsa café y le devolvió el traje. Luis no le quiso devolver el dinero. La noche le cayó encima a Arturo a medida que caminaba de regreso a casa. La ladrillera Simons apareció delante de él en esa tarde encarnada con el sol a punto de esconderse, y el azul de un cielo plateado que alejaba el horizonte un poco más allá. Las máquinas que producían el ladrillo estaban en silencio. Ya no había grandes pedidos de los que hacía mucho tiempo él había oído hablar a los hombres. No habría trabajo para él en la finca, y su padre no podría echarle una mano. Arturo sabía que Octavio era uno de los hombres marcados para despedirle tan pronto acabara la guerra. Se preguntó cómo sería la vida en esos países que ahora estaban en guerra. En ese momento, se acercó un camión lentamente, y el centinela de noche le hizo las luces y lo saludó.

—¡Vete a casa, Arturo! —le gritó el vigilante esa noche de diciembre.

El camión se alejó despacio mientras Arturo seguía su camino solo, rodeado de silencio y oscuridad. Pasó por los estantes de secado, pero su constante rugido no le asustó. Las luces a la entrada de la calle Vail iluminaban la arcilla roja, la tierra que requería a hombres como su padre para transformarla en ladrillo. Su padre llevaba toda una eternidad trabajando allí, y sus pulmones estaban impregnados de polvo rojo, como los de su abuelo. Simons: la corona de las empresas del ladrillo rojo, la creadora del material que reconstruiría el mundo agitado. Arturo imaginó a miles de hombres y a sus familias con coronas de ladrillo en sus cabezas; imaginó a los mexicanos llevando en sus cabezas el peso del trabajo no reconocido; unos mexicanos que trabajaban, vivían y decían que Simons era su hogar. La cara de su padre le guió esa noche por la oscuridad. Su madre fue en su ayuda. Su hermano Javier y sus hermanas Micaela y Flor corrían a su alrededor. Todos se movían sin problemas en medio de la noche. Él corría con dos ladrillos, uno en cada mano, cuando se encontró con su padre en medio del jardín de Nana.

—¿Qué pasa, hijo? —preguntó Octavio.

Arturo se quedó en silencio, y levantó los dos ladrillos rojos que llevaban grabado el nombre de Simons. Octavio tomó los ladrillos y, al igual que Nana, se quedó aturdido. Después acompañó a Arturo a la casa.

CAPÍTULO 19

LOS VIENTOS DE MARZO LIMPIARON EL CIELO DEL SUR DE California. El sol irrumpió por las persistentes nubes, y envolvió a Nana con una cálida placidez mientras luchaba contra el viento y se esforzaba por doblar y colocar su ropa recién lavada en el cesto. Una fuerte ráfaga le hizo agarrar las sábanas blancas contra su pecho hinchado. Pronto darían leche. Mientras crecían, Octavio los besaba, los chupaba y hacía que se le levantaran los pezones cuando recorría con sus manos el cuerpo de su esposa. Esto la hacía sonreír. Nana veía cómo las nubes atravesaban el firmamento, y pensó en el presente, en el presente de la mujer, en el presente de los mexicanos y en que no se había conseguido nada todavía porque la vida era la constante búsqueda del Edén. Y siempre, cuando se pensaba que el Edén había sido encontrado, éste se revolvía contra el mundo. La vida se había convertido en una cadena de edenes subvertidos que ella deseaba volver a visitar y olvidar simultáneamente.

Dejó caer la sábana y sintió sus pechos. Se llenó de orgullo y eso le dio fuerza. Pensó que tendría el bebé para mediados de octubre. Nana tenía treinta y ocho años, y cuando llegara su quinto hijo tendría ya treinta y nueve. Se sintió avergonzada de lo que dirían las otras mujeres cuando supieran que daría a luz con treinta y nueve años. Los hijos deben tenerse cuando una es joven, y no con treinta y nueve, o cuarenta años. Nana dobló la sábana y tomó las fundas de las almohadas que volaban al viento. El sustento de su familia era lo que más le preocupaba, especialmente ahora que el gobierno había anunciado que el racionamiento también se aplicaría a la compra de zapatos, carne, queso y comida enlatada. ¿Cómo alimentarían a sus cinco hijos? Nana nunca se había preocupado hasta entonces de la comida porque Octavio siempre se había encargado de que no les faltara nada a los suyos. Ella y sus hijos no habían pasado hambre jamás, ni tan siquiera nadie de la familia Revueltas, porque Octavio nunca había dejado de darles cuanto necesitaran. Sin embargo, en cuestión de semanas, Octavio se quedaría sin trabajo, y ya no trabajaría nunca más para la Compañía de Ladrillos Simons.

Los rumores decían que Walter Simons quería reducir la nómina de trabajadores considerablemente. El patrón dijo que la guerra había dejado libres muchos puestos de trabajo, y que sus hombres no tendrían problemas para encontrar otros trabajos fuera de su empresa. Convencido de que era la época para llevar a cabo una reducción de nóminas, preparó una lista corta con cinco nombres que serían los hombres despedidos en un mes, y después aumentaría la lista con veinte hombres más en el plazo de un año.

Nana, consciente de los problemas sociales, económicos, y políticos de Simons, Montebello, California, los Estados Unidos y el resto del mundo, seguiría adelante con el parto de su bebé. En los últimos meses, parecía que había habido un período de espera porque algo estaba a punto de suceder. El tiempo transcurría lentamente en la vida de Nana. Parecía que el odio hacia los mexicanos no acabaría nunca y que la guerra sería eterna. Su bebé nacería en un mundo lleno de violencia. Nana tomó el cesto de la ropa, y se metió en casa. ¿Cuántas veces había hecho lo mismo? ¿Cuántas veces se había acercado a la puerta de su casa? Se detuvo para mirar sus plantas, y pensó que echaría de menos su hogar si algún día se marchara de allí.

A medida que la contienda se endurecía, los mexicanos de Walter se fueron a trabajar a las fábricas productoras de armamento y de otros materiales bélicos. Los mexicanos no esperaron a que Simons anunciara la lista de despidos, y muchas familias abandonaron sus hogares. Había un rumor que decía que Walter había sufrido una enfermedad que le incapacitaba lentamente, y que pronto se vería obligado a vender el negocio. Los trabajadores sabían que Helen y Drusilla Simons no tenían el más mínimo interés en llevar la administración de la ladrillera y Edit tampoco había expresado de un modo contundente que se haría cargo del negocio familiar.

El tiempo avanzaba en las vidas de millones de personas. Cuando llegó junio, Nana ya estaba embarazada de cinco meses, y se sentía más fuerte que nunca. Estaba preparada para dar a luz en el mundo en el cual, según las noticias, las fuerzas aliadas habían llevado a cabo con éxito la invasión de Normandía. La juventud de Simons llegó a las playas sin quejarse y sin mirar atrás. Al igual que los soldados, Nana seguía avanzando.

Durante las dos primeras semanas de agosto, el calor se hizo insoportable, haciéndole la vida más difícil a Milagros que había aumentado mucho de peso en aquella época. Los médicos le habían diagnosticado un cáncer de estómago que se complicaba por la hipertensión y el estado cardíaco de la mujer. La tenían que operar y hospitalizar por dos semanas, y después tenía que estar un mes más de recuperación en casa.

Octavio reunió a la familia y les pidió que donaran dinero para los gastos de los médicos y el hospital de Milagros. Federico dio lo que pudo, y nadie más ofreció dinero de forma voluntaria. Octavio, Damián y Federico tendrían que cubrir todos los gastos. Rogaciana, Felícitas y sus esposos ofrecieron su tiempo y sus casas, pero como tenían familia numerosa no podían permitirse el lujo de contribuir con dinero. La reunión de la familia tuvo lugar en casa de Milagros, pero el encuentro entre los hermanos fue en casa de Nana y Octavio. Tras la reunión, quedó claro que Octavio y Nana se encargarían de los gastos . . . como siempre, pensó Nana mientras se sentaba con las manos apoyadas en la barriga. A las siete de la tarde, las dos casas estaban repletas de familiares. Nana y Milagros prepararon una suculenta y deliciosa comida para todos. Ignacio y Guadalupe Sandoval prometieron que pagarían las facturas de su hermana, y le dijeron a Octavio que no se preocupara por nada. Tenían fe en la capacidad de Octavio para salir adelante.

Milagros entró en el hospital a mediados de agosto, y regresó a casa una semana después para recuperarse de la operación. Le costaría un poco volver a recuperar las fuerzas. Los médicos descubrieron que Milagros tenía cáncer de útero y tuvieron que hacerle una histerectomía. Cuando llegó septiembre, Nana y Milagros se sentaron a tomar una deliciosa taza de té. Milagros se disponía a servir más té en las tazas cuando vio que Nana hacía un gesto de dolor. El bebé estaba dando patadas.

—Ese bebé te va a dar problemas —dijo Milagros mientras echaba una cucharada de azúcar en el té.

—Estoy tan cansada de llevarlo, ¡mira qué gorda estoy! —dijo Nana un poco avergonzada.

—No te preocupes, tendrás a tu bebé muy pronto. Estaré aquí para ayudarte —Milagros sonrió, y secó una lágrima que se deslizaba por la mejilla de su nuera.

—No he visto a Octavio.

—Está buscando trabajo. Esta mañana fue con Jacobo Ramos. Octavio se puso muy contento porque el señor Ramos va a ofrecerle un puesto donde trabaja él —Nana volteó la vista hacia la ladrillera.

Milagros cruzó los brazos.

—No está en el horno.

—Sí, empieza a las tres de la tarde. Todavía no ha dejado su trabajo aquí —Nana se apartó su pelo negro de la frente. Las dos mujeres se sentaron cómodamente compartiendo el mismo espacio y disfrutando de la mutua compañía en silencio.

Octavio se metió la mano en el bolsillo de su abrigo para comprobar que todavía estaban allí los trescientos dólares que costaba el parto de su quinto hijo en la sala blanca del Hospital Berverly de Montebello. El dinero no procedía del juego, sino de sus ahorros del trabajo para Phelps Dogde Cooper Corporation desde septiembre. Nana se hubiera enojado de saber que su esposo pagaría el nacimiento de su bebé con dinero procedente del juego. A ella no le gustaba que Octavio pagara sus gastos gracias al juego que con su propio salario. Desde que había empezado a trabajar en Phelps Dodge, había ahorrado todo su sueldo. Parecía que tras haber conseguido un trabajo nuevo, su suerte con las cartas había aumentado hasta tal punto que en el último mes había ganado más dinero que en los últimos cinco años de su carrera como jugador. Este productivo golpe de suerte le había costado su relación con Nana porque para ganar dinero tenía que pasar mucho tiempo fuera de casa.

Mientras Octavio esperaba a que entrara la enfermera con los papeles de identificación del bebé, intentó recordar las noches que había pasado junto a su esposa durante el último mes de embarazo. Trabajaba el turno de tres de la tarde a doce de la noche. Normalmente, salía a las dos de la tarde para llegar a tiempo al trabajo. Cuando faltaba un cuarto de hora para la una de la madrugada, después de tomar un baño y comer algo, descubría que no estaba cansado y que se encontraba bastante despierto. Así comenzaba su otra jornada de trabajo. Se marchaba casi siempre a Los Ángeles, a Barrio Margarito o al este de Los Ángeles y se adentraba en lugares misteriosos y peligrosos donde se jugaban las mejores partidas de cartas. Octavio ganaba y ganaba. Era como si hubiera estado bendecido para ganar. Después, regresaba a casa a las ocho de la mañana, dormía cuatro horas hasta las doce, se preparaba para irse a trabajar y se marchaba a las dos. Estuvo jugando casi hasta el día del nacimiento de su hijo. Sintió que este bebé había nacido huérfano de alguna manera.

Para sorpresa de Nana, su esposo llegó a casa la noche del catorce de octubre. A la mañana siguiente, observó cómo Nana se preparaba mental y físicamente para el inminente nacimiento. A las doce del mediodía, Ignacio y Tati Sandoval llevaron a Nana al hospital. Octavio se quedó con ella hasta las dos porque debía marcharse a trabajar, y a la misma hora que él ponía en marcha la potente máquina con la que trabajaba, Nana daba a luz a un hijo.

Octavio estaba ansioso cuando la amable enfermera entró en la habitación y lo llamó por su nombre. Inmediatamente después, Micaela y Arturo entraron también y se sentaron al lado de su padre. La enfermera se acercó a Octavio.

—Señor Revueltas, su esposa está durmiendo ahora. Necesito saber el nombre de su precioso hijo —sonrió la enfermera.

—Quiero saber el nombre del bebé —tradujo Micaela a pesar de que Octavio lo había entendido perfectamente.

—Gregorio —contestó Octavio. Nana y él habían elegido ese nombre la misma mañana que ingresó en el hospital.

—Gregory —tradujo la enfermera y lo escribió en un papel.

—¿Y el segundo nombre?

Micaela se encogió de hombros, y miró a Arturo que se giró para mirar a su padre.

—Bien, ¿qué tal suena Alexander?, Alexander es un segundo nombre muy elegante —concluyó Octavio. La enferma tomó nota.

—Bien, el certificado de nacimiento de su hijo ya está completo. El nombre de su hijo es Gregory Alexander Revueltas. Por favor, firme aquí —la enfermera le ofreció un bolígrafo, firmó, y la mujer vestida de blanco desapareció de la habitación.

Dos días más tarde, Octavio y Nana envolvieron a Gregorio en una manta, y con todo pagado, se marcharon del Hospital Berverly, llevándose a su quinto hijo a Simons, a su cuna cultural.

Nana preparó el almuerzo de Octavio mientras él se afeitaba y se lavaba en el lavabo de ladrillo que había detrás de la puerta de la cocina. Octavio estaba un tanto irritable por las cuatro horas que había dormido y por la ligera resaca y fatiga acumulada. Nana estaba enojada porque había llegado a las nueve de la mañana, y empezó a dar portazos a los armarios, y a golpear los cacharros y los platos. Los dos comprendieron el estado mental del otro. Octavio y Nana hicieron un esfuerzo supremo por no enfrentarse entre ellos. Octavio se secó las manos con una toalla que había encima de la mesa de la cocina.

—Aquí tienes la comida —Nana tiró la bolsa con comida encima de la mesa.

—¿Por qué me la tiras así? —gritó Octavio.

—Te oigo bien, Octavio, no me grites —Nana se fue a atender el comal, y volteó unas cuantas tortillas.

Nana le hubiera reprochado a su esposo su falta de consideración por no entender su trabajo de veinticuatro horas como ama de casa, como madre, como consejera y compañía de Milagros y como amante para satisfacer sus deseos sexuales. Octavio esperaba la siguiente explosión de Nana con el fin de reprocharle su falta de sensibilidad y el inexistente aprecio de su duro y peligroso trabajo para poder darle una buena vida a ella y a sus hijos. Los dos creían tener razón, y en cualquier momento, explotarían para defender sus puntos de vista. De repente, una llamada en la puerta interrumpió la tensión entre ellos. No esperaban a nadie. Nana fue a abrir y aparecieron dos conocidos. El corazón de Nana empezó a latir con fuerza cuando William Melone y Gonzalo Pedroza se descubrieron el sombrero educadamente.

—Queremos hablar con Octavio —dijo Gonzalo con voz firme y rasposa.

—¿Está en casa? —William se acercó a su colega y se asomó para ver si Octavio salía de la cocina.

—Aquí estoy, señor Melone. ¿En qué puedo ayudarle? —preguntó Octavio como si no supiera nada de lo que querían hablar con él los dos hombres. Abrió la puerta, se puso entre William y Gonzalo, e invitó a los hombres a que lo acompañaran hasta la reja.

Nana, rodeada de flores a su izquierda y a su derecha, observaba nerviosa a su esposo desde el porche. También sabía a lo que habían venido.

—Octavio, sabes por qué estamos aquí. Ya no trabajas aquí, pero sigues viviendo en esta casa —dijo Gonzalo.

—Tenemos órdenes de pedirte que te vayas. Debes dejar la casa, Octavio —dijo William muy tenso.

Octavio miró a Nana, y decidió ser educado una vez más.

—Entiendo, me marcharé, pero quiero pedirles un favor. Necesito algo de tiempo para buscar otra casa, más o menos cuatro o cinco meses.

—¡Cuatro o cinco meses! —sonrió William.

—Te damos tres meses, nada más. Debes irte antes de que acabe febrero, si no lo haces, ya sabes lo que tendremos que hacer.

Gonzalo caminó lentamente por la puerta abierta. Su cuerpo se había convertido en una monstruosidad, se había deformado, desfigurado. Se había convertido en un hombre físicamente pervertido. Se montó en el camión de William. Octavio fue a encontrarse con Nana en el centro del jardín.

—No te preocupes, encontraré una casa, o construiremos una propia —Octavio se metió, regresó a su plato de comida, besó a su esposa y se marchó al trabajo. Después, le dijo adiós desde la cerca.

—¡No vengas a casa a las nueve de la mañana! —gritó Nana.

Ahora, más que nunca, las partidas de cartas de Octavio eran cruciales para el mantenimiento de su familia. Nana vio a Octavio desaparecer de su vista.

A las seis de la mañana en un día de primavera, y cinco meses más tarde, Arturo había dejado de trabajar en el matadero. A las siete y media, Micaela y Javier caminaban hacia la parada de autobús que los llevaría a la escuela. Micaela estaba ya en un curso superior, y se graduaría en junio, mientras que Javier estaba en el octavo grado y era muy buen estudiante. A las siete cuarenta cinco, Flor se dirigía a la escuela primaria Vail con sus amigos vecinos. Estaba en primer año y le gustaba mucho la escuela. Gregorio y Octavio dormían, y Nana estaba tomando café tranquilamente. Le robó cinco minutos a su ocupado día para poder disfrutar de un rato en silencio. Sin embargo, no encontró la tranquilidad que buscaba. Era abril de 1945, y Octavio todavía no había encontrado una casa para su familia. Lo habían rechazado en todos los sitios del norte de Montebello a los que había acudido. No querían a mexicanos en esas áreas de la ciudad. No obstante, las amenazas de William y Gonzalo no se habían ejecutado todavía. Durante las pasadas Navidades, Walter Simons había caído gravemente enfermo por algo relacionado con los pulmones. Mientras él se recuperaba, las preocupaciones de William y Gonzalo se habían concentrado en el patrón y en el funcionamiento de la ladrillera. La salud de Walter se estabilizó en abril, y se marchó al lugar de retiro de Simons situado en la Península Balboa.

Se estaba acabando la guerra en Europa: Hitler y las tropas alemanas habían sido vencidas en muchos frentes. El 8 de mayo terminó la guerra, y a finales de julio, los japoneses tuvieron que rendirse, aunque el emperador japonés no capitulara con Estados Unidos, un país, según él mismo había declarado, cuya inteligencia estaba siendo destruida por los mexicanos, los negros, los puertorriqueños y otras razas mestizas. El primer rayo de esperanza llegó cuando la fuerza militar japonesa se aseguró de que Japón no sería esclavizado como raza, o destruido como nación. El emperador no cambió de idea, y el siguiente rayo de luz que vio su pueblo fue proporcionado por el presidente Harry S. Truman. Los días 6 y 9 de agosto, las bombas atómicas arrebataron la vida en Hiroshima y Nagasaki. La guerra del Pacífico terminaba el 14 de agosto. Al día siguiente, Estados Unidos empezó con las celebraciones. Las noticias llegaban muy despacio desde el Pacífico hasta que, semanas más tarde, el 2 de septiembre, se aseguró que ningún joven americano estaba muriendo en ningún lugar del mundo. Y como todos los demás, los jóvenes mexicanos de Simons empezaron a regresar a casa.

Tres meses después del fin de la guerra, William Melone y Gonzalo Pedroza volvieron a repetir sus amenazas a varios trabajadores de la empresa. El mundo estaba ahora en paz, y Estados Unidos celebraba la victoria. Las vacaciones de diciembre fueron muy religiosas, sentidas y amables. El año nuevo de 1946 abría las puertas de Estados Unidos, la fuerza nacional más poderosa de todo el mundo. El soldado americano simbolizaba la consciencia colectiva nacional de la época. Walter insistió de nuevo en que debía echar de allí a los organizadores sindicales, y recompensar a los valientes jóvenes mexicanos que habían luchado en la contienda por su país con trabajo y vivienda.

Se le ordenó a Octavio que dejara su casa de Simons no más tarde del 1 de marzo de 1946. Cuando se encontró con William y Gonzalo, solamente tuvo que mover la cabeza para hacerles saber que entendía lo que estaba pasando. A mediados de enero, todavía no había encontrado una vivienda para su familia. Lo habían ignorado rechazado, e insultado en todos los sitios donde fue a pedir que le alquilaran o le vendieran una casa. El racismo, la segregación y la discriminación fueron el estandarte de la victoria en Montebello.

—No queremos mexicanos en nuestras calles.

—Hay muy pocos niños mexicanos en nuestras escuelas y ya no queremos más.

—Me da igual si puedes pagar o no. Me da igual si tú o cualquiera de tu tribu ha nacido en Estados Unidos. No vendo nada a ningún mexicano.

—Maldita sea, no puedes ni hablar inglés lo suficientemente bien como para tratar con la gente de por aquí. Tus hijos probablemente sólo hablan mexicano. No podrán llevarse bien con los niños que hablan sólo inglés en este vecindario. Venderles algo a los mexicanos solamente trae problemas.

—Me importa un carajo si tus hijos hablan bien el inglés. No son nada más que un puñado de indios y mongoles. No queremos ni a indios ni a mongoles en nuestro vecindario o en nuestras escuelas. ¡Fuera de aquí!

—No vendemos a gente que no sea de la raza americana.

—Oye, amigo, esta parte de Montebello no es para ti.

—Señor Revueltas, no compre nada aquí. No es práctico porque sus hijos serán inmediatamente transferidos a la escuela de Simons.

—¡Fuera de aquí, bola de grasa! ¡No queremos a gente de tu clase por aquí!

—Es verdad, la familia Hidalgo vive en esta área, pero el señor Hidalgo es un mexicano con gran influencia económica y con una gran educación. La familia Hidalgo tiene buenas credenciales, ellos tienen el privilegio de poder vivir aquí.

—Generación tras generación, no hemos permitido la entrada de mexicanos aquí. No les damos trabajo ni a ellos ni a los negros. Nuestras iglesias no abren para ellos. La piscina de Montebello no los deja entrar y tampoco queremos que vayan a nuestros parques.

—No puedes comprar en Montebello. Vuelve a Simons. Allí es donde perteneces. El viejo Simons les da todo lo que necesitan allí. Ha creado un verdadero paraíso mexicano. Vete de mi oficina, criador de pachucos.

Después de ser verbalmente apaleado en su último intento de comprar una casa, Octavio pasó por varias casas que habían sido recientemente construidas por aquellos trabajadores de Simons que habían abandonado la ladrillera para trabajar en las fábricas. Estos hombres habían sido compañeros suyos que le habían aconsejado comprar tierra en las calles Date o Español y de que no fuera tan orgulloso de querer vivir entre los gringos que le rechazaban . . . por orgullo, ¡mierda! ¿Es que no tengo derecho? ¿Para qué han muerto nuestros hijos en la guerra? ¿Cuándo vuelven, no tienen el derecho de vivir donde quieran? . . . Octavio regresaba del trabajo a casa en la mañana fría y lluviosa del 1 de febrero de 1946.

La lluvia que corría por el cristal de la ventana de su habitación lo despertó. Abrió los ojos y salió de la cama. Se quedó al lado de Nana que seguía durmiendo todavía. El bebé en la cuna de al lado dormía plácidamente. Con unos calzoncillos blancos y con la mano derecha en sus genitales, Octavio se fue hasta la ventana. Desde que había llegado por la mañana, no había parado de llover. El viento golpeaba el agua en la casa de madera de Simons. Octavio sintió un escalofrío y regresó a la cama.

Se despertó con el olor a tocino, huevos, tortillas y chile. Mientras se lavaba, afeitaba y se vestía se dio cuenta de que había estado durmiendo hasta tarde. Tendría que darse prisa porque le había prometido a uno de los trabajadores que trabajaría la mitad de su turno para que él pudiera ir a una fiesta con sus amigos. A Octavio no le importaba. El dinero que ganara le vendría bien para el juego, especialmente ahora que tenía que comprarse una propiedad o construirse una. Cuando vio la cara de Nana en esa mañana desapacible, ya había tomado la decisión de que se construiría una casa en la parcela que don Sebastián Pantoja le había ofrecido por trescientos dólares.

Nana sirvió el desayuno y le sonrió. Se fue a ver si el bebé estaba bien y regresó para seguir con las tortillas en la estufa amarilla.

—Vamos a comprar una parcela en Español. Es la que nos ofrece don Sebastián —dijo Octavio esperando la respuesta de su esposa.

—¿Y . . . ? —Nana esperó a que su esposo terminara lo que le tenía que decir.

—Y construiremos nuestra propia casa —terminó.

—Lo que tú digas, Octavio. Pero, ¿dónde vamos a vivir mientras la construyes? —preguntó Nana algo enojada.

—No te preocupes por eso. Yo me encargaré de todo. Prepárame mi comida porque me tengo que ir pronto.

—¿A qué hora entras? —preguntó Nana mientras enrollaba los tacos.

—En cuanto termines con esos tacos —Octavio pensó en pasar por las viviendas de los solteros a echarse unas cuantas partidas de póquer.

Nana terminó de hacer la comida, puso la bolsa encima de la mesa y se fue a lavar los platos.

—¿Adónde se ha ido Arturo? —preguntó Octavio.

—Se ha ido con Alberto, pero no sé dónde. Dijo que iba a comprarse algo para el baile de esta noche —contestó Nana. En ese momento, se dio cuenta de que la cara de su esposo se contraía por la furia.

—Javier ha ido a trabajar —afirmó Octavio.

—Sí, Octavio —Nana confirmó lo que su marido había pensado en voz alta, y vio que tenía delante de ella a un hombre mentalmente exhausto.

—¿Micaela? —murmuró Octavio.

—Tiene que estudiar catecismo. Pronto hará la confirmación, ya lo sabes. ¿Qué es lo que te pasa? —Nana se puso a su lado.

—Nada —Octavio tomó su comida y se puso un suéter, una chaqueta, un abrigo, una bufanda grande y una gorra de deporte color gris.

Nana sonrió y movió la cabeza.

—Flor está jugando con Gregorio.

—Cuida de ellos por mí, como siempre. Te veré por la noche —Octavio cerró la puerta al salir y se adentró en la desapacible y lluviosa tarde.

CAPÍTULO 20

TODO PARECÍA NORMAL. MICAELA VEÍA CÓMO SU MADRE terminaba de colocar los pañales en su sitio, y cómo se sentaba en la mecedora. Nana echó la cabeza para atrás, y respiró profundamente. Después de unos segundos, se quitó las pinzas que recogían la parte derecha de su pelo, que caía por detrás de su espalda y encima de su pecho. Con dos pinzas en la boca, se desató la parte izquierda de su recogido, y dejó caer la catarata obsidiana.

—Micaela, veremos si está listo el pan y después saldremos fuera —Nana se levantó de la mecedora y llevó a su hija hasta la estufa.

—¡Esta maldita estufa se calienta demasiado! —exclamó Micaela.

Nana colocó el pan encima de la mesa, y Micaela echó un poco más de canela en el pan tostado.

—Ha dejado de llover —en algún lugar de su cabeza, Micaela podía oír a su madre. Unas voces tenues como traídas por el aire húmedo llegaron a las mujeres.

—¿Qué ha sido eso?

Nana se encogió de hombros, y Micaela se frotó las manos, y se puso su abrigo y sus chanclas. Nana y su hija se alejaron del calor de la estufa y salieron por la puerta trasera de la casa. Había una caseta de madera en un rincón de la propiedad de la lechería del sur de Montebello que daba casi a la cerca negra de madera que marcaba los límites de cada parcela. Nana dio gracias a Dios de que hubiera un camino de ladrillo alrededor de la casa. Las dos mujeres se centraron por un momento en el lavabo de ladrillo que había alrededor de una fuente de agua. Octavio había construido estas mejoras durante sus ratos libres y esto suponía mayores comodidades para su familia. Nana sintió un escalofrío cuando vio un reflejo de luz en la manivela de la puerta de la caseta. Se sintió confusa por los destellos de luz que nunca debieron producirse allí.

En ese momento, se quedó congelada como si su mente hubiera traducido la silueta que aparecía delante de sus ojos: ¡fuego!

Nana se volvió hacia los gritos de pánico de sus vecinos. Las llamas se propagaban por las paredes y el techo de la casa de al lado hasta llegar a una tercera vivienda que había junto a ella. Micaela se llevó las manos al pecho mientras veía cómo la nube negra se elevaba por el aire húmedo. Junto a ella, su madre observaba la fuerza de las llamas.

—Micaela, va a arder nuestra casa —gritó Nana.

Empezó a sudar mientras tomaba a su hija y le miraba directamente a los ojos. Los latidos de su corazón eran fuertes, rápidos e intensos y con las manos, vigorosamente sacudió los hombros de Micaela.

—Iré por tus hermanos. Ve a casa del tío Elías y dile que vaya a buscar a tu padre para que saque el coche de Arturo que está lleno de gasolina. ¡Corre!

Micaela repitió las órdenes de su madre mentalmente, y sus últimas palabras hicieron que corriera por la calle gritando el nombre de su tío. Nana vio correr a su hija mayor por la puerta de la reja donde ya habían aparecido los vecinos. El humo y las chispas salían de los cables eléctricos de los postes altos que había enfrente de las cercas. Las llamas cubrirían todo lo que ella poseía en el mundo y todo lo que ella amaba y veneraba. Flor y Gregorio estaban durmiendo. Ni las más poderosas llamas le impedirían recoger a sus hijos. Su cuerpo de cinco pies y dos pulgadas de alto, lleno de sudor, abrió las puertas. Su cara reflejaba firmeza y determinación. Lloró sin soltar una lágrima cuando pasó por delante de los objetos que a ella y a Octavio tanto les había costado conseguir. Pareció verlo todo en un segundo mientras se dirigía hacia donde dormían sus hijos. Enrolló a Gregorio en una sábana, y cuando entró en la habitación de su hija, vio las fotografías familiares, el vestidor, su traje de novia y los juguetes de los niños. Nana tomó al bebé con su brazo izquierdo, y fue hasta Flor para sentarla de una vez por todas.

—¡Flor, levántate! ¡Flor! Nos tenemos que ir, ponte la chaqueta —le dijo Nana con tranquilidad.

Tomó a su hija pequeña de la mano y la llevó hasta la puerta donde muchas voces le gritaban que saliera de la casa. El bebé seguía durmiendo en sus brazos. Flor se echó para atrás un segundo y se agarró de la cadera de su madre. Nana llegó hasta la puerta, y la abrió. Al llegar al patio a esperar se sintió como aliviada en un instante. A su derecha, la casa del tío Elías estaba ardiendo. Sus hijos corrían de un lado a otro, salvando de las llamas todo lo que podían. Micaela fue hasta donde estaba su madre, la abrazó, tomó a Flor y guió a su madre a la calle donde la gente observaba la conflagración.

De las ocho casas que había en medio de la calle, diez estaban completamente ardiendo. Estaban alquiladas por la familia Revueltas. La casa de Nana y Octavio estaba en medio de todas, y el tío Elías vivía a un lado y, al otro, en la última casa que había antes de llegar a la calle Vail, vivían Milagros y Damián. Nana notó un estirón del bebé. En ese momento reconoció a una de sus sobrinas que llevó a Gregorio hasta donde estaban sentadas Micaela y Flor en unas sillas que se habían podido salvar. Nana pensó en el coche de Arturo y lo vio estacionado al otro lado de la calle, a una segura distancia de las llamas. Los hijos de Damián estaban sacando los muebles porque su casa sería la última en quemarse. La casa del tío Elías ardía por completo. Era difícil creer que con este tiempo frío y húmedo las casas estuvieran quemándose como si fueran polvorines. Aunque el fuego avanzaba con rapidez, la casa de Nana todavía no había empezado a arder.

Nana pensó en la ropa de los niños y se fue hasta la puerta. Tomó lo que pudo, y echó a correr. Los vecinos intentaron detenerla, pero volvió a entrar para tomar la ropa y sacarla de allí. La segunda vez que entró, tomó cuantas camisas pudo de las cómodas de los niños. Las tiró fuera, y volvió a entrar, pero en ese momento, Damián la detuvo.

—¡Nana, no entres! La casa está en llamas. Siéntate aquí con Milagros y tus hijos.

Damián le ayudó a Nana a sentarse al lado de su suegra que estaba en una silla de la cocina, con sus dedos tocando la mesa, y movía la cabeza de incredulidad al ver toda la escena que la rodeaba. Sus dormitorios, sus comedores, sus cocinas, sus objetos más íntimos habían sido arrojados a las calles de barro de Simons. Los vecinos se acercaban hasta el lugar para tocar y husmear por los muebles como si fueran unos clientes que tocan las cosas del escaparate de una tienda. Sin embargo, la principal atracción de la gente era el fuego espectacular que se podía ver a unas cuantas millas más allá. La casa de Nana se quemó lentamente en medio de un intenso calor. Podía sentir el calor desde donde estaba sentada. Damián apartó del fuego a su familia, y por un momento, Nana apartó la vista de la casa en llamas buscando por la calle a los bomberos. ¿No había asegurado Walter Robey Simons a sus residentes que tendrían la protección y los servicios necesarios en caso de emergencia? Nana no encontró ni a un sólo bombero. Si hubieran llegado al incendio, su casa y la de Milagros no se habrían perdido.

La gente hizo lo que pudo. Se formó una especie de brigada y utilizaron las mangueras de los jardines. Nana volvió a pensar en los bomberos. Se dio cuenta de que Milagros observaba la noche en dirección al cañón de la calle Español en donde dos camiones de bomberos de Montebello estaban estacionados con sus luces rojas y amarillas encendidas. La casa de Nana estaba en llamas, y la de Milagros sería la próxima, y sin embargo, los camiones de los bomberos permanecían en su sitio sin moverse. Algunos de los niños más mayores del lugar se acercaron hasta ellos en busca de ayuda, pero el jefe de bomberos se negó a ayudarles.

—Me han ordenado que me quede aquí —sonrió el jefe de la unidad—. Estoy asegurándome de que el fuego no llegue hasta el otro lado de Montebello.

Se quitó el sombrero y señaló la casa de Nana.

—Esa casa se caerá en un minuto —se rio a carcajadas mientras los niños regresaban de vuelta para comunicarle a la gente el mensaje.

Los trabajadores de Simons nunca olvidarían la decisión de no hacer nada y de haberles condenado a mirar cómo sus casas se destruían con el fuego. Nana puso su mano encima de la de Milagros para que parara de dar golpes en la mesa de la cocina. El

mensaje del jefe de la unidad de bomberos resonaba en su cabeza
... ¿por qué no habían llegado hasta el final del barranco? Alguien
los había detenido en el último momento, alguien de Montebello,
alguien de Simons ...

En la calle todavía humeante por el incendio, Nana
contemplaba la cara de Milagros y su perfil de pura y simple
fortaleza. Damián llevó a Micaela, Flor y Gregorio a su madre.
Nana se encontraba destrozada por lo que acababa de contemplar
y lloró al ver que ya nadie corría ni tenía prisa. El pánico había
desaparecido y la gente permanecía de pie mirando la luz de las
llamas reflejadas en sus caras. Ya no había que correr o apresurarse.
El fuego había ganado la partida.

Nana se sentó en la silla de la cocina con Gregorio en su regazo
y se puso a ver cómo ardía su casa y cómo las sombras interrumpían
en las llamas. Flor abrazó a su madre y al bebé, y comprendió que
todo había desaparecido. Micaela tocó el hombro de su madre, algo
preocupada por su próxima confirmación en la iglesia. Aunque
todavía estaba en estado de shock, desde lo más profundo de su
corazón, salieron unas palabras para todos aquéllos que estaban a su
alrededor en ese momento. Fue una frase pronunciada con mucha
firmeza.

—Empezaremos de nuevo.

Raro para esta época del año, dos hornos gigantes ardían detrás
de ellos. El fuego que salía de sus adentros y la luz que proyectaban
subían como una criatura trepando por el cielo.

Durante los meses que siguieron al incendio, Walter Simons y
la Ciudad de Montebello habían librado una batalla por la
localización de la Ladrillera Simons en las calles Mines y Maple.
Walter quería construir viviendas para los trabajadores en la finca
de Montebello. El ayuntamiento había rechazado los permisos de
construcción argumentando que esa clase de viviendas traería
elementos indeseables a la ciudad. Sin haber llegado a una
solución, Walter le pidió al ayuntamiento que incorporara la
Ladrillera Simons situada en Sycamore y Vail con viviendas para
trescientas familias más el alojamiento para solteros. El
ayuntamiento volvió a responder con una negativa, repitiendo que
no incluiría ese tipo de elemento, los mexicanos, como residentes

permanentes. Walter contrarrestó con su negativa de no colaborar en la financiación de la reconstrucción de parte del puente y los gastos de drenaje que se debían hacer en Maple y en las calles colindantes. También se negó a regar el barro de la ladrillera, y esto tuvo graves consecuencias. El polvo se levantó, formando una serie de nubes que penetraron por las ventanas y las puertas, y cubrieron las paredes y los muebles del norte del búlevar Olympic.

Rumores tanto como verdades empezaron a circular sobre los efectos del incontrolable polvo rojo. Se hallaron tres ancianas muertas con sus cuerpos cubiertos de polvo. La autopsia llevada a cabo por los patólogos del condado de Los Ángeles descubrió que los pulmones de las víctimas estaban inundados de polvo rojo. Los trabajadores empezaron a llamarla La Muerte del Pulmón Rojo tras la muerte de las mujeres. Para probar el peligro de la ladrillera, los parientes de las víctimas fueron al ayuntamiento con tres botes que contenían los pulmones de sus seres queridos manchados de rojo e infectados con el polvo. Siguiendo las instrucciones del médico, los hijos de las fallecidas pusieron los restos humanos delante de las autoridades del ayuntamiento. Estas autoridades siguieron la explicación del médico que les habló del sufrimiento que habían padecido estas mujeres, y de que los mexicanos eran capaces de respirar el polvo rojo y sobrevivir. La presentación de los hechos fue suficiente prueba para comprobar que los concejales del ayuntamiento se convencieran de que los mexicanos eran criaturas inhumanas, que eran unas cucarachas preparadas por la naturaleza para soportar esas horribles condiciones de vida. La ciudad y los ciudadanos estaban en peligro de ser contaminados por Walter Robey Simons, por la ladrillera, por los mexicanos y por el polvo rojo. Era mejor que se quemaran con el fuego.

Cuando se produjo el fuego, Javier pasaba por los puestos despidiéndose del gerente y de las mujeres que atendían a los últimos clientes de la noche. La puerta se cerró lentamente. El conductor del autobús leía una revista mientras esperaba en la esquina suroeste de Montebello y el búlevar Whittier. El mercado Crawford estaba situado en la esquina noroeste y, desde allí, Javier, con su cara morena, sonriente y de ojos brillantes, corrió deprisa para alcanzar el autobús. Lo llenó de orgullo la carrera que había hecho y lo rápido que corría y trabajaba. El gerente le había dicho que era el trabajador más rápido de todos y el más cuidadoso. Los entrenadores del instituto pensaban que era el velocista más rápido del equipo del curso de noveno grado. Siendo un buen trabajador, un brillante atleta y un estudiante excelente, hacía que fuera un ejemplo del buen joven mexicano. Poseía unas aptitudes tan extraordinarias para las matemáticas que los profesores de álgebra y ciencias lo dejaban avanzar a su propio ritmo. En una ocasión, el señor Irons que era un policía local, se acercó a donde estaba Javier empaquetando el mandado de su jefe.

—Este joven no es como esos maleantes pachucos de Simons. Conozco a esos chicos muy bien. Arresto una media docena de ellos cada día —dijo el señor Irons llevándose la mano a su cartera.

—Conozco a los mexicanos. Este joven puede salvarse.

El conductor angloamericano observaba a Javier a través de la ventana grande del autobús, él iba con sus libros en la mano y traía puesto un mandil blanco. Éste dejó la revista que estaba ojeando y encendió el motor. Javier sacó una moneda de un centavo y la metió en la caja de pago del autobús. Se fue hasta un asiento de la parte trasera del autobús vacío. En unos cinco minutos, el conductor llevaría la máquina por la ruta de zig-zag hasta casi el final de la línea, en Montebello Sur.

Para la población angloamericana, Simons era el final de la línea en la frontera más sureste del lugar, es decir, Simons estaba en la otra parte de la ciudad. Javier conocía muchas colonias, pero ninguna como la de Simons. Muchos de estos barrios estaban situados al otro lado de alguna separación: unas vías de ferrocarril, un puente, un río, una autopista. Simons no sólo estaba al otro lado, sino que también estaba asentado y construido en un "agujero", en "El Hoyo", cavado por sus propios habitantes. Walter había elegido este sitio porque nadie quería esa parcela de terreno indeseable. Sin embargo, él había notado que allí había un magnífico barro rojo para la construcción de sus ladrillos. La tierra estaba situada en un área completamente aislada, y era perfecta para mantener a la mano de obra barata, como los mexicanos, viviendo en casas deplorables cerca del lugar de trabajo, y lejos de las actitudes miserables de Montebello. No se habían planificado muchos de los barrios, pero muchos se habían convertido en campamentos de trabajo, y otros habían surgido simplemente por accidentes demográficos o de la naturaleza. Uno de esos lugares era Barrio Cantaranas, es decir, las ranas cantarinas.

En 1931 se había producido la invasión de una zona poblada por angloamericanos por la llegada de millones de ranas gigantes procedentes del Río San Gabriel. Estas ranas gigantes cubrieron todos los rincones de dentro y fuera de las casas; los animales estaban por todas partes y se convirtieron en una plaga. La gente intentó librarse de ellas con toda clase de productos químicos, con palos, con fuego y con muchas otras cosas más, pero no consiguieron ahuyentar a las feas bestias. Las ranas seguían llegando, y por cada una que mataban, aparecían dos o tres más. Los habitantes del lugar estuvieron luchando contra la plaga durante días hasta que al final decidieron buscar ayuda; la más barata que encontraron fueron cientos de mexicanos que llegaron allí, una mañana temprano, para luchar contra los animalejos. La gente trabajaba en este menester durante todo el día, y por la noche, tanto los anglos como los mexicanos, acababan exhaustos. Los anglos confiaban en que las ranas desaparecerían cuando amaneciera. Sin embargo, cuando cayó la noche y desapareció el último rayo de sol para dar la bienvenida a la luna, se oyó un murmullo, como si alguien cantara. A medida que el coro se hizo más potente, los anglos se empezaron a asustar porque no entendían las letras de las canciones. Las ranas cantaban en español. Después de aquéllo, los anglos recogieron a sus familias, y ordenaron a los mexicanos que los sacaran de ese nido de anfibios. Los anglos abandonaron la zona, y los mexicanos empezaron a serenar a las ranas con sus propias melodías y cuando amaneció, las horribles ranas habían desaparecido. Algunas volvieron al río, pero otras muchas más siguieron a los propietarios angloamericanos que habían huido de allí. Sin embargo, los mexicanos se quedaron en el lugar y heredaron la tierra y las casas abandonadas, dándole el nombre de Barrio Cantaranas.

Javier sonreía cuando vio la rana diseccionada en su libro de ciencias. Se encendió el motor y el conductor quitó el freno. Los ojos atentos del conductor se movían de un lado a otro del espejo retrovisor. Al contrario de la historia del Barrio Cantaranas que todo el mundo conocía, Javier pensaba que Simons era una colonia con una historia muy importante, con una explicación lógica de su propia existencia, y era para él, una colonia organizada, premeditada . . . el señor Simons la creó. Todo es suyo, la tienda, el billar, la oficina postal, el cine, las cabinas de los solteros, la escuela Vail, la biblioteca, la iglesia, la torre de agua, la electricidad, la clínica, los trenes, las máquinas y las parcelas. Las casas sin pintar y golpeadas por la meteorología, las paredes de madera arañadas, las casas con dos o tres alcobas, la cocina y el comedor pequeño, sin baño, sin inodoro. Algunas llevan levantadas unos treinta o cuarenta años, pero están limpias por dentro y por fuera, con jardines bonitos, con muchas plantas, que ni está bien ni está mal. Todo fue planeado y orquestado por el señor Simons y el ayuntamiento de la ciudad . . .

Simons fue construida a una distancia discreta de Montebello para evitar así que los mexicanos se metieran adentro. Era lógico, entonces, tener una escuela, una iglesia y otras cosas propias. Los mexicanos de Simons tenían que vivir, trabajar, jugar y comprar a una distancia segura de Montebello. Cuando se estableció el pueblo de Simons, no se propuso nunca que fuera una parte de Montebello o de cualquier otro lugar. Se dio a entender que los mexicanos tenían que estar apartados de todo a cualquier precio.

El autobús giró a la derecha en la calle Carmelita y se dirigió al oeste hacia Greenwood donde giraría a la izquierda en dirección a los campos agrícolas. Los japoneses habían alquilado o habían sido los dueños de prácticamente toda esa zona. Javier y Arturo habían trabajado allí recogiendo pimientos, coliflores, melones y tomates. Les gustaban los japoneses. Sin embargo, ya no quedaba ni un japonés allí después de Pearl Harbor: los echaron en camiones y se los llevaron a los campos de concentración.

El autobús se detuvo enfrente de la escuela Greenwood. Una mujer grande con dos bolsas en la mano se inclinó al asiento del conductor y metió una moneda en la caja de cobro. Se metió el monedero en su bolso y, con las dos bolsas en la mano, se fue hasta la parte trasera del vehículo. De repente se detuvo, asombrada de ver a Javier en el asiento trasero sonriéndole. La mujer llevaba una chaqueta Pendelton roja y verde abotonada hasta el cuello. Sus pantalones negros le llegaban hasta sus enormes pechos. Colocó las bolsas al lado de la ventana, y cuando se sentaba, salió de sus labios la palabra "pachuco". Javier apartó la vista . . . las revueltas nos venden a los ferrocarriles Atchison, Topeka y Santa Fe por cincuenta y ocho y medio centavos la hora. Ellos no van a olvidar ni nosotros tampoco, señora . . .

El autobús iba deprisa. En pocos minutos llegaría hasta su parada. El ojo derecho de Javier, y después el izquierdo, vieron un brillo en el cielo de Simons. El conductor y la mujer parecían estar hipnotizados por el ruido del motor, por el vaivén del autobús encima del oleaje de la carretera y por la luz que veían al sur. Todo brillaba más que nunca. Tal vez estaban quemando más hornos esa noche . . .

Cuando Javier llegó hasta la puerta del autobús, se dio cuenta de unas luces amarillas que aparecían por su casa. Se abrió la puerta, y miró a la mujer. Tenía un bigote amarillo y pelos largos alrededor de la boca. Sus labios, apretados por el odio, pronunciaron dos palabras: pachuco mexicano. Javier se adentró en la noche de la calle Date. El cielo estaba ahora despejado. El brillo color anaranjado se había convertido en olor a gasolina y aceite, en olor a alquitrán. Simons estaba ardiendo. A medida que echó a correr, empezó a pensar en el progreso de la física, en los avances científicos, en las ráfagas de Hiroshima. Empezó a correr más deprisa y el sudor le caía por las sienes. En ese momento, vio las luces de los camiones de bomberos, y sintió el calor de la era nuclear que le produjo una sensación que él creía que habitaba en los corazones de todos los hombres, mujeres y niños. Era el miedo de que algo superior al hombre, y más allá de la experiencia, el entendimiento y el control humano había sucedido ya y estaba sucediendo ahora. Estaba empapado en sudor cuando llegó a su casa . . . no . . . sus ojos se abrieron un poco más. Sabía lo que estaba pasando. Javier se dio cuenta de que no era el fin del mundo, pero sentía que estaba siendo testigo del fin de su infancia.

Mientras Javier miraba el incendio, su hermano mayor estaba llegando a casa desde el Palladium. Durante la hora de camino hasta casa, Arturo estuvo limpiándose las cinco manchas de los puños de su camisa blanca. Estuvo mirando todo el tiempo las manchas de vino tinto que llevaba en la camisa y que le molestaban profundamente. Alberto no le prestó atención a su primo . . . Está loco el Arturo . . . Conducían por la húmeda y despejada noche. Al lado de Alberto se encontraba Mike escuchando el R&B de Johny Magnus dentro del Ford 1944. Mike estaba sentado al lado de la puerta derecha del automóvil desde donde veía a Alberto conducir y a Arturo limpiándose los puños de su camisa.

Debido al incidente del vino, se tuvieron que marchar antes de lo previsto, poco después de la una de la madrugada. Arturo había reaccionado de un modo extraño cuando le mancharon la camisa y contra el hombre que le había derramado el vino. Le agarró el brazo y parecía como si le hubieran herido con balas de fuego. Le empezó a gritar al hombre para que le trajera un poco de agua para poder limpiarse la mancha. El caballero le dijo que se la traería enseguida, pero nunca regresó. Había mucha fila en los baños, y era imposible que el mesero de la barra lo oyera con el ruido que había en la sala. Además, la cocina estaba cerrada. Las dos únicas fuentes de agua no funcionaban y no había ni un solo vaso de agua encima de las mesas.

—Tengo que conseguir agua . . . ¡vámonos, Alberto! —Arturo levantó el brazo para que todo el mundo viera la tragedia de las manchas de vino. Las manchas rojas amenazaban con destruir la armonía del color, del material y de la creación que solamente entendía él. Se quería marchar inmediatamente, y en su cara se reflejaba el odio y la explosión de violencia que estaba a punto de estallar si no se marchaba de allí. Arturo le gritó a la gente que abriera paso por donde él pasaba.

—¡Ese hijo de puta no ha vuelto con el agua! —gritaba mientras chocaba con la gente.

Las mujeres se apartaron, algunos hombres se echaron a un lado y otros apretaron los puños. Cientos de miradas vieron desparecer las manchas rojas de Arturo y se quedaron mirando las estrellas de la noche.

—¡Le han disparado al chico! —gritó alguien.

Los murmullos y el festejo competían con la música. Alberto y Mike lo encontraron en la puerta. Se giraron para comprobar las caras de rabia, tristeza y terror de la gente. Huyeron precipitadamente hacia el coche y se fueron con el silencio de la noche.

—Está lloviendo, ¿verdad? —Arturo se levantó los puños de la camisa fuera de sí y gritando al cielo.

Mike abrió la puerta.

—Métete, tu madre la lavará.

Arturo entró en el coche y empezó a frotar las manchas. No quería que su madre le lavara la camisa nueva. La llevaría a que la limpiaran aunque para él la camisa ya no valía nada. Mientras conducían, las luces de la calle iluminaban los puños de la camisa de Arturo. Las manchas empezaron a bailar. Se movían, formaban estructuras, creaban diseños innovadores y sugerían nuevas perfecciones. Los paradigmas artísticos de Arturo se multiplicaron en innumerables abstracciones. El proceso era sencillo, pero nunca podría comunicar a los demás su conocimiento, su concepción artística. Permanecería siempre en su interior para sí mismo. La gente que trataba con Arturo en un plano intelectual estaba confundida y asombrada por su percepción del mundo.

Alberto giró a la derecha en Washington para ir hacia Vail cuando un extraño olor entró en el coche.

Mike dio un profundo respiro con los grandes orificios velludos de su nariz —Huele como a hule quemado.

—Espero que no sean los frenos —Alberto bajó la ventanilla del coche.

—Esta noche no. El olor viene de afuera —Mike miraba a través del parabrisas.

—Parece alquitrán —Arturo vio en ese momento los destellos en la escuela Vail.

Desde que Arturo tenía cinco años, la gente había observado su gran limpieza y orden. Cuando solamente tenía siete años, organizó un rincón en la habitación de Micaela y Flor donde él y su hermano Javier guardaban su ropa. Los dos cajones de Arturo estaban cerrados con llave para asegurarse de que cada objeto, cada artículo de ropa o cada juguete estuvieran en su sitio. A medida que se fue haciendo mayor, era capaz de aceptar bien las responsabilidades y estaba feliz siempre y cuando pudiera ayudarles a sus padres. Cuando llegó a los doce años, ya se encargaba del jardín, y barría y mantenía en orden la parcela. Tenía las cercas, los suelos y las paredes de la casa con una limpieza inmaculada. No le importaba trabajar, sino que lo veía como un privilegio. Cuando llegaba de la escuela, le preguntaba a su madre qué había de comer, tomaba algo de fruta, comprobaba que su rincón de la casa estuviera en orden y se sentaba a hojear las páginas de sus libros. Pasada una hora, salía al jardín donde pasaba toda la tarde y las primeras horas de la noche, limpiando, arreglando, regando y barriendo. A menudo, sus amigos pasaban por su casa para que saliera con ellos, pero Arturo prefería quedarse solo.

En sus años de adolescencia, empezó a tener muchos amigos. Tanto los chicos de su edad como otra gente más mayor estaban atraídos por él. La gente admiraba su belleza, su pulcritud y su excepcional manera de entender el mundo. Mucha gente hablaba bien del hijo de Nana y Octavio. Sin embargo, sus padres se daban cuenta de que algo iba mal, y de que no podían resolver el rompecabezas.

—Arturo trabaja duro, Octavio. No tenemos que insistir más —dijo Nana.

—Sí, pero no aprende nada —contestó el padre enojado.

—¿Tal vez somos nosotros? —Nana se sentó al borde de la cama y se quitó los zapatos.

—No puede ser que los demás aprendan las cosas y él no. Al menos, tendría que aprender a leer, escribir, sumar y restar. Necesita saber las cosas básicas. No lo entiendo, Nana. ¡No lo entiendo! —Octavio se metió dentro de las sábanas.

Arturo se retrasó mucho cuando llegó al segundo grado. La profesora mandó una carta a su madre explicando que Arturo necesitaba una educación especial, que no era capaz de aprender las letras y los números, y que escribía al revés después de haberle enseñado a escribir correctamente. La situación empeoró en el tercer, cuarto y quinto grado. Arturo seguía retrasado, y perdía interés por lo que la escuela le ofrecía. Todo lo que escribía lo deletreaba mal, y escribía las letras y algunas palabras al revés. No sabía leer y le costaba pronunciar palabras y hacer frases. Lo que decía no tenía sentido. Cuando llegó a quinto grado, no sabía deletrear ni escribir su propio nombre, y en noviembre llamaron a Nana para que fuera a entrevistarse con su profesora, la señorita Singer.

—Señora Revueltas, su hijo no está motivado y tiene falta de atención y problemas de concentración. No sabe leer, sumar o restar. Su escritura es mala, y parece que no reconoce las letras del alfabeto. Creo que Arturo es retrasado, y posiblemente tenga algún problema cerebral. ¿Ha tenido alguna enfermedad grave cuando era más pequeño? ¿Se ha tropezado alguna vez o se ha hecho daño en la cabeza? Arturo debería ir a una escuela de educación especial y luego, cuando ya cumpla los dieciséis y haya cumplido con sus estudios, les podrá ayudar en el trabajo —la señorita Singer sonrió y le dio unas palmaditas a Nana.

—Gracias por venir.

Nana no se movió del sitio. Se quedó confusa y asombrada por lo que acababa de oír.

—Pero si Arturo es un chico muy listo —dijo mientras veía cómo la señorita Singer volvía a su pupitre y revisaba sus papeles.

—Mire, esto es lo que hace su hijo. Hay niños de primer grado que lo hacen mejor que él. Necesita que lo atendamos, señora Revueltas, que estemos más pendientes de él que de otros niños. ¿No está de acuerdo conmigo? Mire las tareas de Arturo, ¡son terribles! Esto no es el trabajo de un chico inteligente, sino el trabajo de un niño retrasado. Llevo enseñando veinte años. Señora Revueltas, lo tiene que comprender, hacemos lo que podemos. Trataremos de que se entretenga aquí, pero una vez que esté en niveles superiores tendrá que seguir un programa especial que le ayude —la señorita Singer se levantó de la silla.

—*Arturo trabaja mucho.* ¡Trabaja mucho! —Nana no estaba convencida de lo que le había dicho la profesora y se quedó sentada.

—Por supuesto, señora Revueltas. También es muy limpio y ordenado. Debería estar orgullosa de ello. Su obsesión con la limpieza y el orden hace que intente hacer las tareas una y otra vez.

Pasa mucho tiempo con una sóla tarea. Siento tener que decir esto, pero es un síntoma irrefutable de que es un chico retrasado —la señorita Singer se fue a la mesa otra vez, se sentó, y continuó con su trabajo.

Nana regresó tarde a casa en esa cálida tarde de primavera de principios de mayo. Caminaba muy a menudo para quitarse el cansancio y la monotonía de las tareas del hogar, y de la rabia que sentía por Octavio. Caminaba para ver cómo vivían otros hombres y otras mujeres, para respirar profundamente y para oler el mundo más allá de su casa. Caminaba para descansar, para tener un momento de paz y tranquilidad. Ese día, Nana estaba caminando y hablando espiritualmente con su hijo, pero aquéllo que le preguntaba, no tenía respuesta.

—¿Qué pasa con Arturo? —se preguntó a sí misma aturdida.

Abrió la puerta de la reja y vio que Arturo había regado sus plantas favoritas, sus bellas hortensias de lavanda. Él también adoraba las flores de la entrada de la casa. Lo encontró sentado en un rincón mirando un libro. Nana amaba profundamente a su hijo y sabía que era inteligente.

—Arturo, trae tus libros, vamos a sentarnos en el jardín. Hace una tarde muy bonita.

Arturo sonrió, tomó sus libros y atravesó la cocina para irse a la mesa y las bancas que su abuelo había construido para la familia. La tarde se convirtió en una cálida luz encima de la mesa. Esperó a su madre. Nana se sentó a su derecha, y él le tocó la mano con su mano izquierda y notó su perfume natural. Era algo muy dulce para él. Nana empezó a hablar.

—Arturo, enséñame tu libro de lectura.

El niño colocó el libro frente a su madre.

—¿Qué es lo que lees? —preguntó Nana.

—Esto —Arturo señaló la primera página del libro de lectura de segundo grado. Sonrió con orgullo.

De repente, Nana sintió una energía arrebatadora dentro de su corazón y también en sus ojos. Se apartó las lágrimas de sus ojos y abrazó a su segundo hijo. Se dio cuenta del nivel de lectura de su hijo, y se sintió fracasada. Ella tenía la culpa; ella había permitido que su hijo cayera en este oscuro abismo.

—Bien, ¿cómo podemos sacarte de este pozo oscuro y profundo? —dijo Nana con un suspiro—. Arturo, lee.

Miró a la página y empezó a leer lentamente.

—Dick y Jane, anrrico . . . corrían por la colina, anrrico derrás de ellos —dijo parando constantemente.

—Más rápido, hijo.

No quiso comprender lo que Nana le dijo.

—Dick correr, dijo Jane. Corre, rreco, dijo Dick —Arturo empezó a leer más deprisa.

Nana oía sonidos que no representaban ninguna de las palabras del libro. Arturo leía cosas sin sentido. Empezó a temer por su hijo. No permitiría dejarse llevar por el pánico, no perdería el control por el bien de él. Sonrió y lo miró a los ojos.

—Arturo, quiero que escribas esto —Nana señaló la última frase que había leido. Ella esperó a que copiara las palabras.

—Arturo, ¿no ves las palabras? Mira detenidamente las letras.

—Sí, mamá —los ojos de Arturo se llenaron de lágrimas que cayeron encima de las letras que había escrito.

—Escribe esta —Nana señaló la palabra "café" y Arturo escribió "efac".

Después, la madre colocó su dedo bajo la palabra "chico", y Arturo escribió "ocihc".

—Mira las letras.

—Las veo, mamá, ¡las veo! —Arturo empezó a llorar y se tapó la cara, escondiéndose de su madre.

Se marchó de allí sintiendo que había decepcionado repetidamente a su madre. Todo el mundo, los profesores, los amigos, su padre y ahora incluso su madre, le habían dicho que mirara las palabras, que prestara atención a las letras, que se concentrara en los signos. Arturo siempre hacía lo que le decían. Veía las palabras y escribía lo que veía, y leía lo que veía. A veces él pensaba que era la persona más estúpida del mundo. Entendía los conceptos, los números, las letras, las palabras y las frases que oía, pero no podía expresar de un modo correcto los signos, los significados o las relaciones a otra gente. Arturo sentía en su mente lo que veía, pero no era capaz de describir sus sentimientos de una manera comprensible. Era como si un espejo juguetón y transparente se hubiera colocado entre su cerebro y el mundo. Lo que él percibía era descodificado de un modo distinto de lo que los demás veían.

A medida que se fue haciendo mayor, se sentía más frustrado y golpeado psicológicamente por la falta de atención de sus profesores, los psicólogos, los amigos, además de la constante atención de sus padres, por lo que empezó a derrumbarse y sentir un profundo resentimiento y amargura contra aquéllos que le criticaban sin cesar. Entró en él un sentimiento de odio intelectual porque él se consideraba más inteligente que sus detractores. Arturo se esforzaba por explicarle a su madre la idea de pureza.

—La tinta de color rompe la pureza del papel.

Arturo creía que poner tinta encima de un papel invadía la nada, el color puro del papel. También creía que las palabras tendrían que recogerse en cualquier otra forma que no fuera en un libro o en el papel. Para él, las palabras se manifestaban en cuadros e imágenes, y estas entidades deberían expandirse y no estar encerradas en las palabras, en las frases, en los libros. La tinta violaba un espacio; las palabras se hacían prisioneras en sí mismas, y el vino rojo arruinaba la nada de las mangas de su camisa, y se enojó porque había dejado de llover.

El olor a madera quemada invadió el aire. Cuando Alberto giró hacia Southworth, el olor cobró sentido.

—¿Qué demonios ha pasado? —se dijo Alberto a sí mismo mientras reducía la velocidad del coche y paraba delante de la casa de los abuelos de Arturo. Mike abrió la puerta y metió un pie en el barro, detenido en la calle devastada.

—¡Parece como si hubieran tirado una bomba, Arturo!

Arturo se quedó mirando el techo de lo que había sido su casa. Parecía como si las paredes se hubieran caído y el fuego se hubiera tragado todos los objetos de la casa. Sin embargo, el techo estaba intacto; la corona, la cabeza de la casa estaba entera. Pensó en su madre.

La caseta era el único objeto de madera construido por los humanos que quedaba al otro lado de la calle. El agua chorreaba de la fuente que había construido su padre. Arturo observó cómo desaparecía el coche de su vista por la calle Vail. Solamente el ruido del motor se oyó por unos instantes, y después llegó el silencio interrumpido por el crujido espontáneo de un sueño ardiendo, descomponiéndose encima de un puñado de cenizas.

Arturo creía que su padre lo tenía por un fracasado, y se esforzaría el resto de su vida, si era necesario, para borrar esta imagen de él. Se giró para buscar a la persona que amaba, respetaba, y temía, y mientras se acercaba a él, Arturo se dio cuenta de que seguía teniendo las manchas en las mangas de la camisa. Medio lloró y medió rio . . . y quería agua . . . Arturo miró a los ojos de su padre que venían cobijados por una gorra. El chico de las infinitas configuraciones del mundo, encontró a su padre en medio del desastre y, por primera vez en su vida, se sintió igual que él.

—¡Papá!

Octavio, como si hubiera estado aguantando la respiración durante un tiempo, gritó escondiendo la rabia y dejando salir la angustia de su interior en un intento de pedir ayuda: —¡Arturo!

Los dos permanecieron juntos. No importaba lo que hubiera pasado antes en sus vidas, sólo importaba este lugar, este estado, este desastre, este momento en el que los dos paseaban por medio de las cenizas aún calientes. Arturo ayudaría a su padre, quien aceptó con mucho orgullo el ofrecimiento de su hijo.

—¿Adónde vamos?

—A la casa de tu tío Asunción. Están todos allí.

—¿Nos darán otra casa? —preguntó Arturo, conociendo casi la respuesta.

—Será difícil. Me ha tocado la mala suerte, hijo. No me quieren en Simons.

Caminaron por la calle Vail sin darse cuenta, ninguno de los dos, lo que significaba el apoyo mutuo que se dieron en ese momento de sus vidas. Octavio empezó a explicarle la condena que la administración de la Ladrillera Simons había hecho de sus años de trabajo.

—He dejado la ladrillera, y después de haber apoyado al sindicato, no creo que el señor Simons me de otra casa.

—Papá, ¿por qué ahora? ¿Qué vamos a hacer?

Después de oír las preguntas de su hijo, Octavio se dio cuenta del gran avance que había hecho Arturo en cuanto a la comunicación con los demás. Una parte del mundo se había destruido con el fuego, y fue entonces cuando Octavio descubrió que su hijo podía comunicarse sin dificultad. Este hecho, lo llenó de felicidad, pero enseguida le llegaron a la mente la larga letanía de insultos y rechazos por intentar comprar una casa en Montebello. Octavio había decidido algo que llevaba pensando alrededor de un año y que afectaría la vida de Nana y el resto de su familia.

—¿Qué vamos a hacer? —repitió Octavio en voz baja. Hizo una pausa en el camino desde la calle Vail hasta el aeropuerto Vail donde Lindbergh había aterrizado unos cuantos años antes—, vamos a comprar una propiedad y construiremos nuestro propio hogar, ¡nuestra propia casa! —gritó Octavio en medio de la oscura mañana.

—Y yo ayudaré, papá —Arturo se contagió del entusiasmo de su padre.

Arturo ya no tendría miedo nunca más. Se sentía cómodo caminando al lado de su padre y compartiendo la alegría de planear la construcción de una casa nueva . . . Nuestra casa . . . Al final, la luz de la cocina de su tío Asunción interrumpió el ensueño. Octavio sabía que Nana estaba esperándolos. Ella salió a la puerta a buscarlos, y Arturo se abrazó a ella y no intentó aguantar las lágrimas provocadas por el gran amor que sentía y por la idea de una nueva casa . . . Por ella, todo por ella, pensó mientras dejaba que su madre se marchara de su lado. Nana esbozó una sonrisa y regresó al comedor.

—Ve a dormir al lado de Javier —susurró Nana.

Antes de ir junto a su hermano, Arturo volvió a confirmarle su promesa a su padre: —Te ayudaré, papá.

Momentos después, Octavio y Nana se quedaron solos pensando en las heridas interiores que el fuego había dejado tras de sí. Se abrazaron y lloraron amargamente. Cuando Octavio sintió el corazón de su esposa latiendo al lado del suyo, y se quedó contento de que su familia estaba viva y a salvo, empezó a sentir una urgencia intensa, una desesperación que más tarde afectaría su salud y no cesaría hasta poner el último clavo de su casa o de su ataúd.

CAPÍTULO 21

Nana sacó un trozo de papel quemado que se había metido en su preciosa estufa amarilla. —Vaya, ¡qué estufa! —lloró descorazonadamente.

Toda la familia se dedicó a trasladar las cosas de lo que quedaba en la casa. Las habitaciones habían quedado destruidas y los muebles y la ropa se echaron a perder por el fuego o por el intenso humo del incendio. No se podían rescatar muchas cosas. La familia se había quedado destruida tanto física como psicológicamente. Esa mañana Nana se la había pasado mirando durante una hora lo que había quedado de su casa.

Cuando llegó Micaela, Nana se despertó del estado de encantamiento que la había invadido, y se dio cuenta de que no sabía por dónde empezar. Su hija le sugirió que empezara primero por la cocina. A las nueve y media, Octavio comenzó a limpiar lo que había sido la zona del comedor. Nana le había dicho que durmiera un poco, pero fue imposible, y le dijo a su esposa que tenía más energía que nunca. Poco después, Javier y Arturo estacionaron el coche y comenzaron por las habitaciones, y alrededor del final de la tarde, Flor apareció con el bebé enrollado en sus brazos con algo de comida. Fue hasta donde estaban las cenizas, dejó la bolsa de comida, se acomodó a Gregorio en el hombro, y vio cómo su familia intentaba rescatar lo que ya no se podía salvar de las cenizas.

—Mamá, papá, es hora de comer —dijo Flor.

Toda la familia paró y dirigieron sus miradas a Flor que llevaba a Gregorio envuelto en una sábana e intentaba sacar la cabeza para buscar a su madre. Desde donde estaba Flor, la familia parecía estar enmarcada con cenizas negras y grises. Nana limpiaba como podía la estufa de la cocina, Octavio intentaba rescatar una mesita, Micaela apilaba la ropa quemada que estaba cerca de las tuberías, y Arturo y Javier vaciaban los cajones de los dormitorios. Todos, excepto Flor y Gregorio, estaban arrodillados o agachados.

Cuando oyeron su voz, toda la familia se incorporó. Todos ellos, simultáneamente, dejaron los objetos que llevaban en la mano, y se fueron hasta el centro de lo que, hasta ayer, había sido su casa. Gregorio pasó por las manos de todos sus hermanos hasta que se calmó en los brazos de su madre. Flor distribuyó sandwiches, burritos, bebidas y cerveza para su padre. Mientras comían, el cielo se despejó y el sol empezó a brillar por entre las nubes. Se sentaron en medio de las cenizas y empezaron a conversar.

—Mamá, no creo que podamos usar esa ropa. Huele fatal —dijo Micaela.

—No nos llevaremos nuestra ropa tampoco —añadió Arturo.

Nana no dijo ni una palabra, y comía en silencio. De repente, empezó a sollozar, a respirar profundamente, y a abrazar a su bebé.

—Perdóname, hijo, no quiero molestarte con este incidente que todavía no entiendes.

—Papá, ¿qué vamos a hacer? —preguntó Javier.

—Buscar una casa. Pero por ahora, tenemos que irnos de aquí porque todo ha quedado destruido. Solamente podemos llevarnos el refrigerador y la bicicleta, nada más.

Los rayos cálidos del sol iluminaron a los Revueltas mientras se levantaban de lo que durante veinticinco años había sido un lugar seguro para ellos. Se fueron todos juntos pensando que el cambio los llevaría a un nuevo hogar. Octavio, Nana, Micaela, Arturo, Javier y Flor tenían confianza en sí mismos, y cada uno de ellos, a su propia manera, sabía que los demás tendrían la fuerza necesaria para salir adelante. Nana se puso a su bebé al lado del corazón. Se sentó con Micaela en el asiento de atrás del inmaculado coche de Arturo. Octavio estaba sentado, muy tranquilo, en el asiento delantero con su hijo mayor. Se pusieron en marcha, y dejaron que Javier y Flor se fueran con la bicicleta a casa del tío Asunción que era donde la familia se quedaría hasta que Octavio encontrara una casa. Nadie más de la familia tenía tanta urgencia para encontrar un hogar como Octavio. Después del incendio, todas las víctimas fueron alojadas en casas permanentes o temporales de la Compañía Simons.

Damián y Milagros fueron unas de las primeras parejas en recibir una vivienda temporal. Después de pasar cuatro días en casa del tío Asunción, Octavio se llevó a Nana y sus hijos a la casa de sus padres. Tenía la esperanza de que después de que les dieran una casa definitiva, lo dejarían compartir con ellos el mismo techo. Octavio y Nana estaban conscientes de que solamente la suerte decidiría si se quedaban allí o no. Octavio no tenía ningún futuro en Simons, y toda su familia había estado viviendo en una casa prestada. Le habían avisado, lo habían puesto en la lista negra y lo habían identificado como un partidario de los sindicatos, y como un hombre que no estaba dispuesto a cooperar. Él y su esposa habían estado buscando una casa por los alrededores, pero siempre habían tenido la misma respuesta: —No vendemos a los mexicanos.

Octavio y Nana se informaron de las condiciones de compra de algunas casas al este del búlevar Whittier en Montebello. Al entrar en la caseta de ventas o cuando le preguntaban al vendedor sobre alguna casa, eran ignorados completamente: —No queremos mexicanos aquí.

No había otro lugar cerca del centro de Montebello o al este del búlevar Washington, que era lo que mucha gente llamaba el norte de Montebello, es decir, el lugar donde los mexicanos podían comprar o rentar una casa o un apartamento. Tal vez se trataba de la mirada agresiva que proyectaba Octavio desde sus espesas cejas lo que les molestaba a los vendedores. Tal vez Octavio era demasiado mexicano para poder vivir en las zonas anglosajonas de Montebello. Octavio y Nana intentaban comprar su casa en el Montebello anglo porque algunos de sus familiares y conocidos habían podido comprar sus casas en el jardín blanco prohibido. Octavio preguntaba retóricamente por qué ellos sí habían sido aceptados en el vecindario blanco. Estos mexicanos eran gringófilos que pensaban, actuaban y querían ser como los gringos. No se cuestionaban el costo de su gringofilia. Querían vivir en el Montebello gringo sin importarles las consecuencias. Es cierto que las pocas familias que se fueron a vivir a la parte norte de la ciudad eran de complexión más clara que los mexicanos que vivían en Simons.

Las palabras y las miradas de rechazo les llovían a Octavio y a Nana. Sin embargo, el mundo angloamericano no rechazaba su trabajo o la sangre de sus familiares y vecinos. Los anglos necesitaban al mexicano para el trabajo o para la guerra, pero no le permitían vivir entre sus ciudadanos. A los mexicanos se les tenían que tirar y alejar a la periferie de la sociedad angloamericana, de la sociedad de Montebello. Octavio, aunque estaba amargado por ello, no demostraba sus sentimientos ni a su mujer, ni a sus hijos; todo lo contrario, se portaba de un modo inquieto y frío con los que más quería. Nana se daba cuenta del odio de su marido incluso cuando dormía, o cuando la buscaba lleno de deseo y sus cuerpos se encontraban, aunque sus mentes fueran a ritmos distintos. A Octavio no le gustaban los gringos porque le negaban un lugar que él se había ganado con mucho esfuerzo y que se merecía. Se sentía un hombre, un padre y un marido inferior. Octavio no poseía el poder necesario para vencer a sus adversarios gringos.

Damián y Milagros se llevaron todas sus pertenencias a la casa nueva que la empresa les había dado en la calle Rivera, enfrente de los rieles del tren y cerca del almacén general. Habían compartido su casa vieja con Octavio, su nuera y sus nietos durante dos semanas. El fuego no había impedido que Octavio siguiera trabajando, y no faltó ni un solo día, así como tampoco lo hizo Damián que continuó su trabajo como quemador en el horno. Una tarde después de que Octavio se despidiera de sus padres para ir a trabajar, Nana se puso a ayudarle a Milagros a empacar las pocas cosas que se habían podido salvar del incendio. Arturo y Javier se encargaron de llevar algunas cajas y muebles a la casa nueva de su abuelo. Todos despidieron con abrazos a sus abuelos que se trasladaban a menos de una milla.

—Nana, si necesitas algo, dímelo —dijo Milagros desde el porche.

Nana se quedó preocupada en la casa prestada por la empresa. Estaba otra vez sola con sus hijos por la noche. Desde el incendio, se sentía vulnerable y tenía miedo. Todo lo que habían acumulado durante años había desaparecido de sus vidas. Sus sueños se habían derretido y convertido en cenizas de la noche a la mañana. Nana estaba preocupada porque no sabía dónde viviría su familia a partir de entonces. Odiaba que los capataces de Simons despreciaran a su esposo. Algunas veces, el odio era el único sentimiento que anidaba en su corazón. Culpaba a Octavio de su ansiedad y de que se hubiera quedado sin casa, aunque Octavio sufriera más que ella. Aunque Octavio comía bien, Nana se dio cuenta de que estaba adelgazando.

—Octavio, como estás perdiendo peso —Nana le servía otro desayuno un poco más tarde solamente para él.

Octavio casi nunca le contestaba. Los días pasaban y su mirada no se centraba en los objetos o en la gente que le hablaba. Cuando decía algo, lo hacía muy suavemente y no miraba a su interlocutor. No quería reconocer el estado de su casa donde su esposa e hijos tenían que dormir y cocinar en el suelo. La familia Revueltas vivía como insectos rodeados de suciedad. No tenían ropa ni muebles, tan sólo unas pocas cobijas. Octavio nunca hubiera pensado que él y su familia tendrían que sufrir de esa manera. La amargura palpitaba en su corazón y le saturaba la cabeza porque solamente se culpaba a sí mismo de su destino. Se condenaba por permitir que su familia viviera como cucarachas.

La hermana de Nana, Paquita y sus tres hijas fueron a ver a la familia e invitaron a Flor a que se quedara unos días con ellos. Flor le rogó a su madre para que aceptara la invitación. Antes de marcharse, Paquita le dio cien dólares a su hermana para que se comprara algo de ropa. Pocos días después, Flor regresó con ropa nueva que su tía y sus primas le habían regalado.

—Es lo menos que puedo hacer, hermana —dijo Paquita cuando abría la puerta de su camioneta Ford 1940. Las tres hijas se sentaron detrás, despidiéndose de ellos a medida que el sonido del motor iba perdiendo intensidad.

Poco a poco, la familia Revueltas fue acumulando las cosas básicas para poder vivir. Cada miembro de la familia regresaba a diario al refugio temporal donde se cobijaban con la esperanza de que la cabeza de familia hubiera encontrado una casa. Octavio dedicaba todo su tiempo libre para buscar un hogar. Arturo o cualquier amigo de Octavio, lo llevaban por todos los alrededores y él buscaba en los anuncios de los periódicos, preguntaba a conocidos, o se paraba delante de cualquier anuncio que colgara de las casas que estaban en venta. Octavio quería una casa que estuviera cerca de su trabajo o de Simons, pero las casas que encontraba no eran del gusto de su esposa o sus hijos. Él prefería una casa al norte de Montebello, pero eso era imposible. Así es como su vida se fue consumiendo poco a poco. Cuando volvía de buscar un hogar para los suyos, se preparaba para ir a trabajar en silencio, se cambiaba de ropa, comía sin decir nada, se ponían su gorra de trabajo y miraba a Nana . . . Empezaré la búsqueda mañana otra vez . . . Ella entendía lo que él quería comunicarle sin intercambiar una sóla palabra.

Octavio regresó una día a las siete de la mañana. Se bebió un vaso de leche caliente, comió una rebanada de pan dulce y se fue a dormir. Nana se tumbó a su lado, y abrazó su delgado cuerpo. Él no decía nada. Octavio tenía los ojos abiertos, miraba al techo y esperaba la hora de empezar de nuevo a buscar un hogar. Nana lloraba en silencio y le puso la cabeza en su pecho. Octavio era como un niño asustado, preocupado y obsesionado.

—Octavio, déjalo. No te preocupes más. Ya encontraremos un lugar, ya verás cómo encontramos uno —dijo Nana intentando reconfortarlo.

Octavio ya se había marchado, y ella se había quedado sola con los niños que pronto empezarían a tener hambre. Micaela y Arturo llegaban de trabajar a las cuatro; Javier y Flor llegaban a casa a las tres. Gregorio lloraba en la cocina con su cabeza metida en una caja llena de papel de baño que Javier había rescatado para la casa.

—Vamos al comedor —dijo Nana, tomando al bebé. Le dio un beso y lo envolvió en una cobija. En ese momento, se olvidó de todo y la vida parecía casi normal. Escuchaba las voces que llenaban la casa, las voces que, a su modo, le pedían que fuera una madre trabajadora, comprensiva y cariñosa. Nana se quedó quieta durante un rato, y cuando estaba absorta por sus propios pensamientos, una figura femenina apareció por la puerta. Gregorio estaba a sus pies. Nana miró a su hijo y se acercó a la puerta donde la mujer estaba apoyada en el marco mirando por encima del marco de la puerta.

—Nana, soy la señora Cushner —dijo la figura casi en un susurro.

Nana reconoció entonces la cara de la mujer que llevaba el rostro tapado por un velo tejido de color gris. Los niños se fueron acercando uno a uno cuando oyeron la voz de la mujer. Flor fue a buscar al bebé. Las seis caras interrogantes no dejaban de mirar a la mujer cuando Nana la invitó a entrar. Las dos mujeres se fueron hasta la cocina y se sentaron en dos de las cuatro sillas que había alrededor de la única mesa de la casa. La señora Cushner ignoró las miradas de los más jóvenes. Empezó a hablar con Nana de un modo intranquilo y acelerado. Nana no quería recibir a ninguna amiga en estas condiciones. Sin embargo, Nana sentó en la mesa a la señora Cushner que reconocía en ella a una mujer digna y respetuosa. Se conocían desde que Nana dio a luz a su primer hijo. El doctor Harold Cushner la había asistido en su segundo parto en casa. Gregorio había sido el único que había llegado al mundo en una antiséptica sala de partos en el Hospital Beverly de Montebello. Las dos mujeres se habían conocido en la consulta del médico y se habían encontrado varias veces en el mercado. Ninguna de las dos podía explicar el lazo de unión, y parecía que fueran hermanas.

—¿Quieres un café o un té? —le preguntó Nana.

—Un poco de té, gracias.

La señora Cushner dio un gran suspiro. La tensión de los primeros momentos había desaparecido por completo. La mujer les sonreía a los niños que se encontraban en el comedor. Cada uno de ellos había hecho su análisis particular de la situación. Las dos mujeres miraban sus tazas vacías.

—Lo leí en algún sitio. Le dije al doctor Cushner que debía tratarse de su casa. Lo siento mucho, Nana —la voz de la señora Cushner sonó con verdadera preocupación.

—Gracias —contestó Nana, dejando la taza encima de la mesa.

—Bien —comenzó la señora Cushner como si lo que fuera a decir se tratara de algo bueno—, le he dicho al doctor Cushner que debíamos ayudarle a usted y a su familia. Así que he ido a buscarles una casa, y he encontrado una. Está muy limpia y es muy bonita, es perfecta. Hay una escuela cerca y la casa está a dos cuadras de donde vivimos nosotros. También tiene todas las habitaciones amuebladas.

Los labios de Nana dibujaron una sonrisa con sólo imaginar la casa perfecta, el sueño hecho realidad, lo que buscaba Octavio se proyectaba ahora en su cabeza. Quería esa casa.

—Nana, le he dicho muchas veces que no puede vivir en estas condiciones. No pertenece a este lugar, y sus hijos tampoco —las palabras de la señora Cushner le rompieron el corazón. Nana quería creerle.

—Puede mudarse esta misma noche. Pediré que vengan a buscarlos y las pocas cosas que se quiera llevar de aquí. O si lo prefiere, lo podemos hacer mañana por la mañana. ¿Qué dice? Tengo reservada la casa por una semana. La está esperando. Nana, por favor, dígame que sí la quiere.

Micaela, Javier y Flor escucharon la oferta de la mujer. Sabían lo que contestaría su madre, sabían palabra por palabra lo que diría, en español o en inglés, y lo repitieron en silencio para sí mismos.

—Tengo que decírselo a Octavio —contestó Nana.

El pesimismo se apoderó de los niños, y su madre echó por tierra la esperanza de oír algo nuevo, o al menos, algo diferente. Siempre pronunciaba las mismas palabras, el verbo punitivo "decir", y no "considerar", "hablar" o "discutir". Los niños olvidaron las noticias de la señora Cushner inmediatamente. Era algo que se había dicho sin importancia y que no debían tomar en serio porque no pertenecía al mundo real.

—Háblelo con él. Tiene solamente una semana para decidirse —la señora Cushner intentó ocultar su decepción. Terminó su té, y miró a su alrededor una vez más.

—No debería vivir aquí, Nana.

Nana le ofreció más té y rellenó su taza. Se quedó mirando el agua hirviendo. El vapor acariciaba su cara mestiza. Sus mejillas y su nariz resplandecían ligeramente. Torció la ceja cuando se puso de pie.

—Gracias, señora Cushner. Se lo diré a Octavio cuando venga a casa.

Octavio llegó cansado e irritable a casa esa noche. Llevaba días sin dormir bien, y aunque Nana no quería contarle la sorpresa de la señora Cushner, se vio obligada a hacerlo. La descripción de la casa y las condiciones de la renta duraron lo que le llevó a Octavio comer algo de pan dulce y beber una taza de chocolate caliente. Escuchó atentamente lo que le contó su esposa. Le habían hecho una oferta y él respondería, pero no esa noche.

—Ya veremos mañana —dijo Octavio. Se fue a dormir inmediatamente después. Nana recogió la mesa y puso la leche en el refrigerador. Si sigue perdiendo peso, lo llevaré al médico, pensó Nana. Se acordó de Maximiliano, y cómo lo abrazó la muerte sin darse cuenta. No permitiría que a Octavio le pasara lo mismo.

El sol brillaba en un frío día la mañana después de la visita de la señora Cushner. La energía del sol hizo que la familia se despertara temprano. Arturo y Micaela se fueron a trabajar. Javier y Flor habían terminado de desayunar y se preparaban para irse a la escuela cuando oyeron que alguien llamaba a su padre. Nana fue hasta la puerta y vio que era El Placatelas, el nuevo ayudante de William Melone. Estaba en el mismo lugar que el día anterior había ocupado la señora Cushner.

—Buenos días. Quiero hablar con Octavio —dijo El Placatelas.

—Está durmiendo . . .

—Es urgente y tengo que hablar con él. Dile que estoy aquí, por favor —El Placatelas se quedó apoyado en el marco de la puerta. Su postura dejaba ver que no se marcharía de allí, y de su tono de voz se desprendía enojo, dando a entender que no hablaría con una mujer.

—Aquí estoy, Placatelas, ¿qué quieres? —dijo Octavio mientras se ponía una camisa.

El Placatelas no perdió tiempo —El señor Melone me ha enviado a decirte que esta casa se la va a dar a otro trabajador. El señor la quiere vacía mañana por la mañana temprano.

Octavio había esperado esta noticia cualquier día, pero no tan pronto. Todavía no estaba preparado. —Oye, dile al señor Melone que necesito una semana más para buscar una casa para mi familia.

—El señor Melone ya se ha anticipado a tu respuesta, y dice que no puedes permanecer aquí ni un día más. La quiere vacía mañana. Si tienes alguna queja, ve a verlo, eso es todo —El Placatelas terminó la tarea que le habían encomendado, y se alejó en silencio limpiándose la nariz. Después se limpió en los pantalones la suciedad de sus dedos, y se marchó.

Nana fue a sentarse y dejó caer el peso de su cuerpo en la silla.

—¿Por qué no nos vamos a la casa de la señora Cushner? —le inquirió Nana.

—No podemos aceptar la casa de la señora Cushner. No iremos donde no nos quieren los gringos. No te preocupes. Prepara a los niños para la escuela, vuelvo enseguida.

Nana preparó deprisa a Javier y a Flor porque no quería que llegaran tarde. Se movía rápidamente por la cocina, preparando la comida para Gregorio a quien ya había oído moverse en la recámara. Preparó la leche y el cereal, calentó el agua y la derramó en una taza con tapadera de plástico. Gregorio había sido el único de sus hijos que había aprendido a beber de una taza directamente. Se sentó con su hijo y le ayudó a comer imaginando aquellos lugares lejanos que se describían por la radio. Después de darle de comer al bebé, Nana se levantó y se fue a buscar a Octavio. El bebé jugaba en la mesa donde Nana doblaba la ropa cuando entró Octavio, y se sentó junto a él. Nana se giró hacia su esposo; él mismo sabía que sería peor más tarde porque lo que le tenía que comunicar a su esposa no cambiaría el asunto de la vivienda.

—Quiero que empieces a llevar todo lo que tenemos aquí a casa del tío Elías. No tiene ninguna habitación en la casa para nosotros, pero nos dejará estar en el garaje. Cuando regresen los muchachos, se encargarán de llevar lo que quede —dijo Octavio esperando algún gesto de su esposa. Sin embargo, no encontró nada en la cara de Nana.

—Esta noche trabajaré dos turnos, hasta las ocho. De ese modo, tendré libre el sábado y el domingo. Este fin de semana encontraré una casa.

Octavio se sentó en la mesa y empezó a jugar con las manos de Gregorio mientras Nana colocaba su comida en la bolsa de papel café. Nana no había hecho todavía ni un sólo gesto. Octavio la abrazó y le dio un beso.

Nana movió ligeramente la cabeza para que se marchara ya. Octavio no oyó su maravillosa voz, sino que un silencio frío llenó la cocina. Tan pronto como su esposo desapareció de su vista, ella se sentó junto a su bebé y comenzó a llorar. En ese momento, odió a El Placatelas, al señor Melone y al señor Simons, y comprendió que ahora más que nunca, Octavio no capitularía con el enemigo.

—Gregorio, todo lo que tenemos después de casi veinticinco años, es un garaje sucio. Sé que nos habrían dejado estar en esta casa dos semanas más, pero no ha sido así. Quieren castigar a tu padre porque era miembro del sindicato, y por eso no quieren ayudarnos. Hijo, no te puedes imaginar lo mucho que odio al señor Melone y al señor Simons. Han perdonado y no han perseguido a otros trabajadores que estuvieron involucrados con el sindicato, pero con tu padre no ha sido así. Lo han escogido como ejemplo para los demás —recogió con sus labios las lágrimas que le caían por la cara. Después, tomó a Gregorio en brazos y deseó profundamente que su hijo recordara algún día lo que le acababa de decir.

Después de cambiarle el pañal y dejarlo en el comedor para que jugara un rato, Nana empezó a recoger la ropa y demás utensilios de la casa. Quería que estuviera todo preparado para que al momento de regresar los niños de la escuela lo llevaran todo al garaje del tío Elías. Cuando Flor entró por la puerta, llevó las bolsas al garaje inmediatamente, y cuando Micaela entró en la cocina, pensó por un momento que su padre había encontrado una casa, pero con una sóla mirada a su madre, comprendió que se volvían a mudar temporalmente otra vez.

—¿Adónde vamos ahora, mamá? —preguntó Micaela enojada.

—No preguntes. Ayuda a tu hermana y ya lo verás —dijo Nana mientras continuaba preparando la cena.

Arturo llegó a las cinco y entendió lo que pasaba, pero no dijo una sola palabra. Comió deprisa, y cuando acabó, salió y sacó el neumático que llevaba en la camioneta.

—Las cajas a este lado y la ropa al otro —Arturo les indicó a sus hermanas dónde tenían que colocar las cosas. Quería que las cajas fueran en la camioneta y que pusieran la ropa en el asiento trasero. Tenían miedo de que las cajas se rompieran y se estropeara la vajilla.

Con la ayuda de Arturo, a las seis de la tarde, ya habían trasladado todas las posesiones de los Revueltas de una casa temporal en Simons a un garaje dilapidado en Simons. Una vez que la familia ya se había instalado en ese terrible lugar, Arturo fue a buscar a Javier que terminaba de trabajar en el mercado a las siete de la tarde. El tío Elías les llevó algunas cobijas y dos linternas, y le explicó a Nana que podían utilizar el cobertizo de afuera. Le enseñó como tirar el agua, y les pidió a Micaela y a Flor que recogieran algunos ladrillos para construir un pequeño comal para cocinar. Cuando regresaron Arturo y Javier, se pusieron a escuchar las explicaciones del tío Elías.

—Pueden utilizar toda la leña que quieran. Buenas noches —dijo.

—Gracias, don Elías —contestó Nana.

A las ocho de la noche, toda la familia estaba ya instalada. Estaban sentados alrededor de la lámpara envueltos en cobijas. Micaela y Flor hablaban en voz baja, Javier hacía los deberes de la escuela y Arturo tenía a Gregorio sentado encima de sus piernas cruzadas. Miraba a la noche preguntándose donde estarían las estrellas. Gregorio observaba a sus hermanos y a su madre que estaba sentada vestida de azul. Se había soltado el pelo y se veían unos cuantos hilos plateados en su hermosa cabellera. Sus mejillas brillaban gracias a sus silenciosas lágrimas. Gregorio pudo ver una lágrima cayendo al suelo sucio donde sus hermanos permanecían sentados.

Nana no durmió bien esa noche. Pudo dormir unas dos horas más cuando se abrazó a Flor, pero a las cinco y media de la mañana abrió los ojos de par en par. Salió al comal y encendió el fuego. Octavio llegaría con hambre a las nueve de la mañana.

Investigó cuánta comida tenían, y pensó que habría bastante para el desayuno, pero tendría que ir de compras más tarde. Mientras se preparaba una taza de café, oyó que la llamaba una voz familiar. Nana vio a Milagros vestida de negro enfrente de ella en medio del tinte grisáceo de la mañana.

—Recoge a tus hijos y ven conmigo. No quiero verte viviendo aquí —dijo su suegra tomando a Nana por el brazo y llevándola hacia el garaje.

—No llores más, no dejes que te vean de esta manera.

Las dos mujeres entraron para preparar a los niños. Milagros indicó a las niñas que vistieran al bebé, y en menos de media hora, la familia estaba lista para irse de allí. Cuando Arturo colocaba las últimas cajas en la camioneta, apareció el tío Elías.

—¿Se van, Arturito? —preguntó.

—Mamá Milagros —contestó él, orgulloso y feliz.

—Milagros —repitió el tío Elías. Se fue despacio hasta que su enorme cuerpo entró en el garaje. Milagros salía con Gregorio en brazos.

—Buenos días, Elías —dijo Milagros. Después se dirigió hacia los niños.

—¿Qué esperan? Vámonos ya.

—Espera un minuto. La bicicleta y el refrigerador se quedan aquí. Es por el uso del garaje, por esta noche —le dijo Elías a Nana cuando pasó por su lado.

—Por supuesto, don Elías, tiene razón. Se quedan aquí, ¿para qué lo necesitamos nosotros? Gracias por todo, don Elías —dijo Nana mordiéndose los labios y sin mirarle.

Esa misma mañana, la familia de Octavio Revueltas se marchó a vivir con Damián y Milagros una vez más. Milagros se lo había dicho tan convencida que Nana no se atrevió a discutir con ella. Aceptó ir a vivir con ellos con la condición de que cocinaría ella y se encargaría de comprar toda la comida que necesitaran. Hubiera preferido arreglarlo de otro modo, pero no tuvo otra opción.

Un gran chabacano daba sombra con sus cuatro ramas a la camioneta de la familia en la parte trasera de la casa que les habían dado a Damián y a Milagros en la calle Iowa. Milagros solía sentarse bajo el árbol y pensaba en su vida y en Maximiliano. Después de la muerte de su hijo, su salud se había resentido mucho. Además, había ganado peso y caminaba con dificultad. Ahora que Nana estaba con ella, tenía más tiempo para descansar. Su nuera se encargaba de las tareas domésticas, cocinaba, limpiaba y lavaba la ropa. Cuidaba de sus hijos, de su marido, y se aseguraba de que no le faltara nada a su suegro, ya que Milagros no podía hacer ya casi nada de las labores del hogar.

Una semana después de que la familia de Octavio se alojara con sus padres, la situación de la Ladrillera Simons cambió radicalmente y su futuro empezó a peligrar. Octavio le pidió a Nana un día que se sentara con él bajo el chabacano. Se sentaron en un banco que había allí y, durante un rato, escucharon el piar de los pájaros, a los niños jugando en la calle, a una pareja joven que hablaba de sus hijos, a unas personas que arreglaban una cerca, un techo, un mueble, a las pesadas máquinas de la ladrillera y a los camiones que transportaban el ladrillo. Octavio y Nana escuchaban a Simons, un lugar que rebosaba con la actividad de los constructores y con la vida misma. En ese preciso instante, un insecto café pasó delante de ellos corriendo a toda prisa.

—¡Qué feo!, mátalo, Octavio —suplicó Nana.

—No, ese viene de visita. Déjalo que vaya donde quiera ir —sonrió Octavio.

—No te aguanto, Octavio —dijo ella enojada pero a punto de soltar una carcajada.

Octavio sonrió y tomó un palo largo y empezó a dibujar una casa en la tierra.

—Nana, tenemos tres mil dólares ahorrados. Podemos comprarnos una parcela y construir nuestra propia casa.

—Octavio, tu madre se ha portado muy bien con nosotros, pero no estamos cómodos viviendo aquí. ¿Cuándo comprarás la parcela?

—Don Sebastián tiene dos parcelas a la venta en la calle Español. Le he dicho que me guarde una. Hablaré con él mañana —contestó.

—Me gusta la idea, Octavio —la voz de Nana se perdió en el silencio.

—¿No quieres verlas? —sugirió su esposo entusiasmado, esperando que ella se animara para elegir una de las parcelas.

Mientras permanecían sentados oyendo la música de Simons, Octavio se puso a pensar en la cantidad de dinero que necesitaría para comprar la parcela y en el material y la mano de obra para construir la casa. Estaba preparado para trabajar con todas sus fuerzas, pero no quería robar horas de trabajo en Phelps Dodge. Había pensado que Javier y Arturo podían trabajar con los hombres que él mismo contrataría para la construcción de su propio hogar. El dinero le preocupaba porque no quería gastarse todos los ahorros de su familia. De hecho, estaba considerando la posibilidad de encontrar otro trabajo, por esto suponía que no tendría mucho tiempo libre. En ese instante, sentado junto a su esposa bajo el chabacano protector de su madre, Octavio había decidido que volvería a jugar después del trabajo y así poder construir su casa.

Nana tomó una ramita y empezó a añadir flores y árboles al dibujo que había empezado su esposo.

—¿Cómo vas a pagar la casa? —le preguntó colocando su mano encima de su rodilla.

—Lo pagaremos todo, no te preocupes. Mira, Sebastián quiere trescientos dólares por la parcela. El material lo pagaremos cuando nos lo traigan, y la mano de obra la pagaremos cada dos semanas. Podemos hacerlo —dijo Octavio colocando su mano encima de la de su esposa.

—Entonces, ¡vamos a hacerlo! —Nana se puso de pie. Octavio todavía tenía tomada su mano. Después, se besaron.

—¿Vas a venir conmigo esta tarde a ver las parcelas? —le preguntó Octavio suavemente.

—Sí, los niños no saben nada de esto, ¿verdad?

—No, no lo sabe nadie. ¿Por qué no se lo decimos ahora? Y a mi madre también. Quizás los niños quieran venir con nosotros.

Octavio no podía ocultar su entusiasmo y felicidad porque, al menos, construiría su propia casa. Mientras entraba por la puerta de la casa de sus padres, supo que la familia había tomado otra dirección y que, en un año, no tendrían que depender de las viviendas de la empresa. Por entonces se corría el rumor de que la

Ladrillera Simons corría peligro de cierre. En su viaje por Europa, Walter Simons encontró la muerte. Se dijo que una plaga de insectos cafés había inundado su boca mientras dormía plácidamente en la cama de un hotel en París. Esa mañana, los trabajadores habían recibido la noticia sin perturbarse ni un ápice porque, después de todo, Walter Robey Simons había sido solamente un patrón más.

CAPÍTULO 22

CUANDO LA FAMILIA SE ENTERÓ DE LA CONSTRUCCIÓN DE LA casa todos empezaron a recoger todo tipo de materiales. Todos querían participar de alguna manera, ya fuera como mano de obra pensando, o contribuyendo con dinero. La familia Revueltas era el ejemplo del espíritu nacional de reconstrucción de un nuevo mundo después de la guerra. Los mexicanos eran constructores que se sentían muy bien siendo partícipes de este espíritu de renacimiento. Para ellos no era nada nuevo crearse un nuevo mundo de la nada después de la destrucción. Su historia demostraba que siempre habían hecho frente a este tipo de desafíos con éxito.

Cuando Octavio levantó el pico y la pala, él, su familia y los hombres que había contratado, empezaron el reto de reconstruir y hacer una vida nueva. Una vez que Octavio clavó el pico que llevaba en la mano en la tierra, la vida le sonrió a Nana y a sus hijos. Mientras la familia esperaba a que Octavio sacudiera la tierra de nuevo, éste se despojó de su camisa y empezó a cavar los cimientos de su nuevo hogar.

Arturo, Javier, Felipe Franco y Benjamín Basurto tomaron palas y picos y siguieron la zanja que habían marcado en el terreno con palos y cuerdas blancas. Gregorio tocaba la cuerda mientras su padre le llamaba la atención, pero él siguió jugando por allí. Flor media los perímetros y de repente descubrió que su nueva casa estaba diseñada a modo de un cuadrado perfecto. Ella prefería el diseño de las casas de Simons, y se opuso a la idea de vivir en una casa cuadrada. Las casas rectangulares de Simons tenían habitaciones añadidas, y caminar por este tipo de estructura y forma, era una divertida aventura. Tomó a Gregorio y se alejó del lugar.

Micaela y Nana contemplaban el trabajo de los hombres. Las dos mujeres miraban fijamente a uno de ellos: Octavio. La carne, los cartílagos y los huesos de su cuello, de su espalda y de sus brazos, eran delgados y exagerados. Asombrada por la fuerza y el bello perfil de ese cuerpo, Micaela pensó que, algún día, encontraría y amaría a un hombre como su padre. Octavio se detuvo, se apoyó en su pico y descansó mientras una ensimismada Micaela se derretía al contemplar el sudor de su padre. Octavio le sonrió a Nana y a su hija, e insertó de nuevo su pico en la tierra. Estaba feliz y satisfecho y no le dolía el cuerpo.

Nana estaba preocupada por la pérdida de peso constante de su esposo. La imagen del cuerpo delgado, deteriorado e infectado de Maximiliano, que había muerto de leucemia dos años después de su matrimonio, permanecía detrás del cuerpo vigoroso de Octavio. Trabajaba rápido como si esperara terminar de cavar los cimientos de la casa en un solo día. Su bella pose animal no era la del joven con el que se había casado hacía veinte años. Era el cuerpo de un hombre que todavía le despertaba pasión. Sin embargo, la lenta y antinatural pérdida de peso de su esposo la tenía muy preocupada y la hacía sentirse incómoda en presencia de sus hijos. Octavio volvió a clavar el pico en la tierra. En el mismo acto de la penetración, sus brazos y su espalda se tensaron . . . Debe ser bello cuando entra en mí . . . Nana despertó cuando la imagen se vio interrumpida por una voz.

—Por favor, prepara unos tacos para más tarde. Envía a una de las hijas —dijo Octavio mientras se secaba la frente.

—Sodas, unas sodas —añadió Arturo.

Nana escuchó sus palabras pero no contestó. Sabía lo que querían, pero toda su atención fue a parar a la salud de Octavio . . . No trabajes tanto, Octavio . . . Nana podía predecir su reacción, y decidió permanecer en silencio.

Octavio abrió los ojos a las cinco de la mañana. No había dormido bien, y ese mismo día, después de dos semanas abriendo zanjas, mezclando cemento y tratando con los inspectores del ayuntamiento de Montebello que habían retrasado la construcción por los informes negativos del departamento de incendios, Octavio y su cuadrilla empezarían con la estructura de la casa. Habían terminado con los cimientos en una semana, y los inspectores le habían dado ya el visto bueno para que siguiera con la construcción. Ya habían llegado también todos los materiales, los había pagado y estaban almacenados. Por lo menos, él y el resto de la familia verían cómo la casa empezaba a tomar forma.

Parpadeó unas cuantas veces, se frotó los ojos y, finalmente, los abrió. Empezó a buscar la espalda y las nalgas de Nana bajo las mantas. Se giró hacia ella. Nana estaba en posición fetal. Octavio metió la mano izquierda bajo la almohada y la puso alrededor de su cuello para acariciarle el pecho izquierdo. Con la mano derecha le agarró el pecho derecho. Nana murmuró algo, quejándose de que la había despertado. Él la empezó a besar y a oler. Colocó su pene contra su cadera, y la abrazó. Se quedó durmiendo con el calor reconfortante que desprendía el cuerpo de su mujer. Sin embargo, volvió a despertarse temprano. Se le había quedado dormido el brazo izquierdo. Se incorporó y oyó movimientos en la cocina . . . Mi madre parece que no duerme nunca . . . Se imaginó a Milagros preparando el café y el desayuno para Damián. Nana se despertaría enseguida para tomar el mando de la casa y alimentar al resto de la familia.

Damián era un hombre que parecía que comiera solo, incluso cuando estaba rodeado de gente. Esa mañana, los niños se levantaron precipitadamente en busca del desayuno. Hablaban de la casa y decidieron comprobar por sí mismos cómo iba progresando la construcción. Micaela y Arturo se fueron a trabajar, y Javier y Flor se marcharon a la escuela. Gregorio permanecía en su cama viajando por las grandes montañas y profundos valles del techo. Milagros lavaba los platos. Octavio daba sorbos a su café, y Nana preparaba los almuerzos. Damián se levantó de la mesa y tomó la comida que le había preparado su nuera mientras observaba cómo Octavio removía el café. Nadie hablaba, solamente se oía el agua y los platos lavándose en la pila. Damián se marchó más pronto que de costumbre, y Nana pensó que las vacilaciones de su suegro eran un tanto extrañas; miraba a su hijo mayor con cariño. Ese hombre fuerte de sesenta y seis años se acercó a Milagros y le tocó el hombro. Su mujer se quedó asombrada por esa muestra de cariño repentina, pero terminó de secar los platos y pensó que su preocupación no se debía a ella, sino a Octavio. Damián se acercó a la puerta y se despidió del hombre que él había concebido y por el que daría su propia vida para salvarlo de la muerte. Damián ya había reconocido los mismos síntomas de Maximiliano, y recordó el cuerpo de su hijo infectado y flotando por los fluidos de memoria de su cerebro. Nana observaba el drama que había delante de ella. Algo extraño e insólito, tal vez algo mágico, estaba a punto de ocurrir esa mañana.

—Adiós, papá —Octavio le sonrió a su padre. No le importaba lo que hubiera hecho en el pasado; nunca le había perdido el respeto.

—Que tengas un buen día, hijo —Damián se alejó, y deseó que su hijo le hubiera besado la mano. Sin embargo, esa costumbre solamente se utiliza con las generaciones mayores, no con la gente joven, murmuró mientras se marchaba para encender uno de los enormes hornos de ladrillo no muy lejos de su casa.

Solamente se quedaron tres personas en la cocina: Milagros, que sabía exactamente lo que ocurriría; Nana que tenía una ligera idea y no se sorprendería; y Octavio que estaba preparado para empezar con la estructura de la casa, lo cual era lo único que ocupaba su cabeza.

Milagros pensó en su amiga doña Marcelina Trujillo Benidorm, la gran curandera, y en las muchas historias que se habían contado las dos acerca de sus propias vidas. Octavio caminaba al lado de su madre, en parte enojado porque había tenido que interrumpir su trabajo en la casa, y en parte, aliviado porque su madre lo había forzado para que finalmente visitara a doña Marcelina. Nunca pensó que sucedería esa mañana. Se resistió al principio, pero debido a la insistencia de Nana y a las miradas de su madre, empezó a caminar hacia la iglesia que estaba al norte de Vail, en la calle Rivera, en dirección al domicilio de doña Marcelina. Madre e hijo avanzaban despacio y en silencio por la calle Vail, al lado de los trabajadores que se dirigían a sus puestos. La gente que se paraba a saludarlos preguntaba por el estado de la nueva casa de Octavio.

—Buenos días, señora. ¿Cómo va la construcción de la casa?

—¿Cómo está, doña Milagros? ¿Y el proyecto de Octavio?

Todo el vecindario estaba interesado en el progreso de la casa de los Revueltas. Se había producido un cambio de actitud hacia ellos. De algún modo, se apreciaba un velo de celos, envidia y un deseo de fracaso en ese ritual diario de saludos y preguntas cotidianas. Cuando Octavio contestaba con un "bien, gracias" y a medida que la casa se iba levantando, estos sentimientos de la gente hacia ellos no podían disfrazarse. Ahora, los vecinos creían que la familia Revueltas era diferente; para ellos, ya no eran unos pobres, sino que se habían convertido en "los ricos que construyen una casa sobre la barranca". Este cambio de actitud provocó que los miembros de la familia Revueltas estuvieran orgullosos de sí mismos. Estaban conscientes de que Octavio estaba consiguiendo algo que en aquellos tiempos muy pocas familias se atrevían a soñar, y de lo que ni siquiera eran capaces de pensar en lograrlo.

Para todo el mundo, la casa de los Revueltas era sinónimo de éxito, pero para la propia familia fue un foco de tensión entre los hermanos. La tía Felícitas y la tía Rogaciana empezaron a oponerse a la esposa de Octavio y a sus hijos. Las dos hermanas pequeñas de la familia interpretaban cualquier asunto que tuviera que ver con la casa como una muestra ostentosa de engreimiento y dinero.

Los celos y la envidia de las hermanas se debían a que Octavio estaba construyendo una casa, y al hecho de que sus maridos nunca habían pensado en salir de Simons. Sus hombres nunca habían expresado la idea de independencia, y cuando las hermanas sacaban el tema, sus respuestas siempre eran las mismas.

—No se puede —solían decir sus hombres.

—Es demasiado caro.

—¿De dónde saca Octavio tanto dinero? —preguntaban las tías Felícitas y Rogaciana.

—Dios sabe —replicaban los hombres.

—Le pagan muy bien en Phelps Dodge. ¿Por qué no van a trabajar allá? —preguntaban ellas.

—También gana mucho dinero jugando.

—Está haciendo eso por el incendio. Nosotros no tenemos ningún motivo para irnos de aquí. Estamos bien.

—Pero yo no quiero vivir en esta choza toda la vida. ¡Nos merecemos algo mejor! —las tías Felícitas y Rogaciana gritaban con amargura.

Milagros suspiraba cuando sabía de estas cosas. La fricción familiar le preocupaba mucho, pero ella apoyaba a su hijo Octavio. Pensaba que su forma de actuar serviría de ejemplo para otros miembros de su familia. Eran constructores ya, y debían seguir construyendo.

Octavio caminaba detrás de Milagros cuando ella se paró para esperarlo.

—Aquí es —anunció Milagros erguida y levantando ligeramente la barbilla. Su madre parecía ser una mujer fuerte. En ese momento, una ligera brisa jugueteó con su pelo negro. Octavio permanecía enfrente de la casa, y pensó que era como entrar adentro de una fotografía.

Los saludos fueron breves. Todos sabían lo que había que hacer en cada instante. Octavio pensó que Marcelina Trujillo Benidorm tendría unos cien años, pero que todavía conservaba la belleza de una mujer joven. La mujer abrió la puerta y los hizo entrar en una habitación completamente blanca. Era una habitación grande, y más alta de lo que parecía por fuera; no había ningún mueble, y unos cuadros de la pasión de Cristo colgaban de las paredes. La entrada de la casa estaba como en una especie de rincón truncado, donde se encontraba Octavio esperando. A su izquierda, en el centro de la pared, había un pasillo que conducía a otra sala. Mientras atravesaba el pasillo, oyó que su madre se despedía de él. Delante de sus ojos apareció un cuadro compuesto por dos figuras rezando: un hombre sentado en una carretilla, y una mujer sentada frente a él. El cuadro era oscuro y las nubes tormentosas dominaban el cielo en el horizonte. Debajo del lienzo había una carretilla, y enfrente de ella, había un bloque negro. Octavio descubrió una cruz en diagonal a la esquina de su derecha.

—Octavio, siéntate aquí.

Él obedeció y mientras recibía las órdenes vio que su madre observaba la escena desde el otro lado. Una chaqueta de muchos colores y una camisa negra cubrieron su vista cuando doña Marcelina, con los dedos cruzados en su regazo, se sentó encima del bloque negro. Sonrió y comenzó a pronunciar una serie de oraciones, declaraciones y peticiones al mismo tiempo que describía el contenido de cada poción que mezclaba para él.

—El susto siempre es de color negro. Es un velo negro que cubre el cerebro y los ojos. Llegó a ti en forma de una gran sacudida la noche del incendio —en ese momento, doña Marcelina hizo la señal de la cruz.

—Bebe estas arañas blancas de la tierra en esta infusión de manzanilla para que nos lleve hasta donde te tiene atrapado el susto.

Doña Marcelina felicitó a Octavio por su buena cooperación como paciente. Removió otra poción más.

—Bebe este pulpo de la tierra en el té de yerbabuena para que el susto tome forma. Ya empiezo a ver algo. Pronto me habré acercado lo suficiente para ingerirlo —dijo con tono serio.

—Es muy grande. Ayúdame. La fuerza, los espíritus de mis ancestros, acompáñenme ahora —doña Marcelina luchó para controlar a su enemigo.

Milagros estaba totalmente fascinada contemplando la lucha de la mujer. A medida que se prolongaba la batalla, era como si Octavio se impregnara del físico de doña Marcelina. De repente, se produjo una transformación y Octavio se convirtió en esa mujer. De esta manera, ella pudo explorar el cuerpo de él y localizar al enemigo. Milagros observó que la cara de su hijo reflejaba la imagen de doña Marcelina. Inmediatamente después, una forma grande y grotesca salió de la nalga derecha y la parte inferior de la espalda de la curandera. La cosa empezó a cambiar de forma convirtiéndose en un gran pulpo con poderosos tentáculos que agarraban a doña Marcelina de la cintura. La bestia se movía porque el susto estaba vivo, era un parásito que chupaba la vida del hijo de Milagros y que, por fin, doña Marcelina, tras viajar por el cuerpo de Octavio, había sacado el susto de su cuerpo. Ahora estaba en ella, y quería seguir viviendo, pero la curandera sabía cómo controlarlo y destrozarlo.

Octavio retomó su físico de forma gradual. Su corazón ya no se encontraba pesado y cansado, su espíritu había cobrado la libertad y la pureza de antaño y sus ojos resplandecían de nuevo.

Habían pasado las horas sin darse cuenta de lo que había sucedido. Cuando empezó a recobrar la consciencia pudo comprobar que llevaba puesta una réplica de la chaqueta de doña Marcelina. Octavio le sonrió a su madre, se quitó la chaqueta y la colocó en la carretilla. Nunca preguntó de dónde había salido la chaqueta. Se dirigió a donde se encontraba su madre, y unos minutos después, doña Marcelina le entregó nueve bolsitas pequeñas a Milagros.

—Dale un paquete cada día. Hay nueve —doña Marcelina dio a entender que si Octavio interrumpía el tratamiento de nueve días, correría peligro.

—El susto está agarrado a tu cadera derecha. Es grande y fuerte. Todavía tiene ocho gruesos tentáculos. Tendrías que haber venido antes, pero ya lo he ingerido. Con mi tratamiento cortaré esos ocho tentáculos y la bestia se disolverá en nueve días. Cada uno de los nueve días corresponde a los ocho tentáculos, y el noveno es el cuerpo de araña que tiene el susto —doña Marcelina acompañó tranquilamente al paciente y a su escolta hacia la vida en la tierra.

—Gracias, Dios te lo pague —susurró Milagros.

Doña Marcelina tomó muy discretamente el dinero que Milagros llevaba en su mano derecha. Octavio se encontraba esperando en el centro de la habitación blanca. Miró el cuadro que había en la pared donde se había curado. Estudió con cuidado el cuadro y descubrió que la composición que había visto antes había cambiado de forma. El hombre que rezaba en el cuadro había desaparecido. Todo lo demás estaba en su sitio.

Arturo estacionó el auto en la cochera que él mismo había construido. Apagó el motor y se quedó escuchando la radio. A través del parabrisas, veía cómo la tía Felícitas lavaba la ropa bajo una tubería grande de aluminio y tendía la ropa en el tendedero. Mientras ella lavaba y tendía la ropa, Arturo se daba cuenta de que sus labios no paraban de moverse. Sabía perfectamente lo que pensaba su tía, solamente palabras y pensamientos malvados podían salir de su boca.

La tía Felícitas se disgustó cuando vio que su sobrino la observaba desde su inmaculado coche. Cuando los dos estaban juntos se notaba una fuerte tensión entre ellos y, además, esto no era un secreto para el resto de la familia. Milagros siempre había parado y controlado sus pequeñas discusiones. La familia se había encargado de que los dos no estuvieran mucho tiempo juntos, pero a medida que Arturo se iba haciendo mayor y más independiente, la confrontación iba en aumento. El verdadero motivo de sus discrepancias solamente lo sabían ellos. El terrible secreto les afectaba de tal manera que no podían recriminárselo sin que ello les repercutiera en la salud. Cada miembro de la familia tenía su propia teoría, pero nadie decía nada por miedo a la violencia verbal de la tía Felícitas. De hecho, sus vecinos la habían apartado poco a poco. Cualquiera que se cruzara en su camino o se quejara de sus hijos recibía la ira de Felícitas. Tanto la familia como los vecinos temían cada vez que ella abría la boca, y su marido, Francisco Tibor, acostumbraba a ser el foco de su maltrato verbal. Casi siempre, los gritos de la tía Felícitas rompían la tranquilidad de la calle.

Arturo apagó la radio, cerró la puerta del coche y entró en casa. Encontró a su madre que preparaba la cena para las nueve personas de la casa. Él sabía que eso era parte del acuerdo que sus padres y sus abuelos habían dispuesto hasta que su casa estuviera terminada. Sin embargo, a Arturo no le gustaba que su madre tuviera que trabajar tan duro para el bienestar de todos ellos. Se podía apreciar un profundo cansancio en la cara de Nana. Su madre calentaba tortillas y carne en el fuego.

—¿A qué hora comemos hoy, mamá? —Arturo tomó una tortilla y un trozo de carne.

—En media hora, hijo —contestó Nana mientras seguía con sus tareas.

—Voy a lavar el coche, mamá —Arturo le dio un mordisco a la jugosa tortilla con carne y chile, y salió.

Nana oyó lo que su hijo murmuró. Había mejorado un poco, pero seguía preguntándose cuándo sería capaz de traducir el mundo en un lenguaje comprensible. Derramó unas cuantas lágrimas y contuvo el sollozo. Oyó la voz de Micaela. La familia regresaba a la zona segura de Simons, con la excepción de Octavio que regresaría a la una de la mañana o al día siguiente si estaba jugando una partida de cartas. Nana seguía odiando que su esposo jugara; odiaba cocinar para toda la familia; odiaba ser quien era. Cuando Arturo terminó de limpiar el interior del coche, empezó a limpiar el exterior. La tía Felícitas observaba su manera de limpiar el automóvil. En ese momento, sus ojos se encontraron, y un silencio sobrecogedor atravesó la cerca de madera que los separaba. Llamó a gritos a su hijo pequeño. El niño rompió a llorar, ella le pegó, y lo metió en la casa.

Arturo lavaba los neumáticos, absorto en sus pensamientos por el baile que tendría lugar esa noche. Había planeado trabajar en la casa el sábado y el domingo, porque entre más rápido terminara, más pronto se marcharía de la casa de sus abuelos y de la vecina de al lado, la tía Felícitas. Vivir todos amontonados hacía que se sintiera sucio. Arturo limpió el coche con un paño blanco hasta que quedó perfecto. Terminó en cuarenta y cinco minutos, y se puso a contemplar orgulloso su maravillosa máquina. La tía Felícitas, molesta por lo que consideraba un acto de arrogancia, empezó a sacudir la ropa húmeda antes de colgarla en el tendedero. Arturo sonreía, sin darse cuenta de que su tía estaba allí. Poco después se dirigió a la cocina donde la familia ya estaba sentada para cenar.

Nana era la encargada de servir la comida. Damián y Milagros estaban sentados uno enfrente del otro como patriarca y matriarca, como unos extraños, como antiguos amantes, en silencio, alimentando y manteniendo heridas del pasado. Micaela y Arturo hablaban del baile, y Javier preguntaba si podía estudiar en la habitación de su madre. Flor le daba carne a Gregorio mientras él la tiraba al suelo.

—No hagas eso, Gregorio —le dijo su abuelo.

—Come, y no juegues —le reprochó Nana, recogiendo la carne del suelo.

Flor puso un poco más de carne en el plato de Gregorio. El niño tiró tres trozos: a su abuelo, a Micaela y a Arturo. Uno de los trozos cayó en el cuenco de Micaela, salpicando de chile su blusa y sus ojos. Levantó la cara con el ojo izquierdo medio cerrado, buscando un paño desesperadamente. Arturo, Javier y Flor estallaron a carcajadas.

—¡Ojo de toro! —gritó Javier mientras el ojo de Micaela no paraba de picarle. Milagros esbozó una sonrisa y le levantó un dedo a Gregorio.

—Este pequeño diablo pagará por ello si no se porta bien —Milagros le advirtió a Gregorio, quien parecía entender lo que le decía su abuela. Gregorio tomó un trozo de carne y se la metió en la boca. Sus ojos cafés miraban de un lado a otro.

Damián se levantó de la silla, le dio las gracias a su nuera y se marchó. Milagros contempló en silencio el hueco que había dejado su esposo, y Gregorio que estaba a la izquierda de su abuela, vio cómo uno a uno se levantaba de la mesa y se marchaba. Nana lavaba los platos mientras Milagros y Gregorio seguían sentados en la mesa. Entonces se secó las manos y poniéndose el trapo en el hombro dijo —¿Quiere algo más, doña Milagros?

Arturo entró en la cocina en ese momento.

—Ten mucho cuidado, Arturo —le dijo Nana cuando cerraba la puerta.

Por fin podía preparse un poco de té y sentarse a descansar un rato. Gregorio seguía entreteniéndose con una tortilla y Milagros permanecía sentada sin decir nada. Esta especie de silencios le molestaba profundamente. Era como si el cerebro de su suegra se desconectara del resto del cuerpo y la incapacitara para moverse o sentir algo. Las pupilas de Milagros se volvieron más oscuras. Nana le tocó la mano, y no tuvo ninguna respuesta.

—¿Le ha gustado la cena? —le dijo Nana al oído.

La matriarca todavía de luto, movió la cabeza ligeramente. Estaba volviendo de ese lugar que absorta contemplaba.

—¿Tomamos un té? —Nana le volvió a tocar la mano.

—Damián no regresará esta noche —dijo Milagros pausadamente.

Nana sintió rabia y repugnancia. Se dio cuenta de la cara agraviada de Milagros, ¿qué es lo que le había hecho aguantar tanto? ¿Por qué era Damián así? ¿Por qué hacía Octavio las cosas que hacía? Nana se convenció de que el verdadero motivo de todo aquéllo era que sus suegros no eran dueños de nada, como siempre le había dicho su propio padre. De repente, la casa se quedó en silencio como si algo extraño y horrible quisiera llamar su atención. Unas voces incomprensibles se oían en el exterior.

—¿Qué sucede? —Nana fue hasta la puerta.

—¡Ay Dios, Felícitas!

Milagros reconoció la voz de Arturo cuando corría detrás de Nana. Arturo estaba delirando al lado de su coche, limpiando las manchas de barro que su tía Felícitas había derramado cuando sacudió la ropa mojada. Estaba allí insultándolo mientras ella y su hijo mayor regresaban con más agua para ensuciarle el coche.

—¡No, ya! —gritaba Arturo.

—¡Hijo de puta, eres retrasado! ¡Vete al infierno! —la lengua de Felícitas escupía fuego.

En ese momento, echaron más agua encima de Arturo y su coche. Él se tumbó encima del coche para protegerlo del agua sucia.

—¡Estúpido cabrón! ¿qué te crees que eres el dueño de este lugar? —dijo la tía Felícitas.

—¡Que te chinguen! —contestó Arturo llevado por la ira.

—¡A tu madre, que chinguen a tu madre! ¡Y a ver si te enseña a hablar, idiota! ¡Intrusos, son todos una bola de intrusos! —gritaba Felícitas enfrente de los vecinos y de la familia.

En ese instante, Arturo vio que su madre estaba de pie cerca del chabacano junto al resto de sus hermanos.

—¡Que chinguen a los tuyos! ¡Tía puta!

La tía Felícitas, herida por las graves acusaciones, agarró una piedra. Arturo tomó dos ladrillos en la mano, a unos cinco pies de distancia el uno del otro.

—¡No! —Nana se puso en medio de los dos. Milagros también se acercó. Las dos madres querían proteger a sus hijos, y la tía Felícitas se metió en casa recitando toda clase de insultos.

—¡Debías haber dejado que el muchacho le rompiera la boca!, ¡alguien tiene que callar a esa serpiente! —gritó un hombre que estaba allí.

Arturo tiró los ladrillos que llevaba en la mano y empezó a llorar. Nana lo abrazó como si fuera un niño pequeño. Después, Javier y Micaela se lo llevaron a casa. Milagros se quedó sentada bajo el chabacano, mirando hacia la lechería. Nana se acercó a ella y vio que sus ojos eran tan negros como la obsidiana. Nana no dijo nada porque ya se habían dicho muchas cosas con sus miradas. La desgracia había ocupado sus vidas y las dos se dieron cuenta de que habían sido maldecidas por los suyos. Allí se encontraban las dos mujeres, una se quedó sentada y la otra se metió a la casa. Nana nunca olvidaría esa noche. Le pediría a su esposo que terminara la casa cuanto antes porque ya no podía aguantar más en casa de Damián y Milagros.

Octavio regresó a la una de la madrugada cuando vio que Nana lo esperaba bajo el chabacano.

—Deberías habernos llevado a otro lugar, Octavio. Siempre quieres estar aquí. Cuando algo pasa, siempre me traes a casa de tu madre. Cuando nos casamos, me pusiste aquí hasta que insistí en que teníamos que vivir en nuestra propia casa. Y aquí estamos otra vez —murmuró Nana.

—No es tan malo, no tenía otra opción —dijo Octavio bajo un cielo lleno de incontables estrellas.

—Estamos cansados de vivir en un rincón. ¡Y encima con lo que ha pasado hoy con tu odiosa hermana! Tus hijos y yo vimos lo que le ha hecho a Arturo. Nos ha echado porquería encima. ¡Acaba la casa cuanto antes! —continuó diciendo Nana.

—Tardaré unos meses. Nos estamos dando prisa. Debes aguantar un poco más.

Octavio se levantó y se quedó esperando a su esposa. Después se metieron en la pequeña habitación en la que dormían. Nana fue a ver si Gregorio se encontraba bien porque dormía en el suelo enrollado en tres cobijas. El niño dormía profundamente.

A la mañana siguiente, Arturo no le dirigió la palabra a nadie. Mientras Nana terminaba de preparar el desayuno, Octavio fue a ver el coche de Arturo y le dijo que se lo llevaría a lavar donde estaban construyendo la casa. Una hora más tarde, Arturo tenía el coche completamente limpio. Después se fue a buscar a su padre que arrastraba unos cuantos troncos de leña.

—Trae esos aquí que los vamos a cortar —gritó Octavio.

Arturo fue a buscar el montón de leña atada con cuerdas y se la cargó encima de los hombros. Lentamente, acercó la pesada carga hacia donde estaba su padre que lo observaba. Conforme iba aproximándose, la luz de la mañana oscurecía su encorvado cuerpo convirtiéndolo en una silueta anónima. Octavio se quedó mirando esa imagen y se reconoció a sí mismo unos treinta años antes cuando cargaba leña para el comal de su madre. Con cada paso que daba su hijo, Octavio viajaba de lugares del pasado a la construcción de su casa en el presente. Eran imágenes y visiones que podía controlar.

CAPÍTULO 23

. . . Cuando yo le llevaba leña a mamá, era más joven que Arturo. Trabajaba como una mula de carga. Llevaba la leña en la espalda y tenía el cuerpo cubierto de barro. Cruzaba el río, me metía en la parte más profunda y me mantenía firme contra las corrientes con tal de encontrar algunas ramas o troncos arrastrados por el río. Se los llevaba a mi mamá y ella se ponía muy contenta. Me gustaba verla sonreír. Tenía la cara redonda, llena de vida. Trabajaba mucho, y mi papá casi nunca estaba en casa. Él también trabajaba duro, pero estaba muy enviciado con el juego o con las mujeres. Cuando mi papá desaparecía y no regresaba en días, y a veces en semanas, tenía que encontrar el modo de llevarle comida a mis hermanos. Mi mamá estuvo embarazada muchas veces, pero perdió a unos cuantos hijos; algunos nacieron muertos, y otros no sobrevivieron al primer año de vida. Cuando llegamos a este país, éramos cuatro hermanos: Federico, que era el que iba detrás de mí, Maximiliano, descanse en paz, José, y el niño Julio que está en los cielos. Mis hermanas eran dos: Rogaciana, que seguía a José y Felícitas que era la más pequeña de todos nosotros. Mis abuelos, tíos y tías por parte de padre y madre ya estaban en Simons cuando llegamos nosotros. Ellos llegaron con un contrato en 1907 y 1908, y nosotros, por culpa de la Revolución Mexicana, tuvimos que venir aquí.

Han sucedido muchas cosas que incluso ahora no puedo explicar. Primero mataron a mi tío Cipriano y dijeron que era él quien quería matar a mi papá porque un bandido que quería apropiarse del rancho le había disparado al coyote. Después, supimos que las tropas del gobierno lo apresaron. La familia del coyote culpaba a mi papá, y empezó a decirse que estaban planeando su muerte.

Poco después, sucedió otro incidente que mortificó a nuestra familia. Ocurrió cuando mis abuelos y mis tíos todavía vivían en el rancho. Mi tío Asunción se había casado con una chica del rancho.

Se llamaba Erlinda. Pocos días después de la boda, contrataron a mi tío para que se fuera al norte. Llegó a Simons para ganar dinero y mandárselo a Erlinda para que se reuniera con él lo antes posible. Erlinda vivía en casa de mi abuela Carmela esperando pacientemente a que mi tío Asunción volviera por ella. Un día, mi abuela Tiburcia llegó de visita y se dio cuenta de que a Erlinda le habían ensanchado las caderas. Entonces regresó y le dijo a mi abuela Carmela que su nuera estaba embarazada.

—No puede ser —respondió mi abuela.

Mi abuela Tiburcia insistió, y fueron a buscar a Erlinda quien confesó que era verdad. Mi abuela Carmela encontró un palo y apaleó a Erlinda hasta que confesó el nombre del padre. Cuando oyó el nombre, mi abuela Carmela se desquició, tomó a Erlinda por el pelo y la echó a la calle con toda su ropa.

—Llévatela, comadre —le dijo a mi abuela Tiburcia quien contestó que no quería volver a ver a Erlinda nunca más, ni siquiera que se acercara por allí en su vida.

Las dos abuelas condenaron a Erlinda. Mi mamá sufrió mucho cuando descubrió el asunto. Mi papá desapareció unos cuantos meses. Después regresó a casa y empezó a salir por las noches, muchas veces hasta la una o las dos de la madrugada. Decía que tenía que vigilar la caña de azúcar. Recuerdo que una noche mamá lo siguió, y sin que nadie se diera cuenta, yo también los seguí. Era una noche con una gran luna que iluminaba la carretera. Mi mamá vio a mi papá entrar en una choza que se encontraba a unas dos millas de casa. De allí salió una mujer que abrazó a mi papá. Cuando vi a mi mamá llorando envuelta en su cobija por la carretera que conducía a nuestra casa, me eché a llorar.

Todos nosotros, mis padres, hermanos y hermanas, tuvimos que abandonar el rancho. Teníamos mucha familia viviendo en Simons, y como mi abuelo Álvaro le había mandado dinero a mi mamá para traernos aquí, decidimos emprender el viaje hasta este lugar. Del rancho nos fuimos hasta Quiseo de Abasolo y a Irapuato. Fue a principios de 1918. Estuvimos allí alrededor de unos siete meses, y mi papá se enfermó de gripe. Estuvo muy grave, pero se recuperó poco a poco. La enfermedad se contagió por todas partes, y encontrábamos cadáveres por donde pasábamos. Allá por donde camináramos, la muerte era nuestra compañera de viaje.

En esa época ya no había boletos de tren para viajar desde Irapuato a Torreón. Nos dijeron que ya no había a la venta más boletos porque Pancho Villa había destruido los rieles que llevaban al norte. Había destruido y quemado las vías de tren de muchos sitios. Entonces llegó el día que no pudimos aguantar más, y emprendimos viaje por la carretera que llevaba hasta Torreón. Nos quedábamos unos cuantos días en los sitios donde encontrábamos trabajo. Incluso llegamos a recoger algodón. Cuando acababa el día, nos íbamos hasta el pueblo más cercano para ver si podíamos encontrar algo de comida. Trabajamos mucho en el ferrocarril y mi papá trabajaba en lo que podía, pero yo trabajaba más. Avanzábamos por las vías y las carreteras cercanas a las vías para ver si necesitaban trabajadores. Mi papá todavía estaba enfermo, y muchos otros empezaron a enfermar también. La epidemia de gripe empeoró, y la viruela atacó a dos de mis hermanos.

Tardamos dos meses en llegar a Torreón. Toda la familia estaba enferma excepto mi mamá y yo. No conocíamos a nadie y no había ningún hotel por la zona. Teníamos dinero para comer, pero no teníamos un lugar en dónde poder estar. Al final, tuvimos que cobijarnos bajo un tanque de agua, pero un día empezó a llover. Mi papá y yo buscábamos otro lugar porque el agua ya empezaba a caer desde el tanque. Encontramos un campamento de trabajadores, gente del ferrocarril, y nos metimos debajo de los vagones del tren. El agua caía torrencialmente. Allí dormimos esa noche, mojados, hambrientos y enfermos. A la mañana siguiente, descubrimos que Julio estaba ardiendo de fiebre. Mi papá y yo fuimos en busca de un médico, pero no encontramos a nadie. Alrededor de las tres de la tarde, se oyó un gran estruendo en el cielo. Iba a llover otra vez, y corrimos en busca de nuestra familia. Me di cuenta de que mi papá todavía se encontraba débil. Cuando vimos los vagones del tren a lo lejos, empezamos a correr con todas las fuerzas que nos quedaban. En ese instante, el cielo se abrió, y vi que mi padre tenía miedo de llegar al lugar donde se encontraba mi mamá con su hijo enfermo. Cuando nos acercamos al vagón del tren que era donde estaba toda mi familia, vimos a mamá sentada con las piernas cruzadas. Tenía a mi hermano Julio entre sus brazos. Preparamos una tumba lo mejor que pudimos porque la lluvia no cesaba de caer encima de nuestros cuerpos. Cuando fuimos por Julio, mi mamá no aguantó más. Se limpió la cara, se arregló el cabello, se abotonó la chaqueta y se lo entregó a mi papá. Lo colocamos en un agujero con unas piedras alrededor. Cuando lo fuimos a enterrar, mi mamá rezó el rosario, y después de escuchar cada una las cuentas del rosario mi hermano de ocho años desapareció. No merecía la pena ni siquiera llorar porque el aguacero nos empapó a todos y se hubiera llevado las lágrimas consigo. Estuvimos todos unidos en la angustia de la muerte de Julio, y fue entonces cuando sentí un odio que no sabía exactamente hacia quién iba dirigido. Me arrastré por debajo del vagón hasta que me quedé dormido, y en mis sueños le juré a Julio que toda la familia conseguiría llegar a Simons. Sabía que eso era lo que más deseaba Julio.

Octavio observaba a Arturo arreglándoselas paso a paso para acercar la leña . . .

Después de enterrar a Julio, seguimos por las vías del tren hacia el norte. Trabajamos donde podíamos hasta que llegamos a una estación llamada Ortiz, cerca de Chihuahua. Nos llevó un mes caminando. Mi papá y mis hermanos seguían viajando enfermos. A medida que avanzábamos hasta el norte, nos encontramos más y más cadáveres. Había hombres ahorcados, abandonados allí durante semanas. Muchas veces nos cobijábamos bajo un árbol para descansar un poco y desde allí contemplábamos el horror de los hombres colgados. Fue entonces cuando pudimos explicarnos el desagradable olor al que ya nos habíamos acostumbrado. Pensé que todo lo del norte tenía el olor a cuerpos descompuestos. Villa se había rebelado otra vez, había tomado las armas y había ejecutado a aquéllos que ofrecían resistencia. Un carrancista iba tras él, el general Francisco Murguía que se contentaba con colgar a cualquier simpatizante de Villa. Murguía tenía el hábito de cercar a un pueblo entero y colgar a todos los que apoyaban a Villa en los postes de las calles principales que conducían a las plazas.

Hubieron muchas matanzas y el miedo regía durante estos años, y la muerte lo invadía todo.

Empezó a llover de nuevo cuando llegamos a Ortiz. En las vías del tren había cinco vagones. Nos fuimos allí y nos metimos debajo, permaneciendo en ese lugar más de un mes. Allí dormíamos. Un día se acercaron las tropas gubernamentales y empezaron a disparar cerca de Chihuahua cuando vino hasta nosotros uno de los hombres de las tropas. Me conocía, y nos dijo que debíamos irnos de allí porque las tropas de Villa llegarían muy pronto. Recogimos nuestras cosas, y marchamos en dirección al norte.

Lejos de Chihuahua, parecía que se iba a rasgar de nuevo el cielo. Vimos un rancho un poco más lejos, y decidimos acercarnos hasta él. Estábamos apoyados en la pared cuando pasaron unas muchachas mayores por delante. Le preguntaron a mamá qué sucedía y por qué estábamos apoyados contra la pared. Les dijo que era porque no teníamos un sitio donde vivir, y una de las muchachas comprendió lo que pasaba y se marchó corriendo a la casa de al lado. Había alrededor de unas quince casas en total. La muchacha llamó a la mujer con la que vivía. Era la ahijada de esa mujer, y vino inmediatamente hasta donde nos encontrábamos.

—¿Qué están haciendo aquí? Está lloviendo a mares y este hombre está enfermo —dijo la mujer. Fue a comprobar el estado de Rogaciana y Federico, y le dijo a mi mamá que los niños estaban enfermos de viruela. Se habían vuelto a infectar.

La mujer tomó a mi mamá del brazo y nos llevó hasta su casa. Cuando llegamos nos dimos cuenta de que la mujer era la invitada de su comadre. Las dos se pusieron delante de nosotros durante un rato, y al final la mujer le preguntó a su comadre.

—Bien, ¿qué vamos a hacer?

—Déjalos que se queden. Yo les dejaré mi habitación —contestó la comadre.

—Pero, ¿dónde dormirás tú? —preguntó la mujer.

—En la cocina —contestó la comadre.

Esa noche, por primera vez en muchos meses, dormimos bajo un techo. La comadre nos dejó su habitación, y dormimos bastante bien y secos encima de la tierra blanda. Gracias a Dios y a esas mujeres.

La señora Fulgencia Camilo tenía muchas cabras y burros. Por la mañana se levantaba como a las cuatro de la madrugada, ordeñaba una cabra, y le llevaba un poco de leche a mi papá. Ya habían transcurrido unos cuantos días cuando la señora Camilo me dijo —Te enseñaré cómo ganarte la vida por aquí. Mira, escoge un pico, un hacha y un burro. Yo traeré otro burro para poder traer más leña a la casa, y así tú podrás vender la leña cerca de las vías del tren o en el pueblo.

Nos fuimos, tal y como me había dicho, y llegamos a una parcela de tierra. Miré a mi alrededor, pero no vi nada.

—Bien, ¿dónde está la leña aquí? —pregunté. Donde yo vivía, en Guanajuato, había árboles grandes y allí se podía hacer leña, pero aquí no había nada.

La señora Camilo me dijo —Mira, pon atención a la tierra y verás cómo sale la leña. Cava aquí.

Hice lo que ella me dijo, empecé a cavar cuando me di cuenta de que salían raíces secas, y las corté. Los dos sacamos un buen montón, y yo vendí mi carga por treinta y tres centavos. Estuve haciendo ese trabajo durante un mes.

Un día se formó un campamento en el lugar donde habíamos estado nosotros, al lado de las vías del tren. Hablé con un capataz para que me diera trabajo, y me dijo —Sí, sí, ven al vagón, te daré un vagón para toda tu familia, pero sólo una cosa . . . si el tren se va al sur, te tendrás que ir con él.

—No —le dije—. Nosotros nos vamos al norte.

—Bien —dijo él—, ése es el problema, esto no te interesa, pero es un trabajo al fin y al cabo. Ven mañana.

Al día siguiente, fui con él a trabajar al Cañón del Diablo para cavar rieles que el agua había dejado enterrados. Cuando terminamos de trabajar, fuimos a la estación Ortiz. Un día, me encontraba trabajando cerca de la estación cuando el gobernador de Chihuahua llegó con un cargamento de soldados. En media hora, oí que empezaron a gritar.

—¡Aquí vienen los villistas!

Más tarde supe que el general Murgía acompañaba al gobernador y que estaban buscando a Villa porque éste había secuestrado al señor Knotts, un rico minero gringo. Villa pedía cincuenta mil pesos americanos y los quería en lingotes de oro porque odiaba las caras gringas de los billetes. Murgía y el gobernador mataron salvajemente a cualquier sospechoso de ser villista. Después vi cómo ardía el puente que llevaba al norte, y cómo en una hora el general Murgía ordenaba a sus soldados que capturaran a todos los residentes del área y los pusieran a trabajar. Murgía no paraba de gritarle órdenes a su capataz —Te juro que si no puedo pasar por ahí, a las dos de la mañana los ejecutaré a todos.

Trabajé a los pies del puente. Estábamos muertos de miedo porque sabíamos que Murgía cumpliría su palabra. Miré hacia arriba. El puente seguía en llamas y nosotros estábamos en la parte de abajo colocando pilares de madera y vigas transversales para que el general pudiera cruzar por ahí. Cuando descansaba un rato, me decía el capataz —¿Sabes?, mi trabajo consiste en ponerme enfrente del tren, cinco o diez metros, para inspeccionar los rieles. Si quieres te puedes marchar, eres un trabajador duro y bueno.

—No —dije—, me quedaré.

Entonces, el hombre me hizo entrega de un papel. Me dijo, —Cuando llegue el inspector, ve a la estación. Dale este papel y te pagará.

Así eran las cosas. Recogía y vendía leña cuando no había trabajo en la estación, esperando a que mi familia se pusiera bien y tuviera fuerzas para seguir nuestro camino. Lo que pasó después fue que, en un momento de descuido, los villista volvieron a prenderle fuego al puente y regresé al trabajo de los rieles. Estuve un año trabajando en ese lugar.

Mi mamá y mis hermanos se fueron a Chihuahua, y cuando el tren iba al pueblo, mi mamá nos enviaba tortillas y tabaco o cigarrillos para mi padre. Cualquier cosa que le pedíamos, mi mamá nos la enviaba. Mi papá y yo nos quedamos en un vagón en las afueras del pueblo. Oíamos muchas cosas acerca de la Revolución: que mataron a Zapata, que ejecutaron a Felipe Ángeles en Chihuahua, que las tropas de Villa habían sido destruidas, que Villa todavía merodeaba por los alrededores intentando vengar la muerte de su amigo Felipe Ángeles. De repente, un día la Revolución se calmó. Supimos que el tren ya iba a Ciudad Juárez, a El Paso, así que llegamos a la frontera en el primer tren que pasó por Chihuahua.

Nos quedamos en Chihuahua unas dos semanas, y mi abuelo le envió un mensaje a uno de mis tíos que vivía en Texas diciéndole que nosotros estábamos allí, que debía ir por nosotros. Así lo hizo, y le dijo a mi padre —Bueno, prepárate que vendré por ti muy pronto para cruzarlos por el río.

Mi papá le dijo que le parecía bien, y al día siguiente, recibió un telegrama de mi abuelo con algo de dinero. Esa mañana, el dueño del lugar donde nos alojábamos se acercó a nosotros.

—Vamos, te enseñaré dónde cambiar el dinero.

El hombre, su hijo, mi papá y yo nos fuimos a El Paso a cambiar el dinero de mi abuelo. Cuando llegamos a Ciudad Juárez, se nos acercó un hombre y nos preguntó si buscábamos trabajo.

—No. Estamos aquí por negocios —contestó mi papá.

—Quiero que me ayuden, sólo por un día o dos, necesito su ayuda —dijo el hombre.

Le dije a mi papá que adelante, que yo trabajaría para el hombre. Mi papá aceptó y se fue. El hombre me llevó a un lugar lleno de casas de adobe en la misma frontera de Ciudad Juárez. Más allá, sólo había campo y desierto. Encontramos dos casas con puertas del mismo color, nos metimos y empezamos a trabajar. Se trataba de hacer barro para los bloques de adobe. Cuando dieron las dos del mediodía, el hombre dijo —Vámonos a comer.

Cuando terminamos de comer, regresé a la casa donde estaba trabajando. Pero cuando salimos de la casa no recordé el número, y como había dos casas iguales con el mismo color de puertas, me confundí. No recordaba si era la primera o la segunda casa. Seguí adelante, y abrí una de ellas. De repente, me di cuenta que esa no era en la que yo había estado trabajando porque había una vaca y un caballo adentro. Oí la voz de una mujer.

—¡Un ladrón!, ¡un ladrón! —le gritó a un hombre que había cerca.

El hombre, medio desnudo, corrió con su escopeta detrás de mí. Grité, levanté las manos y le dije que no era un ladrón, pero siguió disparándome. Cerca de allí encontré a una mujer con su hija, y ella le empezó a gritar que no me disparara. Le gritaron todas y lo insultaron porque, tal vez, no les caía bien ese hombre. La cantina estaba cerca de allí, y el hombre para el que yo estaba trabajando surgió de ella y le preguntó —¿De qué lo acusas? Enséñame qué es lo que te ha robado.

El hombre se marchó, y nos metimos en la casa a seguir trabajando. Había una tina con agua en la cual nos lavábamos las manos manchadas de barro. El agua sucia me pareció cristalina, así que metí la mano a la tina y bebí y bebí.

—¡No! Espera, ahora vuelvo —me dijo el hombre.

El hombre regresó con un vaso de whisky y azúcar. Me sentí mucho mejor. Pronto acabé de trabajar allí porque ya no hacía falta.

Por fin, un día llegó mi tío con el hombre que nos ayudaría a cruzar. Cruzaríamos el río cuando la corriente no fuera tan fuerte, o cuando el agua nos llegara a la cintura. Yo llevé a Felícitas encima de mis hombros, y Federico cargó a Rogaciana. Después de cruzar, el coyote nos llevó a su casa donde descansamos y comimos algo. Mi tío se había adelantado, y a la mañana siguiente, regresó por nosotros y nos llevó a su casa que estaba cerca de allí. Toda la familia se reunió en ese lugar y nos quedamos unos cuantos meses. Mis hermanos y yo hablábamos muchas veces de la travesía y nos acordábamos de Julio. Éramos cinco hermanos, pero Julio había muerto y ahora éramos cuatro.

Octavio vio que Arturo puso la carga de leña en el suelo.

Arturo levantó la vista y sonrió.

Cuando vivíamos en casa de mi tío un día se acercaron unos chicos del vecindario para invitarnos a nadar. El agua estaba muy cerca de allí.

Y allí fuimos. Maximiliano y José nadaban en una acequia cuando llegaron otros dos chicos más y empezaron a romper botellas. Les dije a mis hermanos que salieran de allí porque corrían el peligro de cortarse con los vidrios. Mis hermanos me dijeron que no querían salir porque el agua estaba muy fresca.

Hacía mucho calor. Cuando los chicos se acercaron más, nos preguntaron si éramos alemanes. En ese momento, me pregunté qué podrían ser ellos. Al final les dije que éramos mexicanos, igual que ellos.

—¿No te ha gustado lo que te he llamado? —replicó uno de ellos.

—No, solamente quiero que sepas que somos mexicanos como tú —dije yo.

Cuando le respondí, vinieron por nosotros y empezamos a pelear. Le corté la cara al chico, y empezó a sangrar mucho por la nariz y las mejillas. Le había cortado la cara por la mitad. Se fue a buscar a la policía y me acusó de maleante y de que habíamos cruzado sin pagar. Dos policías se acercaron a mi tío. Uno de ellos esperó hasta que el otro se cansó de intentar asustarnos. Después se acercó a nosotros y nos dijo que no temiéramos, que esos chicos eran una pandilla de pachucos y que había muchas quejas por su comportamiento. Nos advirtió que cruzáramos el río por el lugar correcto.

—Arreglen sus documentos y crucen por el sitio apropiado —dijo el policía.

A la mañana siguiente, la familia regresó a México, a Ciudad Juárez para arreglar los papeles. Mi papá y yo fuimos los primeros en tener en regla la documentación, y después el resto de la familia. Todos llegaron a El Paso, que era donde mi papá y yo los estábamos esperando. Unos cuantos días después, mi papá y yo fuimos a una oficina de contratación donde recogían los nombres de los trabajadores que querían cruzar el país. Había muchísimos contratos por todos lados. Les preguntaron al grupo de hombres dónde querían ir. Muchos dijeron que a California, mientras otros nombraban otros lugares, pero la mayoría pronunciaba el nombre de California. Se acercó un contratista.

—Quieres ir a California, ¿verdad? —preguntó.

Éramos setenta hombres contratados por ese individuo, pero forzó a algunos a quedarse por varios sitios del camino. Sólo cerca de cuarenta hombres llegaron muy tarde a Los Ángeles quejándose de que tenían hambre.

—Bien, tenemos que esperar hasta que podamos comprar comida —dijo el contratista y después le preguntó a mi papá—, ¿has estado aquí antes?

—No —contestó mi papá.

—Entonces, vamos. Ven conmigo y ayúdame con las provisiones —seleccionó a dos hombres más, y yo le dije que también iría con ellos. El contratista se puso de pie y me ordenó que me quedara allí, pero yo insistí.

—Yo también voy —le dije a mi papá.

—Está bien, nos podrás ayudar en algo —contestó el contratista.

Tan pronto como empezamos a cargar las provisiones, los hombres hambrientos se agolparon y tomaron lo que pudieron. Después, mi papá me dijo que nos fuéramos de allí.

Dejamos el campamento y emprendimos la marcha escondiéndonos de todo el mundo durante toda la noche hasta que llegamos a Long Beach. Entonces, cayó una niebla muy fuerte que nos impedía ver por dónde íbamos. Mi papá no conocía esos lugares, y las señales no eran las mismas a las que estábamos acostumbrados. Nosotros preguntábamos por "Simones", pero nadie nos podía ayudar porque aquí el lugar era conocido como "Simons". Caminamos y caminamos hasta que encontramos a un hombre que nos dijo que nos estábamos equivocando de camino. Nos dijo que fuéramos hasta una casa donde proyectaban películas y que habláramos con un hombre que sabía cómo llegar a Simons. Encontramos a ese hombre y mi padre le preguntó si sabía el lugar que íbamos buscando. El hombre se detuvo a pensar y dijo —Ah, sí. Creo que sé dónde está. No estoy seguro, pero creo que es en esa dirección. Sigan los rieles y cuando vean unas casas, estarán ya en la calle Laguna. Cuando lleguen allí, sigan y miren a su derecha. Las casas están pintadas de blanco.

Sí, estaban blanqueadas con cal. A medida que nos acercábamos a Simons veíamos las casas resplandecientes de blanco que brillaban con la luz del sol. Mi papá se encontró con una prima enseguida, —Vamos, primo, entra —mi prima nos invitó a entrar a su casa y nos dio de comer.

Su marido, que también era un familiar nuestro, tenía un caballo y un carruaje. Eran rancheros, y se dedicaban a plantar verdura. Nos dijo —Los voy a llevar con mi tío.

Nos llevó con mi abuelo, nos dio una habitación, y en tres semanas empezamos a trabajar en la ladrillera. Después de unas cinco semanas, enviamos dinero a El Paso donde esperaba toda mi familia. Todas las semanas les enviábamos dinero para que mi madre y el resto de mis hermanos pudieran reunirse con nosotros lo antes posible. Nos enviaron telegramas diciéndonos que estaban en camino y que los recogiéramos en la estación central de Los Ángeles. Entonces, recibimos un segundo telegrama que nos indicaba la hora y la fecha exacta de la llegada del tren. Mi papá y yo fuimos a recogerlos a Los Ángeles, y cuando bajaron del tren, nos abrazamos y pensamos todos en Julio.

Al final, habíamos logrado llegar a Simons.

Arturo desató el cargamento de leña y lo había separado según su longitud. Estaba de pie, orgulloso, delante de su padre, diciéndole en silencio que la leña estaba lista para cortarse y que tenían que empezar a construir su nueva casa.

Hombres de ladrillo es una obra de ficción. Cualquier semejanza con personajes, vivos o muertos, es mera coincidencia.